华侨华人·中外关系书系

SERIES ON OVERSEAS CHINESE AND
CHINA'S FOREIGN RELATIONS

主编　何亚非

国际关系学精要

ESSENTIALS OF
INTERNATIONAL RELATIONS

黄日涵　张　华/主编

社会科学文献出版社
SOCIAL SCIENCES ACADEMIC PRESS (CHINA)

未来很远，但我们的目光更远

华侨华人·中外关系书系
编委会

主　　编　何亚非
副 主 编　张禹东　庄国土
编辑部主任　黄日涵

丛书编委会委员（按姓氏笔画排序）

王逸舟　龙登高　朱　锋　刘　宏

李安山　李　彤　吴心伯　张秀明

张应龙　陈文寿　金灿荣　施雪琴

楚树龙

华侨华人·中外关系书系
总　序

　　中外关系研究是国际关系研究的重要组成部分，指以中国为主体，研究中国与其他国家之间关系的历史、现状和发展趋势，涵盖中外政治、经济、文化、科技、教育、移民等领域交流和发展的研究。华侨华人也是中外关系发展特别是国际移民的产物，国际格局的演变对华侨华人产生深刻的影响，华侨华人因其与中国和住在国的特殊联系，也对国际体系演变发生着作用。因此，研究华侨华人问题与中外关系发展相互关联、一脉相通。

　　中国是世界上疆域最广、人口最多、历史最久的文明古国之一。中华文明不仅是世界上延续迄今唯一没有中断的古老文明，而且长期处于世界领先地位，是世界文明发展的主要推动力之一。

　　"昔者有道守四夷，舟车所至及蛮貊。"自中国在东亚大陆形成后，即开始与周边的国家和民族进行各种交往。由于西有雪域高原，北有大漠，东南有浩瀚汪洋的阻隔，中外交往的重心在周边区域。近代以前，中原虽有陆上丝绸之路通往泰西，但这一通道大多时期因战乱、天灾或政策变化而阻断；唯有海上丝绸之路自汉代以来一直是中西交往的通道。

　　18 世纪以前，中国的经济与文化水平高于周边地区，中华文明向外广泛传播，是东亚区域文明的核心。周边国家官方和民间与中国保持密切的经济、政治和文化关系，与中国一起建构出独具特色的东亚区域秩序。华夏先民在与周边各族的交往中，形成"中国中心主义"的天下观，不但认为中国在地域上居天下之中，而且有文明中华与蛮夷周边之别，即中土之外的各国全归番夷之列。这种天下观一直持续到 19 世纪后期，表现在对外交往方面，中国朝廷将所有与中国官方打交道的外国人视为"朝贡者"，在对外国的记载中以"朝贡者"和"藩属"视之。

18世纪后期，欧洲工业革命开启了世界历史和国际关系的新时期。欧洲资本主义迅猛发展并向全世界扩张，将全球纳入欧洲人主导的殖民主义和帝国主义体系。中国的清朝统治者故步自封，闭关锁国，沉醉在"天朝上国，无所不有"的迷梦中。中国古老的农耕文明受到西方近代工业文明的极大冲击，力量对比发生逆转，中国全方位落后于西方。

1840年鸦片战争后，西方依其"船坚炮利"，多次武力打败腐朽的清朝政府。此后一百多年中外关系的主流，是中国不断遭受列强的侵略与欺凌，也是西力东渐后周边国家不断脱离与中国的特殊友好关系并沦为殖民地和半殖民地。中国被迫与列强签订一系列割地赔款、丧权辱国的不平等条约，一步步陷入半殖民地的深渊，面临三千年来未有之危局。

国家和民族面临生死存亡，激发了海内外中华民族的抗争与自强精神。鸦片战争后一个多世纪的中外关系的最显著特征，是中华民族在不断进行反侵略斗争，也一直在走学习西方、寻求现代化的道路。先是统治阶层的洋务派提出"师夷长技以制夷"的发展方向，谋求通过建设现代化军事力量和发展现代工业达到自强和富国之目的。由于清朝政府的腐败，自强目标尚未达到，却在甲午海战中被强邻日本击败。继而中国有识之士试图引入西方宪政理念，推动变法维新，也在保守派反对中失败。此后以孙中山为代表的革命党人领导、华侨积极参与的民主革命，推翻了腐朽的皇权统治，但民主的宪政制度和政府建设屡遭挫折，中国陷入军阀混战的乱世，仍然是积弱积贫。

近代中外关系的发展尤其是中国的落后导致大批国人移民海外。中国第一次海外移民潮始于西方大规模殖民扩张的17世纪，空前规模的海外移民则盛于鸦片战争后。列强以武力胁迫清政府准许华工出国，华工被贩运至世界各地，开启"有海水处皆有华人"的中国海外移民新时期。华侨华人源自中国，又熟悉住在国情势，成为推动中外关系发展的重要角色。

1949年，中华人民共和国建立，结束了近代中外关系以中国主权不断被侵蚀为特征的历史。在全球冷战的背景下，20世纪50年代，中苏结盟，中外关系发展呈中国向社会主义国家"一边倒"的态势，而美国及其追随者则不同程度地参与封锁中国。20世纪60年代后，中苏逐渐交恶直至反目，中外关系的重点转为中国重视与发展中国家的关系。

　　1971年，在广大发展中国家支持下，联合国大会通过2758号决议，恢复了中国在联合国的合法席位。随后，中国与美国重新打开交往大门，扭转四面受敌的处境。1972年2月，中美签署相互承认的《上海公报》，互设联络处。同年，中国与日本建立大使级外交关系。接着，中国先后与马来西亚、菲律宾、泰国等国建立外交关系，周边关系得到根本性缓和。而实际上，即使在冷战期间，中国与其他国家尤其是周边国家的交往也未完全中断，经济、文化和人员交流仍在继续，香港和海外华侨华人是保持中外关系的重要渠道。

　　改革开放以来，中国全面加入全球化进程，中外关系发展突飞猛进。首先，1979年，中国与美国建立外交关系，稳定并发展了与美国、苏联、欧洲各大国及亚洲大国——日本和印度的关系。

　　其次，中国积极主动推动与周边国家的密切合作关系，塑造了中国崛起的国际和平环境。1978年《中日友好合作条约》签订，推动中日经济、政治和人文诸领域的密切合作。接着，中国先后与印度尼西亚、新加坡、文莱等国建交，并于1991年与东盟成为对话伙伴国。1996年，中国、俄罗斯、哈萨克斯坦、吉尔吉斯斯坦、塔吉克斯坦等中亚国家成立上海合作组织，标志着中国与西面各国关系从和平共处进入合作共赢的新时期。1997年亚洲金融危机爆发，中国坚持人民币不贬值，向东盟国家提供力所能及的援助，并积极参与东盟主导的多边机制。同年12月，中国参与第一次"东盟+3"（东盟加中、日、韩）领导人非正式会议和"东盟—中国"领导人会议，中国与东盟邻国睦邻合作关系得到加强。2002年，中国与东盟共建中国东盟自贸区，开启中国与东盟国家的"黄金十年合作"。在此期间，中国与越南划定陆地边界，中国与周边国家（除印度、不丹外）全部解决陆地边境划界问题。

　　21世纪以来，中外关系面临全面发展新机遇。大国关系总体稳定及与周边国家的友好合作为中国提供了和平崛起的外部环境。中国成为吸引外资最多的发展中国家，成为世界第一外贸大国、世界第一制造业大国，并成为世界第二大经济体。中国的快速发展为周边国家乃至世界提供了经济增长的重要机遇。搭乘中国高速发展的列车，成为周边国家和世界各国的普遍共识。

中外政治、文化、教育和科技交流的规模也呈飞速发展态势，而伴随中外密切交往的是大规模的中外人员交流。改革开放以来，成千上万中国人移民海外，为海外华社发展注入新的血液，"有阳光的地方就有华人"，他们在 21 世纪的中外关系尤其是中国走出去的进程中扮演着不可或缺的角色，发挥着越来越重要的作用。

由于各国各民族的差异与不同的利益诉求，交流和合作中也存在矛盾和冲突。霸权思维和极端民族主义的存在，使不断发展的中外关系常有不和谐杂音。随着中国日益成长为世界性大国，长期主导国际体系的西方大国对中国崛起的警惕提高，一些周边国家也生疑惑，中外关系不稳定事件时有发生，如南海争端和钓鱼岛冲突。

在中国共产党领导下，中国人民经过几十年的艰苦奋斗，彻底改变了中国的面貌。中国与世界的关系发生了历史性变化，已站在世界舞台的中心，在新的历史条件下，在新的历史起点上，为实现中华民族伟大复兴的中国梦而不懈努力。

2013 年以来，习近平总书记提出中国特色大国外交思想，倡导在中外关系中建立"命运共同体"和"利益共同体"理念，为中国的周边关系和大国关系提供了卓有远见的思维。只要秉持"共同体"理念，就能克服中外关系的波折，为中国和平发展创造并维护友好的国际环境。

把握中外关系发展的脉络，兼顾华侨华人研究的特色，需要把华侨华人的历史看作世界历史的一部分，用全球主义的眼光来分析和展望华侨华人的历史、现实与未来。毋庸置疑，中国的未来直接影响着世界格局的走向，中国的发展与海外华人有着密切关系。在审视中外关系历史经验和教训的同时，突出华侨华人研究的特色，从学理层面解析华侨华人与中外关系的现状和发展趋势，提出改善并推动华侨华人与中外关系发展的战略思维和政策建议，是编辑本书系的目的。

何亚非

2015 年春

自　序

成功的花/人们只惊美她现时的明艳/ 然而当初
她的芽儿 / 浸透了奋斗的泪泉/洒遍了牺牲的血雨。

——冰心

寻梦，一个流行的词语。

置身于当今的社会，不管你愿意与否，努力拼搏、积极向上都已经成为你不得不直面的现实抉择。年少无知的我们，也曾经懵懂地追梦，我们不畏困难、不惧嘲笑，努力地去追寻自己的梦想。于是才有了《国际关系学精要》的前身《国际关系实用手册　简答论述题》，这个粗糙的小册子问世迄今已经超过 10 年，虽然已经不再印刷，但我这些年仍然会遇到不少学生追问哪里可以找到这本书。带着这种责任，我们觉得应该做一本更加精细一些的国际关系普及书籍，以回馈广大的支持者。

说实话，我们也曾经打过退堂鼓，毕竟编写的过程太过漫长，经历的困难也很多。感谢那座在心中指引我们前进的灯塔，那就是永不放弃的精神。和大家分享一个故事，拿破仑·希尔在《思考致富》一书中有个故事叫《距离黄金三尺》，我觉得非常有代表性，对于寻梦的人来说是一碗不错的鸡汤。这篇文章讲述的是达比和叔叔淘金的故事，达比和叔叔怀着发财的梦想到了美国西部淘金。他们凑足了钱，买了器械运到西部，开始挖矿。第一车矿石运到冶炼厂冶炼出来后，证明了他们得到的是科罗拉多最丰富的矿藏之一，但是正当矿井越挖越深，达比和叔叔的希望也越来越大的时候，金矿居然不见了！他们拼命地挖，然而天不遂人心，金矿再也没有出现。最后，他们还是失望地放弃了。于是，他们把器械以几百美元的低价卖给一个旧货商，然后乘火车回了家。那个旧货商找来了一个采掘工程师察看矿区，然后进行了仔细的估算。采掘工程师认为矿主没有采掘成功的主要原因是他们不懂"断层线"。他估算再挖 3 英尺，达比和叔叔就能找到金矿。金矿就在三英尺之下！然而达比和叔叔已经选择了放弃，后悔已经来不及了。而那位旧货商却从达比和叔叔挖出的矿藏上赚了数百万美元。很多时候我们可能离梦想只有一步之遥，却因为被现象所蒙蔽而选择了放弃。梦想的实现需要坚持，也需要智慧。

看了这个故事，你应该会明白这样一条欲望变黄金的原则："失败是个骗子，它对人尖刻而狡猾，喜欢当胜利近在咫尺时将人绊倒。成功人士的秘诀在于，面临失败的时候，他们能再坚持迈出一步"。

《国际关系学精要》的初稿在 2013 年就已经完成，2013 年在美国波士顿的寒冬里，我多次修改了手头的书稿，但一直不是很满意，于是期待留出时间来继续打磨。然而，2014 年，我换了工作岗位，离开了坡上村，生活的城市也变成了北京、厦门。虽然厦门有旖旎的风光、细软的沙滩和听大海歌唱的鼓浪屿，但由于事务众多，需要两地往返，这双城的生活使得我疲于应付，而没有腾出过多的时间去整理这份书稿，于是一拖再拖。每当我徘徊在华侨大学厦门校区的白鹭湖边，看着人来人往的青年学生们，在羡慕他们的青春年华的同时，让我更时刻觉得应该抓紧时间完成这份书稿，这也是对于我们团队青春时光的一份纪念。

在编写这本书的前身《国际关系实用手册 简答论述题》的过程中，要感谢高奕、时波、郭浩、田亮、丁豪、李婷婷付出的努力，当年的这个版本，对于后来框架的形成有很大的帮助。在 2007 年到 2012 年间，感谢和我一起努力的朋友们：丛培影、姚玉斐、张华、孙林、邱培兵、张勇、谢磊、康杰、卜永光、戚凯、李侃、贾子方、席桂桂、孙涛、乔梦龙、崔巍、张锐、姜晓明、王江波、陈昌山、黄翔辉等。在这些年里大家为了共同的目标一起奋斗过。正是这种孜孜以求的精神，伴随着我们度过那段青春的岁月。我们常常想，年轻的时候还是需要有梦想，哪怕寻梦的路很艰辛，但正如席慕容所说：生命到最后总能成诗/在滂沱的雨后/我们的心灵将更加洁净/如果你肯等待/所有漂浮不定的云彩/到了最后终于都会汇成河流。我想这也是我们在看到该书即将付梓时的心情。

正如我们在十年前《国际关系实用手册 简答论述题》前言中所提到，未来的十年将是国际关系专业大有作为的十年，学生时代的我们这一幼稚想法居然在如今成真，而今的国际关系已经成为一门"显学"。随着中国国力的上升，中国外交在全球的话语权也在逐渐提高，这些年我走访了数十个国家，深刻体会到国际关系专业的重要性，中国学者在全球的影响力也与日俱增。与此同时，这些年我在运营政治学与国际关系论坛微信公众号以及参加各类国际新闻节目时，我深深地感受到国际问题的爱好者越来越多，他们迫切地需要获得一些基础的知识，增进对世界的理解。除此之外，当你在美国的黄石国家公园、法国的埃菲尔铁塔、德国的勃兰登堡门、缅甸的大金塔、马尔代夫的海岛、澳大利亚黄金海岸、非洲的好望角遇到大量的中国同胞之时，你更会深刻地觉得国际问题知识的普及是如此的迫切，因为越来越多的国人开始走出去，越来越多的中国企业开始走出去。

在本书的出版过程中，要感谢苏格教授、林宏宇教授、熊炜教授、戴长征教授的大力推荐，向各位前辈致以深深的谢意，同时也要感谢社会科学文献出版社社会政法分社的王绯社长以及我们的责任编辑常远。本书的章节规划由黄日涵负责设计，具体分工如下：第一章至第三章由张华负责；第四章战前国际关系史由丛培影负责；第五章战后国际关系史由陈昌山、黄日涵负责；第六章新中国外交史概论由王江波负责；第七章政治学原理由康杰负责；第八章国际政治学概论由戚凯负责；第九章国际关系理论由谢磊负责。全文的审校由黄日涵、谢磊负责，在本书校对过程中谢磊、丛培影做了大量的工作，特此向他们致谢。

这个序言初稿完成在阿斯塔纳零下六度的深夜，但彼时的我却感到深深的暖意，我想这暖意是来自这些年朋友们给我们的支持，同时也是来自广大政治学与国际关系论坛网友们给我们的鼓励，书籍的出版既是对过去的一个总结，同时也是未来的起点，今后我们将会更加努力地将这一版本修改的更好，回馈更多的支持者。最后用哈萨克斯坦伟大诗人、思想家阿拜·库南巴耶夫的诗来总结："世界有如海洋，时代有如劲风，前浪如兄长，后浪是兄弟，风拥后浪推前浪，亘古及今皆如此。"青年时代是学习知识、陶冶情操、增进本领的黄金时代，我们希望热爱国际关系专业的年轻人可以一起努力，寻找自己的梦，共圆中国梦。

由于时间仓促，编者水平有限，失误错漏之处在所难免，请各位同仁批评指正。

黄日涵　张华

丁酉年秋于北京

目 录
CONTENTS

第一章　历史*

（一）导言

历史的重要性不言而喻。国际关系史是国际关系学者最为基础的知识
储备，对于国际关系研究具有重要的不可或缺的意义。一方面，国际关系
史是国际关系理论乃至国际关系研究产生的基础和源泉。早期的国际关系
研究的重要文献，大多出自修昔底德这样的历史学家的著述。现代政治思
想和国际关系思想的肇始同样出自历史考察和历史理解。① 从某种意义上
说，国际关系史研究本身就是国际关系研究的一个重要而基础的组成部分。
另一方面，国际关系史的独特研究方法，对于今天的国际关系研究而言仍
然具有重要的方法论意义。相比于晚近兴起的科学方法，历史方法是以宏
观思考为特征的哲理性思维。历史作为国际关系研究的经典方法和悠久传
统，为我们理解国际关系现象特别是宏观性、整体性现象提供了广阔的视
野和深邃的理解力，在国际关系研究中具有不可替代的作用。

学习、研究"国际关系史"，首先需要弄清楚两个问题。一是国际关系
史主要是指欧洲三十年战争之后的历史。虽然早在古苏美尔时期就有政治
实体签订正式协议，到古埃及时期出现了结盟，古波斯时期和古希腊时期
出现了外交关系与国际体系的雏形，古罗马时期维持权力均衡的模式也初
步形成，但这一切仅是特例。虽然独立的政治实体确实存在，但它们之间
没有固定的往来，即使存在固定的往来，也仅限于同一个王国间的各级实

---

* 本章由中国社会科学院台湾研究所科研处副处长张华博士负责撰写。
① 时殷弘：《现当代国际关系史（从 16 世纪到 20 世纪末）》，中国人民大学出版社，2006，
第 19 页。

体之间。① 因此，一般认为，三十年战争确立了主权、民族国家、国家领土等国际关系的基本准则，此后出现了真正的国际体系，也是近代西方国际关系史的开端。②

二是国际关系史是基于西方视野的历史。由于具有学科意义的国际关系（IR）是从西方引入中国的，所以自然带有某种程度的"西方中心主义"色彩，这不仅表现在抽象化、概念化的理论上，也表现在这些理论所依托的历史上。因此，在中国学习和探讨的国际关系史是西方人的历史和西欧中心论的历史，全书主要探讨的是威斯特伐利亚体系、维也纳体系等西方国际关系概念，而没有涉及世界其他地区的国际体系、国际事件——尽管东亚地区的朝贡体系在规模和影响上并不亚于西方的国际体系。

历史是一个连续而不间断的过程，为了更好地理解与把握这个过程，我们可以按照特定的方式将其分为若干个阶段。依据历史发展脉络和国际格局变化，国际关系史大致可以分为七个阶段，即：威斯特伐利亚体系下的欧洲均势（1618～1814），维也纳体系下的欧洲协调（1815～1870），两大军事集团的形成与第一次世界大战（1871～1918），凡尔赛－华盛顿体系与20年危机（1919～1938），第二次世界大战的爆发与雅尔塔体系的确立（1939～1945），美苏争霸与冷战（1946～1990），后冷战时期（1991年至今）。其中，第一至第三阶段为近代国际关系史，第四至第五阶段为现代国际关系史，第六和第七阶段为当代国际关系史。

（二）国际关系史的七个阶段

1. 威斯特伐利亚体系下的欧洲均势（1618～1814）

1618～1648年的三十年战争给欧洲带来了毁灭性破坏，但对国际关系发展却具有极为重大的意义。三十年战争和此后签署的《威斯特伐利亚和约》结束了中世纪神权高于俗权的历史，奠定了主权国家作为国际关系法律主体的理论和现实基础，同时也标志着威斯特伐利亚体系的形成。通过三十年战争，法国奠定了在欧洲的霸权基础，成为欧洲大陆实力最强的国家。之后雄心勃勃的路易十四不断追求所谓的"天然边界"，拿破仑也屡次发动对外战争，不懈推动法国称霸欧洲。英国光荣革命期间，法国不断面

---

① 〔法〕达里奥·巴蒂斯特拉：《国际关系理论》，潘革平译，社会科学文献出版社，2010，第7～8页。

② 〔美〕卡伦·明斯特：《国际关系精要》，潘忠岐译，上海世纪出版集团，2012，第17页。

对奥地利、普鲁士等国的制衡；光荣革命完成后，英国通过"离岸平衡"策略，全力维系欧洲大陆的均势，整个体系又变成英法之间的对抗。西班牙王位继承战争、奥地利王位继承战争、英法七年战争等，都凸显了英法之间的矛盾；法国大革命、拿破仑同七次反法同盟之间的战争乃至拿破仑的大陆封锁政策，也彰显了英法之间的霸权争夺。

与此同时，美国的独立运动对整个国际关系产生了重要影响。美国在建国初期，因实力弱小，一直徘徊在"亲英"与"亲法"两种政策之间。随着自身实力的增长，美国确立了对外政策的总体原则——"孤立主义"和"扩张主义"，两者看似矛盾，实则相互补充，它们对美国后来的外交政策产生了深远影响。

2. 维也纳体系下的欧洲协调（1815～1870）

1815 年，拿破仑战败并召开欧洲主要国家参与的维也纳会议之后，确立了以"欧洲五强共管"（英、俄、普、奥和法）为主要特征的维也纳体系。从性质上看，维也纳体系是旧式的封建反动体系，但它的构建在客观上也具有一定进步意义——其催生了欧洲集体安全机制的最初构想。1815 年，由俄国倡议发起的神圣同盟和英、俄、普、奥为确保《巴黎条约》实施而缔结的四国同盟，成为维也纳体系运转的载体，其召开的四次国际会议成为大国之间有效的协调机制。维也纳会议确立的"均势原则"、"正统原则"和"补偿原则"，成为维持欧洲和平的重要原则。也有研究认为，欧洲政治精英因害怕大众革命而保持一致、欧洲核心国家面临的两个主要问题都是国内问题（德国统一和意大利统一）以及复杂而关键的帝国主义和殖民主义现象，是导致该时期和平的主要原因。[①]

但是，维也纳体系内部也存在诸多不和谐因素，例如，英国与俄、普、奥三国在干涉革命问题上出现严重分歧，美国在这一时期提出了"门罗主义"，以保证其在美洲的霸主地位，这些都对维也纳体系造成了挑战。这一时期，俄、普、奥三国通过镇压意大利革命和西班牙革命，并意图干涉拉丁美洲的独立运动，实现了行动上的统一。但随着 1848 年欧洲资产阶级革命的爆发，俄、普、奥主导的神圣同盟被彻底冲垮，维也纳体系缺少了这一"重要支柱"，已无法维系下去。1853～1856 年，英法同俄国为争夺近东霸权而爆发的克里米亚战争，彻底动摇了维也纳体系运转的基础。欧洲协

---

① 〔美〕卡伦·明斯特：《国际关系精要》，潘忠岐译，上海世纪出版集团，2012，第 30～31 页。

调在几场欧洲大国间的战争之后，受到了极大的冲击，维也纳体系也随之瓦解。

3. 两大军事集团的形成与第一次世界大战（1871～1918）

通过三次普法战争，德国最终实现统一。德国的统一改变了欧洲国际关系格局，德法矛盾也成为这一阶段的主要矛盾。时任德国首相俾斯麦通过构建一套复杂的大陆体系来孤立法国，包括将与奥匈帝国的传统关系作为联盟轴心，通过两次《三皇同盟条约》和《再保险条约》将俄国拉入联盟体系，利用《三国同盟条约》拉拢意大利，借助两次《地中海协定》将英国拉入体系等。在他的精心策划与协调下，大陆体系达到了预期目的。但整个联盟体系内部矛盾尖锐，尤其是俄奥在近东的矛盾不可调和。1878年柏林会议召开，德国偏袒奥匈帝国，使德俄关系恶化，凸显出俾斯麦联盟体系内部的冲突与矛盾。随着俾斯麦的辞职与威廉二世"世界政策"的提出，俾斯麦苦心经营的联盟体系在短短几年内瓦解，法俄不断接近，并最终缔结军事同盟条约；德国由"关注欧洲"转向"参与瓜分世界"，使殖民大国英国改变了"光荣孤立"的传统，实现了与法俄之间的和解。英、俄、法日渐接近，并通过一系列条约和协定，最终结成了一个"三国协约"的帝国主义集团，对抗德、奥、意等国组成的同盟集团，欧洲两大军事集团就此形成。1914年萨拉热窝事件爆发后，德奥同盟借机对协约国展开全面战争，第一次世界大战爆发。

同时，在世界范围内，列强展开了瓜分殖民地的狂潮，这一时期爆发了三次帝国主义战争，即：1898～1899年美国为夺取西班牙殖民地而发动的美西战争、1899～1902年英国同荷兰人后裔布尔人之间争夺南非领土和资源的英布战争、1904～1905年俄国和日本为争夺中国东北和朝鲜而进行的日俄战争。1914～1918年进行的第一次世界大战改变了整个世界格局的力量对比关系，世界秩序在战胜国的主导下被进行了重新设计与安排。战后美国实力大大增强，而欧洲主要大国因战争遭到不同程度的削弱。1917年俄国的十月革命打破了原有的资本主义国际体系，苏维埃俄国的诞生动摇了既有国际秩序，开启了无产阶级革命的新时代。可以说从一战之后，世界权力中心开始从传统的欧洲向它的两翼转移。

4. 凡尔赛－华盛顿体系与20年危机（1919～1938）

一战结束后，战胜国召开的巴黎和会及签订的一系列条约（《凡尔赛条约》《圣日耳曼条约》《特里亚农条约》《纳伊条约》《色佛尔条约》），与在美国主导下召开的华盛顿会议及签订的一系列条约（《四国条约》《五国海军协定》《九国公约》），共同构成了调整世界秩序的凡尔赛－华盛顿体系。第一次世界大战使欧洲主要大国都遭受了不同程度的削弱，而美国则因战争实力大增。美国提出了"十四点原则"，对战后国际体系产生了重要影响；美国提出建立的"国际联盟"也成为战后重要的协调机制，但美国后因国内孤立主义思潮高涨而未加入。十月革命的胜利则打破了原有的资本主义国际体系，动摇了国际秩序的基础。

凡尔赛－华盛顿体系并未解决国际关系中的各种尖锐矛盾，反而埋下了战争的隐患。由于战胜国之间、战胜国和战败国之间、协约国和苏俄之间、殖民地和殖民国之间都存在着难以调和的矛盾，因此该体系难以正常运转，更不能起到防止侵略、遏制战争的作用。体系确立后，赔款和安全这两个最为棘手的问题都未得到很好解决。在赔款问题上，德法之间一度爆发鲁尔危机事件，但后在美国协调下，通过《道威斯计划》和《杨格计划》，这一问题暂时得以缓解；在安全问题上，通过1925年的洛迦诺会议和1928年的巴黎会议，签订了《洛迦诺公约》和《非战公约》，德法之间的互不信任问题以及德国同东欧国家之间的安全问题得到一定程度的缓解。苏俄的建立，使世界出现了一种新的意识形态。苏俄建国之初，主要的对外政策是借助帝国主义之间的矛盾打开本国的外交局面，摆脱孤立的国际地位。

1929～1933年的世界经济危机，改变了当时的国际关系格局。美、英、法等资本主义国家将重心放在国内，并在关税、贸易、货币等领域展开了激烈竞争。为了摆脱经济危机，德、日走上了法西斯道路。在远东太平洋地区，1931年日本发动"九一八事变"，开启了侵略中国的进程。1936年德日签订《反共产国际协定》，1937年意大利加入，从而形成三国轴心，欧亚战争策源地逐渐形成。受当时和平主义和孤立主义思潮的影响，英、法、美等国推行绥靖政策和中立政策，先后推出了针对日本侵华的"不承认主义"和合法化德国侵占捷克斯洛伐克苏台德地区的《慕尼黑协定》，客观上加快了法西斯国家侵略步伐。1939年5月22日，德国同意大利签订的《德意同盟条约》、1940年9月27日德、意、日在柏林签订的《德意日三国同盟条约》（即《三国轴心协定》），标志着德意日三国军事同盟正式形成，加速了苏德战争和太平洋战争的爆发。20世纪30年代，苏联倡导集体安全政策以遏制法西斯德国的对外侵略扩张，但是由于意识形态方面的冲突，苏联同英法始终未能达成合作协议。苏联转而于 1939 年 8 月与德国缔结《苏德互不侵犯条约》，并通过与德国瓜分波兰，吞并立陶宛、拉脱维亚、爱沙尼亚三国，侵占罗马尼亚部分地区，建立起所谓的"东方战线"，1941 年 4 月还同日本签订了《苏日中立条约》。

5. 第二次世界大战的爆发与雅尔塔体系的确立（1939～1945）

1939 年德国入侵波兰，标志着第二次世界大战爆发。第二次世界大战爆发后，英、美等国认识到德意日法西斯对外侵略的严重性，纷纷调整政策，并开始酝酿构建世界范围内的反法西斯联盟。美国在战争初期面临国内高涨的反战情绪，在罗斯福总统的推动下，开始援助英、法、苏等国抗击德、意法西斯。1941 年 6 月，德国实施所谓的"巴巴罗萨计划"，全面入侵苏联，苏德战争爆发。同年 12 月，日本轰炸美国珍珠港，太平洋战争爆发，美国被迫卷入战争，从而改变了第二次世界大战的走向。1941 年 8 月，美国与英国发表联合宣言，史称《大西洋宪章》。1941 年 10 月，苏、美、英在莫斯科举行会谈，研究相互援助和物资分配等问题，会后签署《秘密议定书》。1942 年 1 月，美、英、苏、中等 26 个国家在华盛顿签署《联合国家宣言》，宣告共同与德意日等国作战，标志着世界反法西斯同盟最终建立。反法西斯同盟的建立，使盟国之间加强了相互间的协调与合作，加速了世界反法西斯战争的胜利。经过斯大林格勒保卫战、中途岛海战等具有转折性意义的战争，同盟国开始占据战场主动。

战争结束前夕，美、英、苏、中等国先后召开了几次重大会议。1943 年 11 月，中、英、美三国召开开罗会议，并签署《中英美三国开罗宣言》，确定了对日作战计划，加速了打败日本的进程。1943 年 11～12 月，苏、英、美在德黑兰举行会议，研究开辟欧洲第二战场的问题，并商讨了战后德国的占领问题。1945 年 2 月，苏、英、美在雅尔塔举行会议，商讨如何处置战败后的德国，对战后和平也进行了安排。在二战即将结束的 1945 年 7 月，苏、英、美还在柏林近郊波茨坦举行会议，商讨如何处置德国并对欧洲其他问题也进行了安排，同时还讨论了结束对日作战的条件和战后处置日本的方针。几大会议确立了美苏两大国在战后共同主导世界的国际地位，特别是雅尔塔会议确立了美苏两大国的国际地位和势力范围，对战后国际格局产生了重要且深远的影响。战后在吸取国际联盟的失败教训的基础上，各国共同组织成立了联合国，通过设置安理会常任理事国，确立了五大国一致的原则，联合国成为二战后维护世界和平与安全最重要的国际组织，并为战后国际制度和国际法的发展创造了条件。

6. 美苏争霸与冷战（1946～1990）

二战结束后，美苏之间因失去了联盟存在的基础，原有盟友关系难以延续，反而因意识形态的差异与国家利益的冲突，双方从合作走向全面对抗，世界由此进入冷战时期。这一时期的国际关系以美苏争霸和两大集团的对抗为主要特征。同时，由于核武器等因素的作用，美苏间并未发生直接的军事对抗。美国为了遏制苏联，于1947年3月和6月先后抛出杜鲁门主义和马歇尔计划，并策划于1949年成立北大西洋公约组织。1949年11月成立巴黎统筹委员会，展开对苏联等社会主义国家的全面冷战。苏联则进行了针锋相对的斗争。1947年9月在波兰成立欧洲共产党九国情报局，1949年4月在莫斯科成立经济互助委员会，加强社会主义国家的合作。1948年6月，爆发了第一次"柏林危机"，美苏对峙达到了剑拔弩张的程度。1949年10月，中华人民共和国正式成立，极大地改变了世界政治力量对比，标志着社会主义阵营的最终形成。

20世纪50年代，两个集团的斗争日趋激烈，而且超出欧洲的范围。1949年1月，杜鲁门抛出所谓的"第四点计划"，开始与苏联争夺尚未划定势力范围的广阔地带。1957年，艾森豪威尔还利用苏伊士运河危机抛出"艾森豪威尔主义"，意图填补该地区的"真空"。美国还纠集其他国家与日本媾和，于1951年9月签订《旧金山和约》与《美日安全条约》；1954年9月，美国还与英国、法国、菲律宾、泰国等国建立东南亚集体防务条约组织；1955年在西亚成立巴格达条约组织，从而形成了从东北亚、东南亚到南亚一带的针对社会主义国家的新月形包围圈。1950年6月，美国策动了一场直接针对社会主义国家朝鲜的战争。与此同时，亚非拉国家的民族解放运动也逐步兴起。1955年4月召开的万隆会议，成为被压迫人民反抗帝国主义历史的重要里程碑。

进入20世纪60年代以后，国际力量结构开始出现分化和重组。西方阵营出现分离倾向，1959年1月，法国提出"独立自主"的政策，改善与苏联、联邦德国等国的关系，并退出北大西洋公约组织一体化军事机构；联邦德国也提出"新东方政策"，与苏联签订《莫斯科条约》，与波兰签订《华沙条约》；而西欧国家的一体化进程也取得重大进展，欧共体于1967年成立。社会主义阵营也出现分裂迹象，继20世纪50年代的波兹南事件和匈牙利事件后，还出现了1968年苏联入侵捷克斯洛伐克事件，中苏则走向全面分裂。1962 年发生的古巴导弹危机，成为美苏之间在冷战时期最大的一次危机。在第三世界方面，标志性事件则是不结盟运动的兴起和七十七国集团的成立。

20 世纪 70 年代，两大阵营的较量表现为战略上的"苏攻美守"和在"缓和"的烟雾下进行争霸。1979 年，苏联入侵阿富汗，直接威胁了美国的战略利益，引起美国的强烈反应，再次引发美苏新一轮的激烈较量。20 世纪 80 年代以后，美苏关系呈现既对话又对抗的态势。同时，世界多极化趋势进一步发展。美国为了拖垮苏联，利用自己的经济实力和空间技术优势，提出"星球大战计划"，与苏联展开军备竞赛。戈尔巴乔夫上台后，推行"新思维"战略，在国内政治和国际战略上都进行了重大调整，在国际上缓和与美国的关系。但由于国内改革出现严重战略失误，再加上美国的和平演变攻势不减，最终苏联解体。

7. 后冷战时期（1991 年至今）

1991 年 7 月，华沙条约组织解体，同年 12 月，苏联解体，这标志着美苏两极体系的结束。世界进入后冷战时代，国际关系和世界格局呈现新的特征。

首先，冷战后出现明显的"一超多强"格局。美国成为世界上唯一的超级大国，经济实力、军事实力和文化软实力等明显超过世界其他国家和地区。美国先是在老布什时期奉行"超越遏制"战略，在克林顿时期则实行"参与和扩展战略"。进入 21 世纪后，"9·11"事件的爆发对整个国际关系产生了深远的影响，小布什将全球反恐置于对外战略的首位，在阿富汗和伊拉克进行了两场战争，并极力推动中东地区的民主化进程，大搞"民主输出"。然而，由于反恐策略、方式等的错误，恐怖主义不但没有被根除，反而呈现"越反越恐"的窘况。奥巴马上台以后，美国从伊拉克和阿富汗逐步撤出，转而推行"亚太再平衡战略"，将大量的经济、政治和军事资源投入亚太地区，试图牵制中国的快速崛起，维护美国在亚太地区的霸权地位。美国进一步挤压俄罗斯的战略空间，积极推进北约东扩，在前苏东国家推动颜色革命，引起普京执政之下的俄罗斯的强力反制。乌克兰危机以及克里米亚问题的出现，使美俄关系陷入低谷。俄罗斯、西欧、日本、中国等力量中心合纵连横，在国际事务中发挥越来越重要的作用。

世界局势总体和平稳定，没有爆发主要大国之间的战争，但是地区性冲突不断。美俄、中美、中俄、俄欧等之间大体保持了和平发展的状态。

但一些在冷战期间被掩盖的民族、宗教和领土争端不时升级，如科索沃问题、中东问题等都对国际和平与安全构成挑战。同时，由于"9·11"事件等的影响，恐怖主义成为 21 世纪最为突出的非传统安全问题之一，成为整个人类社会的共同敌人。非传统安全问题与传统安全问题相互交织，对 21 世纪的世界和平与安全构成了严重挑战。在传统安全方面，国际力量对比的变化，特别是中国崛起的强劲势头，引起了霸权国家的疑惧和周边国家的担忧，随之而来的摩擦也时有发生。霸权国试图通过传统结盟体系牵制中国，日本则借机向右倾方向进一步发展，试图通过渲染外部威胁，修订"和平宪法"，从而实现转变为所谓"正常国家"的诉求。由于钓鱼岛问题、南海问题凸显，海洋争端也成为大国角力和小国博弈的重要表现形式以及国际关系研究的突出问题。

其次，一系列全球问题的凸显，则使世界越来越成为一个"命运共同体"。气候变化问题、环境问题、能源问题、传染病蔓延乃至恐怖主义等全球公共问题迅速恶化，成为世界各国面临的共同威胁和挑战。在此情况下，任何一国无论实力强弱，均无法单独应对这些威胁。唯有各国共同合作，才能有效保证自身安全。因此，世界各国的共同利益也前所未有地扩大了，这使得国际合作和全球治理有了深入的发展和巨大的潜力。

最后，全球化势头明显，后冷战时期甚至被贴上全球化的标签。冷战后，由于大规模对抗的缓解，世界经济进入高速增长时代，其中以金砖国家为代表的新兴经济体发展迅猛。2008 年，美国的华尔街次贷危机爆发，引发了全球性金融危机，美国和西欧各国的经济受到冲击，使全球经济开始向"多中心化"的方向发展。传统的八国集团（G8）在世界经济之中的地位被二十国集团（G20）所取代。随着西方国家的经济普遍遭受重创，"金砖国家"的发展可谓一枝独秀，其在世界经济和政治领域的影响力与日俱增。"金砖国家"一词也由一个研究概念，变为了现实合作机制。随着成员国之间合作的不断加深，"金砖国家"将在未来全球治理和国际关系发展中扮演更加重要的角色，这有利于世界多极化、国际关系民主化发展以及国际政治经济新秩序的建立。近年，由于全球化带来的产业空心化、贫富差距拉大、民粹主义盛行等负面效应，西方社会也出现了反全球化思潮。

第二章　理论[*]

（一）导言

康德曾说过："任何一个无视理论的人都无法自诩是某一科学领域的高明实践者。"理论是通过详细阐述各个概念之间的关系来寻求解释现象的一套命题和概念，最终目的是预测现象。① 国际关系理论就是一系列关于国际关系行为体活动规律的集合，并能够解释和预测国际关系事件的发展。随着国际关系学科的发展，国际关系理论的受重视程度日益提升，已成为国际关系、国际政治、外交学等专业必修的课程之一。

首先要明确本书所说的国际关系理论的经度和纬度。从经度来看，国际关系理论主要是指一战结束之后的现当代国际关系理论。一般认为，1919年，威尔士工业家戴维·戴维斯（David Davis）在英国威尔士大学设立"国际政治讲坛"后，国际关系学科正式诞生。② 国际关系理论的起源则早得多，西方可以追溯至11世纪的十字军东征时期，而中国春秋战国时期诸侯国之间的合纵连横也蕴含着丰富的国际关系理论。但是一般而言，我们所谓的国际关系理论主要是指一战结束之后的现当代国际关系理论，如现实主义、自由主义等。从纬度来看，国际关系理论是指基于西方国际关系史探索总结的理论。虽然中国有悠久的历史文明和丰富的外交实践经验，中国国际关系学者也正在努力进行总结提炼、创建自己的国际关系学派，

---

* 本章由中国社会科学院台湾研究所科研处副处长张华负责撰写。

① 〔美〕卡伦·明斯特：《国际关系精要》，潘忠岐译，上海世纪出版集团，2012，第70页。

② 1910年，美国"钢铁大王"安德鲁·卡内基（Andrew Carnegie）创建大学之外的早期智库——卡内基国际和平基金会，也是旨在"加速消灭所谓文明国家之间的战争"。

但迄今为止并未形成一套完整的国际关系理论，也未获得国际学界的广泛认可，因此我们讲的国际关系理论基本上就是西方的国际关系理论。

按照国际关系理论的发展脉络和主要假定，国际关系理论的发展大约经历了三个阶段。第一阶段是国际关系理论的初创阶段，代表性理论成果是理想主义。第二阶段是国际关系理论的发展阶段，代表性理论成果是古典现实主义。第三个阶段是国际关系理论的繁荣阶段，代表性理论成果是新现实主义、新自由主义和建构主义。

（二）国际关系代表性理论

1. 理想主义

第一次世界大战标志着一个新的历史时代的到来，世界上所有的国家之间基本上都建立了某种联系，这为国际关系学科的诞生奠定了基础，同时解释国际关系现象的某种理论也随之诞生。一战结束后，出现了反思战争起源的思潮，在首批真正意义上的国际关系学家看来，被欧洲贵族外交官所推崇的"实力政治"和"均势政治"正是第一次世界大战的根源。因此，他们开始摒弃修昔底德、克劳塞维茨等人的思想，转而从格劳秀斯、康德等人的思想中寻找灵感。

理想主义的代表性人物和成果是美国第 28 届总统伍德罗·威尔逊①和他的"十四点计划"以及威尔士大学国际政治讲坛第一位主讲人阿尔弗雷德·齐默恩（Alfred Zimmern）和他的《国联与法权：1918～1935》。这一理论学派认为，第一，人本性是善良的，即使受到蒙蔽也可以通过教化得以改善。同理，国家的行为也可以得到改善。第二，战争可以避免，战争与人性无关，而和他们所处的环境密切相关。战争主要是由于不完善的国际和国内政治体制，对人类的教化不力造成的。第三，人类可以摆脱安全困境。国家应该放弃强权政治，建立某种集体安全机制，摆脱相互斗争的困境。第四，国家间的利益可以调和。国家间并非零和关系，也不是相对获益的关系，而可以绝对获益。第五，建立国际机构保卫世界和平。第六，国际法和国际公约可以保证世界和平。各国应该自觉依国际法和国际公约行事，不应出于一己之私践踏国际规则。第七，国际舆论可以保障世界和平。

① 1922 年，威尔士大学的国际关系讲坛也被冠以伍德罗·威尔逊的名字，以表彰其为国际联盟的创建所做的贡献。

2. 古典现实主义

一战结束以后，欧洲保持了近20年的和平，但是随着20世纪30年代希特勒的扩张和全球法西斯主义的威胁，国际联盟集体安全体系已几近崩溃，理想主义学说的解释力日渐衰退，现实主义理论应运而生。现实主义继承了古典政治哲学家马基雅维利和霍布斯等人"人性本恶"的观点，更加强调权力、利益在国际关系中的地位和作用。

弗雷德里克·舒曼（Frederick Schuman）主张用"新的研究途径"吸取过去的教训，而不是简单地抛弃"旧外交"，他认为国际关系研究关注的重点不应是法律层面，而应是实用层面，首要问题就是权力关系。[1]

第一个真正系统阐述实力政治的是爱德华·卡尔（Edward Carr）。1939年，卡尔出版了现实主义的奠基之作《二十年危机（1919~1939）》。该书认为，在国际关系思想界存在着两种对立的思想，一种是乌托邦主义，即威尔逊理想主义，另一种是现实主义。理想主义最根本的问题就是把世界设想得过于理想，与现实脱节，更多地是在设想世界应该是什么样子，即"应然"，忽视了现实世界到底是什么样子的问题，亦即"实然"问题。

卡尔认为，第一，在无政府状态中，很难界定普世的道德，国家只能在道德与权力之间寻求平衡，也很难依赖国际舆论，因为国际社会中没有统一的国际舆论，而只有国家舆论；第二，权力仍然是国际关系中最重要的因素，没有国家权力的基础，国际组织是软弱无力的；第三，国家之间的冲突是现实存在的，是国际政治的实质使然，而非国家之间沟通不畅造成的。道德的虚幻、权力的重要以及国家间利益的根本冲突构成了卡尔现实主义思想的核心内容，也奠定了古典现实主义理论的基础。[2] 卡尔对理想主义的批判被认为是为两次世界大战之间的国际政治研究敲响了丧钟，标志着现实主义的兴起。[3]

美国国际关系理论大师汉斯·摩根索（Hans Morgenthau）构建了古典现实主义的理论框架。1948年摩根索出版了《国家间政治：寻求权力与和平的斗争》，建立了现实主义的理论体系，系统表述了现实主义的整体思想、基本原则和运用方式。其最重要的贡献即是确定了"现实主义六原

[1]　Frederick Schuman, *International Politics: An Introduction to the Western State System* (New York: McGraw-Hill Book Company, 1937), p.491.
[2]　秦亚青：《权力·制度·文化》，北京大学出版社，2005，第28~29页。
[3]　〔法〕达里奥·巴蒂斯特拉：《国际关系理论》，潘革平译，社会科学文献出版社，2010，第52页。

则"，包括：第一，政治受到植根于人性的客观规律的支配；第二，以权力定义国家利益；第三，以权力定义国家利益是普遍适用的客观法则；第四，普世道德不能用来指导国家行为；第五，国家道德不同于普世道德；第六，政治现实主义是独立的理论学派。[①]

摩根索的理论体系可以概括为以下内容。人性观：追逐权力和利益的最大化；利益观：国家利益以权力定义，权力不仅是国家政策的手段，而且是国家行为的目的；道德观：争取国家利益就是国家道德，普世道德虽然存在，但是不适用于国家。贯穿这三个环节的核心概念是权力，亦即获得、维持和增加权力。总之，古典现实主义理论的框架以权力为核心，以人性观、利益观和道德观为支柱，以国家为单位，以国家之间的竞争为基本互动方式。[②]

可以发现，现实主义与理想主义的立论和观点完全不同，二者之间的争论被称为国际关系理论的第一次大论战。

3. 新现实主义

二战后，随着美苏两大政治军事集团的形成和冷战的爆发，现实主义的影响力持续扩大。同时，随着行为主义、实证主义等方法论开始被广泛地应用于国际关系研究领域，现实主义理论发展变得日益科学化和理论化。

由于新现实主义过于庞杂，根据其理论假定和论述，大体可以分为两派。以肯尼思·沃尔兹（Kenneth Waltz）、罗伯特·杰维斯（Robert Jervis）、斯蒂芬·埃弗拉（Stephen Van Evera）和斯蒂芬·沃尔特（Stephen Walt）等人为代表的学者并不十分强调权力的重要性，更强调安全在国际关系中的核心地位，因此他们的学说也被称为"防御性现实主义"。[③] 其中，1979年沃尔兹出版的《国际政治理论》一书是防御性现实主义学派的代表之作。

沃尔兹继承了古典现实主义的权力政治学说，其理论的核心仍然是权力，但是对古典现实主义进行了重大修正，表现在：第一，国际关系的第一推动是国际体系的无政府性，而不是人性；第二，无政府条件下的国家的第一考虑是生存，而不是盲目追求权力；第三，国家权力是国家生存的手段，不是国家政策的目的；第四，国家权力的第一要素是军事权力。[④]

① Hans Morgenthau, *Politics among Nations: The Struggle for Power and Peace* (3rd ed) (New York: Alfred A. Knopf, 1961), pp. 4~15.

② 秦亚青：《权力·制度·文化》，北京大学出版社，2005，第29~30页。

③ 〔美〕约翰·米尔斯海默：《大国政治的悲剧》，王义桅、唐小松译，上海人民出版社，2008，第15页。

④ 秦亚青：《权力·制度·文化》，北京大学出版社，2005，第31页。

在此基础上，沃尔兹认为：第一，国际体系是以无政府性为基本性质的体系；第二，国家是基本行为单位；第三，对体系的稳定和体系单位行为最重要的影响因素是体系结构。体系结构是指国家之间实力的分配，主要是大国之间实力的分布。① 国际体系结构是自变量，国家行为是因变量，国际体系结构决定国家的国际行为。② 由于强调结构的作用，因此沃尔兹的现实主义思想又被称为结构现实主义。

总之，结构现实主义理论的基本内涵是：以理性主义为理论前提，以国际体系为基本研究层次，以国际无政府状态为基本特征，以民族国家为基本国际关系行为体，以国际体系结构为自变量，以国家行为为因变量。

相比以往的研究，沃尔兹的最大贡献是推动了国际关系的真正理论化研究，因此中国学者张睿壮称其为"一代巨擘"，他"单枪匹马地改变了国际关系学科的面貌，却又坚决反对科学实证主义"③，《国际政治理论》至今仍是国际关系理论界最严谨、最简约的著作。从某种程度上讲，结构现实主义约等于防御现实主义，又约等于新现实主义。

另一派更加强调国家在国际关系中谋求权力的最大化，因此被称为"进攻性现实主义"。其代表性学者和著作是约翰·米尔斯海默（John Mearsheimer）及他的《大国政治的悲剧》。虽然这部著作的理论化程度不是很高，但现实主义意识却超过了以往的现实主义。④ 进攻性现实主义从两个源泉获得了灵感，一是摩根索的权力论，二是沃尔兹的结构论。进攻性现实主义认为，第一，国家的目的是保全自己的生存，因此权力是第一要素。第二，国际体系的无政府结构决定了国家永远无法知道拥有多少权力才能实现这一目标，所以国家必然追求无限大的权力，争霸也就成为大国关系的必然态势，争霸的结果取决于经济和军事实力。⑤ 由于经常鼓吹中国强大

---

① 沃尔兹认为，国际政治系统理论的两个基本要素是系统的结构和互动的单元。结构是由三部分组成，一是根据系统的排列原则来界定，如果一种排列原则被另一种原则所替代，就意味着系统发生了变化；二是根据不同单元的特定功能来界定，如果功能的定义和分配发生变化，那么等级制系统也随之变化，但对处于无政府状态的系统，这一标准不具意义，因为该系统是由同类单元构成的。三是根据单元间能力的分配来界定，无论等级制的还是无政府性质的系统，能力分配的变化就是系统的变化。参见〔美〕肯尼思·沃尔兹《国际政治理论》，信强译，苏长和校，上海人民出版社，2008，第105～106页。

② 秦亚青：《权力·制度·文化》，北京大学出版社，2005，第31页。

③ 张睿壮：《一代巨擘褒与贬》，《世界经济与政治》2012年第5期，第143～154页。

④ 秦亚青：《权力·制度·文化》，北京大学出版社，2005，第49页。

⑤ John Mearsheimer, *The Tragedy of Great Power Politics* (New York and London: W. W. Norton, 2001), p. 5.

后会取代美国，中美之间必将一战，因此米尔斯海默系西方"中国威胁论"的代言人之一。

4. 新自由主义

随着现实主义的日益盛行，其他理论流派也开始酝酿大反攻。尤其是随着20世纪70年代布雷顿森林体系崩溃、美元贬值、越南战争、石油危机等一系列事件的发生，现实主义的解释力逐渐下降，自由主义复兴成为必然。罗伯特·基欧汉（Robert Keohane）、斯蒂芬·克拉斯纳（Stephen Krasner）、奥兰·扬（Oran Young）、海伦·米尔纳（Helen Milner）、丽莎·马丁（Lisa Martin）等人更多强调国际机制、国际制度和国际组织在世界政治中扮演的重要角色，因此这派学者的观点被称为"新自由制度主义"。其中1977年罗伯特·基欧汉和约瑟夫·奈（Joseph Nye）共同撰写的《权力与相互依赖》及1984年基欧汉出版的《霸权之后：世界政治经济中的合作与纷争》是这一学派的代表之作。

《权力与相互依赖》一书提出了"复合相互依赖"的概念，根据这个理论框架对国际机制如何以及为什么发生变迁进行了详细分析。该书还提出了三个与现实主义针锋相对的基本假定：第一，否定现实主义以国家为国际关系唯一行为体的命题，认为国家不是唯一的理性行为体，其他超国家行为体和次国家行为体也在国际关系中发挥着重大作用；第二，军事安全并非总是国家的首要问题，其他问题也会具有极大的政治意义；第三，军事力量不是或不完全是国际关系中国家实现对外政策的最有效手段，更不能事先假定如此。权力不仅仅是军事力量，权力也可以来自相互依存，世界的相互依存度很高，不对等的、不对称的相互依存产生权力。[①]

《霸权之后：世界政治经济中的合作与纷争》借鉴了制度经济学的大量相关概念，新制度自由主义成为新自由主义理论的代表。基欧汉提出了国际制度的"需求说"，指出国际制度具有降低交易成本以及减少不确定性的作用，因此美国霸权衰落以后，它主导建立的各种国际制度依然是可以继续维持的。[②] 基欧汉对霸权稳定论进行了批判，认为维持秩序既靠权力，也靠制度。由于无政府体系中国家对制度存在需求，如一个国家或国家集团

---

① 〔美〕罗伯特·基欧汉、〔美〕约瑟夫·奈：《权力与相互依赖》（第三版），门洪华译，北京大学出版社，2002，第3页。

② 〔美〕罗伯特·基欧汉：《霸权之后：世界政治经济中的合作与纷争》（修订版），苏长和等译，上海人民出版社，2011。

成员服从制度，那么即使霸权国权力衰退，没有强权保障秩序，已有的制度也不会全然瓦解，国际制度仍然可以是维持秩序的最主要手段，促成国家间合作，实现稳定。作为新自由制度主义的代表作，该书从理论和实证两方面比较完整地提出了需求学派的制度理论，也使新自由制度主义成为众多自由主义流派中理论化程度最高的理论，标志着新自由主义理论的成熟。

新制度自由主义的主要观点包括：第一，无政府状态是国际关系的特征，但不一定导致无秩序社会；第二，国家是国际社会的主要成员，是单一、理性的行为体；第三，国家是自私的，将本国利益置于对外政策的首位，但国家间的交往并不一定是冲突，各国可能会追求绝对获益。基欧汉为之设计了一个可验证的公式，其中国际制度是自变量，国家行为是因变量，国际制度决定国家行为。国际制度指持续的、相互关联的正式与非正式规则体系，这些规则体系可以界定行为规范、制约国家活动、帮助国家的期望值趋同。

20世纪七八十年代后，出现了各式各样的自由主义，其中比较有影响的如下。第一，民主和平论，认为民主国家之间很少或从不打仗，民主体制是和平的基本原因。[1] 第二，商贸和平论，继承了亚当·斯密的思想，认为只要国际上有一个开放的商贸体系，国家就不会发动战争。[2] 第三，全球治理理论，认为传统的政府管理已经不适应全球相互依赖加强、全球化迅速发展、各种跨国性和全球性议题不断增多的趋势，因此不仅需要国家，也需要各种国际组织、非政府组织和跨国公司都积极加入全球治理，从而实现有效治理。[3]

5. 建构主义

与新现实主义和新自由主义强调物质力量（权力、制度）处于主导地

---

[1] Melvin Small and David Singer, "The War Proneness of Democratic Regimes, 1816 – 1965," *Jerusalem Journal of International Relations*, Vol. 1, No. 1, 1976, pp. 50 – 69; Michael Doyle, "Kant, Liberal Legacies, and Foreign Affairs," *Philosophy and Public Affairs*, Vol. 12, No. 3, 1983, pp. 205 – 235; Bruce Russett and John Oneal, *Triangulating Peace: Democracy, Interdependence, and International Organizations* (New York: W. W. Norton & Company, 2001).

[2] Richard Rosecrance, *The Rise of Trading State: Commerce and Conquest in the Modern World* (New York: Basic Books, 1986); John Oneal and Bruce Russett, "Assessing the Liberal Peace with Alternative Specifications: Trade Still Reduces Conflict," *Journal of Peace Research*, Vol. 36, No. 4, 1999, pp. 423 – 442; John Oneal and Bruce Russet, "Clean and Clear: the Fixed Effects of the Liberal Peace," *International Organization*, Vol. 55, No. 2, 2001, pp. 469 – 485.

[3] 〔美〕詹姆斯·罗斯瑙：《没有政府的治理》，张胜军、刘小林译，江西人民出版社，2001。

位不同的是，建构主义更加强调的是观念性力量（如知识、认同、语言等）在国际关系中的实践作用。建构主义作为一个宏大的理论谱系，其主要的代表人物有亚历山大·温特（Alexander Wendt）、尼古拉斯·奥努弗（Nicholas Onuf）、弗雷德里希·克拉托赫维尔（Friedrich Kratochwil）、彼得·卡赞斯坦（Peter J. Katzenstein）、约翰·鲁杰（John Ruggie）、迈克尔·巴勒特（Michael Barnett）、江忆恩（Alastair Iain Johnston）、伊曼纽尔·阿德勒（Emanuel Adler）以及玛莎·芬尼莫尔（Martha Finnemore）等人。其中，温特于1999年出版的《国际政治的社会理论》是建构主义最为重要的代表著作。

建构主义对现实主义和自由主义造成了根本性挑战，并逐步与后二者形成三足鼎立的局面，最根本的原因是它与现实主义和自由主义存在不可通约的本体论，其认为社会科学和自然科学有相同之处，也有不同之处，认识论、本体论、方法论三个方面的机械一元主义是不能成立的。建构主义强调观念、认同和文化的重要性，认为国际体系的物质性结构只有在观念结构的框架中才具有意义。考察两个国家的关系，不只是看它们是否都有核武器或是不是邻国，也要看它们到底是敌人还是朋友。

建构主义认为，第一，社会世界是施动者在客观环境中建构的世界。第二，施动者和结构是互构的，任何一方都没有本体优先性。第三，观念的力量是巨大的。观念可以起到因果作用，不仅是指导行动的路线图，而且具有建构功能，可以建构行为体的身份，从而确定行为体的利益。第四，施动者之间的互动可能会产生不同的共有知识结构。而这些不同的共有知识结构会产生不同的无政府体系文化。因此国家间的关系可能会是"你死我活"的霍布斯文化，也可能是互为竞争对手的洛克文化，当国家间关系进化到一定程度的时候，甚至会出现"我为人人，人人为我"的康德文化。[①]

6. 新古典现实主义

冷战结束前后，随着国际形势风云变幻，新现实主义的解释力有所下

[①] Alexander Wendt, "The Agent-structure Problem in International Relations Theory," *International Organization*, Vol. 41, No. 3, 1987, pp. 335 – 370; Alexander Wendt, "Anarchy is What States Make of It: the Social Construction of Power Politics," *International Organization*, Vol. 46, No. 2, 1992, pp. 391 – 425; Alexander Wendt, "Collective Identity Formation and the International State," *American Political Science Review*, Vol. 88, No. 2, 1994, pp. 384 – 396; Alexander Wendt, "Constructing International Politics," *International Security*, Vol. 20, No. 1, 1995, pp. 71 – 81; 〔美〕亚历山大·温特：《国际政治的社会理论》，秦亚青译，上海人民出版社，2008。

降，受到其他理论流派的挑战，一批学者开始思考结合古典现实主义和新现实主义的理论硬核，认为只有既从国家间的权力分配状况（系统变量），也从一个国家的制度、上层精英和其他社会行为体（单位变量）的角度综合考虑，才能对国际关系的现实做出更好的解释。新古典现实主义认为，沃尔兹的结构现实主义出于理论简约的考虑，将影响国家行为的因素归结为国际体系结构，但实际上国家的国际行为同时受到国际、国内两个层次以及两个层次互动的影响。这一派的代表人物主要有威廉·沃尔夫斯（William Wohlforth）、柯庆生（Thomas J. Christensen）、兰德尔·施韦勒（Randall Schweller）等人。法瑞德·扎卡里亚（Fareed Zakaria）认为国家的对外扩张是国际和国内两个层面国家权力作用的结果。杰克·斯奈德（Jack Snyder）认为，国内政治议程是国家对外政策的主要影响因素。①

7. 其他流派

新现实主义、新自由主义以及建构主义组成了目前国际关系研究中的三大主流理论谱系，而这三大主流理论的主要代表人物都活跃在美国。这种情况的出现，主要是因为二战结束后的美国作为世界上最为强大的国家，在各种国际组织和国际事务中处于主导地位，作为一门与一国综合国力和国际地位密切相关的学科，国际关系理论研究因此也呈现严重的美国中心论倾向，斯坦利·霍夫曼（Stanley Hoffmann）甚至认为，国际关系就是一门美国的社会科学。② 但就在这种强烈的美国中心大背景下，一些国家和地区的学者也在努力构建自己本国和地区性的国际关系理论体系。

英国学派。英国学派大致可以归为社会自由主义学派。英国学派早期的重要学者马丁·怀特（Martin Wight）在爱德华·卡尔分类的基础上，将国际关系理论分为现实主义、革命主义和理性主义，分别对应霍布斯传统、康德传统和格劳秀斯传统。前两者类似于卡尔所说的现实主义和乌托邦主义，后者则是怀特的贡献。怀特阐释的理性主义成为英国学派的基本理论出发点。赫德利·布尔（Hedley Bull）是英国学派第二代代表人物，其著作《无政府社会》在20世纪70年代冷战非常激烈之时出版。布尔提出，可以建立一个由规则管理的国际社会。国际社会不是霍布斯式的互相征战的原始状态，而是由法律和准法律约束的社会性结构。英国学派发展至今，出

① 秦亚青：《权力·制度·文化》，北京大学出版社，2005，第51～52页。
② Stanley Hoffmann, "An American Social Science: International Relations," *Daedalus*, Vol. 106, No. 3, 1977, pp. 41–60.

现了新一代的学者以及《国际社会与国际关系的发展》等代表作。巴里·布赞（Barry Buzan）的《世界历史中的国际体系》发展了英国学派的核心思想。尽管他本人不承认自己属于什么学派，但布赞探讨国际社会向世界社会的演进，其方法论特征也已经比较明显，即从历史中提炼理论，这与英国学派的基本研究脉络是并行不悖的。

哥本哈根学派。其以一种崭新的视角对国际安全问题进行研究，代表性假说是复合安全理论。复合安全理论以地区安全为基本分析对象，以国家为基本研究单位，从政治、经济、军事、社会、文化等视角，分析冷战后的安全动力问题。该学派的代表性学者是巴里·布赞和奥利·维夫（Ole Wæver）。1983 年，布赞出版的《人民、国家与恐惧》首次提出了古典复合安全理论，认为安全复合体的基本结构有三个部分，一是单元的安排和相互之间的差异性，二是友善模式或敌对模式，三是重要单元之间的权力分配。在 1998 年出版的《新安全论》中，布赞利用"领域分析法"和"社会建构主义方法"，完成了对古典复合安全理论的重大超越。2003 年，布赞和维夫合作撰写的《地区与强权：国际安全结构》，则提出了地区复合安全理论，认为地区层次是安全研究的适当层次，并为经验主义的研究提供了有用的框架结构。哥本哈根学派对安全研究做出了很大的贡献，并实际解决了很多问题，但仍存在诸多尚待完善之处。

依附理论。强调世界经济中存在中心国家（发达国家）和外围国家（发展中国家），外围国家依附于中心国家发展经济，处于支配地位的国家可以独立发展经济，而受支配的国家只有依附前者才能发展。依附理论有三个主要分支。其一，激进主义依附论。安德烈·冈德·弗兰克（Andre Gunder Frank）的"不发达的发展理论"认为"宗主 – 卫星"的全球体系和"卫星国中心 – 农村"结构的存在使得处于外围的国家日益走向贫困，"外围"的发达程度与"外围"与"中心"的联系密切程度是呈反比的，因此主张外围与中心"脱钩"。萨米尔·阿明（Samir Amin）的理论着重强调资本主义的世界经济体系对于"外围"发展的一种制约与剥削性质。他认为，"资本主义已经成为一个世界体系。矛盾并不存在于各个孤立的国家中的资产阶级和无产阶级之间，而是存在于世界资产阶级和世界无产阶级之间"。其二，改良主义依附论。费尔南多·恩里克·卡尔多索（Fernando Henrique Cardoso）指出，"发展和依附是同时发生、并存的一个过程，而不是相互对立、相互排斥的两个范畴"，因此要利用与资本主义世界经济体系的联系来为本国的发展服务，而不是脱离资本主义的世界体系。其三，主流依附论。多斯·桑托斯（Dos Santos）认为，20世纪五六十年代资本主义发展到跨国垄断资本主义阶段，而发展中国家进入了一个依靠外资实现工业化的阶段。在这一时期，依附研究的重点在于生产领域，而不是流通领域。依附理论认为当代有三种依附形态，即商业－出口依附、金融－工业依附和技术－工业依附。

中国学者也在努力构建自己的国际关系理论体系，例如阎学通、秦亚青等学者从中国视角、中国传统文化出发，试图构建"中国学派"。①

近百年的西方国际关系理论的发展历程大体上可以归结为：萌芽于理想主义学说，成熟于现实主义理论，逐渐发展成为以新现实主义、新自由主义和建构主义理论三足鼎立，其他非主流学派共同繁荣的局面。② 总之，作为国际关系研究的重要组成部分，国际关系理论的重要意义是，不仅描述国际关系的客观现实是什么，更为重要的是回答和解释国际关系为什么会发生这样的现实，甚至是预测国际关系未来的发展趋势，这集中体现了国际关系研究者试图使自己的学科高度科学化的一种努力。

---

① 阎学通、徐进：《王霸天下思想及启迪》，世界知识出版社，2009；秦亚青：《关系与过程：中国国际关系理论的文化建构》，上海人民出版社，2012。

② 林宏宇：《西方国际关系理论的历史沿革》，《国际关系学院学报》2009年第6期，第1页。

第三章　方法[*]

（一）导言

《现代汉语词典》将"方法"定义为"关于解决思想、说法、行动等问题的门路、程序等"。① 肯尼斯·贝利（Kenneth Bailey）在《现代社会研究方法》中将"方法"定义为"收集资料和研究的技术或工具"。② 在国际关系学中，研究方法是指研究人员为实现研究目标而选取和使用的手段。③ 一般来讲，相较于日常工作生活中的方法，研究工作所使用的方法更加复杂和系统，有时候还需要专门的训练。

在国际关系学领域，研究方法本身也是国际关系学研究的重要内容。正如知名国际关系学者罗伯特·杰克逊（Robert Jackson）和乔格·索伦森（Georg Sorensen）在《国际关系学理论与方法》中称，包括国际关系学在内的大部分学科里，都存在着两种最根本的争论：一是关于实质性问题（或者说是事实问题）的争论，如导致第一次、第二次世界大战的原因是什么，贸易能否促进和平等；二是关于方法论（意即研究过程中的概念性和哲学性问题）的争论，例如我们可否用科学的研究方法来研究国际关系。而且，实质性问题实际上也包含概念性问题，如"战争"的定义，"民主"的定

　＊　本章由中国社会科学院台湾研究所科研处副处长张华负责撰写。

　①　中国社会科学院语言研究所词典编辑室：《现代汉语词典》（第 6 版），商务印书馆，2012，第 365 页。

　②　〔美〕肯尼斯·贝利：《现代社会研究方法》，许真译、顾晓鸣校，上海人民出版社，1986，第 8 页。

　③　阎学通、孙学峰：《国际关系研究实用方法》（第 2 版），人民出版社，2007，第 20 页。

义等。①

但是，方法论并不是先天地与实质性问题一样重要。在国际关系作为一个研究领域以及成为一门正式的学科之初，国际关系学者并没有把方法论作为研究的重点。他们主要是就战争与和平、自由与进步等实质性问题进行讨论，并希望自己的观点能够被政治家和外交家所采纳。甚至，很多国际关系学者就是外交家和政治家，如理想主义的代表性成果"十四点计划"，就是美国总统伍德罗·威尔逊提出的。爱德华·卡尔（Edward Carr）等人对理想主义的批驳也没有涉及方法论，批判的重点是其忽视权力的重要性和国家间利益的根本冲突性，以及把道德摆到很重要的地位。毫无疑问，这些都是关于实质性问题的探讨。

直到 20 世纪五六十年代，随着行为主义的创立，方法论问题才日益成为国际关系学的另一个重要议题。在冷战的大部分时间里，行为主义和新现实主义一起构成了国际关系学的主流。② 行为主义以及后来的实证主义带动了方法论的争鸣，同时也推动国际关系研究不断向前发展。进一步说，如果没有研究方法的更新，国际关系理论很难像当前一样百花齐放、百家争鸣。20 世纪 60 年代之前，国际关系研究人员在使用案例和比较方法过程中遇到的程序不够一致、案例选择缺乏标准等问题给研究工作造成了相当大的阻碍。后来结构比较方法的出现和其他案例研究方法的发展有效地克服了上述问题，有力地推动了相关领域的研究，为核威慑、领导人决策类型研究等领域取得突破性成果奠定了基础。③

国际关系研究方法大体可以分为两类，一类可以称为传统/经典的研究方法，另一类则是科学方法。二者的主要区别如下。

1. 传统方法是一种源自哲学、历史学和法学的构筑国际关系理论的方法，其核心特征是明确依赖判断力的实施并且进行假定；科学方法的命题"要么基于逻辑或数学上的证据，要么基于严格的经验性检验程序"。

2. 传统方法是一种有思辨性质的、旨在对现象的意义进行诠释或理解的理论；科学方法是由一系列有内在联系且旨在解释变量之间关系的命题

---

①　〔加〕罗伯特·杰克逊、〔丹〕乔格·索伦森：《国际关系学理论与方法》，吴勇、宋德兴译，天津人民出版社，2008，第 290 页。

②　〔加〕罗伯特·杰克逊、〔丹〕乔格·索伦森：《国际关系学理论与方法》，吴勇、宋德兴译，天津人民出版社，2008，第 291 页。

③　Alexander George and Andrew Bennett, *Case Studies and the Theory Development in the Social Science* (Cambridge: The MIT Press, 2005), Preface, pp. xi - xiii.

或假设构成的理论。

3. 科学方法的本质是排除人的判断力的作用，因而构建的理论总是会突出理论的经验性而排斥规范性；传统方法则强调国际关系理论应该包括经验性和规范性两个方面的内涵。

4. 科学方法力图构建一个具有终极解释力的理论，但传统方法认为国际政治不可能像自然科学一样实现知识的积累，这也决定了无法创造一个终极理论。

5. 传统方法认为国际关系是人类世界的一部分，而人类世界具有复杂性，因此只能通过置身其中，用人文主义去理解它；而科学方法主张价值是外在于事实的，价值难以被科学地阐述，但事实可以，因此应该将研究的重点放在事实上。

6. 这两种理论构建的核心分歧主要源于两者对自然界和人类社会的本质有不同的看法。科学方法的实践者认为自然界和人类社会的本质相同，而且可以用相同的方法进行研究，因此衡量理论品质的终极标准是理论的解释力，而传统方法的看法则正好相反。

具体而言，在国际关系学领域，研究方法的发展大约经历了经典方法、行为主义、实证主义和后实证主义这几个阶段。

（二）国际关系学研究方法发展的阶段

1. 经典/传统主义

在 20 世纪前期，也就是国际关系成为一门专门的学科之前，国际关系研究主要是由历史学家、有学术背景的律师，或者前外交家、记者等主导，他们常常用人本主义和历史的方法去研究国际关系学，这种方法根植于哲学、历史学和法学，其最重要的特征是"对判断力的明确依赖"。[①] 这种方法被称为传统的或经典的方法。

传统的或经典的方法认为，扎实的学术是一个实践经验或学术才能的问题，也就是对国际关系的观察、阅读、质疑、反思与写作的问题。国际关系研究并不取决于技术培训（即使用正确方法、模型与统计技能），而是应该沉积在课题之中，并提出对过去与现在之世界政治有思想、有创见和

[①]　Hedley Bull, "International Theory: The Case for a Classical Approach," in Klause Knorr and James Resenau, eds., *Contending Approaches to International Politics* (Princeton: Princeton University Press, 1969), pp. 20 – 38.

有批判性的看法。因此，经典方法认为，首要任务是探究智力，即好奇心、辨别力与判断力等。

该方法认为，学术活动的基本内容是确定并排列出主要问题的顺序，澄清相关的概念，进行适当的区分，调查历史证据，并提出一个前后一致的、足以解释整个问题的论点。其目标是从研究中的题目去把握或理解其实质性原理。从某种角度上说，传统方法采取的是一种阐释性与反思性的学术态度。

该方法对知识持一种怀疑的态度，把国际关系学视为一个并不完美的领域，认为人们可以从中找到对某个问题的部分解答，但却无法找出确定无疑的答案。国际关系中的普遍命题一定来源于科学上并不算完美的感知或直觉过程，因此只配享有尝试性和不充分的地位。[①]

传统方法强调学术上的"公允"与"超然"，而非技术或科学上的特长，并特别关注道德问题，认为道德是不可能同政治和法律问题分开的，并提倡以一种公允与超然的态度来考察国际政治和国际法的道德基础。其最为著名的案例就是对《北大西洋公约》的伦理基础的询问。对赫德利·布尔（Hedley Bull）而言，"超然的"或"公允的"态度与"价值中立"的方法完全是两回事，因为在探究国际关系或其他任何社会问题时，根本就没有"价值中立"这回事；政治上的公允是指要意识到自己的道德和政治前提，坦诚地面对它们并稳妥地把握它们。

传统方法认为，国际关系学是一门复杂的人文社会科学，是一门交叉学科，本身无法实现知识的累积，应该从早已完备的历史学、政治学、哲学以及国际法中汲取营养，因此永远难以成为一门真正的科学。

正如理查德·费乃甘（Richard Finnegan）所言，传统方法是一种源于哲学、历史学和法学的理论化方法，其首要特征就是明确地依赖判断力的运用，并明确地假设如果我们把自己局限于严格的求证标准之中，那么我们对国际关系就几乎说不出什么东西来了。所以，关于该领域的一般命题必定来源于科学上并不完美的理解和直觉过程，而且这些一般命题至多只能享有与其可疑的来源相称的、尝试性的和非确定性的地位。[②]

---

① Hedley Bull, "International Theory: The Case for a Classical Approach," in Klause Knorr and James Resenau, eds. , *Contending Approaches to International Politics* (Princeton: Princeton University Press, 1969), p. 20.

② Richard Finnegan, "International Relations: the Disputed Search for Method," *The Review of Politics*, Vol. 34, No. 1, 1972, p. 42.

经典方法的代表人物赫德利·布尔认为，传统方法的核心特征是要在思考国际关系中的历史、法学和哲学问题时，运用学术的辨别力和判断力；阅读历史可以养成学术判断力，而思考国际关系中的哲学问题则会使它变得更加敏锐。但是，学术辨别力和判断力根植于"日常的假设"、观察与常识。[1]

2. 行为主义

国际关系理论发展史上曾发生过几次大的论战，其中第二次论战就是关于研究方法的，即传统主义和行为主义之争。

第二次世界大战以后，国际关系学得到了迅速的发展。政府和私人机构愿意扶植"科学的"国际关系研究，从而导致采取严谨的方法论来进行国际关系研究的新一代学者出现。他们的教育背景通常不是外交史、国际法或政治哲学，而是政治学、经济学和其他社会科学，有的还接受过数学和自然科学的训练。

从根本上来说，行为主义是一种学术信条，即认为国际关系学是可以成为一门日趋成熟、精确与简约的、更具预见性和解释力、能在积累中不断进步的科学。行为主义学者认为科学具有同一性，社会科学与自然科学并不存在本质上的差别，包括量化分析在内的分析方法在两种科学中都可以适用。因此，研究者应该本着科学的研究方法和态度，通过模仿自然科学的科学观念，收集资料以推导出政治行为的科学解释，最终把政治科学转变为一门真正的社会科学。研究者应该有严格的研究设计、精确的分析方法、可靠的分析工具、合适的验证标准等。

行为主义的基本原则如下。第一，国际政治学的目标是建立具有说明与预测功能的政治科学；第二，政治学者要把焦点放在以经验证实的现象上；第三，调查研究要彻底计量化；第四，科学无法确立价值。[2]

行为主义的主要观点如下。首先，单独的个人是分析的基本单位。在政治上的活动仅仅是人类行为的一个方面，需要通过社会层面、文化层面以及个人层面等不同的分析层面来考察。但同时，行为主义并不反对对团体、组织或国家等行为体的政治行为分析，只不过是不主张将上述行为体

---

① James L. Richardson, "The Academic Study of International Relations," in J. D. B. Miller and R. J. Vincent, eds., *Order and Violence: Hedley Bull and International Relations* (Oxford: Clarendon Press, 1990), pp. 85 – 140.

② Roy Maeridis, *The Study of Comparative Politics* (New York: Random House, 1955), pp. 9 – 11.

作为主要分析对象。

其次，"科学的研究"应该关注人的行为，尤其是人的行为中的政府和政治因素。海因茨·犹劳（Heinz Eulau）认为，行为主义是在政治背景下研究人们的行为、态度、偏好以及期望，关注的核心议题是人们在社会结构，尤其是政治体系中的角色。[①]

再次，应该追求经验性观察和计量性方法，以严格的实验与程序来确立一般化模式。应从其他学科领域（主要是经济学，而不是传统主义主张的哲学、历史学等）引进方法论，如理性选择理论、效用预期法则、博弈论、电脑模拟技术与系统理论等来分析国际关系现象。

最后，科学知识应以通过经验可观察的现象为基础，传统主义所主张的研究问题的判断力和敏锐性应受到严格限制。在行为主义的影响下，国际关系理论逐渐侧重于严格的方法与程序、逻辑性推论、客观科学，追求"检验可证伪的原则"，如肯尼思·沃尔兹（Kenneth Waltz）的结构现实主义。

总之，行为主义方法关注解释性理论而非规范性理论，关注重复性的模式而不是单一的事件，关注那些含有可量度的经验参数的可操作性概念而非那些极为微妙的概念，注重概念框架，注重关于数据收集、量度和表述的精确技术。[②]

行为主义的代表人物有戴维·伊斯顿（David Easton）、莫顿·卡普兰（Morton Kaplan）等。伊斯顿为政治体系提供了一种分析框架，认为国家是为社会进行政治决策的场所，政治是一种输入→决策→输出→反馈→再输入的不间断进行的过程。卡普兰承认国际关系研究中把握历史发展的重要性，但仍认为历史是一个实验室，相关变量可以纳入一个科学的分析框架之中。他还利用系统理论分析了国际体系、均势体系、松散的两极体系、进展的两极体系、普适性的国际体系、等级的国际体系和单位否决的国际体系。

卡普兰最著名的成果就是对均势体系的分析：第一，国家行为的目的是增强实力，但"不战而屈人之兵"是首要选择；第二，宁愿通过战争阻止对手增强实力；第三，战争并不以消灭国家行为体为目的；第四，反对任何国家或国家集团在体系内取得支配性地位的企图；第五，任何国家都

[①] Heinz Eulau, *The Behavioral Persuasion in Politics* (New York: Random House, 1963), p. 21.

[②] Richard Finnegan, "International Relations: the Disputed Search for Method," *The Review of Politics*, Vol. 34, No. 1, 1972, p. 52.

是可以接受的任务伙伴，包括允许被打败的国家重新回到体系之中。[1]

3. 实证主义

实证主义是国际关系学中另一种重要的方法论。当前国际关系学界，尤其是美国的国际关系学者所进行的研究，很多都是基于实证主义的方法论展开的。

作为西方哲学中的一种传统，"实证主义"通常是指关于人类知识的一种特定的哲学态度。实证主义又称实证论，其中心论点是：人们必须透过观察或感觉经验，去认识自己身处的客观环境和外在事物。实证论者认为，虽然每个人接受的教育不同，但他们用来验证感觉经验的原则并无太大差异。实证主义的目的是建立知识的客观性。实证主义反对神秘玄想，主张以科学方法建立经验性的知识。这种思想恰巧与柏拉图的理性论相反，柏拉图认为只有观念才是真实的，感官都是虚幻的。

实证社会学的代表人物孔德认为，人类非生而知道万事万物，必须经由学习过程，从不同的情境中获得知识。透过直接或间接的感觉推知或体察、认识经验，并且在学习过程中进一步推论还没有经验过的知识。超越经验或不能通过经验观察到的知识，不是真的知识。孔德在《实证哲学》一书里提出，人类进化包括三阶段：一是神学阶段，盖人类对于自然界的力量和某些现象感到惧怕，因此就以信仰和膜拜来解释自然界的变化；二是玄学阶段，以形而上或普遍的本质解释一切现象的阶段；三是实证阶段，也就是科学的阶段，运用观察、分类以及分类性的资料，探求事物彼此的关系，并认为此法获得的结果才是正确可信的。

一般认为，政治学的实证主义承袭了行为主义的衣钵，继承了行为主义的大部分假设和观点，但同时又进行了进一步的创新和发展。实证主义认为，第一，社会世界、政治世界和国际世界都具有某种规律或模式，如果采用正确的方法论对其进行研究，那么这些规律和模式可以得到正确的解释。第二，包括政治科学在内的所有科学，具有内在的一致性。第三，存在一个客观的知识世界，至少存在"主客观的一致性"，观察和经验是建构、判断科学理论的关键。第四，强调经验命题的中心地位，接受假设的原因源于对现实的仔细观察。第五，基本命题是简约的，能用清晰明了的方式表达出来，最简单的理论是最好的。

---

[1] Morton Kaplan, *System and Process in International Politics* (New York: Wiley, 1964), pp. 21 - 53.

　　吉尔德·德兰逊（Gerard Delaney）认为实证主义的特征如下。第一，科学方法的一致性。自然科学的研究方法和社会科学之间没有本质的区别，自然科学通常被当作所有科学的典范。第二，自然主义。科学对自然保持客观化的态度，也就是说，把自然视为一种外在于科学的客观存在，它能够被中立地观察到。第三，经验主义。科学的基础是观察，研究的程序是从观察开始，然后进行检验的。第四，价值中立。坚持事实与价值的二元论，科学并不对它的研究对象做出价值判断，它是独立于社会和道德价值的中立活动。[①]

　　当代实证主义基本可以分为两类：一是定量研究模式，因为实证主义者试图建立可以证实的经验总结，因此倾向于使用定量研究和数学模型；二是理想选择分析模式，比如博弈理论。[②]

　　实证主义的代表人物是约翰·瓦斯奎兹（John Vasquez）和沃尔兹。瓦斯奎兹提出了一个好的经验理论的"七条标准"，包括：精确且有限、非相对主义、可证实或证伪、解释力强、能经受得起改进、与已确立的知识相一致、简约。[③]沃尔兹是新现实主义的代表人物，其对卡普兰的系统理论进行了批评，提出了一套检验国际关系理论的标准，认为如果我们能够接受某种假设、观念和逻辑，那么相应的预期和预言就会实现，因而也可以得出国际政治行为的结果。沃尔兹还根据此标准创立了自己的结构现实主义理论。

4. 后实证主义

　　实证主义方法论催生了包括批判理论、后现代主义、建构主义与规范理论在内的几种后实证主义方法（需要注意的是，与新现实主义和现实主义的关系不同，后实证主义并非实证主义的发展和提升）。

　　批判理论是马克思主义进一步发展的理论，因此有时候被称为新马克思主义。批判理论主要是一群从德国移民到美国的学者发展出来的，因此亦被称为法兰克福学派。其代表人物是罗伯特·考克斯（Robert Cox）和安德鲁·林克莱特（Andrew Linklater）。

---

①　〔英〕吉尔德·德兰逊：《社会科学：超越建构论和实在论》，张茂元译，吉林人民出版社，2005，第2页。

②　Michael Nicholson, "The Continued Significance of Positivism?" In Steve Smith, Kenneth Booth and Marysia Zalewski, eds., *International Theory: Positivism and Beyond* (Cambridge: Cambridge University Press, 1996), pp. 128 – 146.

③　John Vasquez, "The Post-Positivist Debate," in Kennth Booth and Steve Smith, eds., *International Relations Theory Today* (Cambridge: Polity Press), p. 230.

批判理论认为，第一，不存在不与社会法则发生联系的世界政治或全球经济。第二，社会世界是建立在时间和空间上的，国际体系是最强大国家的一种特殊建构，包括国际关系在内的任何事物都是社会的和变化的，因而是历史性的。第三，世界政治是构建的而不是被发现的，因而不存在主观和客观的根本差别。第四，不论从伦理上、政治上还是意识形态上来说，知识都不是也不可能是中立的。知识都源自分析者的社会视角，反映观察者的利益、价值观和倾向，因而都是带有偏见的。罗伯特·考克斯认为，"理论总是为某些人和某些目的服务的"。[1]

批判理论所固有的政治属性，使之认为根本不存在正义和客观的可能性，理论之争根本上是政治之争，社会科学家和社会科学都是权力的工具，因此批判理论学者掌握知识是出于一种政治目的，即揭露"北方"富国对"南方"穷国的全球性主宰，鼓动人们按照其宣扬的意识形态进行社会和政治革命，使人类从霸权国家尤其是美国控制下的世界政治和经济压迫结构中解放出来。批判理论致力于推翻现有政治和经济体系，因此常常被认为是革命理论。

当然，批判理论中也存在一种较为温和的观点。温和派认为，没有知识可以完全做到价值中立，但是党派政治与国际关系学者所追求的知识还是不一样的。学术虽然不可能完全脱离政治的影响，但却可以尽力实现系统和正义的分析。

后现代主义是由法国哲学家创立的，以反对盛行于20世纪四五十年代的存在主义哲学为己任。20世纪80年代，后现代主义被引入国际关系学领域。代表性学者是理查德·阿什利（Richard Ashley）。

后现代主义认为，第一，"现代性"的概念及其宣称的可以为人类带来进步和更加美好生活的思想，构筑了一个牢笼，而学者则是其中的囚徒。第二，人类难以客观地认知社会现象，不存在一种可以不断扩展的有关人类世界的知识，相信人类智识的发展进步是错误的和缺乏依据的，和宗教信仰一样是主观信仰。第三，根本特性是"质疑元叙事"，即质疑所谓的社会世界真理，认为知识和权力紧密相连，所以根本不存在不受权力影响的知识，社会科学不是中立的，而是历史的、文化的和政治的，因此不存在

---

[1] Robert Cox, "Social Forces, States and World Order: Beyond International Relations Theory," in Robert Keohane, ed., *Neorealism and Its Critics* (New York: Columbia University Press, 1986), p. 207.

中立、正义或独立的判断，任何经验判断都是神话。

后现代主义常常把批判的矛头对准新现实主义，尤其是批判其无政府结构及其理论的非历史偏见。后现代主义认为，新现实主义作为一种非历史的理论，反过来会产生一种物化形态，而在这一形态中，历史形成的社会结构具有不可变更的制约力。单个行为者最终会成为注定要参加全部历史再造过程的纯粹的物质。①

温和的后现代主义认为，关于世界的思想和理论既包括了客观因素，也包括主观因素。客观因素是指学者基于学术的考虑，主张对真实世界本质进行认真的研究和认识。主观因素是指学者受到不同价值观念的影响，同时难以从自身的观点养成中自拔，因此其观察世界时总存在主观因素。这种观点认为，可以形成一定的知识和理论，但这种知识需要被证明不是主观臆断的结果，而是众所印证的标准的文本。

罗伯特·杰克逊和乔格·索伦森在《国际关系学理论与方法》中称，规范理论并不是真正的后实证主义，而是前实证主义。虽然规范理论在某些方面被称为经典方法的同义词，但其实是一种全新的理论。规范理论的代表性学者有克里斯·布朗（Chris Brown）、默文·弗罗斯特（Mervyn Frost）和特里·纳尔丁（Terry Nardin）。

规范理论试图阐述国际关系中的伦理问题。这些学者认为，规范理论既是关于"事实"的，又是关于"价值"的，反对将经验理论（实证主义式的事实理论）和规范理论（一种经典主义式的价值理论）从根本上加以区分。事实是指规则、制度以及有规范内容的事件，例如有关人类社会的规则、有关战争的规则等，而价值就是明晰阐述外交政策和其他国际行为中出现的规范问题、冲突和困境。

布朗认为，规范理论阐述了国际关系的道义温度和该学科提出的富有意义和解释力的广泛问题。最根本的是，阐释了共同体和国家间关系的理论性质。② 其将国际关系的基本伦理问题划分为两类，一是世界大同主义，关注人类个体和整个人类共同体，并将其视为国际政治中的基本权利和义务载体；二是共同体主义，关注政治共同体，并将主权国家视为国际政治

---

① Richard Ashley, "The Poverty of Neo-realism," in Robert Keohane, ed., *Neo-realism and Its Critics* (New York: Columbia University Press, 1986), p. 291.

② Chris Brown, *International Relations Theory: New Normative Approaches* (New York: Harvester Press, 1992), p. 3.

中最根本的行为体，其权利、义务和利益优先于其他的国际关系行为体。规范理论的任务就是对这些理论进行评判，并决定哪一种学说更具有先进性和优先权。

弗罗斯特认为，布朗让我们明白了当前的国际关系理论是什么，但是却没有探讨更根本的问题，即个人伦理和政治共同体伦理是什么。如果能够确定是国家重要还是制度重要，就可以浅显地推出政治行为体的行为目标。因此，规范理论的目的是在相关的研究中找到"制度的伦理规则"。①

纳尔丁将关注的重点集中到国际法伦理和治国伦理，强调国际伦理根本上是政治人物的选择，因而国际规范应由规范的实践者来提供。评判政治人物行为应根据政治人物普遍接受的标准来进行。规范理论的主要任务是对各种规范提出质疑，目的是阐述实践者所揭示的论证框架的科学性。

---

① Mervyn Frost, *Ethics in International Relations* (Cambridge: Cambridge University Press, 1996), p. 4.

第四章　战前国际关系史[*]

（一）导言

历史是什么？从表面意思来理解，历史是指过去的事实。从专业学科角度看，历史是一个记载和解释一系列人类活动进程的学科。国际关系史是历史学的一个分支，是研究国际关系行为体间互动的学科。国际关系史中的行为体主要是指国家和国际组织。国家是国际关系行为主体，国际组织是由国家衍生出来的。因此，国际关系史主要研究的是国家间关系的历史。

近现代国际关系史是国际关系史中时间跨度大、涵盖范围广的一段历史。这段历史从欧洲三十年战争开始，一直延续到第二次世界大战结束，历时三百多年。按照行为主体和主要矛盾的变化，大致可以分为五个阶段，即：威斯特伐利亚体系下的欧洲均势（1618～1814），维也纳体系下的欧洲协调（1815～1870），两大军事集团的形成与第一次世界大战（1871～1918），凡尔赛－华盛顿体系与20年危机（1919～1938），第二次世界大战的爆发与雅尔塔体系的确立（1939～1945）。本章精选了这一历史时期十分重要的30个问题。这些问题涉及的历史事件的共同特点是对相当长一段时期的国际关系产生了重要的影响，并能够在读者的理解掌握过程中发挥提纲挈领的作用。可以说，全面深刻地理解了这些问题，就把握了这一阶段国际关系的主要特点和矛盾焦点，也就系统地厘清了这一阶段的主要脉络。

＊　本章由中国青年政治学院国际关系研究所副所长丛培影博士负责撰写。

（二） 威斯特伐利亚体系下的欧洲均势 （1618～1814）

这一阶段的主要矛盾是英法矛盾，突出表现为法国力图在欧洲称霸和以英国为首的欧洲国家联合反对法国称霸的历史进程。这一时期的主要行为体是英国、法国、俄国、普鲁士、奥地利、西班牙、瑞典等国家。三十年战争后签订的《威斯特伐利亚和约》作为近现代国际关系史的开端，最重要的意义在于确立了主权原则。民族国家只有在主权原则的基础上才能正常发展彼此之间的关系，因此，《威斯特伐利亚和约》的签订标志着欧洲从中世纪走向了近代，国家成为国际舞台上的主角。与此同时，和约的签订也标志着威斯特伐利亚体系的形成。这一时期还发生了英国资产阶级革命，对整个欧洲国际关系也产生了重要影响。克伦威尔时期的英国通过对荷战争，确立了英国的海上霸权。同时，英国通过参与法西战争，开始干预欧洲大陆事务。这些都为英国在欧洲大陆推行均势政策奠定了基础。威斯特伐利亚体系的突出特点是均势的自然形成，均势原则成为各个国家认可与接受的基本信条。每当欧洲大陆出现霸权国家时，反对霸权的联盟都会自动形成。在西班牙王位继承战争后，均势原则被明确地写入和约中，成为这一时期国际关系的基本原则。拿破仑时期法国的对外战争，对威斯特伐利亚体系确立的均势原则造成了致命冲击。拿破仑通过其在欧洲大陆构建的大陆体系，实现了称霸欧洲的诉求。虽然以英国为首的反法同盟最终战胜了拿破仑，但是威斯特伐利亚体系确立的欧洲秩序却受到了极大冲击。美国的独立对整个世界范围内的国际关系产生了重要影响。美国在建国初期，因实力弱小，一直徘徊在"亲英"与"亲法"两种政策之间。随着自身实力的增长，美国确立了对外政策的总体原则——"孤立主义"和"扩张主义"，两者看似矛盾，实则相互补充，它们对美国后来的外交政策产生了深远的影响。

（三） 维也纳体系下的欧洲协调 （1815～1870）

这一时期的主要特征是维也纳会议对欧洲秩序进行了重新安排。维也纳会议确立了"均势原则""正统原则"和"补偿原则"。英、俄、普、奥和后来重新回归的法国成为这一时期的主角。神圣同盟和四国同盟成为维也纳体系运转的载体。通过召开国际会议协调各国之间利益的方式，构成了保障维也纳体系稳定的欧洲协调机制。维也纳体系能够维系欧洲的百年和平，一方面因为其确立了"大国一致"原则，另一方面因为其确立了召开国际会议解决争端的协调机制。但是，维也纳体系内部也存在不和谐因素，英国与俄、普、奥三国在干涉革命问题上出现严重分歧，美国在这一时期提出了"门罗主义"，以保证自身在美洲的霸主地位，这些都对维也纳体系构成了挑战。这一时期，俄、普、奥三国通过镇压欧洲革命在行动上实现了统一。1848 年欧洲革命的爆发，彻底冲垮了俄、普、奥主导的神圣同盟，维也纳体系缺少了这一"重要支柱"，已无法维系下去。1853 至 1856 年，英法同俄国之间爆发的克里米亚战争彻底动摇了维也纳体系运转的基础，五大国的关系在战争之后变得更加复杂和难以协调。维也纳体系也随之解体。

（四）两大军事集团的形成与第一次世界大战（1871～1918）

德国通过 1870～1871 年的对法战争实现了统一。德国的统一改变了欧洲国际关系格局。德法矛盾也成为这一阶段的主要矛盾。德国时任首相俾斯麦通过构建一套复杂的大陆体系来孤立法国。这一政策在他的精心策划与协调下，达到了预期目的。但整个结盟体系内部矛盾尖锐，尤其是俄奥之间在近东的矛盾不可调和，1878 年柏林会议召开，德国偏袒奥匈帝国，使德俄关系恶化，凸显出俾斯麦结盟体系内部的冲突与矛盾。随着俾斯麦的辞职与威廉二世"世界政策"的提出，德国总体的政策由"关注欧洲"转向"参与瓜分世界"，这就必然与当时的殖民大国英国产生冲突。由此，19 世纪末 20 世纪初的英德矛盾成为当时欧洲的主要矛盾。同时，在世界范围内，列强展开了瓜分殖民地的狂潮，这一时期爆发了三次帝国主义战争，即：美西战争、英布战争和日俄战争，它们对国际格局产生了重要影响。第一次世界大战改变了整个世界格局的力量对比关系，世界秩序在战胜国的主导下被进行了重新设计与安排。

（五）凡尔赛－华盛顿体系与 20 年危机（1919～1938）

战胜国召开的巴黎和会及签订的一系列条约，与在美国主导下召开的华盛顿会议及签订的一系列条约，共同构成了一战后调整世界秩序的凡尔赛－华盛顿体系。凡尔赛－华盛顿体系内部存在的矛盾，使其不能正常运转，更不能起到防止侵略、遏制战争的作用。苏俄的建立，使世界出现了另一种新的意识形态。苏俄建国之初，主要的对外政策是借助帝国主义之间的矛盾打开本国的外交局面，摆脱孤立的国际地位。1929～1933 年的世界经济危机对当时的国际关系产生了重要影响。为了摆脱经济危机，德、日走上了法西斯道路，开始了扩张的步伐，欧亚战争策源地逐渐形成。美、英、法等资本主义国家为了摆脱危机的影响，将重心放回国内，并在关税、贸易、货币等领域展开了激烈竞争。加之受当时和平主义和孤立主义思潮的影响，英、法、美等国推行的绥靖政策和中立政策，实际上鼓励了法西斯国家加快侵略步伐。20 世纪 30 年代，苏联一直倡导集体安全政策，遏制法西斯德国的对外侵略扩张，但是由于意识形态方面的冲突，苏联同英法始终未能达成合作协议。苏联与英法之间的不信任使双方的谈判破裂，苏联转而同法西斯德国缔结互不侵犯条约，并开始建立防范侵略的"东方战线"，以争夺更多的时间和空间。由于缺少有效的制约机制，德意日三国之间相互勾结，加快了对外侵略扩张的步伐。第二次世界大战已迫在眉睫。

（六）第二次世界大战的爆发与雅尔塔体系的确立（1939～1945）

第二次世界大战爆发后，英、美等国认识到了德意日法西斯对外侵略的严重性，纷纷调整政策，并开始酝酿构建世界范围内的反法西斯联盟。1941 年 6 月苏德战争爆发后，美国开始援助苏联。同年 12 月，珍珠港事件发生后，太平洋战争正式爆发。美国直接参战，并与英国签署了《大西洋宪章》，反法西斯国家在 1942 年初共同签署了《联合国家宣言》，标志着世界反法西斯同盟的最终建立。反法西斯同盟的建立，使盟国之间加强了相互间的协调与合作，加速了世界反法西斯战争的胜利。战争结束前夕，美、英、苏三大国召开了雅尔塔会议，会议对战后的世界秩序做了重新安排。会议确立了美苏两大国在战后共同主导世界的国际地位，开启了国际关系的新局面。作为集体安全机制的集中体现，联合国的建立对于人类和平事业的发展具有重要意义。

第二次世界大战也使世界政治的重心完成了从欧洲大陆向其"两翼"的转移。随着战争的结束，美苏的战时合作没有能够得到延续，双方因意识形态的差异与国家利益冲突，从合作走向全面对抗。美苏两大阵营的形成，使世界政治进入了冷战时代。此后，双方在经济、政治、军事等领域的激烈对峙主导了整个时代。

（七）专题解析

1.《威斯特伐利亚和约》对国际关系的影响

三十年战争是欧洲历史上一次具有全局性并产生深远影响的战争。几乎所有的欧洲国家都被卷入进来。战争最重要的影响是使主权从神权的阴影中解放出来。如果没有主权原则的确立，以国家为主要研究对象的国际关系学科根本无从谈起。可以说，三十年战争和战后签订的《威斯特伐利亚和约》确立的主权原则构成了国际关系研究的逻辑起点。

从战争的性质来讲，三十年战争依然是一场宗教战争。战争的两大阵营是按照宗教派别进行划分的。战争按照与哈布斯堡王室对抗的主要国家，一般分为四个阶段：波西米亚阶段，丹麦阶段，瑞典阶段和瑞典－法国阶段。战争结果是以法国和瑞典为首的新教诸侯取得了胜利。

法国本身是天主教国家，它加入新教阵营有着深刻的历史动因。当时，主导法国政坛的枢机主教黎塞留（Cardinal de Richelieu）把法国的国家利益看得比任何宗教利益都重要。他认为，哈布斯堡王室重建天主教权威的企图将成为法国在地缘政治上的安全威胁。他把宗教与道德均置于个人最高原则"国家至上"之下。也正是遵循了这样的政策，法国成为那个时代欧洲最强大的国家，大大拓展了其版图。三十年战争结束后的一百年时间里，国家至上原则成为欧洲外交的指导方针。

从 1643 年起战争双方开始和谈，举行了欧洲最早的一次国际会议——威斯特伐利亚和会。1648 年 10 月双方在与威斯特伐利亚（Westphalia）相邻的两个城镇闵斯特（Munster）和奥斯纳布鲁克（Osnabrug）分别缔结的条约被统称为《威斯特伐利亚和约》。

和约确立了一些现代国际关系的原则，对欧洲国际体系的建立和欧洲未来政治、经济秩序产生了深远影响。第一，确立了召开国际会议解决争端的先例。这是中世纪以来，欧洲召开的第一次讨论世俗事务的国际会议。除了英国、波兰、俄国三国没有参加外，其余欧洲国家都派出了代表，因此这是欧洲一次真正的国际会议。第二，确立了国际关系中最为重要的民族国家的主权原则。它通过承认德意志众多诸侯国和瑞士、荷兰的主权，将早在文艺复兴时期就开始讨论的国家主权原则和国际法观念，以主权国家体制的形式确立下来。① 从此，人们以国家为最高权威，不再承认有任何超越国家之上的约束者或所谓的世界统治权。第三，首次确认了条约必须得到遵守和对违约的一方可施加集体惩罚的原则，"缔结此和约者应遵守与执行相关条款。无论教士和俗人，凡反对本和约者，双方应反对之，以捍

① 刘德斌主编《国际关系史》，高等教育出版社，2003，第 3 页。

卫本和约的每一项条款"。① 第四，打破了罗马教皇神权统治下的世界主权论。主权是国家的属性，强调国家主权的统一性、不可分割性和独立性的国家主权学说和观念得到了进一步的发展和认同，使国际关系中的世俗化倾向得到加强。第五，确立了外交常驻代表机构制度，为主权国家间经常性的政治经济交往提供了制度上的保证。

《威斯特伐利亚和约》结束了持续三十年之久的全欧洲规模的战争，而且在欧洲大陆上形成了一个力量对比相对均衡的政治格局，它建立了近代国际关系史上的第一个体系——威斯特伐利亚体系，并且维持了欧洲一百多年的稳定。

> **※ 黎塞留**
>
> 阿尔芒·让·迪普莱西·德·黎塞留（Armand Jean du Plessis de Richelieu，1585 年 9 月 9 日 ~ 1642 年 12 月 4 日），法王路易十三的宰相，及天主教的枢机主教。他在法国政务决策中具有主导性的影响力。从 1624 年起担任首相，黎塞留执政长达 18 年。黎塞留的执政方针主要涉及以下两个目标：其一，对外对抗哈布斯堡王朝；其二，对内加强法国的中央集权。黎塞留极富外交、政治才干，是三十年战争的实际推动者和幕后策划人之一，在三十年战争中，法国并不是完全公开地与哈布斯堡王朝对抗，而是秘密地资助哈布斯堡王朝的敌人。他和后任宰相马萨林都致力于使法国兴盛并阻止德意志统一，力图打破哈布斯堡王朝对于法国的战略包围状态，为路易十四王朝前期的兴旺发达奠定了良好基础。尽管他是天主教枢机主教，但是为了法国的兴盛，他毅然决然地推动法国加入新教同盟，将主权置于教权之上。在国内，他通过削弱贵族和新教徒的力量加强了王权。在他任内，法国王权得以极大加强。1635 年，在他的极力倡导下，法兰西学术院得以成立。

2. 克伦威尔时期英国外交政策的走向及特点

17 世纪中叶，代表封建专制政权的英国国王与代表新贵族和资产阶级的议会之间的矛盾因财政问题不断激化，英国终于在 1640 年爆发了资产阶级革命。英国资产阶级革命期间，欧洲各国正忙于大小战事，无暇顾及英

---

① 〔苏〕Д. 费尔德曼，Ю. 巴斯金：《国际法史》，黄道秀、肖雨潞译，法律出版社，1992，第 96 页。

国，客观上为英国资产阶级革命提供了一个有利的国际环境。经过两次内战，英国资产阶级于 1649 年宣布英国为共和国。

革命时期，克伦威尔（Cromwell）成为新贵族和资产阶级的代言人。他在 1642 年到 1648 年间的两次内战中，先后统率"铁骑军"和"新模范军"战胜了王党的军队。1645 年 6 月，克伦威尔率军在纳西比战役中取得对王党的决定性胜利。1649 年，在城市平民和自耕农的压力下，克伦威尔处死国王查理一世，宣布成立共和国。1653 年，克伦威尔建立军事独裁统治，自任"护国主"。①

这一时期，英国对外政策的重点是海外扩张、争取更多的殖民地。这样英国的主要对手就定为西班牙和当时的海上强国、号称"海上马车夫"的荷兰。因此，在克伦威尔时期，英国主要的外交政策是进行对荷兰的战争以及干预欧洲大陆政治。

第一，进行殖民扩张，发动对荷兰战争。1649 年，在镇压平等派运动以后，克伦威尔开始了历时三年的侵略爱尔兰的战争。他的海洋政策是建立世界贸易霸权，他命令英国商船和舰队到处抢占殖民地。而荷兰当时是英国建立海洋霸权的最大障碍。为了对付荷兰，克伦威尔于 1651 年颁布了《航海条例》，规定凡是进出口英国本土和殖民地的货物，须用英国船只或商品原产国船只运送。② 这个条例对主要从事转口贸易的荷兰是一个沉重打击，荷兰断然拒绝了这个条例。随后，英荷之间爆发了第一次战争（1652～1654），荷兰战败，被迫签订了《威斯敏斯特和约》。荷兰被迫承认了《航海条例》。英荷战争后，英国还与瑞典、丹麦签订了和平同盟条约和商约，葡萄牙也被迫臣服于英国。从此，英国的海外贸易和航海事业迅速发展起来。

第二，利用法西矛盾，干预欧洲大陆政治。克伦威尔时期，英国与欧洲大陆国家的矛盾主要体现为同西班牙的矛盾。英国与西班牙的矛盾集中体现为殖民地问题。西班牙当时控制了西半球大量的殖民地，不许英国商人到西属殖民地进行贸易，而这些殖民地也是英国的扩张目标。法西矛盾在这一时期十分尖锐。法国希望同英国结盟，共同与西班牙作战。克伦威

---

① 时殷弘：《现当代国际关系史（从 16 世纪到 20 世纪末）》，中国人民大学出版社，2006，第 86 页。

② 王绳祖、何春潮、吴世民编选《国际关系史资料选编（17 世纪中叶—1945）》（修订本），法律出版社，1988，第 8 页。

尔认为，可以利用法国在欧洲大陆的实力削弱西班牙，进而获取其海外殖民地。1655年，英法缔结和约共同对西作战。1658年，英法与西班牙进行决战，以西班牙失败告终。对西班牙战争的胜利，使英国占领了牙买加，而且在欧洲大陆占领了敦刻尔克，英国的力量进一步增强。

第三，1655~1660年期间，通过调停波兰、丹麦、瑞典等国之间的战争，获得了自由通过松德海峡的权利，进而巩固了与波罗的海沿岸国家密切的商业往来。

英国资产阶级革命后，正是通过克伦威尔时期的对外政策实现了对外扩张和干预欧洲政治的目的。克伦威尔时期的对外政策表现出强烈的"重商主义"色彩，他的政策为国内资本主义工商业的发展创造了有利环境，也使国内资产阶级地位得以巩固，影响力进一步增强。英国资产阶级革命中间虽有波折，但是克伦威尔时期的政策巩固了国内的力量对比关系，使英国的对外政策得到了延续。同时，英国在关注本国利益的同时，也开始将视线移向欧洲大陆，为英国今后参与并影响欧洲大陆事务奠定了基础。

> ### ※ 克伦威尔
>
> 克伦威尔（Oliver Cromwell，1599~1658年）是英国17世纪资产阶级革命的领袖、政治家和军事家。克伦威尔1599年4月25日出生于亨廷登郡一个没落的新贵族家庭。青年时期就学于剑桥一个著名的清教学院，受到清教思想熏陶。1628年被选入议会。17世纪30年代迁居剑桥郡，曾帮助当地农民反对贵族地主排干沼泽侵害农民利益的行为，因而在东部各郡中颇孚众望。1640年作为剑桥郡的代表先后被选入"短期议会"和"长期议会"。在"长期议会"中，与坚决反对王党的议员站在一起，参加制定《大抗议书》等文件。1642年，英国内战开始，他站在国会革命阵营方面，以自己组织的"铁骑军"屡建战功。1645年，国会授权克伦威尔改组军队，他以铁骑军为基础组成"新模范军"。他指挥这支军队，战胜了王党的军队。1649年1月30日，他在人民的压力下，以议会和军队的名义处死国王查理一世。同年5月，宣布英国为共和国，成为实际的军事独裁者。他镇压掘地派运动，出兵远征爱尔兰。1653年，他驱散议会，自任"护国主"，但国内经济状况不断恶化，阶级矛盾日趋尖锐，克伦威尔始终未能稳定局势，于1658年病死。

3. 威斯特伐利亚体系下的欧洲均势是如何体现的

《威斯特伐利亚和约》的签订加速了欧洲力量格局的重新分化与改组。它削弱了当时欧洲主宰哈布斯堡王室的实力，促进了一种多力量格局的产生。到17世纪中叶，各民族国家成为欧洲国际关系的主角。他们频繁地更换联盟，进行战争。经过了一个时期的优胜劣汰，18世纪欧洲的政治格局发生了重大变化。西班牙、荷兰、瑞典和波兰等国从一流强国沦为二流强国，法国、英国、俄国、奥地利、普鲁士则成为欧洲五强，主宰着欧洲的秩序。欧洲五强成为18世纪欧洲外交舞台上的主角，并在一定程度上形成了各自独特的对外政策。欧洲大陆中，法、普、奥呈现三足鼎立局势，作为欧洲两个侧翼国家的英国和俄国在努力保持欧洲大陆均势的情况下，在欧洲以外的地区进行扩张。英国的殖民步伐迈向海洋，俄国的扩张矛头指向广袤的欧洲大陆东端。法国无疑是三十年战争的最大受益方。三十年战争及后来对西战争的胜利，加之新任财政大臣科尔伯特（Jean-Batiste Colbert）大胆整顿财政秩序，改革税收制度，努力发展工商业和积极扩大航运事业，使法国国力迅速提升。确立了强大王权的路易十四希望实现欧洲霸权，实现法国所谓的"天然边界"的宏大梦想。为了实施这些政策，路易十四开始了一系列征战。

这一时期，威斯特伐利亚体系下的均势表现为平衡法国的霸权。第一，在法国发动战争期间，各国保持高度警惕。在看到法国获利过多时，各国纷纷出面干涉。如在西班牙遗产战争中，荷兰、英国和瑞典出面干涉。第二，在法国已经成为欧洲的军事威胁时，各国联合共同制衡法国，如1686年，西班牙、瑞典以及巴伐利亚等德意志邦国在奥格斯堡结成同盟（称奥格斯堡同盟），共同抵制法国的扩张。[1] 第三，直接通过条约确立均势原则。这主要表现为1713年各国同法国签订的《乌德勒支和约》（Treaty of Utrecht）。和约重新确定了欧洲力量格局，建立了新的大陆均势，欧洲各国将"势力均衡"（balance of power）这一概念正式写进条约，为欧洲均势提供了制度性保障。[2]

后来的几次大的国家联合的调整，正是对均势原则的强化。奥地利王位继承战争和英法七年战争，都说明当时没有任何大国有足够的实力应对

---

[1] 方连庆、王炳元、刘金质主编《国际关系史（近代卷）》上册，北京大学出版社，2006，第18页。

[2] 袁明主编《国际关系史》，北京大学出版社，2005，第28页。

其他大国。各国为实现本国利益，必然寻求其他欧洲列强的支持。奥地利王位继承战争展现了新兴的普鲁士帝国的潜在实力。英法七年战争中英国在海上获得了全面胜利，但并没有打破当时的均势格局，一是因为英国是侧翼国家，并不能对欧洲格局起决定性作用；二是英国本来在海上就占有优势地位。

威斯特伐利亚体系下的欧洲均势总体上表现为一种自然的平衡。当一国试图打破现有格局时，其他各国会联合起来进行制衡。同时，这种联合是暂时的，又是灵活的，因此，可以保持体系的动态平衡。此外，《乌德勒支和约》明确记载了势力均衡的概念，强化了均势原则的制度保障，因此，威斯特伐利亚体系下的均势是十分稳定的。

4. 西班牙王位继承战争和《乌德勒支和约》对欧洲均势的影响

西班牙王位为何如此重要？西班牙虽然在 17 世纪末已衰退为一个二流国家，但仍保有封建殖民大国时期掠夺的庞大领土。除西班牙本土外，它还拥有意大利的一大半领土，以及南尼德兰、拉丁美洲和北美广大的殖民地，在非洲西海岸拥有重要据点，在各大洋中还占据着许多岛屿，如菲律宾、加罗林、加纳利群岛等。

按照西班牙哈布斯堡王朝的继承法，国王死后如无男嗣继承王位，与王朝有婚姻关系的人享有继承王位的权利。按此规定，有权继承王位的有法国王太子菲利普和奥地利国王的儿子费迪南。法国在王位继承问题上态度积极，通过宫廷手段和外交斗争使路易十四的孙子安茹公爵获得了西班牙王位，成为腓力五世，但条件是他不得继承法国王位，法西两国永远不得合并。

法王路易十四不顾已故西班牙国王的遗嘱，宣布腓力五世拥有法国王位的继承权。路易十四还派兵占领了西属尼德兰，宣布废除法西两国间的贸易税。法国的独断专行和法西两国在事实上的合并，引起欧洲国家的极大恐慌。1701 年，以英、荷、奥为主体的欧洲大同盟成立，并与法国开战。法国虽然在欧陆中实力强大，但是无力抵抗多国进攻，最终以战败告终。战争期间，大同盟国家出现分歧，各国也纷纷反对将西班牙王位转交给奥地利哈布斯堡王室，因为这样会出现事实上的哈布斯堡王室在欧陆"一超独大"的局面，因此希望及早结束战争。

1713 年，战争双方签订了《乌德勒支和约》，对欧洲秩序进行了重新安排。根据和约，法国被迫承认英国革命的结果，放弃合并西班牙和继承西班牙王位的设想，向奥地利割让西属尼德兰，拆毁敦刻尔克的防御工事，将在北美的重要领地交给英国。① 和约的目标只有一个，即削弱法国，使其不能再觊觎欧洲霸权。总体上来看，和约中最大的受益国是英国。英国虽然取得了很多战略要地以及西属新大陆的贸易特许权，但并没有忽视在欧洲大陆保持均势。因为英国十分清楚，欧洲大陆中的各国相互制衡，有利于自身的殖民扩张以及与欧陆国家进行贸易，欧洲大陆的实力均衡对英国来说是最优战略选择。法王路易十四拓展其王朝疆土的野心最终被彻底遏制。可怕的战争消耗使法国政府债台高筑，国内矛盾尖锐。荷兰在战争中只希望削弱法国，但战争结果使其还要投入大量的军力保障其南部边界安全，妨碍了其海上贸易的发展。

《乌德勒支和约》的一个重要特点是它将"势力均衡"这一概念正式写入条约。"势力均衡"的思想源于古典欧洲政治。在马基雅维利时代，它只是一个被用来描述维持城邦之间和平局面的政治术语。在欧洲民族国家开始形成之后，尤其是在长期的战争较量中一方或几方很难完全将另一方置于死地的多次政治实践后，"均势"概念开始被欧洲政治家和外交家普遍注意。和约使欧洲大陆的均势得到了维护并且更加稳固，通过这一和约的签订，大国遭到削弱，小国纷纷崛起，普鲁士加入列强行列，最引人注目的是，英国从一个岛国上升为欧洲一强。和约保证了大国之间的实力均势，并以法律条文形式将保持欧洲"均势"写进国际条约。从这一意义上说，它进一步发展了近代国际法的内容。②

5. 法国拿破仑时期大陆体系的特征及影响

在近代国际关系史上，拿破仑（Napoléon Bonaparte，1769~1821年）是一个超越时代的人物。其超越之处在于，近代时期其他那些争霸的君主大多数只是寻求本国在欧洲国际体系中的最大优势地位，而拿破仑则谋求改变这个体系本身，构建法国主导下的"欧洲新秩序"。拿破仑对近代以来欧洲国际关系体系中的均势格局持全然否定态度，他声称，"我不认为欧洲会有其他大平衡的可能，这种平衡只能是欧洲伟大民族的聚合和联盟"，必须"把欧洲不同的民族变成一个共同的民族"。③

---

① 〔美〕戈登·克雷格、亚历山大·乔治：《武力与治国方略——我们时代的外交问题》，时殷弘、周桂银、石斌译，商务印书馆，2004，第18页。

② 袁明主编《国际关系史》，北京大学出版社，2005，第28页。

③ 〔法〕皮埃尔·热尔贝：《欧洲统一的历史与现实》，丁一凡、程小林、沈雁南译，中国社会科学出版社，1989，第13页。

拿破仑大陆政策的主要内容如下。第一，1806 年在击败第三次反法联盟后，为了巩固他在西部和南部德意志的地位，于 7 月将其所控制的 16 邦（如巴伐利亚、符腾堡、巴登等）组成莱茵联邦。1807 年后，又有 5 个邦加入。在联邦内，实行法国的《民法典》，并接受拿破仑的保护；联邦每年向法国提供 63000 名士兵。莱茵联邦的作用是作为拿破仑帝国同普、奥之间的缓冲带，而且也是其控制德意志的重要工具。到 1807 年，法军在意大利与西班牙沿莱茵河建立了诸多卫星国，使普鲁士成为二流强国，并重挫奥地利。法国在欧洲大陆已经没有敌手，令拿破仑寝食难安的只有大陆两翼的英国和俄国。

第二，提出针对英国的大陆封锁政策。拿破仑认识到妨碍其称霸欧洲的国家是英国，与英国强大的海军相比，法国海军较弱；英国阻挠法国称霸的主要力量是其经济，没有英国的财政支持，普、奥、俄等国根本无法与法国抗衡。由此拿破仑颁布了一系列敕令，实施打击英国航运和贸易的政策。1806 年 11 月，拿破仑颁布了《柏林敕令》，规定：所有隶属于法国的各国，与英国不仅不准发生贸易关系，而且要断绝一般来往；对法国统治下的欧洲的英国侨民，一律宣布为战俘；所有英国的货物和商船全部没收。[1] 1807 年拿破仑加强大陆封锁政策，签署了《米兰敕令》，主要内容是：把所有英国支配的船只与英国船只同等对待，都要拿捕，而且封锁范围扩展到所有英国出产的货物而不论其所有者是谁。[2] 1810 年的《枫丹白露敕令》完成了大陆封锁政策的立法措施。根据这一敕令，凡在大陆发现的任何英国货物必须焚毁。大陆封锁政策在推行初期对英国的打击是沉重而有效的。

第三，拿破仑认为法国的主要敌人是英国，因而在打败第四次反法同盟后，法国开始试图接近俄国。拿破仑认识到，普、奥被打败后，俄国面临孤掌难鸣的尴尬局面。俄国也认识到法国处于实力巅峰，对法国实施制衡在短期内无法奏效。因此，双方开始接触。1807 年 6 月，俄皇亚历山大一世和法皇拿破仑一世在提尔西特（Tilsit）的一只船上会晤。7 月 7 日，双方代表签订了《法俄和约》，也就是著名的《提尔西特和约》。根据和约，原属普鲁士的易北河以西大部分地区被划入新成立的威斯特伐利亚王国的版图，由拿破仑一世的弟弟热罗姆·波拿巴任国王；在普鲁士第二次、第

① 刘德斌主编《国际关系史》，高等教育出版社，2003，第 95 页。
② 王绳祖主编《国际关系史（十七世纪中叶——一九四五年）》，法律出版社，1986，第 45 页。

三次瓜分波兰时所攫取的地区成立华沙公国，由萨克森国王兼任君主；格但斯克（Gdańsk）成为自由市；比亚韦斯托克（Biatystok）地区划归俄国。俄国承认拿破仑一世的兄长约瑟夫·波拿巴为那不勒斯国王，路易·波拿巴为荷兰国王，允诺将卡塔罗海湾（Bocche di Cattaro）转让给法国，承认法国对爱奥尼亚群岛（Ionian Islands）的主权。[①]

拿破仑构建的大陆体系是名副其实的法国霸权体系。1810年，拿破仑达到了他事业的顶峰，欧洲大陆的一半在他和他的兄弟直接统治之下，另一半则是他的附庸或是盟友，然而拿破仑的大陆体系下依然暗藏危机。第一，第五次反法同盟实际上是奥地利一国与法国的对抗，奥国战败，法国也元气大伤。英国依然伺机而动，准备组建新的反法同盟，因此拿破仑构建的大陆体系只是暂时上的稳定。第二，大陆封锁政策难以维系，在前期大陆封锁政策曾给英国制造了极大的麻烦，但是封锁不能长久，欧洲消费者是被迫接受法国产品的，这是法国强制性支配的结果。而英国当时正处在工业革命的高潮期，新机器、新技术被广泛应用，英国又有众多殖民地，具有可靠低廉的原料保证，因此大量物美价廉的英国商品很难被挤出欧洲市场，法国的强制结果是国内市场一片凋零，整个欧洲大陆由于反对法国侵略掠夺，民族矛盾空前激化。因此可以说，在威斯特伐利亚体系下，法国的霸权依然只是暂时性的，各国依然会通过联合来平衡法国的霸权，重新实现欧洲的实力平衡。

※ **拿破仑**

拿破仑·波拿巴（Napoléon Bonaparte，1769～1821年），法兰西第一共和国执政、法兰西第一帝国皇帝，出生在法国科西嘉岛，是一位卓越的军事天才。他多次击败保王党的反扑和反法同盟的入侵，捍卫了法国大革命的成果。他颁布的《民法典》更成为后世资本主义国家的立法蓝本。他执政期间多次对外扩张，形成了庞大的帝国体系，创造了一系列军事奇迹。1812年拿破仑兵败俄国，法国元气大伤；1814年被反法联军赶下台。1815年拿破仑复辟，随后在滑铁卢战役（Battle of Waterloo）中失败，被流放到圣赫勒拿岛。1821年病逝，1840年尸骨被迎回巴黎隆重安葬在塞纳河畔。

---

① 王绳祖主编《国际关系史（十七世纪中叶——九四五年）》，法律出版社，1986，第44页。

6. 美国建国初期确立的外交政策

从独立战争结束到美国内战，即在18世纪末到19世纪上半期，美国对外政策大体上可以分为两个方面：对欧洲事务采取"中立政策"，避免卷入欧洲政治和军事冲突，即孤立主义；在拉丁美洲，奉行领土扩张政策；在非洲和亚洲则进行经济扩张。美国总的目标是维护和发展商业资本，保证资本原始积累，巩固新近赢得的独立成果。

孤立主义（Isolationism）是美国早期对外政策的基石，是针对欧洲的外交方针和政策。孤立主义对外政策的目标是摆脱欧洲列强的控制和影响，巩固美国独立的成果。孤立主义对外政策的实质是"抵御欧洲干涉，实现国家利益的策略口号"。[1] 从某种意义上说，美国"孤立"的思想与"独立"的愿望是同时产生的。新旧大陆遥远的空间距离、宗主国（英国）的政治压迫，不仅使北美殖民地产生了要求独立的愿望和主张，并付诸实际行动，同时也产生了孤立于欧洲纷争之外的思想，并在美国独立后进一步发展起来。1796年，华盛顿总统在其告别演说中，提出了孤立主义的总体原则。他认为，美国卷入欧洲的政治纠纷是极不明智的，美国应该"在发展我们的商业关系时，尽可能避免同外国发生政治联系"，美国的政策"乃是避免同任何外国签订永久性同盟"，暂时性同盟仅是"应付紧急事变"的权宜手段。[2] 孤立主义包含了很多方面的内容。它有三个基本特点：中立、不结盟和不介入欧洲事务，核心是最后一点，即不介入欧洲争端。孤立主义传统根植于美国国内，并形成了孤立主义思潮，对美国外交政策产生了深远影响。

扩张主义（Expansionism）也是贯穿美国对外政策最明显的主题之一。早在独立战争之前，北美各殖民地就追随英国进行了商业扩张和地域扩张。为了促进北美商业和贸易的发展，北美殖民地卷入了英国为争夺海上优势的多次商业战争。地域扩张主要表现为在北美大陆上排斥和驱逐法国的势力。美国独立后不久就开始了它对外扩张史上的大陆扩张时期（1775～1897）。1803年美国从法国购买路易斯安那，1810年和1813年进占佛罗里达等事件是美国大陆扩张时期最初阶段的主要内容。驱动美国对外扩张的动力是早期资本主义和商业资本的商业精神以及来源于清教主义的"天定命运"说。这一时期美国对外扩张的主要内容是，运用强大的国家力量，

① 杨生茂主编《美国外交政策史 1775—1989》，人民出版社，1991，第3页。
② 刘德斌主编《国际关系史》，高等教育出版社，2003，第73页。

以商业为杠杆，发展贸易顺差，在国内实行关税保护和垄断专营制度，在国外开拓和建立殖民地并掠夺殖民地的资源，以此增加国家财富。来源于清教主义的"天定命运"说，使来到北美的盎格鲁－撒克逊人自认为血统高贵，他们以"上帝的选民"自居，相信他们征服落后的民族和落后的文明是上帝赋予的使命。①

孤立主义和扩张主义这两项外交传统对美国外交政策产生了深远影响。美国建国以来推行"重商主义"，进行了没有任何外界干涉的资本积累，进而为资本主义的大发展创造了有利条件，资本主义的高度发展使美国国力迅速提升，美国国力的提升又继续推动资本主义的发展，两者相辅相成。同时，由于其特殊的地缘优势，美国可以选择不卷入欧洲事务。但是孤立主义并不是完全不和外界沟通，美国也为自己划定了势力范围，这也就是后来提出的"门罗主义"，其将美洲列为美国的势力范围。因为美国的特殊性，其推行的扩张主义和孤立主义可以有效并行，并为美国自身的发展创造有利条件。

7. 维也纳体系能够维持欧洲总体和平的原因

维也纳体系是以英、俄、普、奥四国为首的同盟在第七次反法战争胜利后，通过召开维也纳国际会议的形式，对整个战后欧洲秩序的重新安排。维也纳会议是战胜国的一次重要会议，除奥斯曼帝国外，所有的欧洲国家都派代表参加了会议。会议的主角就是英、俄、普、奥以及战败的法国。维也纳会议名义上是恢复拿破仑所破坏的和平，重建欧洲的政治秩序，但战胜国的初衷都是希望通过会议的举行获取各自利益，使整个欧洲的局势向有利于本国的方向发展。然而，从会议召开到体系运转前期，大国的行为方式背离了传统的"权力政治"原则。大国在体系中并没有追求本国权力的最大化，也没有经常利用他国的暂时脆弱；相反，大国做出了更多的退让，它们没有选择通过战争或者武力威胁的方式来处理危机。简而言之，大国在制定对外政策时，也关注他国利益，并能保持克制。协调矛盾、保持克制、寻求共识成为体系构建和有效运作的现实基础。②

维也纳体系运转的两个重要载体是"四国同盟"和"神圣同盟"。四国同盟的主要目标是防范法国东山再起，神圣同盟是各国在共同价值基础上

---

①　刘德斌主编《国际关系史》，高等教育出版社，2003，第74页。
②　丛培影、黄日涵：《维也纳体系对国际合作的启示》，《国际关系学院学报》2012年第5期，第79~80页。

建立起来的。共同的目标和共有的价值为大国合作以及体系的运转奠定了基础。同时，维也纳会议以条文的形式创立了欧洲协调机制，各国通过召开会议解决争端，通过协商的形式来消除隔阂、寻求共识。欧洲协调一方面避免了争端方之间因不信任而产生的"安全困境"，另一方面也在无形中创立了"大国共识"。"大国共识"是在多边协商的基础上达成的解决方案，具有重要的合法性，如果出现违背情况，违背方会承担非常严重的后果。同时，所有大国都承认均势，即维也纳会议做出的领土安排和一项更广泛的原则——没有任何一个大国应被容许增加其领土属地，除非得到其他大国的同意。接受这一原则也具有其他的重要意义：一是体现大国的高度自律；二是愿意接受现存条约的有效性；三是单个国家似乎在谋求单方面扩张时（就像法国在 1840 年那样），愿意接受诸国协调的制约行动。① 这些连带性原则进一步加强了制度安全的权威性。

维也纳体系能够维持欧洲百年的总体和平，主要在于它创造了一种政治、军事平衡。它加强了荷兰、德意志邦国和撒丁王国的独立地位，并使瑞士成为永久中立国，以此作为扼制法国的堡垒。它承认了俄国对波兰的占领，俄国从此直接面对西方，而且在列强中实力居于前列。英国确立了它的海上霸主地位，直到一战前期，其霸权地位基本上没有受到过其他国家的威胁。英国越发感到只有在欧洲大陆维持稳定的均势才能真正保证英国在欧洲乃至全世界的战略利益，因而它自觉地在国际关系中扮演起制衡者的角色。在未来的一百多年中英国总是以自己为砝码，精心调节着国际力量的微妙平衡。如果某一国家或集团的势力膨胀以至威胁到英国的利益，它总是毫不犹豫地与另一国家或集团结为同盟。均势原则在维也纳体系时期日臻成熟。

维也纳体系并不是以压制法国为主要目标，因而没有引起法国的怨恨。拿破仑战争又消解了欧洲列强间存在的巨大张力，缓解了欧洲大陆上的霸权争夺，同时，各国又无力在海上与英国对抗。这种稳定带来的和平维持了半个世纪之久。尽管受到 1830 年和 1848 年革命的冲击，列强之间的这种和平景象直到克里米亚战争时才遭到破坏。而且直到 1914 年，欧洲没有发生过一次几乎所有大国都卷入其中并且给世界造成重大损失的战争，不得不承认维也纳体系调节机制在背后发挥了巨大作用。

---

① 〔美〕戈登·克雷格、亚历山大·乔治：《武力与治国方略——我们时代的外交问题》，时殷弘、周桂银、石斌译，商务印书馆，2004，第 50 页。

8. 门罗宣言的时代背景和历史意义

1815 年拿破仑战争结束后，欧洲大陆恢复了正统秩序，英国的海上霸权如日中天。19 世纪拉丁美洲爆发了声势浩大的独立解放运动，衰落已久的西班牙殖民帝国迅速解体，欧洲列强乘机向美洲地区渗透扩张。面对沙皇俄国在北美的南下政策，欧洲神圣同盟于 1823 年对拉美进行了武装干涉，尤其是英国向拉美的渗透，使美国提出了针对美洲的政策《门罗宣言》。

1823 年 12 月，美国总统詹姆斯·门罗（James Monroe）向国会提出了由约翰·昆西·亚当斯（John Quincy Adams）拟定的国情咨文，咨文中有关外交方面的主要内容被称为《门罗宣言》，即后来广为人知的"门罗主义"。其内容大致可归纳为三个基本原则。第一，"反对欧洲国家再在美洲夺取殖民地"原则，它在限制和约束欧洲国家在美洲扩张的同时，保留了美国在欧洲扩张的权利；第二，"不干涉"原则，它包含了"不干涉"和"干涉"两个方面，不干涉欧洲事务是美国的既定方针，但对涉及美国切身利益的美洲事务，美国不能置之不理；第三，"美洲体系"原则，它宣扬美洲的共和主义，把共和制的美洲与君主专制的欧洲截然分开。"美洲体系"的含义是"美洲是美洲人的美洲"，潜台词和核心要义是"美洲是美国人的美洲"。①

《门罗宣言》是美国历史上一个著名的政策文件，对美国外交产生了深远的影响。首先，它在防止拉丁美洲新独立的国家遭受欧洲反动的神圣同盟国家殖民的威胁，以及阻止英国在美洲扩张其经济、政治范围，从而建立殖民地方面，起到了一定的积极作用，因此"门罗宣言"在美洲得到了新独立国家的普遍赞同。其次，《门罗宣言》的实质是美国与欧洲国家争夺美洲霸权的宣言。它的提出是美国准备参与列强瓜分世界的标志。对美国而言，它在实际运作中成为美国对外扩张的工具。该政策出台后，欧洲列强曾多次对拉丁美洲国家进行侵略和殖民占领，但美国却没有根据宣言采取任何实际行动。相反，这一时期美国在美洲大陆上进行了疯狂的领土扩张，如 1845 年美国兼并了墨西哥的得克萨斯；1846 年伙同英国瓜分了俄勒冈；1846～1848 年通过发动侵略墨西哥的战争，美国得到了新墨西哥、亚利桑那、犹他、内华达、加利福尼亚，以及怀俄明与科罗拉多州的部分地区。美国肆无忌惮的大陆扩张，将版图从大西洋沿岸一直推进到太平洋沿岸。②

① 刘德斌主编《国际关系史》，高等教育出版社，2003，第 137 页。
② 王绳祖主编《国际关系史（十七世纪中叶——一九四五年）》，法律出版社，1986，第 73 页。

9. 克里米亚战争对欧洲国际关系的影响

在维也纳体系确立后，俄国利用其地缘战略优势，加快了对日益衰落的土耳其帝国攻占和瓜分的步伐，以实现控制黑海海峡的战略目的。英国在近东有着巨大的商业和经济利益，对俄国的肆意扩张不会坐视不管。法国也希望寻找契机摆脱维也纳体系的束缚，成为一个正常国家。英法之间有着共同的利益，双方与俄国在近东的政治经济利益冲突引发了 1853～1856 年的克里米亚战争。

战争的导火索是圣地（耶路撒冷）保护权问题。法国借助圣地管辖权问题，引发了俄国同其他欧洲国家的矛盾。1853 年 10 月，克里米亚战争正式爆发。战争主要以英国、法国、土耳其、撒丁王国为一方，俄国为另一方。克里米亚战争以俄国失败告终。战后签订了《巴黎和约》，和约使俄国失去了在土耳其境内的所有优势。多瑙河两公国在土耳其政府的宗主权和缔约国身份的保证下，继续享受原有特权和豁免权，任何国家不得干涉其内政。黑海海峡实现中立化，禁止任何国家的军舰通过。[①]

克里米亚战争结束后，俄国的国际地位受到严重削弱。在英法的遏制之下，俄国的西进之路受阻，它的扩张目标不得不转向中亚和远东，以弥补在欧洲和近东的损失。英国通过战争重新维系了欧洲的均势，保证了黑海海峡中立，遏制了俄国南进的企图，维护了英国在印度、近东和远东的利益。法国借助战争重新回到"大国俱乐部"，打破了维也纳体系的束缚。奥地利由于参与英法的反俄同盟，失去了俄国的信任，其随后的外交环境恶化。普鲁士因在战争中严守中立，维持了与俄国之间的传统友谊，为其后来的统一进程奠定了良好的外交基础。

克里米亚战争的后果之一是奥地利、普鲁士和俄国之间的神圣同盟终止，所谓的"欧洲协调"（Concert of Europe）也随之崩溃。[②] 维也纳体系能够正常运转五十年，就在于东方三强（普鲁士、奥地利、俄国）视其团结是对抗革命乱象及阻止法国主宰欧洲的主要屏障，但在克里米亚战争中，奥地利却与英法两国结为盟友。它因此解放了昔日神圣同盟盟国——俄国和普鲁士——对于国家利益肆无忌惮的追逐。普鲁士让奥地利付出的代价是退出德意志。而俄奥之间在巴尔干问题上的矛盾不断激化，成为第一次世界大战爆发的导火索，这也决定了俄国在后来德意志和意大利统一进程

---

① 世界知识出版社：《国际条约集（1648—1871）》，世界知识出版社，1984，第 415～421 页。

② 计秋枫、龚洪烈编著《国际关系史研究导引》，南京大学出版社，2011，第 86 页。

中对奥地利的态度。

10. 意大利和德意志的统一对欧洲国际关系的影响

1848 年革命后，意大利依然处于分裂的局面，除了撒丁王国保持独立外，其他各邦受到奥地利、西班牙和法国的控制。19 世纪中期的欧洲，既是资产阶级民主运动高涨的时期，也是资本主义在先进国家迅速发展和最后确立的时期。随着意大利资本主义的发展，资产阶级的经济、政治实力不断增长，人民群众革命情绪和民族意识增强。在这样的背景下，撒丁王国借助普奥、普法两次战争，通过人民起义的方式于 1870 年完成了意大利的统一。

意大利的统一进程十分波折，这与撒丁王国的实力地位密切相关。当时阻碍意大利实现统一最主要的两个国家是奥地利和法国，这两个国家的实力都非常强大，同时在意大利都有切身利益。而撒丁王国因自身实力有限，不能与法奥两大国进行正面冲突，因此只能借助外力，通过法国去制衡奥地利，却以失败告终。得益于当时意大利境内民族意识的觉醒，意大利通过人民起义和全民公决的形式实现了部分统一，并最终借助于俾斯麦发动的两次王朝战争，将奥、法两国的势力驱逐出意大利，实现了最终统一。

意大利的统一带来的最重要影响是改变了欧洲列强的扩张方向。奥地利在被驱逐出统一的德意志后，意大利又实现了统一，已经没有任何向西扩张的空间，因此只能将目光转向东部也就是巴尔干地区，这就必然会与俄国发生激烈的冲突。俄奥两国在近东地区的冲突贯穿了 19 世纪后半期至 20 世纪初，一直延续至一战爆发。意大利虽然自身实现了统一，但与其他五强相比仍然实力弱小，因此在第一次世界大战前依旧扮演的是"跟从国"的角色。

19 世纪中叶，德意志仍然处于分裂状态。造成德意志分裂的原因主要是英国推行大陆均势政策和俄国在欧洲追逐霸权。英俄两国不希望看到统一的德国，因为这样将改变整个欧洲的格局，但资本主义经济的发展要求德意志实现统一。[①] 在这样的背景下，普鲁士在"铁血宰相"俾斯麦的精心策划下，通过发动丹麦战争、普奥战争和普法战争三次王朝战争，最终实现了德意志的统一。

德意志帝国的建立，结束了德意志政治上长期分裂的局面，扫除了德

---

① 　王绳祖主编《国际关系史（十七世纪中叶——一九四五年）》，法律出版社，1986，第 103 页。

国资本主义道路上的一大障碍，把德国的历史推向一个新的阶段。但德意志的统一是通过战争手段完成的，加深了德意志民族本身所固有的军国主义传统，使德国成为欧洲军国主义的堡垒。同时，德意志的统一打破了欧洲的均势格局，一个崛起的中欧强国将不再满足于继续在东西强邻的夹缝中生存。均势的前提已经失去，强国之间不再有什么缓冲区，因为以前的列强缓冲带——分裂、孱弱的德意志已经成为一个统一的、军事强大、经济实力雄厚的欧洲强国。[1] 德国统一是建立在法国战败的基础上的，法国的战败使其从欧洲大陆霸主的地位上跌落下来。德法矛盾也成为贯穿 19 世纪末 20 世纪初并一直延续到第一次世界大战后的欧洲主要矛盾。在德意志实现统一后，俾斯麦将德国的战略重心转移到防范法国复仇上来，并用了 20 年的时间构建了一套复杂的结盟体系以实现这一目标。

11. 1878 年柏林会议对欧洲国际关系的影响

1875 年，波斯尼亚和黑塞哥维那两省因不满奥斯曼帝国的封建专制压迫、宗教歧视和经济盘剥，爆发起义。这场起义引起了俄、奥匈、英、德等国家的关注。俄借机向土耳其宣战，并在打败土耳其后签订了《圣斯特法诺条约》，获取了很多在近东地区的利益，引起了英奥两国的不满。为了解决英奥与俄国的矛盾，相关国家召开了柏林会议。

1878 年 6 月，欧洲列强在柏林举行会议，讨论解决东方问题和俄土《圣斯特法诺条约》引起的相关问题。参加会议的国家有德、英、俄、奥匈、法、意和土耳其，由俾斯麦担任大会主席。经过激烈的讨价还价，达成了勾画近东地图的《柏林条约》。条约的主要内容如下，第一，在英、奥匈的反对下，俄国放弃大保加利亚计划，将该地区划分为三个部分：自治的保加利亚公国、半自治的东鲁美利亚省、土耳其直接统治下的马其顿地区，列强同意由奥匈占领波斯尼亚和黑塞哥维那两省；第二，俄国保留了《圣斯特法诺条约》中的一些重要收获，如收获比萨拉比亚，兼并阿尔达汉、卡尔斯和巴统等亚洲领土，土耳其同时承认塞尔维亚、门的内哥罗和罗马尼亚的独立；第三，黑海海峡对一切外国军舰关闭的原则予以维持。

柏林会议的重要性体现在其召开的地点，俾斯麦借助召开柏林会议提高了德国在欧洲的国际地位，一种以德国为中心的新的势力均衡已经出现。[2] 柏林会议虽然标志着 1875～1878 年的近东危机结束，大国关系做出

---

[1] 刘德斌主编《国际关系史》，高等教育出版社，2003，第 126 页。

[2] 计秋枫、龚洪烈编著《国际关系史研究导引》，南京大学出版社，2011，第 120 页。

了一些调整，但它并没有解决列强间的根本矛盾，也没有解决巴尔干的民族问题，反而孕育了一些新的矛盾。英国借助会议打击了俄国，使俄国失去了大部分"胜利果实"，招致了俄国的不满。会议期间，双方在海峡问题上的激烈争论和利益冲突，进一步加深了两国之间的矛盾。俾斯麦虽然名为"诚实的掮客"，实则助奥抑俄，引起了俄国的仇恨。[1] 奥匈不仅兼并了波黑两省，而且控制了巴尔干半岛的西半部，超越俄奥协定的范围，加深了两国在巴尔干的对立。

柏林会议最大的影响是动摇了三皇同盟的基础。从俄国方面看，俄奥争夺巴尔干地区的矛盾开始更加尖锐。俄国与英国一直对立，双方互为敌手，在中近东地区展开了激烈的争夺。德俄关系又急剧恶化，俄国有可能陷入孤立的局面，因此俄法之间的接近成为可能。但是这时俄英之间的矛盾十分突出，俾斯麦还只能通过外交手段维系已经受到冲击的"三皇同盟"。柏林会议虽然实现了德国主导下的近东地区的实力重新分配，但德奥俄三国之间矛盾已经凸显出来。可以说，柏林会议虽然旨在解决近东的矛盾，实则制造了新的矛盾。

12. 俾斯麦结盟体系的形成与特点

普法战争后，欧洲大国力量对比发生了根本性变化。俾斯麦在普法战争后，使战败的法国割地赔款，进而防范法国复仇，这成为他之后 20 年时间里的重要外交政策。[2]

俾斯麦结盟体系的核心思想是：建立以德国为中心的大陆联盟体系，孤立和打击法国，避免法、俄两国夹击德国，巩固和保障德国在欧洲大陆业已取得的霸权地位。[3] 其结盟体系以德奥同盟为核心，利用德俄特殊关系和传统友谊，调和俄奥在巴尔干地区的冲突，使三国能在三皇同盟的框架内进行合作。另外，利用法国同意大利在地中海地区的利益冲突，将意大利拉入同盟体系中。同时，借助奥、意同英国的特殊关系，通过两次《地中海协定》将英国间接拉入同盟体系中。

俾斯麦结盟体系的构建步骤包括：1872 年 9 月德俄奥三皇在柏林会晤；1873 年德皇访问彼得堡，德俄缔结军事协约；之后俄皇访问维也纳，俄奥

① 方连庆、王炳元、刘金质主编《国际关系史（近代卷）》下册，北京大学出版社，2006，第 389 页。

② 王绳祖主编《国际关系史（十七世纪中叶——一九四五年）》，法律出版社，1986，第 145 ~ 147 页。

③ 陈乐民主编《西方外交思想史》，中国社会科学出版社，1995，第 120 页。

签订政治协定《兴勃隆协定》，由此三皇同盟形成。三皇同盟旨在维持欧洲现状，维系三国之间的协商关系。由于 1875～1878 年发生的欧洲近东危机，俄奥矛盾恶化，德奥于 1879 年缔结了同盟条约，条约主要针对的目标是俄国。德奥的接近引起了俄国的警觉，但是俄国将主要敌对国确定为英国，因此迫切希望得到德奥的支持。在这样的契机下，三国签订了第二个三皇同盟条约。条约内容主要是三国确保善意中立，并暂时缓解了俄奥在近东地区的矛盾。意大利为了摆脱自己的孤立地位，实现在北非和近东的扩张，于 1882 年与德奥缔结了《三国同盟条约》，条约具有军事同盟的性质，主要针对法国。同年，俾斯麦又把罗马尼亚拉入同盟体系当中。俄奥两国于 1886 年因保加利亚问题公开交恶，使《三皇同盟条约》1887 年到期后没有续订。英国同俄法在地中海地区有矛盾，德国借助奥匈和意大利，同英国于 1887 年签订了两次《地中海协定》，旨在维持近东现状和保护海峡，并确认土耳其对保加利亚的宗主权。德国虽没有参加这两次《地中海协定》，但却通过其盟国意奥的参与间接实现了与英国的非同盟性联合。虽然《三皇同盟条约》没能续约，但是俾斯麦依然希望通过与俄国缔结一项协定，以缓和德俄关系，避免俄法结盟，因此德俄双方缔结了《再保险条约》。

俾斯麦通过《三国同盟条约》、两次《地中海协定》和《再保险条约》实现了对结盟体系的调整，目标就是防止法俄结盟。但是整个结盟体系是十分脆弱的，同时也蕴藏着各种各样的危机。[①] 首先，奥匈和俄国在近东地区的矛盾是无法调和的，德国如果依靠奥匈，必然就会拉开与俄国的距离，这是无法改变的。其次，作为海上强国的英国态度十分暧昧，依然保持着自身"光荣孤立"的政策，虽然英俄在殖民扩张问题上矛盾突出，但是英国更不愿意相信德国。再次，俾斯麦的结盟体系存在的基础是德国只关注欧洲而不向欧洲以外进行殖民扩张。但是，随着德国威廉二世"世界政策"的提出，德国开启了在世界范围内扩张的步伐，这样就必然会与英国产生冲突，进而颠覆结盟体系存在的基础。最后，俾斯麦结盟体系深深打上了俾斯麦个人的烙印，反映了他联合奥意、拉拢俄英、孤立法国的战略，但是结盟体系必须要靠高超的外交技巧才能维系。在威廉二世即位后，俾斯麦与他发生了意见冲突，并于 1890 年辞去首相职务。随后，他一手策划和实施的结盟体系也成为了历史。

---

① 袁明主编《国际关系史》，北京大学出版社，2006，第 56 页。

> **※ 俾斯麦**
>
> 奥托·冯·俾斯麦（德语：Otto Eduard Leopold von Bismarck，1815～1898 年），劳恩堡公爵，普鲁士王国首相（1862～1890 年），德意志帝国首任宰相，被称为"铁血首相""德国的建筑师""德国的领航员"。俾斯麦是德国近代史上一位举足轻重的人物，是普鲁士容克资产阶级最著名的政治家和外交家。1862 年上任时提出"铁血政策"，并于 1866 年击败奥地利统一德国（除奥地利），1870 年击败法国使德意志帝国称霸欧洲大陆。俾斯麦结束了德国的分裂，完成了德意志的统一，这在历史上是进步的。但是统一后的德国实力逐渐强大，并受"铁血政策"影响成为世界战争的策源地，这是俾斯麦不可推卸的责任。

13. 19 世纪末 20 世纪初的英德矛盾

19 世纪末 20 世纪初，自由资本主义完成了向垄断资本主义的过渡。欧洲、美国、日本进入了帝国主义发展时期。欧洲依然处于领先地位，其表现如下。第一，欧洲是世界的工业工厂；第二，欧洲是世界的银行；第三，欧洲具有军事优势；第四，欧洲集中了最主要的殖民大国。① 但是欧洲的各大国在争夺海外殖民地和势力范围，以及进行帝国主义扩张问题上矛盾突出。这其中以英德矛盾最为突出。

英德主要在以下几个方面展开了激烈竞争。首先，在经济方面，19 世纪 70 年代以前英国是最发达的资本主义强国，工业产值居世界第一，号称"世界工厂"。1870 年，英国占世界工业产值的 1/3、世界工业出口值的 2/5。可是到 20 世纪初，在工业产品生产方面，英国已落在美、德之后。德国在世界工业生产中的比重为 16%，跃居世界第二位，英国则居第三位，为 12%。② 英国在世界市场上占头把交椅的时代已经成为过去。一战前夕，德国的许多部门在世界贸易中占主导地位。德国在海外的投资也逐渐扩大。到 1914 年，其海外投资额已达英国的一半。德国经济实力的不断增强，使英国感到不安，认为德国是其最危险的敌人。其次，在殖民地争夺方面，德国在统一之后参与了对殖民地的争夺，要求建立一个与其日益增长的经

---

① 方连庆、王炳元、刘金质主编《国际关系史（近代卷）》下册，北京大学出版社，2006，第 442 页。

② 陈欣怡：《第一次世界大战爆发的主要原因——英德矛盾》，《社科纵横》2006 年第 3 期，第 122 页。

济实力相称的帝国，认为德国必须拥有"显要的地位"。但是，德国人发现，他们在世界上几乎所有地方都受到了英国辽阔的殖民地的阻挡，英德两国的利益在世界许多地区都存在冲突。两国在非洲、东亚和近东的矛盾尤其尖锐。德国帝国主义自19世纪末开始大力向近东渗透。巴格达铁路便是德国加紧向近东和中东扩张的实际表现。巴格达铁路的建成，对英国同印度这个不列颠殖民帝国支柱之间的海陆交通构成了威胁。再次，在海军军备竞赛方面，第一次世界大战前英德在增强海军实力方面展开了激烈竞争。英国在各大洲拥有辽阔的殖民地，其海军力量和商船队数量居世界第一位，德国海军远不如英国。自19世纪90年代后期起，德国为加紧夺取殖民地，压倒英国，开始建造大海军，对英国海上霸权乃至本土安全形成严重威胁。英国和德国在海军建设方面的竞争一直持续到第一次世界大战的爆发。

国际关系中的现实主义理论认为，不管意图如何，当一个国家拥有强大的实力时，就可能对其他国家产生威胁，崛起的新兴强国必然会在国境或传统势力范围之外寻求新的利益。因此，对于海上霸权国家英国来说，如何面对德国这一新兴的强国就成为其首要问题。英国的外交传统一直致力于寻求欧洲大陆的均势，避免大陆出现一个超强的国家，以便使自己充当平衡者的角色。英国首先进行军事威慑，试图拉拢德国，把德国纳入自己的同盟轨道。联系到当时英俄在中亚和远东的矛盾重重，英法又由于殖民地问题矛盾尖锐，英国希望德国能在远东制衡俄国，作为英国的区域同盟。但是，英国与德国并没有共同利益，德国的打算是把俄国的注意力引向远东，减轻德国的欧洲压力，所以英德结盟失败了。同时，德国威廉二世在制定其"世界政策"的时候，已经注定了会与老牌殖民大国产生矛盾。威廉二世一改俾斯麦拉拢英国的政策，与英国对殖民地和海上霸权展开了正面争夺，这也决定了英德矛盾是不可调和的。

总之，英德都已经开始将对方看作是自己最危险的对手。在这一时期，英德矛盾是所有国家矛盾中最为突出的一对，正是英德矛盾的不断发展，才引起欧洲力量格局的重新改组，形成了两大对立的军事集团，第一次世界大战迫在眉睫。

14. 19世纪末20世纪初，三次帝国主义战争对国际关系的影响

19世纪末20世纪初，世界力量对比发生了新的变化。南北战争后，美国资本主义迅猛发展。到19世纪末，美国的国内生产总值已经超越英国，

跃居世界首位。由于其拥有雄厚的经济实力，美国需要扩张海外贸易，所以提出重新瓜分世界的要求。明治维新后，日本走上了富国强兵之路，很快地加入列强瓜分世界的队伍中，给亚洲和国际形势带来了新的不稳定因素，并产生了深远影响。欧洲列强在海外殖民和资本输出问题上，矛盾也十分突出，其中以英德之间的矛盾最为尖锐。

19 世纪末 20 世纪初的三次帝国主义战争分别是美西战争、英布战争以及日俄战争。美西战争是 1898 年美国为夺取西班牙属地古巴、波多黎各和菲律宾而发动的战争，是列强重新瓜分殖民地的第一次帝国主义战争。美国得到的古巴和菲律宾群岛既有重要的经济价值，又是其向南美洲和亚洲扩张的战略基地。英布战争是英国同荷兰移民后裔布尔人为争夺南非领土和资源而进行的一场战争。这次战争是英国的殖民战争史上耗时最长、耗资最大，也是进行得最为艰难的战争。日俄战争是指日本与沙皇俄国为了侵占中国东北和朝鲜，在中国东北的土地上进行的一场帝国主义战争，这场战争以沙皇俄国的失败而告终。日俄战争使日本在东北亚取得军事优势，并取得在朝鲜、中国东北驻军的权利，令俄国于此的扩张受到阻挠。

美西战争是一次典型的帝国主义列强重新瓜分世界殖民地的战争，美国加入了争霸世界的行列。美西战争的重要结果是美国占领了菲律宾，这一太平洋基地的获得是美国实现"太平洋帝国"的基础。远东的格局因此大为改变，美国以此为立足点推进了其在亚洲的新殖民路线。美西战争后，美国在国际舞台上的地位大为提高，成为新兴世界强国。美国为了与欧洲列强竞争，先后出台了针对中国的"门户开放"政策以及针对拉美的"大棒政策"（Big Stick Policy）和"金元外交"（Dollar Diplomacy）。① 英布战争从性质上讲也是重新瓜分殖民地的帝国主义战争，给国际关系造成了深远的影响。英国是一个岛国，凭借其经济和海上优势，建立了庞大的殖民帝国。因为实力强大，英国的传统外交政策一直是维持欧洲大陆均势，不介入欧洲大陆的争端，不与欧洲大陆国家结盟，以维持自身的行动自由。英布战争中，英国孤立的局面使其重新反思其"光荣孤立"政策的有效性。在英布战争中，英国外交孤立，军事缺乏补给，暴露了其战略的诸多弱点。② 尤其是深陷战争中的英国不仅无法顾及其他地区的利益，还必须面对俄、法、德等欧洲大陆国家的联合制衡。这迫使英国改变其传统外交政策，

---

① 刘德斌主编《国际关系史》，高等教育出版社，2003，第 173 ~ 174 页。
② 唐贤兴主编《近现代国际关系史》，复旦大学出版社，2008，第 161 页。

选择了与日本结盟，在远东共同制衡俄国。日俄战争是新老帝国主义国家间的一场战争，对国际关系也产生了深远的影响。日本通过战争，大大扩大了其在远东的势力，侵略野心迅速膨胀。从此，日本正式参与到帝国主义国家瓜分世界的狂潮中。

在19世纪末20世纪初重新瓜分世界的三次帝国主义战争中，美西、日俄战争都是新的帝国主义国家向老牌帝国主义国家挑战的战争。美国和日本已跃居世界强国行列，它们在太平洋和远东的矛盾也很快尖锐起来。在远东的国际关系舞台上，原为主要矛盾的英俄矛盾逐步由美日矛盾所取代，这给远东国际关系格局带来了新的变化。

15. 两大军事集团形成的原因及影响

19世纪末20世纪初的欧洲国际政治舞台上，英德关系的变化成为一个引人注目的焦点。随着帝国主义国家之间的力量对比发生重大变化，英德两国由于实力对比、攻守之势的转化与变位，分别调整了自己的对外政策。德国出台了野心勃勃的"世界政策"，并向老牌帝国主义强国——英国发起公然挑战。面对德国咄咄逼人的气焰，英国被迫调整了恪守已久的"光荣孤立"的对外政策。在错综复杂的国际关系中，英德矛盾日益加深，逐渐成为这一时期国际关系的主要矛盾。英德同盟谈判的破裂使英国转而与俄法协调它们在世界范围内的利益冲突，并于1904年和1907年相继签订了《英法协定》和《英俄协定》，于是在欧洲形成了英法俄协约国集团和德奥意同盟国集团这两大对立的军事集团。两大集团形成后，在北非和巴尔干地区进行了多次利益争夺，这些国际危机和局部战争加速了第一次世界大战的爆发。

19世纪末20世纪初，欧洲列强争夺殖民地的斗争和军备竞赛异常激烈。帝国主义国家维护自身利益，导致争夺霸权的斗争加剧，这是引起军备竞赛不断升级的根本原因。国际关系理论中的"安全困境"理论已经分析了这点。该理论认为，在国际关系无政府状态下，每个国家只能靠自己的实力来保护其自身的安全与独立，然而一国寻求安全的努力常常给别国以不安全感，别国必然会以增强自身军备来加以回应，最终竞争性的增强军备活动导致了军备竞赛。帝国主义国家政治经济发展不平衡所导致的力量对比关系变化，是引起和推动军备竞赛的重要因素。在19世纪相当长的历史时期内，英国曾一度是世界的霸主。但是19世纪70年代后，美国和德国通过第二次工业革命的刺激，经济水平在很短时间里赶上并超过了英国，由于原有世界秩序已与它们自身实力不相符，因此它们迫切希望重新瓜分世界，向老牌帝国主义国家的霸权地位发起了挑战。而老牌帝国主义国家则要尽力维持原有秩序以满足自身需求。这种挑战与应战、争夺霸权与维持霸权的斗争，促使这些国家不断增强本国军事实力，疯狂地进行扩军备战。

两大军事集团之间是一种高度紧张关系。由于实力相差无几，失去任何一个盟国对于本集团都将是致命的。由于两大集团的主导国无法有效约束盟友，因此，两大军事集团激烈对抗，国际危机和局部战争不断发生，争霸各国剑拔弩张，欧洲大陆密布着战争的乌云，尤其是巴尔干半岛成为各国扩军备战与争夺的焦点。这些国际危机和局部战争加速了第一次世界大战的爆发。

16. 第一次世界大战对国际关系的影响

第一次世界大战从 1914 年 7 月到 1918 年 11 月持续了四年多时间，使 31 个国家的 15 亿人卷入战争，占当时世界人口的 3/4。战时死亡人数达 1000 万，消耗了 3321 亿美元的物力资源，是人类历史上空前的灾难，世界人民遭受了史无前例的大浩劫。[①] 最后以德奥集团的失败而告终，这场真正意义的人类第一次世界性的大战给国际关系带来了深远影响。

经济上，第一次世界大战严重破坏了原有的世界经济秩序，各国的经济因为战争而停滞不前。但美国却因远离战场，并通过做军火生意而获得了经济的大发展。这样，战争结束后在世界经济领域出现的最重要变化就是，原来为世界金融中心的英国，在战后对世界经济的控制力因战争造成的巨大伤亡与物资损失而大大减弱，而其本身的经济亦因战争大受影响，出现严重衰退，从此将世界金融中心的地位让给了美国。

政治上，政治力量对比关系和国际格局发生了变化。第一，在战争中俄国爆发了十月革命，建立了世界上第一个社会主义苏维埃国家，从此改变了原有的资本主义国际关系体系。第二，德意志帝国、奥匈帝国、奥斯曼帝国和俄罗斯帝国这四个庞大的军事封建王朝彻底毁灭，英法等国遭到削弱，美国和日本却逐渐强大起来，改变了国际力量对比。战争使世界权力重心由欧洲转向了北美和苏俄。第三，大战推动了交战国工人运动和民族解放运动的发展，一系列的民族国家建立起来，极大地改变了世界原有

---

① 刘德斌主编《国际关系史》，高等教育出版社，2003，第 208 页。

的政治面貌。

在国际秩序方面，帝国主义战胜国先后召开了巴黎和会与华盛顿会议，根据战后新的力量对比，经过斗争和妥协，通过一系列条约，在全球范围内建立了列强重新瓜分世界、维护战胜国利益和维持战后和平新秩序的国际关系体系，即凡尔赛－华盛顿体系。同时，为了维护凡尔赛－华盛顿体系，在战胜国的相互妥协下，国际联盟宣告成立，从而建立起了所谓的"集体安全"机制，结束了普法战争以来的俾斯麦结盟体系，开创了一个新的国际关系时代。

凡尔赛－华盛顿体系是第一次世界大战后帝国主义列强重新瓜分世界、推行霸权主义和强权政治的产物。各战胜国在缔结和约时一味地追求一己之私利，并没有改变世界的基本格局，最后反而因分赃不均激化了彼此间的矛盾，从而为第二次世界大战的爆发埋下了种子。随着国际形势的发展，该体系自身和联盟内部的各种矛盾不断激化，并最终崩溃瓦解。

17. 凡尔赛－华盛顿体系的形成及影响

凡尔赛体系是指第一次世界大战后的帝国主义战胜国，在承认英法占优势的基础上，瓜分欧洲战败国领土及其殖民地的帝国主义多极体系，主要调整了帝国主义列强在欧洲、中东和非洲的利益关系。

在1919年巴黎会议上，战胜国与德国签订了《凡尔赛和约》，包括两大部分内容：一是《国际联盟盟约》，二是对德和约。其中对德和约占了绝大部分篇幅。随后，战胜国又相继与德国的盟国签订了一系列和约，包括对奥地利的《圣日耳曼条约》，对土耳其的《色佛尔条约》，对保加利亚的《纳伊条约》，以及对匈牙利的《特里亚农条约》等。战胜国同德国签订的《凡尔赛和约》以及同德国盟国签订的上述一系列条约，构成了凡尔赛体系。凡尔赛体系是按照战胜国的意愿对欧洲秩序进行的重新安排。[①]

巴黎和会后建立的凡尔赛体系主要是按照新的力量对比安排了欧洲国际秩序，而远东和太平洋地区的秩序仍没有得到安排。在美国邀请下，美、英、日、法、中、荷、西、比、葡九国于1921年11月至1922年2月举行了华盛顿会议。会议主要讨论两个议题：一是限制海军军备；二是远东和太平洋问题。会议签订了《四国条约》《五国海军条约》以及《九国公约》。该次会议在承认美国占优势的情况下，解决了巴黎和会所未能解决的

---

① 唐贤兴主编《近现代国际关系史》，复旦大学出版社，2008，第219页。

战后列强在远东和太平洋地区的矛盾，暂时确认了列强之间海上力量的对比，建立了以美国为主导的远东和太平洋地区的新秩序，即"华盛顿体系"。华盛顿体系是战后帝国主义重新瓜分世界的工具，是对凡尔赛体系的补充。[①]

一战后的帝国主义国家完成了对世界的重新分割，形成了资本主义世界在政治、经济、军事等方面的新体系，即"凡尔赛－华盛顿体系"。凡尔赛－华盛顿体系是美、英、法、意、日这五个战胜国各自不同的掠夺和争霸计划妥协的产物；是战胜国对战败国的宰割和掠夺；是对殖民地半殖民地人民新的压迫和奴役；是帝国主义反对苏维埃俄国的反革命同盟；是帝国主义列强在战后初期力量对比的基础上达成的暂时妥协。

凡尔赛－华盛顿体系暂时调和了帝国主义国家间的矛盾，但并未消除新战争的根源，体系内部的重重矛盾必然导致其走向崩溃。

首先，战败国与战胜国的矛盾，如德国与英国、法国的矛盾。德国的海外殖民地被英、日瓜分，领土被占领，并要支付大量赔款，这些激起了德国报仇雪恨的情绪，同时加之国内的经济困难和动荡，以及强烈的民族主义心理，使德国一直在寻找和利用机会，试图冲破凡尔赛条约的束缚，并最终走上了法西斯主义道路。

其次，战胜国之间的矛盾。最突出的是英美矛盾、英法矛盾和美日矛盾。英美矛盾主要表现在对海上霸权的争夺和经济领域的竞争。英法矛盾是战后欧洲国际关系的主要矛盾，支配了其他矛盾的发展。美日矛盾是战后最突出的一对矛盾，它并没有随着华盛顿会议的召开而结束，相反，会议后两国更加紧了军备竞赛和对新战争的准备。华盛顿会议上的《四国条约》《五国海军条约》《九国公约》等的签订，都是战胜国之间明争暗斗的表现。

再次，殖民地与宗主国的矛盾。一战后，各个帝国主义国家加紧了对殖民地人民的剥削，而在一战中，各殖民地的民族资本主义有了长足发展。因此，战后的殖民地人民解放运动风起云涌，在本国资产阶级的领导下（有的还受十月革命和无产阶级力量壮大的影响）展开了要求独立的斗争，如朝鲜"三一运动"、土耳其凯末尔革命等。

最后，资本主义、帝国主义与社会主义的矛盾。一战中，俄国十月革

---

① 刘德斌主编《国际关系史》，高等教育出版社，2003，第224页。

命的胜利建立了历史上第一个社会主义制度的国家，引起了资本主义国家的巨大恐慌。帝国主义国家力图通过瓜分殖民地而建立起来的"新秩序"来对抗十月革命后的革命浪潮，帝国主义与社会主义苏俄之间展开了一次次干涉与反干涉的斗争。

18. 苏维埃政权建立后，俄国在对外关系上的特点与表现

苏俄政权建立后，面临着严峻的内部与外部环境。在国内要面对反对势力的威胁，国际上要应对第一次世界大战同盟国的进攻。因此，苏俄政权建立后，首要的目标是摆脱内外交困的局面。在凡尔赛－华盛顿体系的建立过程中，协约国一直将苏俄排除在外。协约国对刚刚建立不久的苏俄政权充满敌视，在1919～1920年间，组织了对苏俄的三次大规模武装进攻。在这一期间，苏俄外交的主要目标是粉碎武装进攻、突破经济封锁、打破外交孤立的局面。

十月革命胜利第二天，苏俄政府就颁布了《和平法令》（Decree on Peace）。法令严厉谴责帝国主义列强为争夺殖民地、宰割弱小民族而进行的战争是反人类的滔天罪行。建议各交战国立即休战，进行公正的和谈，缔结不割地、不赔款的和约。和平法令还宣布废除秘密外交。为了摆脱不利的外部环境、保护新生的苏维埃政权，以列宁为首的布尔什维克党人被迫采取以退为进的策略，与德国签订了屈辱的《布列斯特－立托夫斯克和约》（The Treaty of Brest-Litovsk）。和约结束了俄国与同盟国的战争状态；俄国放弃对波兰、立陶宛等地的管辖；俄军撤出卡尔斯、阿达汗和巴统；俄国承认乌克兰和芬兰的独立。双方放弃赔款要求。和约的签订使新生的苏维埃俄国正式退出了战争。同年11月，当同盟国彻底战败后，苏俄政府宣布废除《布列斯特－立托夫斯克和约》。

1919～1920年，英、法、美通过直接干涉与策动、支持苏俄国内反对势力的方式对刚刚成立的苏俄政权进行了三次干涉。苏维埃俄国积极组织武装力量进行反干涉，经过艰苦的斗争，粉碎了帝国主义国家组织的三次干涉，取得了彻底胜利，改变了自身所处的不利国际环境。在帝国主义国家颠覆苏俄的阴谋失败后，两种制度之间达成某种暂时的、不稳定的"均衡"。1920年，资本主义世界爆发了经济危机。其中英国遭受的打击最为严重。英国是一个严重依赖对外贸易的国家，英俄两国在战前贸易关系十分紧密。为了摆脱困境，英国迫切希望重新打开俄国市场。经过苏俄的外交争取，苏英两国于1921年签订了《临时贸易协定》。它对于苏俄加强对外

贸易、恢复国内经济、改善国际环境都有着积极意义。1922 年，讨论欧洲
经济的国际会议在热那亚召开，会议邀请了苏俄参加。会议上，德国同协
约国的矛盾尖锐地表现出来。会议陷入僵局，苏俄代表团则展开了对德外
交。1922 年 4 月，两国签订了《拉巴诺条约》（Treaty of Rapallo）。条约规
定：苏德相互放弃战争赔款，两国立即恢复外交关系、领事关系；两国互
给最惠国待遇。① 热那亚会议是苏俄政权建立后参加的第一次重要国际会
议，自成立以来即遭受敌视的苏俄政权，作为平等一员与西方列强共同商
讨国际事务，这本身就是极大的成功。苏俄利用这次会议灵活而坚定地宣
扬了自己以和平共处与经济合作为主要内容的外交政策，突破了帝国主义
的反苏俄阵线，在国际上产生了重要影响。1919～1923 年，俄国政府曾三
次发表对华宣言，宣布以前俄国政府同中国签订的条约全部无效，放弃以
前夺取的中国的一切领土和中国境内的俄国租界，并将沙俄政府和俄国资
产阶级从中国夺得的一切都无偿归还中国。针对苏俄的积极态度，中俄双
方在 1924 年签署了《中俄解决悬案大纲协定》和《中俄暂行管理中东铁路
协定》。双方废除了沙俄与中国签订的不平等条约，放弃了沙俄政府时期在
中国境内的一切特权。1924 年签订的中苏协定是自鸦片战争以来中国同外
国签订的第一个平等条约。②

　　苏俄政权在建立初期，实力相对弱小，外部环境恶劣。但是苏俄政府
通过自身的军事与外交努力，粉碎了帝国主义干涉，退出了第一次世界大
战。在稳定住新建立的政权后，努力通过参与和接触打开外交局面，并通
过与英、德的交往基础扩大了国际影响力，从而成为国际舞台上的一支重
要的力量。

　　19. 国际联盟产生的背景及影响

　　第一次世界大战使人类社会感到恐惧，因此改造现有的国际关系体系，
使之和平稳定地运转，防止战争的再次爆发，成为战后人类社会的共同理
想。这样的理想在战争期间就广泛存在，甚至可以追溯到 19 世纪的和平运
动思潮。

　　1918 年 1 月，美国总统威尔逊在国会参众两院联席会议上，发表了建
立"世界和平的纲领"的演说，提出了著名的"十四点纲领"。其中，最为
重要的一项就是建立国际联盟。威尔逊主张"必须成立一个具有特定盟约

---

① 王绳祖主编《国际关系史（十七世纪中叶——一九四五）》，法律出版社，1986，第 316 页。
② 方连庆、王炳元、刘金质主编《国际关系史（现代卷）》，北京大学出版社，2006，第 17 页。

的普遍性国际联盟"。① 美国把这个联盟作为维持永久和平的头等要素，并作为战后各国进行外交的基础。在 1919 年召开的巴黎和会上，威尔逊坚持要先解决国际联盟问题，他强调"美国以设置国际联盟的计划作为和会全局的枢纽"。在成立国联的问题上，威尔逊倾注了最多的热情，寄予了很大希望。在美国的积极推动下，《国际联盟盟约》被列为《凡尔赛和约》的第一部分。1920 年 1 月，《凡尔赛和约》正式生效，国际联盟同时宣告成立。

国际联盟的主要机构有如下四个。①行政院。由九国代表组成，其中美、英、法、意、日五国为常任理事国；②大会。每年定期在 9 月份举行一次。大会及行政院的决议，只有经过出席的会员国一致通过才能生效；③秘书处，是国联的常设事务机构；④常设国际法院。②

国际联盟的根本任务是解决国际争端、维护世界和平。它的成员国应承担起共同防御侵略、仲裁或调查争端和在争端裁定后三个月以内避免战争的义务。国联的第二个任务是对国际事务，如卫生、社会、人道等方面的问题进行处理。在改善国际劳动条件、禁止毒品交易等方面，国联取得了一定的成就。③

国际联盟建立在各大国相互对立和冲突的基础上，因此它的一些条款为了调和多数的意见，难免含糊与中庸，降低了实用性。对国联成立有重大影响的美、英、法三国各有打算。英国想把国联作为自己外交政策的附属物；法国要使国联成为推动凡尔赛和约的有用工具；美国原是倡导国联最为积极的国家，但是因为国联的条文在经过巴黎和会加工后与它的最初设想差距很大，因此美国选择了置身于国联之外。缺少了美国对国联的支持，国联的执行力和效力大打折扣。因为美国没有参加国联，国联的领导权从一开始就掌握在英法手中。

国联成立后，各种国际争端不断，英法不愿承担作为成员国的义务。20 世纪 20 年代国际联盟裁军活动的失败，"九一八"事变后国联对日态度的软弱，埃塞俄比亚事件中对意大利的制裁不力，西班牙民族解放战争中英法的"不干涉政策"，直至德国毁约扩军，吞并捷、奥等，都证明了国际联盟未能起到维护战后世界和平的作用。在它建立的短短 20 年间，第二次世

① 王绳祖、何春超、吴世民编选《国际关系史资料选编（17 世纪中叶—1945）》（修订本），法律出版社，1988，第 448~452 页。
② 方连庆、王炳元、刘金质主编《国际关系史（近代卷）》上册，北京大学出版社，2006，第 57 页。
③ 刘德斌主编《国际关系史》，高等教育出版社，2003，第 218 页。

界大战就全面爆发，国际联盟在维护战后和平方面无疑是失败的。但是国联毕竟是建立集体安全制度的一次重大尝试，国联盟约和各种组织架构都为后来联合国的建立积累了宝贵的经验。

20. 1929～1933 年资本主义世界经济危机对国际关系的影响

随着垄断资本主义的继续发展，资本主义世界的矛盾也更加深化。1929～1933 年，资本主义世界爆发了史无前例的经济大危机。这场危机是有史以来持续时间最长、波及范围最广、破坏性最强、影响最深的一次大危机。① 持续时间最长表现在危机从 1929 年 10 月开始，1933 年进入尾声，持续时间长达 4 年，但是在经济还没有完全恢复的情况下，1937 年又爆发了新的危机。② 波及范围最广表现在这次危机不仅波及所有的资本主义国家，而且涉及所有经济领域。破坏性最强表现在给世界经济造成了破坏性影响，资本主义世界损失惨重。在此次危机中，整个资本主义世界的工业生产值下降了 40% 以上，大约倒退了 30 年。影响深远表现在从经济领域开始的危机引发了政治危机，并最终导致了第二次世界大战的爆发。

为了缓解经济危机对各国经济造成的打击，各国垄断资产阶级以关税战、贸易战和货币战的形式展开了激烈竞争。首先，各国通过提高关税、限制进口的政策，阻止外国商品的进入，以此保证本国市场尽量为本国商品所占有。在这方面率先行动的是美国。它通过国会立法，提高了大部分进口工业品和农产品的征收关税。英、法、德、日也纷纷仿效，在不同程度上采取提高关税的措施。与此同时，各资本主义国家还采用了各种非关税措施，以减少从其他国家的进口，扩大对其他国家的出口。为了提高本国商品在世界市场上的竞争力，各资本主义国家还纷纷减少本国货币的含金量，降低本国货币与外币的比价，从而掀起了一场激烈的货币战。大萧条还导致帝国主义列强对殖民地的压迫加剧，从而加深了它们之间的矛盾。

1929～1933 年经济危机的袭击，使得德国工业生产和对外贸易急剧衰落，通货膨胀严重，资金大量外流。在这样的情况下，1931 年德国总理呼吁各国关注德国的危机状态，同意德国延期偿付赔款。英法两国对此表示反对。美国总统胡佛出于本国商业利益的考虑，发表了《胡佛延债宣言》，建议各国政府间债务、赔款的偿还暂缓一年。然而，赔款的问题并没有得

① 王绳祖主编《国际关系史（十七世纪中叶——一九四五年）》，法律出版社，1986，第 398 页。
② 唐贤兴主编《近现代国际关系史》，复旦大学出版社，2008，第 283～284 页。

到真正解决。为了达到最终取消战争债务的目的，1932 年 1 月，德国再次提出无力偿还债务。各国召开了关于赔款问题的洛桑会议，达成了《洛桑协定》，规定在缓付三年后，德国应在 37 年内分期还清总额为 30 亿金马克的最后赔款，其中一部分作为国际基金，一部分交付美国。英法两国要求取消战争债务，并实际停止向美国偿付战争债务。美国对此十分不满，1934 年美国国会通过的《约翰逊法》规定禁止向未付清战争债务的国家提供贷款。

由于各主要资本主义国家都将国际经济军事化和扩军备战作为摆脱危机、加强竞争能力的重要手段，1929～1933 年经济危机也导致了西方国家在军事领域斗争的尖锐化。在伦敦海军会议和日内瓦裁军会议上各国的争吵就是这种斗争的集中体现。各国参加会议和提出方案的真正目的都是限制别国扩展军备，而不愿本国受到真正的限制。

1929～1933 年经济危机造成了世界性的动荡，并且冲击了世界秩序。为了摆脱危机，各国走上了不同的道路。民主化传统比较浓厚的国家，如英国和法国，坚持在民主体制下缓解危机。在美国，罗斯福新政引起了强烈反响。尽管存在不少弊端，但是毕竟使美国保持了对民主制度的信心。较为脆弱的民主国家，如德国、西班牙和罗马尼亚纷纷走上了法西斯道路，而早在 1922 年就建立了法西斯党的墨索里尼在意大利已完成了对国家政体的全部重构。在日本，军部法西斯也控制了政权。法西斯政权的共同特点是对内要求建立独裁政权，对外鼓吹使用武力改变现状，夺取"生存空间"。法西斯政权的纷纷建立，加剧了当时世界的紧张局势，使欧洲和东亚地区安全环境逐步恶化。

21. 欧亚战争策源地的形成

1929 年起，资本主义世界陷入了空前的经济危机。在第一次世界大战中遭到惨败并被迫向战胜国赔偿的德国，境况尤为困难，德国垄断资产阶级积极寻找摆脱危机、巩固自己统治地位的途径。纳粹党顺应这一要求，打着"社会主义"和"民族主义"两个旗号，用"解决失业问题""增加工资""废除《凡尔赛和约》""复兴德意志民族"等宣传口号，蛊惑群众，成为德国第一大党。在垄断资产阶级支持下，希特勒在 1933 年出任总理。他通过制造国会纵火案，嫁祸共产党，取缔了纳粹党以外的一切政党，建立了垄断资产阶级的恐怖专政。希特勒公开宣扬德意志人是"上等"人种，理应统治斯拉夫等"下等"人种；鼓吹德国应该到国外去夺取"生存空间"，为德国的过剩人口寻找出路；宣传"刀剑能决定一切"，号召用战争来建立霸权地位。[①] 在这种反动理论指导下，纳粹党提出了一整套侵略扩张计划：建立一个囊括德国、奥地利、捷克斯洛伐克的苏台德区、但泽等德语国家和地区的"大德意志"；围绕"大德意志"这个"核心"，在中欧和东欧建立一个德国的附庸国体系；向俄国扩张、灭亡法国，进而把德国的法西斯制度"实现于全世界"。[②]

为了实现这个计划，德国在 1933 年 10 月 14 日退出裁军会议，同月 19 日退出国际联盟。1933～1934 年，德国大幅度增加军事预算，建造 2.6 万吨级的巡洋舰；1935 年 3 月，宣布重建空军，实施普遍义务兵役制。德国彻底违背《凡尔赛和约》关于限制德国军备的条款，开始了大规模的公开扩军备战。在德国纳粹党的策动下，1934 年 7 月，奥地利纳粹分子暴动，刺杀了奥地利总理陶尔斐斯，但策动德奥合并未逞。纳粹党上台后，公开宣称要在波兰"报仇雪耻"，德、波关系趋于紧张。1934 年 1 月，德国为离间波兰、法国关系，并为日后侵略波兰准备条件，同波兰缔结互不侵犯条约。1933 年 3 月，德国建议与意大利合作进攻乌克兰和高加索。同年 6 月，在伦敦世界经济会议上，德国代表团要求把苏联领土交给"缺乏生存空间"的人去支配。德、苏关系恶化。1934 年 1 月，斯大林指出，法西斯主义已经在德国取得胜利，德国退出国联，复仇思想占了上风，使欧洲国际关系危机四伏，推动了军备扩充和帝国主义的战争准备。1936 年 3 月 7 日，德国宣布废除《洛迦诺公约》和《凡尔赛和约》的有关规定，派兵进入莱茵非军事区。早在 1935 年秋，德国国防军即已开始制定代号为"红色"的对法作战计划、入侵奥地利的"奥托"方案和进占捷克斯洛伐克的"绿色"方案。意大利在侵略和兼并埃塞俄比亚的过程中与德国接近，并在武装干涉西班牙期间同德国密切合作。1936 年 10 月，德、意签订《柏林协定》，形成柏林－罗马轴心，意大利成为欧洲战争策源地的组成部分。至此，欧洲战争策源地形成，结束了第一次世界大战后短暂出现的欧洲和解局面，致使凡尔赛体系面临彻底崩溃的危机，新的世界大战爆发的可能性急剧增长。

在远东地区，1927 年 6 月，日本田中义一政府召开"东方会议"，制定了冲破凡尔赛－华盛顿体系、侵华反苏与英美争霸的战略计划。此后，日

---

① 唐贤兴主编《近现代国际关系史》，复旦大学出版社，2008，第 295～296 页。
② 方连庆、王炳元、刘金质主编《国际关系史（现代卷）》，北京大学出版社，2006，第 210 页。

本帝国主义大力扩军备战。日本关东军制定了突袭奉天的作战计划和占领中国东北进行殖民统治的方案，提出了以美国为假想敌的作战设想。1931年7月，陆军省核心会议通过《解决满洲问题方案大纲》。1929年资本主义世界爆发空前的经济危机。为了摆脱危机，日本帝国主义悍然发动了蓄谋已久的侵华战争。1931年9月18日，关东军按计划自己炸毁柳条沟的一段铁路，反诬中国军队炸毁铁路并袭击日本守备队。日军以此为借口，一夜之间占领了奉天城，三个月内占领了东北三省。1932年1月，日本又在上海挑起"一·二八"事变。1932年3月，扶植溥仪充当傀儡，成立"满洲国"。1933年2月，日本侵占中国热河省，将其并入"满洲国"。面对日本的侵略，英美等国采取了对日绥靖的立场。1932年1月，美国宣布实行"不承认主义"，打着中立的幌子，维护美国在华权益。国民党政府将日本的侵略提交国际联盟处理，英法操纵的国联于1932年2月派遣"李顿调查团"到日本和中国调查。10月发表的《调查报告书》确认"东三省为中国一部分"，但又承认日本在中国东北的特殊利益，主张国联在东三省建立"满洲自治政府"，主权属于中国，但由以日本为主的外国共同管理。① 日本对英美等国的态度仍不满意，于1933年3月退出国联。由此日本帝国主义侵略中国、重新瓜分世界的气焰在英、美纵容下更为嚣张，直至发动全面侵华战争，同时在远东和太平洋地区扩大其争霸活动，从而形成远东的战争策源地。

德、意、日三个法西斯国家在对外扩张和发动侵略战争的过程中逐步相互接近，最终结成侵略集团。1936年11月，德日两国签订《反共产国际协定》。次年11月，意大利参加该协定，"柏林－罗马－东京轴心"这一法西斯侵略扩张体系形成，标志着法西斯国家走向联合并形成了一个侵略性的国家集团，新的世界大战已经不可避免。

22. 20世纪30年代，苏联倡导的欧洲集体安全机制失败的原因

随着1929~1933年世界经济危机的爆发，整个国际关系和国际力量对比发生了重大变化。希特勒上台后，苏德关系急转直下，其根本原因是德国改变了对苏政策，采取了一系列有计划有预谋的行动，使苏德关系恶化。苏联对外政策的基点是反对战争威胁、维护和平。在当时战争阴云密布的情况下，苏联政府清楚地认识到，仅靠苏联的力量无法制止侵略，必须建

---

① 方连庆、王炳元、刘金质主编《国际关系史（现代卷）》，北京大学出版社，2006，第201页。

立爱好和平的统一战线来应对法西斯侵略。在这样的背景下，苏联提出了集体安全的新主张。这种主张的理论依据是，在战争与和平问题上，世界是相互联系和不可分割的，任何一次局部性的军事冲突，都可能波及很多国家，并发展成为世界大战。而陷入经济危机窘境的西方国家则因为面临严峻的国内经济形势，开始调整对苏政策。

这种调整从美国开始。自苏联成立以来，美国出于意识形态、债务问题等原因一直拒绝承认苏联。到20世纪30年代，这种政策难以为继。从政治角度看，日本对华侵略已严重威胁到美国利益，欧洲动荡的局势也让美国不安，作为欧亚大国的苏联成为美国制定对外政策时认真考虑的因素。从经济角度来看，苏联可以成为美国商品输出的新市场。1933年11月，美苏实现建交。美苏建交后，一大批西方国家纷纷与苏联建立外交关系。

国际形势的变化使苏联认识到外部环境已经发生变化，法西斯德国和日本成为苏联的最直接威胁。1933年，苏联加入国联，并一再呼吁只有通过集体的努力和集体的物质保证，和平才能建立。苏联认为集体安全应通过反法西斯侵略的双边和多边互助条约来实现。1935年，在苏联的建议下，苏法缔结互助条约。条约规定，当苏联或法国成为任何一个欧洲国家侵略威胁的对象时，法国和苏联彼此保证立即协商，以便采取关于遵守《国际联盟盟约》第10条规定的措施。[①] 如果法国或苏联成为任何一个欧洲国家无端侵略的对象，双方保证立即相互援助与支持。随后，苏联又同捷克斯洛伐克缔结内容相似的互助条约。法苏、捷苏互助条约的签订是苏联集体安全政策的积极成果，如果法苏能够实现对德在东西两个方向的牵制，法西斯德国则难以发动侵略战争。但后来，法国调整了政策，追随英国推行绥靖政策，使法苏互助条约未能起到应有作用。

在《慕尼黑协定》签订后，苏联的集体安全政策发生了动摇。但苏联依然希望在新形势下成立反法西斯的统一战线以制止战争。在巨大的国内压力下，1939年4月，英法苏谈判正式开始。谈判历时4个月，但是因为英法与苏联在权利义务问题上分歧过大，没有达成任何成果，谈判最终以失败告终。毛泽东在分析英法苏谈判时认为，苏联方面的态度是积极的，但是因为英法始终不赞成平等互惠原则，只要求苏联保证它们的安全，而不肯保证苏联和波罗的海国家的安全，而且不允许苏联直接到波兰抵抗德

---

① 唐贤兴主编《近现代国际关系史》，复旦大学出版社，2008，第342页。

国侵略，最终导致了谈判破裂。[①] 谈判破裂后，苏联转而与法西斯德国妥协，双方签订了《互不侵犯条约》。英法苏谈判的破裂严重地影响了反法西斯统一战线的建立。

20世纪30年代，由苏联倡导的集体安全机制失败了，其原因主要是，英法无法打破意识形态的束缚，始终不信任苏联。战略上的不信任加上国内和平主义思潮的影响，英法苏集体安全机制始终没有建立的基础。因此，20世纪30年代欧洲集体安全机制必然会面临失败的命运。

23. 三国轴心的形成过程

德、意、日三个法西斯国家在实行各自扩张计划的过程中，逐步加强了勾结，形成了一个法西斯侵略集团。这一集团的建立，又进一步刺激了他们扩张的欲望，从而使战争危机不断加深。

柏林－罗马轴心形成是法西斯侵略集团形成的第一步。德意法西斯的勾结经历了一个曲折的过程。20世纪二三十年代，德意的扩张计划明显存在矛盾。德国扩张的首要目标是吞并奥地利，这就给与奥地利为邻的意大利的安全带来极大威胁。因此，在奥地利问题上，德意之间是存在冲突的，意大利在这个问题上选择与英法站在一起反对德国。1935年，意大利还同英法构建了"斯特莱沙阵线"反对德国公开地扩充军备，并重申反对德国兼并奥地利。1935年，意大利侵略埃塞俄比亚，英法主导国联对意大利实施制裁。德国借助意大利与英法之间的矛盾，公开支持意大利。1936~1939年，德意共同干涉西班牙革命，加快了它们相互勾结的步伐。1936年德意之间秘密达成了《柏林协定》，规定德国正式承认意大利占有埃塞俄比亚；双方承认佛朗哥政权并加强对它的军事援助；两国在重要的国际问题上采取共同的方针；在多瑙河和巴尔干地区划分两国的势力范围；相互协作发展空军。[②]

德意《柏林协定》的签订标志着德意法西斯侵略同盟的初步建立。希特勒有了意大利的支持，就把注意力转向了东方。他认为，如果德国同英法冲突起来，仅有意大利的支持是不够的。德国需要在远东寻找盟友，这就是法西斯日本。对于日本来说，它为了向中国发动大规模的入侵、占领全中国，在亚洲和太平洋地区称霸，就必须把英、美、法的势力从中国和亚太地区排挤出去，并防止苏联对中国进行支持和从北部给日本以打击，

① 《毛泽东选集》（第2卷），人民出版社，1991，第581页。
② 方连庆、王炳元、刘金质主编《国际关系史》，北京大学出版社，2006，第290页。

因此也急需与德国结盟，以便在西欧牵制英法的力量，在东欧牵制苏联。在这样的背景下，1936 年 11 月，德日两国在柏林签订了《反共产国际协定》，表面上它以共产国际和苏联作为唯一对手，双方约定"相互通知关于共产国际的活动，为采取必要的防止措施进行协商，并且紧密合作完成以上的措施"。[1] 但是该协定的一个秘密附件规定，遇缔约国一方无故遭受苏联进攻或者进攻威胁时，另一方不采取任何有利于苏联的行动，并应立即着手讨论保护共同利益的措施；在协定的有效期内，两缔约国未经对方同意不得与苏联缔结违背该协定精神的任何政治条约。德日《反共产国际协定》的目的是以对抗苏联为掩饰，蒙蔽英、法、美等国，以最终建立世界霸权。

在德日签订《反共产国际协定》后，希特勒竭力将意大利拉入其中。意大利一开始对公开与苏联敌对存在顾虑，并且对德奥合并的前景感到不安。通过墨索里尼对德国的访问，德意双方坚定了合作的决心。1937 年 11 月，德、意、日三国代表在罗马签订了《关于意大利加入反共产国际协定的议定书》，从而形成了柏林 - 罗马 - 东京轴心。之后，西班牙、匈牙利、保加利亚、芬兰、罗马尼亚、丹麦等国也相继加入。这样，帝国主义国家中最终分裂出一个更具有侵略性的集团。

德意日三国轴心的建立是三个法西斯国家进一步加强勾结、准备发动世界大战的重要战略部署。从此，三国紧密配合，有恃无恐地进行对外侵略扩张。德、意、日的反共叫嚣收到了预期效果。英、法、美的统治集团出于反苏、反共的主观愿望，出卖了埃塞俄比亚、西班牙，并准备进一步牺牲中国，其严重的后果是，德、意、日"轴心"同盟形成，法西斯武装力量进一步壮大，世界逐步走向了战争的深渊。

> **※ 轴心国**
>
> 　　轴心国（Axis），指在第二次世界大战中结成的法西斯国家联盟，成员是纳粹德国、意大利和日本，及与它们合作的一些国家和占领国。1936 年 10 月 25 日，德国和意大利签订协调外交政策的同盟条约，建立柏林 - 罗马轴心。1939 年 5 月 22 日，两国又签订了《钢铁条约》。日本在 1936 年 11 月 25 日同德国签署《反共产国际协定》（意大利于 1937 年 11 月 6 日加入）。1940 年 9 月 27 日，德国、日本和意大利三国

---

[1]　世界知识出版社：《国际条约集（1934—1944）》，世界知识出版社，1961，第 111 ~ 112 页。

外交代表在柏林签署《德意日三国同盟条约》，成立以柏林-罗马-东京轴心为核心的军事集团。这个军事集团的成员被称为"轴心国"。除德意日外，轴心国还包括：匈牙利（1940年加入，1944年退出），罗马尼亚（1940年加入，1944年退出），斯洛伐克（1940年加入），保加利亚（1941年加入，1944年退出），克罗地亚（1941年加入）。1943年9月3日意大利退出，1945年5月8日德国投降，日本于5月25日宣布废除三国公约。同年8月15日日本向同盟国投降，轴心国集团因此灭亡。

24. 20世纪30年代英法的绥靖政策

绥靖政策（Appeasement Policy），主要是指"二战前，英法统治集团对德、意、日法西斯侵略扩张所采取的姑息退让政策，以牺牲弱小民族利益换取大国之间的'和平'，避免武力冲突和对抗的一种外交政策"。①

绥靖政策的产生有着极其复杂的国际和社会动因。首先，产生绥靖政策的一个社会背景是和平主义思潮的泛滥。在经历了第一次世界大战这种大规模战争的欧洲，反战、厌战情绪强烈，尤其是英国更是如此。大战后，英国国力开始衰退，虽然表面上还维持着日不落帝国的风光，但实际生活的困苦和折磨使得人们对战争极度厌恶。对于法国来说，一战几乎摧毁了该国东北部最发达的工业区，死亡人数达40万，民间厌战情绪成为社会的主导情绪。这种厌战情绪，使当时的英法领导人极力避免再次发生战争。

其次，英法的衰落是导致其实行绥靖政策的根本原因。第一次世界大战耗尽了英法的国力，使其走向衰落。1929~1933年的世界经济危机，动摇了英法等国的经济基础，两国的实力都受到严重削弱。19世纪20年代英国经济占整个资本主义世界的50%，法国占20%；到1930年，英国下降到只占10%，法国下降到只占8%，然而两国面临的困境是经济实力削弱了，负担却有增无减。② 殖民地的扩张和国内政局不稳，加重了两国的经济负担。

再次，欧洲传统外交惯例是造成绥靖政策的重要原因。英国在一战前一直扮演着"平衡者"的角色。一战后，英国也不希望过度卷入欧洲大陆的摩擦和冲突中，同时还在努力维持欧洲实力的平衡，因此不希望过度削

① 陈乐民主编《西方外交思想史》，中国社会科学出版社，1995，第209页。
② 唐贤兴主编《近现代国际关系史》，复旦大学出版社，2008，第322页。

弱德国，采取了"扶德抑法"的政策。而在战争中实力受到重创的法国又必须要依靠英国的支持，在这样的条件下，法国被迫采取对德缓和的政策。

最后，对苏联敌视的态度促使英法等国采取绥靖政策。一战后，国际关系的格局发生了根本改变，主要原因是出现了社会主义苏联。出于意识形态敌对的考虑，英法均对苏联抱有强烈的敌意。法西斯政党在德意执政，对于英法来说虽然不是好事，但与共产主义制度相比，纳粹制度不会给现存的社会秩序造成危害，而且重新武装起来的强大德国为来自东方的威胁提供了屏障。[①] 20 世纪 20 年代以后，英法与苏俄（1922 年后为苏联）关系逐步改善。但是两国资产阶级统治集团对苏联都怀有本能的敌意和仇恨。他们希望把法西斯的祸水引向东方，以希特勒的德国消灭社会主义的苏联。

1935 年 10 月，意大利进攻埃塞俄比亚，面对意大利明目张胆的侵略行为，国联做出反应，宣布意大利为侵略者，并予以制裁。但制裁没有包括对战略物资，如石油、煤炭、钢铁的禁运。随着意大利完成对埃塞俄比亚的侵略，英法两国又主导国联取消了对意大利的制裁以修复同意大利的关系。英法优柔寡断、反复无常的态度加快了德意联合的步伐。1936 年 3 月，德国公然违反《凡尔赛和约》和《洛迦诺公约》，将军队开进莱茵非军事区。法国对此非常愤慨，但由于没有得到英国的支持，无法采取制止行动。德国开进莱茵非军事区的冒险行动并没有受到强烈抵制，更加刺激了其扩张野心。1936～1939 年，西班牙内战爆发，德意联合起来进行武装干涉。结果英法采取了"不干涉政策"来应对西班牙内战。英法相互约定禁止向西班牙输出武器和军用物资，并在伦敦成立了"不干涉委员会"。英法的不干涉导致了西班牙内战向着有利于叛军的方向发展。随着西班牙共和国的失败，南欧又出现了一个法西斯国家，使欧洲的战略态势更加不利于英法。1938 年 3 月，德国吞并了奥地利，作为奥地利独立保证的英法两国，仅通过它们的驻柏林大使向德国政府递交了抗议书。英法随后承认奥地利并入德国。1938 年 9 月，英、法、德、意在慕尼黑举行四国首脑会议，签订了《慕尼黑协定》，牺牲了捷克斯洛伐克的利益，将苏台德地区与捷南部同奥地利接壤地区割让给德国。英法还同德国签署了《英德宣言》和《法德宣言》，希望在欧洲保持与德国的协商关系。《慕尼黑协定》标志着英法绥靖政策到达一个顶峰。基辛格就指出，慕尼黑会议不是投降，只是一种心态

---

① 〔加〕卡列维·霍尔斯蒂：《和平与战争：1646—1989 年的武装冲突与国际秩序》，王浦劬等译，北京大学出版社，2005，第 236 页。

的反映，也是民主国家想要以高唱集体安全及民族自决，维持在地缘政治上有瑕疵的安排，而几乎注定会发生的后果。①

历史经验证明，绥靖主义者对侵略者的姑息，并不能缓和帝国主义国家之间争夺霸权的矛盾，只有依靠各国人民的反霸斗争，才能制止和限制它们的争霸野心。绥靖主义者对侵略者的退让，并不能带来世界和平，只有依靠世界各国爱好和平人民的力量，才能建立广泛的反对霸权主义侵略扩张的统一战线；只有依靠世界各国人民反侵略的正义战争，才能制止新的世界大战的爆发。

25. 美国中立政策的产生、演变及影响

20 世纪 30 年代，美国国内孤立主义思潮重新抬头，其原因一是 1929 ~ 1933 年空前严重的经济危机，使美国人的注意力完全集中到国内经济复兴和就业问题，无暇顾及欧洲事务；二是一战后美国国内和平主义思潮兴起，美国公众与当时许多欧洲国家公众一样，对一战记忆犹新，极度厌恶战争，他们本能地相信凭借美国优越的地理位置，只要不主动介入旧大陆的国际政治，美国就不会被拖入战火。

1935 年，罗斯福新政已经取得了显著效果，经济危机已经基本平息；同时，这时的国际局势变得更加紧张，美国开始面临抉择。由于国内孤立主义思潮的巨大影响，也由于美国希望德国、英法和苏联在欧洲相互影响、牵制，美国可以从中获取政治利益，因此选择推行中立政策。1935 年 8 月，由于意大利入侵埃塞俄比亚造成了紧张局势，美国国会表决通过了《中立法案》。法案规定："两个或两个以上外国之间，发生战争或战争在进行中，总统应宣布此项事实，宣布之后，凡以军械、军火或战备，自美国之任何地方或其属地之任何地方输出而运至该交战国或运至任何交战国所利用之任何中立国港口，均为违法。"② 由于当时罗斯福对战争极度厌恶，他渴望尽量避免使美国卷入战争。

美国国会通过中立法是想避免战争，从短期来看，它也做到了这一点。但是在国际局势紧张复杂的情况下，这种中立政策也演变为一种"绥靖"，和英法对德意日的政策一样，加剧了世界的紧张局势，最终仍然无法避免战争。随着美国中立法在意大利侵略埃塞俄比亚中暴露出许多问题，美国对中立政策做出了调整。1936 年 2 月，美国对到期的中立法进行了修改，

---

① 〔美〕亨利·基辛格：《大外交》，顾淑馨、林添贵译，海南出版社，1998，第 302 页。
② 王绳祖主编《国际关系史（十七世纪中叶——一九四五年）》，法律出版社，1986，第 455 页。

提出禁止贷款给交战国以及武器禁运的条款不适用于拉丁美洲。这反映出美国的孤立主义只是针对美洲以外的地区而言。1936 年 7 月，西班牙爆发内战，美国没有参加英法的不干涉委员会，但支持不干涉政策。1937 年 1 月，国会通过了对西班牙内战双方进行武器禁运的决议。4 月，美国国会第三次修改中立法，主要内容一是不确定有效期，二是明确了发生大规模内战的国家适用中立法，三是提出"现购自运"，即美国可以同交战国进行非军火贸易，条件是须付现款，并且不得用美国船只运输。

20 世纪 30 年代，美国实施的中立政策都没有达到预期效果，反而使国际局势更加紧张，罗斯福开始重新思考中立政策。1937 年，日本侵华战争爆发，罗斯福没有对中日实施中立法。他敏感地认识到孤立主义正在损害美国的国家利益。1938 年，罗斯福对待《慕尼黑协定》态度暧昧，一方面既不希望谈判破裂，导致欧洲战争爆发，从而把美国卷进去，另一方面，罗斯福对法西斯国家越来越厌恶，法西斯侵略扩张所造成的对美国民主制度、价值观念的危害使他对中立法对他的束缚感到愤慨。1939 年开始，随着战争的临近，罗斯福越来越坚定地同孤立主义做斗争，努力废除武器禁运。1939 年 3 月，在希特勒吞并捷克斯洛伐克后的两天，罗斯福就明确提出"修改"中立法，要求国会迅速采取行动，废除军火禁运条款。10 月，罗斯福终于说服国会通过了新的中立法，解除了对交战国的武器禁运，改为"现金购货，运输自理"。① 新的中立法是美国对欧政策的一次重大调整。1940 年，罗斯福第三次当选总统，在接到英国的求援后，提出了租借法案。1941 年 3 月，美国国会两院通过了《租借法》，授权总统以租借或贷款的形式向某些被认为其国防对美国安全具有重大意义的国家提供武器、军用物资、粮食等。《租借法》的通过，标志着美国孤立主义政策的结束，是美国走向参战道路具有决定意义的重要步骤。

美国的中立政策是时代的产物，与当时的社会思潮和美国政治制度有着密切的关系。中立政策的目标十分明确，旨在避免美国卷入欧洲的战争。但是随着欧洲局势的日益紧张，以及德、意、日法西斯在世界范围内进行全面扩张，美国适时调整了中立政策。美国中立政策的调整对世界反法西斯战争的胜利起到了重要作用。

26. 苏联东方战线的建立及其影响

第二次世界大战初期，苏联对外政策的宗旨是避免卷入战争，特别是

---

① 刘德斌主编《国际关系史》，高等教育出版社，2003，第 292 页。

避免同德国发生冲突。德国入侵波兰后，苏联的政策明显向德国倾斜。原因一是苏联对英法存有戒心，苏联担心英法想"祸水东引"，把苏联拖入战争中；二是《苏德互不侵犯条约》的直接延续和发展。苏联在自身备战工作尚未就绪的情况下，采取迁就德国的态度，以免引火烧身。但法国速败后，苏联外交出现了两难，既感到战争临近，准备对抗，又怕过度刺激德国，引发德国的进攻。苏联为了自身安全，采取了被动防御的方式，用不正当的手段构建了"东方战线"。

1939 年 9 月至 1940 年 8 月间，苏联采取了一系列的行动，建立了从波罗的海到黑海的所谓的"东方战线"。第一步骤是出兵波兰，占领了西白俄罗斯和西乌克兰。这样苏联就占领了 20 万平方公里、人口约 1300 万的波兰领土，并成立了苏维埃政权且分别并入苏联的白俄罗斯和乌克兰加盟共和国。[①] 第二个步骤是发动对芬兰的战争。1938 年起，苏联以安全防务需要为由，向芬兰提出了割让或租借芬兰领土的各种方案，均遭到采取中立政策的芬兰的拒绝。1939 年 11 月，苏联中断与芬兰的外交关系，全线进攻芬兰，芬兰节节败退。双方经过谈判签订了《苏芬和平条约》。根据和约，苏联从芬兰获得了 1.6 万平方公里的土地。[②] 第三个步骤是吞并波罗的海三国，迫使立陶宛、拉脱维亚、爱沙尼亚成立苏维埃政府，强行并入苏联，苏联因此又增加了 17.4 万平方公里的土地。最后一个步骤是占领原属罗马尼亚的比萨拉比亚（Bessarabia）和北布科维纳（North Bukovina）。苏联以罗马尼亚统治集团的政策严重威胁苏联边界的安全为理由，出兵占领了这两个地方，获得了人口 400 万、面积 5 万平方公里的领土。这样，在短短的一年时间里，苏联将它的西部边界向外推进了 150～300 公里，获得了 46.5万平方公里的土地和 2300 万人口。[③]

苏联建立"东方战线"的目的是保护自身安全、增加自身的防御纵深，但并没有有效抵挡住德国现代化坦克和摩托化兵团的进攻。更为严重的是，苏联在建立"东方战线"的过程中，完全无视别国主权，充分暴露出其大国沙文主义和民族利己主义的倾向，不仅引起了相关国家的不满，增加了邻国的恐惧，客观上推动了芬兰、罗马尼亚先后走上同法西斯德国结盟的道路，而且也加深了其他国家对苏联政策的误解和猜疑，不利于反法西斯

---

① 刘德斌主编《国际关系史》，高等教育出版社，2003，第 292 页。

② 袁明主编《国际关系史》，北京大学出版社，2005，第 176 页。

③ 袁明主编《国际关系史》，北京大学出版社，2005，第 177 页。

统一战线的建立。

※ 苏联 30 年代的"大清洗"运动

20 世纪 30 年代初，苏联已基本形成高度集权的统制型经济体制。与此相适应，政治权力也趋向于高度集中，对斯大林的个人崇拜及斯大林对权力的专断成为苏联政治领域的主导倾向。这种情况引起了党内部分领导干部的忧虑，同时，在工业化和农业集体化的政策方针等具体问题上，党的领导层也一直存在分歧。虽然通过几轮政治斗争，斯大林已经清除了曾经对他的权力和路线构成威胁的老布尔什维克中的"反对派"，提拔了一批忠于自己的较年轻的干部进入领导层，但他的地位还没有得到最后稳固，他的政策主张仍有可能遭到来自中央委员会乃至政治局成员的反对或抵制。为了把新反对派扼杀在萌芽状态，斯大林需要展开一场全面的政治清洗运动。"大清洗"始于 1934 年的"基洛夫事件"，到第二次世界大战爆发前结束，分前期、中期和后期。"大清洗运动"的后果表现为三个方面。第一，这场政治运动给苏联社会造成了严重创伤，各个领域的社会精英均受到摧残，人们生命安全和行动自由得不到法律保护，精神受到极大压抑。在保安机构滥用非法刑讯手段和特务手段的情况下，诬告、假供盛行，人格被扭曲，社会道德水平严重滑坡，其消极影响祸及几代人。第二，这场运动最终确立了高度中央集权体制的极端形式——斯大林个人专制。第三，大规模的恐怖镇压给经济发展造成了严重障碍。

---

27. 世界反法西斯同盟的建立及影响

世界反法西斯力量联合起来，形成最广泛的国际反法西斯统一战线，是第二次世界大战胜利的重要保证。[①] 苏德战争爆发后，战争局势和世界力量对比关系都发生了根本改变，建立国际反法西斯统一战线具备了现实的可能性。对于苏联而言，要战胜强大而凶狠的敌人，就必须要摆脱孤立无援的处境，争取最广泛的同盟者。英美两国领导人立即明确表示愿意援助苏联的态度。就英国而言，狭窄的英吉利海峡无法挡住德国的进攻，因此明智的选择是支持苏联，同苏联结盟，共同打击法西斯。就美国而言，战争逐渐逼近，美国加重了西半球的危机感，美国打赢这场战争的最合算办

---

① 唐贤兴主编《近现代国际关系史》，复旦大学出版社，2008，第 374 页。

法就是支持别国冲在反法西斯的第一线上，因此罗斯福认为支持苏联符合美国的国家利益。苏德战争爆发后，英国首相丘吉尔和美国总统罗斯福都发表声明支持苏联。美国还做出了向苏联运送重要物资的决定。1941 年 7 月，斯大林发表演说指出，苏联将同欧美各国人民建立争取自由、反对希特勒的统一战线。

1941 年 8 月，罗斯福和丘吉尔在大西洋北部的纽芬兰阿根夏海湾的军舰上举行了有两国政治和军事顾问参加的会议。会议就当时的国际形势、调整两国关系、安排战略部署、确定对德对苏政策等问题进行了讨论，并签署了《大西洋宪章》。其主要内容是，宣称英美两国不追求领土和其他方面的扩张；不承认法西斯国家通过侵略所造成的领土变更；尊重各国人民选择其政府形式的权利，同时两国将努力设法恢复各民族被剥夺的主权和自治权；保证一切国家在平等的基础上进行贸易和经济方面的合作；赞同在摧毁纳粹德国后重建和平，使各国人民能安居乐业；保证公海上的航行自由；世界各国必须放弃使用武力，在永久的普遍安全制度建立之前有必要解除侵略国的武装，以减轻爱好和平的各国人民在军备方面的沉重负担。[1] 9 月，苏联发表了同意《大西洋宪章》基本原则的声明。《大西洋宪章》提出了对德战争的目的，以及战后世界结构所赖以建立的一系列进步的和民主的原则，这是战时国际关系的积极因素，有力地促进了国际反法西斯统一战线的形成。

1941 年 9 月至 10 月，美、英、苏三国在莫斯科召开了相互进行军需供应的会议。三国会议显示了美、苏、英三大国打击法西斯德国的决心，以及政治、经济、军事合作的加强，对协调三国关系和促进反法西斯联盟的建立起着积极作用。1941 年 12 月，日本发动了太平洋战争，美英在远东太平洋地区的利益蒙受巨大损失，因此共同对日宣战。随着战争范围的扩大和美、澳等二十余国正式加入反法西斯的行列，战时国际关系进一步发生了深刻变化。1941 年年底至 1942 年年初，美英两国首脑在华盛顿举行会议。会议确定了德国是最主要的敌人，击溃德国是胜利的关键，以及"大西洋第一、欧洲优先"的战略原则。[2] 会议倡议所有对轴心国作战的同盟国家签署一项共同宣言。

1942 年年初，美、英、苏、中等 26 国在华盛顿签订了《联合国家宣

---

① 世界知识出版社：《国际条约集（1934—1944）》，世界知识出版社，1961，第 337 ~ 338 页。
② 唐贤兴主编《近现代国际关系史》，复旦大学出版社，2008，第 377 页。

言》。宣言签字国表示赞成《大西洋宪章》的宗旨与原则，深信完全战胜敌国对于保卫生命、自由、独立和宗教自由以及各国人权、正义非常重要。宣言庄严宣告，每一政府各自保证运用军事与经济之全部资源，以对抗与其作战的三国同盟成员国及其附从国；各国政府各自保证与本宣言签字国政府的合作，不与敌国缔结单独的停战协定。

《联合国家宣言》的发表标志着不同社会制度和不同意识形态的国家为了反对法西斯侵略的共同目标，承担了共同对敌、不单独媾和的政治军事同盟的最基本的义务，从而形成了反法西斯国家军事、政治、经济方面的大联合，为创建联合国奠定了基础。它使国际反法西斯统一战线空前扩大，这一阵线包括了北美和大洋洲国家，因而具有了全世界范围的性质，至此，国际反法西斯统一战线最终形成。

28. 雅尔塔体系的形成及影响①

雅尔塔体系，是指二战后出现的两种社会制度、两种意识形态和两大对立的军事政治集团全面对抗的国际关系格局，这个体系是 1943～1945 年战时盟国领导人通过开罗、德黑兰、雅尔塔直至波茨坦多边会议中所形成的一系列公报、议定书、协定、声明和备忘录等确认的战后世界秩序安排。它是第二次世界大战期间和结束时，大国间尤其是美苏之间实力对比和妥协的产物。莫斯科三国外长会议、开罗会议、德黑兰会议、丘吉尔与斯大林关于巴尔干问题的会谈，都可以看成是雅尔塔会议的准备。雅尔塔会议继承和发展了上述会议的成果，对某些协议进行了修改和调整并使之法律化。此后举行的旧金山会议，则是对雅尔塔会议所确定原则的补充和具体化。当时盟国的领导人主要面对两个问题，一是如何打败法西斯；二是如何安排战后世界秩序。具体说来就是，如何打败德日法西斯，如何处置战败国，以防止法西斯东山再起；着手绘制战后世界的政治蓝图；建立联合国组织，作为协调国际争端、维持战后世界和平的机制；对德、意、日的殖民地以及国联的委任统治地实行托管计划，原则上承认被压迫民族的独立权利。

雅尔塔体系结束了旧的欧洲大国主宰世界的局面，开创了新的美苏争霸的两极格局，世界政治的重心由欧洲转向了它的两翼。两极格局的形成标志着国际关系力量对比发生了历史性的变化。美苏两个超级大国的出现

---

① 内容选编于刘德斌主编《国际关系史》，高等教育出版社，2003，第 339～340 页。

和资本主义与社会主义两种制度的对立是两极格局形成的基础。二战期间，美国罗斯福政府开始摆脱孤立主义的影响，推行美国主宰世界的世界主义外交。罗斯福通过战时一系列大国首脑会议，力主把盟国的战时军事合作机制转变为美国主导下的大国合作机制。美国的实力使其有能力放手追求世界范围内的战略利益。苏联在战后出于历史教训和现实需要，把保障国际安全视为国家的首要任务。为了建立战略缓冲地带，苏联认为东欧国家的亲苏立场是必不可少的条件，进而对东欧国家实行政治、经济与军事上的严密控制。这样，美苏两大国不仅在意识形态上对立，而且在国家利益和战略目标上也产生了对立，矛盾难以调和。它们之间的冲突很容易波及世界其他国家和地区，引发全球性的对立和对抗。美苏都利用战后世界分化重组的机会，发起和组建了各种国际性或地区性的组织机构，以争取对自己有利的战略安排。

雅尔塔体系与凡尔赛－华盛顿体系相比，有着明显的进步性。首先，两次世界大战的性质截然不同。凡尔赛－华盛顿体系是一战协约国集团分赃的产物。它对战败国进行了骇人听闻的掠夺和奴役。第二次世界大战是世界民主力量的胜利。民主的原则在雅尔塔体系中得以体现。在处理战败国方面，规定了非军事化、非纳粹化原则，强调"用民主方式解决它们迫切的政治问题和经济问题"。其次，联合国与国联截然不同。联合国的普遍性和广泛性超过国联。国联在创立之初只有26个成员国，美苏都不在其中。而联合国创始会员国有51个国家，并且包括了美苏这两个社会制度不同的世界大国。联合国规定了民族独立和民族自决的原则，被联合国托管的地区后来陆续独立。这与国联的委任统治截然不同，具有历史的进步性。最后，在第一次世界大战后，美国虽然登上了历史舞台，但欧洲列强依然主宰着世界。英法在凡尔赛体系内操纵国联，推行反苏政策和对德绥靖政策。而在雅尔塔体系中，英法地位严重下降，欧洲中心的格局转变为美苏对抗的两极格局。

29. 联合国的建立及其影响

建立联合国是人类由来已久的追求和平理想的伟大尝试。两次世界大战的经验与教训，使人们建立联合国的愿望变得十分迫切。联合国的诞生经历了较长时间的酝酿和筹备。1941年的《大西洋宪章》最初提出了这一设想。1942年的《联合国家宣言》第一次使用"联合国家"一词。第二次世界大战期间，美、苏、英等大国从各自的立场出发，对未来的规划和战后国际安全机构建立都十分重视。1943 年，在莫斯科召开的苏、美、英三国外长会议上签署的《关于普遍安全的宣言》勾画了新的国际组织的轮廓。在随后召开的德黑兰会议上，各国首脑就这个国际组织的总体设想和原则交换了意见。1944 年召开的敦巴顿橡树园会议是筹建这个新的组织的重要会议，正式将这个组织命名为"联合国"并解决了大部分问题，遗留下来的两个问题在雅尔塔会议上得到了解决。

1945 年 4 月 25 日，旧金山制宪会议召开，这是国际关系史上的一次重要盛会。最初参加会议的有 46 个国家，会议期间又接纳了 4 个国家，共达到 50 个国家（波兰未参会，但之后补签了《联合国家宣言》，因此创始成员国为 51 个）。制宪会议从 4 月 25 日开幕到 6 月 26 日结束，整个过程分为三个阶段。第一阶段是一般辩论阶段，研究和讨论了大会组织工作。第二阶段是"委员会阶段"，大会的四个专门委员会专门讨论和制定宪章。第三个阶段是表决通过阶段，大会一致通过了《联合国宪章》以及《国际法院规约》。[①] 1945 年 6 月 26 日，参加旧金山会议的 50 个国家一致通过了《联合国宪章》。同年 10 月 24 日，《联合国宪章》开始生效，联合国就此正式成立。从此，罗斯福提出的"联合国家"（即"联合国"）一词就成为反法西斯战争胜利后世界性国际组织的名称。联合国设有联合国大会（General Assembly of the United Nations）、联合国安全理事会（Security Council）、联合国经济及社会理事会、联合国托管理事会、国际法院和联合国秘书处这 6 个主要机构。

联合国的产生是建立在一系列政治设想之上的，它是一个真正意义上的普遍和代表广泛的国际组织。它以维护世界和平、发展各国人民之间友好关系、促进国际合作以及协调各国行动为宗旨，制定了平等、善意、和平、非暴力、协作、世界、不干涉内政这七大原则，以国际法的形式赋予了中小国家和大国同等的"求和平，谋发展"的权利。[②] 联合国的成立符合人类向往和平的愿望，因而是符合历史发展潮流的。这具体表现为三个方面。一是建立联合国这一国际和平机构是战时盟国集体智慧的产物。它是盟国认真总结两次世界大战和国际联盟的教训，怀着对未来和平与安全体制的追求而提出来的，是一项伟大的政治实践。二是联合国的诞生是第二次世界大战胜利的结果，是反法西斯联盟合作的结晶。没有第二次世界大

---

① 袁明主编《国际关系史》，北京大学出版社，2005，第 215~216 页。
② 刘德斌主编《国际关系史》，高等教育出版社，2003，第 338 页。

战的胜利，就不会有联合国，没有战时的大国同盟也就不会有联合国。三是联合国的建立是战时同盟实行平等协商、互利互让原则的结果。尽管各国存在利益上的矛盾和冲突，但最终还是达成了一致。

30. 第二次世界大战对国际关系的影响

第二次世界大战是世界历史上规模最大的一场战争，是全世界反法西斯同盟同德意日法西斯力量之间的一次决定人类历史命运的生死搏斗。这场战争波及 60 多个国家，20 亿以上的人口，交战双方投入的总兵力达到 1.1 亿，战火遍及亚洲、欧洲、非洲和大洋洲。① 法西斯发动的这次世界性的侵略战争给人类社会和世界文明造成了空前浩劫。军队和平民伤亡总数达到了 9000 多万人，物资损失在 4 万亿美元以上，这场战争给世界人民带来了如此巨大的灾难，所幸反法西斯同盟最终赢得了战争的胜利，也赢得了和平。

第二次世界大战引起了世界范围内国际政治力量对比的重大变化，从而使国际关系出现了新的格局。苏联在战争中付出了沉重的代价，但其大国地位却得到了确认。美国取代英国成为世界的新霸主。意识形态因素成为主导国际关系的重要因素，美苏两国从战时合作逐渐走向了战后的全面对抗。战争使传统的西欧大国沦为次要大国，从而宣告"欧洲中心"时代的结束。同时，战争也催生出一大批新兴的独立国家，它们成为国际关系中举足轻重的力量。

第二次世界大战的胜利是以人类前所未有的痛苦和牺牲为代价的。正因如此，全世界人民比以往任何时候都更加珍惜和平和热爱和平，和平理念已深入人心。和平理念的深入人心对战后整个国际关系产生了重大而深远的影响。首先，和平中的安全要素导致了战后各种政治军事联盟的产生，并进而导致了两大对立军事集团的形成。其次，和平中的发展要素促成了战后各种区域性经济组织的形成。战后为了更快更好地发展经济和增强本国的国力，很多位于同一地区，具有相同文化传统、价值观及共同利益的国家都自觉地联合起来，组成了各具特色和一体化程度不一的经济同盟或共同体，如欧洲联盟、亚太经济合作组织、北美自由贸易协定区、东南亚国家联盟等。最后，在寻求和平的努力中，能否处理好安全与发展之间的关系，决定了战后各国的发展速度、力量对比和地位的变化乃至国家

① 方连庆、王炳元、刘金质主编《国际关系史（现代卷）》，北京大学出版社，2006，第 529 页。

的前途与命运。

第二次世界大战尽管给人类社会造成了巨大的灾难和痛苦，但是交战双方为了战胜对方，几乎都将全部力量投入到了武器装备的研制与生产上，从而有力地推动了军事技术的发展，使人类的科学技术以前所未有的速度发展到了一个崭新的高度。具体表现如下。第一，科学技术发展带来的传播与交通工具的变革使世界缩小成一个"世界村"，从而使整个世界变成了相互联系与相互依赖的整体，由此产生了两个具有全球意义的结果，即世界市场和全球利益的形成。第二，科学技术直接用于军事目的而带来的武器技术的变革与飞跃改变了战争的性质、规模和样式，这一方面为国际关系中的行为体在追求国家利益时提供了更多的选择余地，同时也为战争与国际冲突的自行限制创造了条件，从而使战后的国际形势表现为"总体和平，局部冲突"。

综上所述，战后国际关系的发展和变化是与第二次世界大战留给人类的和平与科学的发展密不可分的。两极格局形成后，科学的力量已深入人心与国际社会的各个领域，并将继续对未来世界与国际关系产生广泛而深远的影响。

参考文献

〔美〕亨利·基辛格：《大外交》，顾淑馨、林添贵译，海南出版社，2001。

〔美〕罗伯特·A. 帕斯特编《世纪之旅——七大国百年外交风云》，胡利平等译，上海人民出版社，2001。

〔美〕威廉·R. 科勒：《20 世纪的世界：1900 年以来的国际关系与世界格局》，王宝泉译，群言出版社，2010。

〔美〕小约瑟夫·奈：《理解国际冲突：理论与历史》，张小明译，上海人民出版社，2002。

〔美〕亚历山大·乔治、戈登·克雷格：《武力与治国方略》，时殷弘等译，商务印书馆，2004。

〔美〕约翰·米尔斯海默：《大国政治的悲剧》，王义桅、唐小松译，上海人民出版社，2003。

〔英〕爱德华·卡尔：《历史是什么？》，陈恒译，商务印书馆，2008。

〔英〕保罗·肯尼迪：《大国的兴衰》，陈景彪等译，国际文化出版社，2006。

方连庆、王炳元、刘金质主编《国际关系史（现代卷）》，北京大学出版社，2001。

计秋枫、龚洪烈编著《国际关系史研究导引》，南京大学出版社，2011。

刘德斌主编《国际关系史》，高等教育出版社，2003。

时殷弘：《现当代国际关系史（从 16 世纪到 20 世纪末）》，中国人民大学出版社，2006。

唐贤兴主编《近现代国际关系史》，复旦大学出版社，2008。

王绳祖等编《国际关系史资料选编（17 世纪中叶—1945 年）》修订本，法律出版社，1988。

王绳祖主编《国际关系史》，法律出版社，2003。

袁明主编《国际关系史》，北京大学出版社，2005。

方连庆、王炳元、刘金质主编《国际关系史（近代卷）》，北京大学出版社，2006。

张宏毅：《现代国际关系发展史（1917—1993）》，北京师范大学出版社，1997。

第五章　战后国际关系史[*]

（一）导言

战后国际关系史也称为当代国际关系史，是现代国际关系史在第二次世界大战之后的延续。战后国际关系史的研究主要以国际关系行为体之间的政治关系为对象，兼顾研究各行为体之间的经济、军事、文化、民族、宗教关系。本书中的战后国际关系史部分时间跨度从 1945 年一直持续到 21 世纪初。这一阶段的国际关系史大致可以分为两个时期：冷战时期和后冷战时期。

冷战时期的国际关系以美苏争霸和两大集团的对抗为主要特征。但是由于战后世界各地民族解放运动的兴起，第三世界作为独立的政治力量登上国际舞台、社会主义阵营和资本主义阵营内部的矛盾和分化，以及美苏两国之间实力的消长使战后的国际关系错综复杂，在不同阶段呈现不同的特点，但主要还是围绕着大国关系展开，在中、美、苏这个大三角关系中演绎发展。

第一阶段：1945～1949 年，始于二战结束，结束于中华人民共和国的成立。这一阶段是战后国际关系格局的确立时期，随着战争的结束，美苏同盟的基础已经不复存在，两国的矛盾日益突出。美国为了遏制苏联，先后抛出了"杜鲁门主义"和"马歇尔计划"，并策划组织北约，发动了对苏联的"冷战"。面对美国的遏制，苏联也积极应对，成立了共产党和工人党情报局及"经互会"，加强了与社会主义阵营内国家的合作。1949 年新中国

---

* 本章由外交学院国际关系博士生陈昌山、华侨大学国际关系学院黄日涵副教授负责撰写。

的成立，极大地改变了世界政治力量对比，标志着社会主义阵营的最终形成。以美苏为首的两大阵营的对立和斗争正式开始。

第二阶段：1950～1959 年。这一阶段是两大阵营对抗和激烈斗争的时期，也是民族解放运动迅速发展的时期。两大阵营对抗的实质是美苏对抗，对抗的主要表现在亚洲是朝鲜战争，在欧洲是华约的成立，以及随之而来的两大军事集团的对峙。

这一阶段最具世界历史意义的事件是亚非拉民族解放运动的迅猛发展。1955 年 4 月召开的万隆会议，以及由此诞生的"万隆精神"标志着亚非国家作为一个崭新的独立的政治力量登上了国际舞台，这是被压迫民族反帝斗争史上一个重要的里程碑。[1]

第三阶段：1960～1969 年。这一阶段是国际政治力量的大分化、大调整、大改组的时期。社会主义阵营不复存在，资本主义阵营四分五裂。社会主义阵营解体的主要标志是中苏同盟的破裂，中苏分歧始于 50 年代中期，其主要根源是苏联推行大国沙文主义，把自己的意志强加于别的社会主义国家。1969 年发生的"珍宝岛事件"标志着中苏关系的全面破裂。

在资本主义阵营，由于资本主义经济政治发展不平衡和世界各地民族解放运动风暴的冲击，其内部也发生了分裂。其中最突出的表现是法美矛盾的激化。

这一阶段的美苏关系也很复杂，美苏之间既勾结又争夺。1962 年发生的古巴导弹危机是战后美苏两国间的第一次大规模碰撞。结果是苏联以冒险开始，以妥协告终。

这一阶段的民族解放运动也出现了新的高潮，主要特点是革命风暴的中心从亚洲转到了非洲。

第四阶段：1970～1979 年。这一阶段是美苏争霸和第三世界联合反霸的时期。70 年代美苏争霸的特点：一是战略态势上的苏攻美守，二是在"缓和"的烟雾下进行斗争。

1979 年，苏联入侵阿富汗，直接威胁了美国在中东波斯湾的战略利益，美国对此做出了强烈反应，两个超级大国开始展开新一轮的对抗和争夺。

这一阶段，第三世界国家在斗争中不断发展壮大，成为反帝、反殖、反霸的主力军。

---

[1]　黄日涵、姚玉斐主编《国际关系实用手册》，天津人民出版社，2013，第 75 页。

第五阶段：1980～1989年。这一阶段是美苏关系既对抗又对话和世界多极化趋势进一步发展的时期。美国政府在这一阶段为了拖垮苏联、加强对苏联的遏制，提出了"星球大战计划"，目的是利用自己的经济实力和空间技术优势，同苏联在太空领域展开新一轮竞赛，并在军备竞赛中拖垮已经陷入困难的苏联经济。

苏联长期推行霸权主义政策，使自己背上了沉重的包袱。面对美国的攻势，1985年，戈尔巴乔夫上台后，不得不在对外政策上实行战略收缩，缓和对美的僵硬态度。1987年，美苏签订《中导条约》，标志着双方关系由对抗走向缓和。

这一阶段充斥着东欧国家同苏联之间长期存在的争取独立自主与强化控制的激烈斗争。进入80年代，苏联自身的经济困难不断加剧，对盟国的控制能力日益减弱。加上苏联的"新思维"和政策误导，东欧局势愈加不稳，1989年，东欧社会主义国家相继发生了震惊世界的社会剧变。

这一阶段，南方发展中国家为了克服经济困难，调整了同北方发达国家对话中的立场，把重点转向加强自力更生，实现南南合作。在美苏争霸的冷战格局下，依然发生了一些热战，朝鲜战争、越南战争、五次中东战争也都是冷战期间国际关系史的焦点。

1991年7月，华沙条约组织解散。同年12月，苏联解体。这标志着美苏两个超级大国的激烈争夺和东西方两大集团的对抗结束，雅尔塔体系宣告瓦解。战后国际关系史翻开了新的一页，进入了后冷战时代。这一阶段的国际关系和世界格局发生了巨大的变化，出现了一系列不同于冷战时期的特点，主要表现如下。

一是世界多极化趋势加速发展。随着冷战的结束，世界上各种力量出现新的分化和组合。欧洲、中国、日本开始作为重要的政治力量在国际舞台上发挥重要的作用。

二是经济全球化进程不断加快。随着科技的进步，信息传播和人才的快速流动变得更加便捷，各国经济联系日益紧密，相互依存度提高，同时区域经济集团化的进程也在加速。

世界总体潮流是和平与发展，但局部冲突依然存在。两极格局的终结使得一些原本被掩盖的民族矛盾、宗教冲突、领土争端不断发生，成为新的热点。

安全形势发生显著变化，非传统安全问题日益突出，恐怖主义、网络安全、气候安全、能源安全、难民问题等变得日益突出。

除了这些传统因素，在后冷战时代，热战依然是国际关系史关注的话题，海湾战争、波黑战争、科索沃战争、阿富汗反恐战争、伊拉克战争都牵动着研究者的目光。与此同时，世界各国对于军控和裁军的关注也上升到一个新的高度。当然除了传统的政治、军事安全，人们对于全球治理的关注也显著提升，在联合国、欧盟、东盟、世界贸易组织（WTO）、国际货币基金组织（IMF）等传统治理模式之外，人们对 G20、金砖国家等新兴治理模式也日益关切。

（二）专题解析

1. 冷战的起源

战时，美苏在波兰、德国和成立联合国等问题上的矛盾已经初现端倪，但此时双方的共同目标是彻底打败法西斯集团。二战的结束、法西斯集团的战败使美苏失去了合作的基础，由于两大国在政治、经济、军事、社会制度、意识形态以及战后安排、国家利益等方面的严重分歧，冷战逐步在两国之间呈现，而后逐渐扩展到全球。①

第二次世界大战彻底改变了战后的国际力量对比。美国成为资本主义世界头号强国，拥有绝对的经济、军事优势，其称霸全球的野心成为冷战爆发的根本原因。战争使美国经济迅速发展，美国战后拥有世界 2/3 的黄金储备和世界上最强大的海军，并垄断了原子武器技术。但战争却使英、法、德等欧洲老牌资本主义国家急剧衰败，面临严重的经济和政治危机。苏联虽然在战争中遭受严重损失，但是在战争中建成了强大的军事力量，战争的胜利也使苏联的大国地位得到确认。苏联成为唯一能与美国相抗衡的政治、军事大国，同时也成为美国追求全球霸权的最大障碍。

战后，美苏在国家战略目标和国家利益上出现严重分歧。美国在战后的战略核心是获取全球的政治、军事和经济霸权，苏联在战后初期追求的主要目标是保证国家安全。老牌资本主义国家的衰落使欧洲出现了"权力真空"，美苏都试图在欧洲扩张自己的权力，美国称霸全球的既定目标和苏

---

① "冷战"（Cold War）一词最早由美国政论家赫伯特·斯沃普（Herbert Swope）提出，他在给参议员伯纳德·巴鲁克（Bernard Baruch）起草演讲稿时使用了该词。在巴鲁克的演讲之后，"冷战"一词开始流行起来。冷战是指以美苏为首的东西方两大政治和军事集团之间既非和平又非战争的斗争状态。

联捍卫国家安全利益的战略计划尖锐对立。美苏关系紧张并非因双方存在误会，而是因为双方政策、目标迥然不同，无法调和。①

　　政治制度和意识形态的对立也是美苏冷战爆发的重要原因。以美国为首的西方国家从社会主义苏联建立之初就对其持极端仇视的态度，甚至在十月革命后组织了武装干涉；苏联则以马列主义为指导思想，视西方帝国主义国家为战争的根源。西方国家还将1946年2月斯大林（Joseph Vissarionovich Stalin）在莫斯科选民大会上的演说渲染成"第三次世界大战宣言"。

　　英国对冷战的爆发也起到了推波助澜的作用。② 走向衰落的英国统治集团企图借助美国的力量在欧洲抗衡苏联。1946年3月5日，在杜鲁门的邀请下，英国前首相丘吉尔（Winston Leonard Spencer Churchill）在美国密苏里州富尔顿（Fulton）威斯敏斯特学院发表"铁幕"（Iron Curtain）演说，极力渲染和夸大苏联的扩张威胁，拉开了美苏冷战的序幕。

　　1946年2月22日，美国驻苏代办乔治·凯南（George Kennan）的"八千字电报"和随后发表在《外交》季刊上的《苏联行为的根源》一文为杜鲁门从政治、经济、军事上遏制苏联的强硬政策提供了理论依据。1947年3月12日，杜鲁门在国会两院宣读一篇特别咨文，要求国会拨款4亿美元援助希腊和土耳其，以抵制"共产主义威胁"。"杜鲁门主义"的出台标志着冷战的正式爆发。

　　2. "遏制"政策及其影响

　　随着二战的结束，国际形势发生根本变化，美苏矛盾和斗争不断尖锐，开始相互将对方视为对手。1945年4月12日，富兰克林·罗斯福（Franklin D. Roosevelt）逝世，哈里·杜鲁门（Harry S. Truman）继任，成为美国第33任总统。杜鲁门认为，罗斯福通过合作软化苏联的办法已经行不通，而应该通过援助的方式控制、利用欧洲，与苏联争夺全球霸权。

　　"苏联通"乔治·凯南是美国驻苏代办，1946年2月22日，他向国务院发回一封长达八千字的电报，对遏制思想做了初步阐述。③ 电文试图分析苏联行为的动机，并提出美国的对策，认为美国应该将苏联视为敌手而不

---

① 〔美〕亨利·基辛格：《大外交》，顾淑馨、林添贵译，海南出版社，2012，第421页。
② 关于英国在冷战中的作用，参见刘建飞《从战后初期英国工党的对苏政策看冷战的起源》，《当代世界社会主义问题》1998年第1期，第2~9页；李世安《英国与冷战的起源》，《世界历史》1999年第4期，第38~51页。
③ 凯南是苏联问题专家，长期对苏联持悲观态度，他是在国务院要求他对苏联不愿意参加国际货币基金组织和世界银行的原因进行分析的情况下，起草了这份长达八千字的电报。

是朋友。凯南的电文十分契合杜鲁门政府的政策，受到国务院和白宫的高度重视。不久，凯南就被调回华盛顿出任国务院政策规划室主任。1947 年 7 月，他署名"X 先生"在《外交》季刊上发表了《苏联行为的根源》一文，全面、系统地阐述了他的"遏制"（containment）理论。

第一，苏联行为动机的根源。凯南将苏联行为的动机归结为俄国人传统的和本能的不安全感。俄国统治者谋求安全的唯一方法，就是为了彻底毁灭同它竞争的国家而进行耐心、殊死的斗争，决不同敌手达成协议或妥协。苏联受到一种狂热思想的支配，在世界强国的地盘到处钻，只有碰到无法对付的力量才会停下来。

第二，苏联行为的理论依据。凯南认为，马克思主义理论是苏联对内维持"独裁制度"和对外同资本主义世界进行斗争的理论依据。苏联共产党的统治和过去沙皇的统治没有什么两样，只不过披上了马克思主义的外衣来保证对内虚弱的政权在外部获得安全。

第三，苏联的政策目标。凯南认为，苏联的近期政策目标是从一切方面致力于提高苏维埃国家的实力和威信，力求分裂和削弱资本主义国家的力量和影响，"在一切认为适时和有希望的地方，努力扩大苏联的势力范围"。

第四，美国的对苏政策。凯南认为，"美国不可能指望在可预见的将来同苏联政权享有政治上的亲善关系，美国必须在政治舞台上把苏联当作对手，而不是伙伴"。美国对苏联必须采取一种长期、耐心而又坚定并且时刻保持警惕的"遏制俄国扩张倾向的政策"，"苏联对于理智的逻辑性无动于衷，但对武力的逻辑十分敏感"，所以只要美国拥有足够的实力，并表明将使用武力，几乎不用真的动武，便可遏制住苏联。

第五，遏制苏联的目标。凯南认为，美国应灵活而警惕地运用对抗力量遏制苏联扩大势力范围的努力，把苏联的影响限制在其本土和东欧之内，阻止其进一步向外发展，并竭力促使其内部发生变化，从而导致苏联政权的垮台或逐渐软化。要做到这些，美国及其盟友必须保持自己的健康和活力，增强西方世界的自信。①

在政策层面，1950 年 4 月由保罗·尼采（Paul Henry Nitze）起草的国家安全委员会第 68 号文件（NSC68 文件），是遏制战略最完整、系统、明确的表述。根据 NSC68 号文件所阐述的原则，美国发展了自己的国防工业、

---

① 方连庆、王炳元、刘金质主编《国际关系史（战后卷）》，北京大学出版社，2006，第 45 ~ 46 页。

与苏联展开了常规和核军备竞赛、进行了全球军事部署、组织了军事集团、干预或发动了局部战争，深刻影响了第二次世界大战后的世界局势。①

凯南的"遏制"理论为杜鲁门政府在美苏从合作走向敌对的转折时期提供了一条切实可行的道路，对战后初期美国对苏政策的确立产生了直接而重大的影响，为杜鲁门从政治、经济、军事上遏制苏联的强硬政策提供了理论依据。"遏制"理论奠定了战后美国外交政策的思想基础。自杜鲁门开始，一直到苏联解体、冷战结束，美国历届政府的对苏政策虽然经历了各种调整，但都没有超越凯南"遏制"理论的基本框架。

3. 杜鲁门主义的实质和影响

丘吉尔"铁幕"演说拉开了冷战的序幕，但是美国国内关于对苏政策仍然存在分歧，希腊、土耳其问题给杜鲁门政府推出全球冷战政策提供了契机。希、土两国扼地中海和黑海要地，具有重要的战略地位，原来都是英帝国的势力范围。1946 年，希腊再次爆发民族解放运动，战后国力衰微的英国已经无力控制希腊局势。1947 年 2 月 21 日，英国照会美国，表示英国已经无力提供希、土两国所需要的军事和经济援助，并暗示英国愿意让出巴尔干半岛和地中海的战略要地。杜鲁门感到推出美国的全球扩张政策的时机已经来临。

1947 年 3 月 12 日，杜鲁门在国会两院联席会议上宣读了一篇咨文。讲话重点强调了三点内容：①宣称美国有领导自由世界、援助其他国家复兴的使命；②诬指任何国家的人民革命运动和民族解放运动都会"危害美国的安全"；③美国将援助各国自由人民。杜鲁门要求国会拨款 4 亿美元援助希腊、土耳其，并选派美国文职和军事人员前往两国监督援助的使用。② 随后，国会参众两院通过了一项援助法案，杜鲁门的这项政策声明被称为"杜鲁门主义"。

杜鲁门主义实质是美国遏制苏联、称霸世界的全球扩张主义，标志着美苏战时同盟的公开破裂和冷战的全面爆发。杜鲁门主义充分暴露了美国借反共的幌子排斥英法势力，遏制苏联占领中间地带，从而称霸世界的野心，对战后国际关系产生了重要影响。

第一，杜鲁门主义是美国对外政策的重要里程碑，是美国从对苏联的

---

① 冯海沧：《冷战时期的美国遏制战略》，载牛军主编《冷战时期的美苏关系》，北京大学出版社，2006，第 49 页。

② 肖月、朱立群：《简明国际关系史（1945—2002）》，世界知识出版社，2002，第 23 页。

战时合作到战后遏制的转折点。杜鲁门政府放弃了罗斯福以"大国合作"软化苏联，进而将苏联逐渐纳入美国主导的世界体系的政策，开始公开推行其对苏冷战政策。

第二，杜鲁门主义与门罗主义是美国对外政策史上最具影响力的两个对外政策宣言。它使美国彻底放弃了其对欧洲事务长期奉行的"孤立主义"政策，开始执行"全球主义"和"干涉主义"政策，对希、土的干涉是美国战后大规模介入他国内部事务的开始。

第三，杜鲁门主义使美苏关系发生根本变化。美苏由战时的盟友关系破裂为战后的敌对关系，它标志着全面冷战的正式爆发。以杜鲁门主义为起点，美苏之间以欧洲为重点的长达近半个世纪的冷战全面展开，东西两个阵营对峙的两极格局成为战后国际关系的基本特征。

4. "马歇尔计划"及其深远影响

战后美国推出的旨在扶植和控制欧洲的经济复兴计划被称作"马歇尔计划"（The Marshall Plan），美国官方称其为欧洲复兴计划（European Recovery Program）。

欧洲是美国全球战略扩张的重点，而欧洲在战后面临的艰难的政治、经济形势为美国的扩张提供了有利条件。战争使欧洲遭到严重破坏。英国"赢得了战争，输掉了财富"；法国在战争中一度被德国占领；德国和意大利法西斯被彻底打败；加上 1946 年冬和 1947 年春又遇到严重的自然灾害，生活日用品严重匮乏，欧洲经济几乎处在崩溃的边缘。严重的社会危机还激化了社会矛盾，共产党和工人运动威胁到资本主义统治集团的统治。而此时美国自身因为严重的产能过剩，爆发了经济危机，迫切需要转移过剩的产能和资本。在美苏对峙越演越烈的情况下，美国利用有利的时机，适时地抛出了"马歇尔计划"。

"马歇尔计划"的援欧方针是在乔治·凯南的指导下制定的。1947 年 5 月，凯南向国务院正式提出了援助欧洲的政策报告，要求将欧洲作为一个整体予以援助。1947 年 6 月 5 日，美国国务卿乔治·马歇尔（George C. Marshall）在哈佛大学发表演说，宣布了美国的援欧方针。演说强调，欧洲所面临的经济和社会困境，使美国负有反对饥饿、贫困、混乱和绝望的道义责任，故意淡化了政治色彩，宣称"不反对任何主义"。马歇尔要求欧洲主动向美国请求援助，指出美国将在实际所能做到的范围内支持这项计划，这个计划必须是联合性质的，假如不能争取所有欧洲国家的同意，也应征得部分国家同意。

西欧国家，尤其是英法对该计划做出了积极回应。苏联在弄清计划的本质是要干涉受援国的内部事务后，退出了该计划。1947 年 7 月，欧洲 16 国在巴黎召开欧洲经济会议，要求美国在 4 年内提供 224 亿美元的援助。美国国会于 1948 年 4 月通过了《1948 年对外援助法案》，将"马歇尔计划"以法律的形式确定了下来。法案规定了购买美国产品、取消关税壁垒、接受监督等一系列援助的条件。到 1952 年 6 月，美国共拨款 131 亿美元，其中 90% 是无偿赠予，英、法、（西）德和意大利获得了援助的 60%。[①]

"马歇尔计划"是战后美国对外援助最成功的计划，对欧洲产生了重大影响。

第一，对美国而言，"马歇尔计划"在经济上增加了美国的商品和资本输出，为其过剩的产能找到了出路；经济上的援助还增强了美国对西欧的控制，从而增强了美国与苏联对抗的实力。

第二，对欧洲而言，美国的援助客观上促进了西欧的经济复苏，在计划实施过程中消除了西欧国家的关税和贸易壁垒，为西欧的经济一体化创造了条件；同时，该计划在政治上推动了法国与西德接近，为西欧的政治和军事联盟的形成奠定了基础；"马歇尔计划"还巩固了西欧国家的资产阶级统治，削弱了共产党的力量。

第三，对世界而言，"马歇尔计划"加剧了东西对峙，尤其是加速了欧洲的分裂。苏联针锋相对地提出了"莫洛托夫计划"并建立"经互会"，使得欧洲在经济上分裂，世界经济出现了资本主义市场和社会主义市场并行的局面。

5. 冷战初期苏联与东欧国家的关系

二战结束以后，苏联成为唯一能够与美国进行对抗的国家。面对以美国为首的西方国家的遏制政策，苏联在对外政策上以维护国家利益为根本出发点，与西方国家展开了对峙和对抗。在苏联的影响和支持下，东欧各国先后建立起了人民民主政权，在很短的时间内实现了向社会主义的过渡。为了抵制"马歇尔计划"，苏联进一步加强了对东欧各国的政治、经济控制，建立了情报局和经互会，并在原有军事合作的基础上建立了华约组织，从而形成了具有共同政治、经济、军事基础的集团组织。

---

① 肖月、朱立群：《简明国际关系史（1945—2002）》，世界知识出版社，2002，第 28 页。

在经济上，为了抵制"马歇尔计划"，限制东欧国家与西方国家的经济往来，苏联政府于 1947 年 7 月 10 日到 8 月 26 日分别与保加利亚等六个东欧国家签订了双边贸易协定，被西方称为"莫洛托夫计划"。通过这些协定，东欧国家与西方传统的经济联系开始中断，一些本应流向西欧的商品大量流向苏联、东欧地区。这样，以苏联为中心的经济贸易圈初步形成，由此为成立地区性的经济组织奠定了基础。1949 年 1 月 25 日，苏联、保加利亚、罗马尼亚、匈牙利、波兰、捷克斯洛伐克六国签署并发表《关于成立经济互助委员会的公报》，决定成立经济互助委员会，简称"经互会"。1949 年 4 月，在莫斯科举行的第一次会议正式宣布经互会成立。实际上，经互会是由苏联控制并为其经济发展服务的工具。

在政治上，苏联为了更有效地控制东欧国家以对抗美国，开始着手建立一个旨在协调各国共产党行动的国际组织。1947 年 9 月，苏联、南斯拉夫等九国共产党和工人党的代表在波兰召开会议。会议通过了《关于出席会议的各党交换经验和协调活动的决议》，决定设立情报局，并对有关事项做了安排。情报局的建立增强了苏联与资本主义阵营对抗的实力。它不仅表明参加会议的九个共产党国家在对国际形势的认识上取得了相对一致，而且还形成了一定的组织保证。但是后来的事态表明，情报局逐渐变成了苏联共产党（布）"强制命令的传达渠道和执行助手"，并直接导致了后来的苏南冲突。①

在军事上，冷战全面开始后，美国与西欧各国联合了起来，于 1949 年 4 月 4 日签订了《北大西洋公约组织条约》以加强对苏联的遏制。苏联为此也采取了一系列对抗措施，以巩固其在东欧的势力范围，确保自己的国家安全。1955 年 5 月 14 日，苏联、阿尔巴尼亚、保加利亚、民主德国、波兰、罗马尼亚、捷克斯洛伐克、匈牙利八国在华沙缔结《友好合作互助条约》，简称《华沙条约》。由此，在欧洲形成了与北约组织相抗衡的军事集团。②

6. 二战后各大国在德国问题上的争夺

德国问题一直是美英与苏联矛盾斗争的焦点。早在二战即将结束之时，双方的矛盾已经初现端倪。丘吉尔将苏联看作是"致命危险"，极力敦促美国尽可能多地占领德国，尤其是抢先占领柏林。事实上，为了有利于获取

---

① 关贵海：《冷战时期的苏联对外政策》，载牛军主编《冷战时期的美苏关系》，北京大学出版社，2006，第 96～98 页。
② 肖月、朱立群：《简明国际关系史（1945—2002）》，世界知识出版社，2002，第 29～42 页。

德国赔偿，苏联最初并不想肢解德国。波茨坦会议也没有要求分割德国，而是要求将德国视作统一的经济体。但随着战争的结束，双方失去了合作的基础，美英和苏联在赔偿和管制等方面的矛盾日益尖锐，德国问题越来越成为双方的斗争焦点。

（1）西占区货币改革与第一次柏林危机

1946 年 5 月，德国停止从美占区向苏联提供赔偿。经过一段时间的准备工作，1947 年年初，美英正式合并了双方占领区。合并占领区是美国按照自己意图改造、扶植和控制德国的一个重大步骤，其目的就是要和苏联对抗。随后，从 1947 年下半年开始，美英在德国秘密实施货币改革计划，在经济上进一步分裂德国。法国最初反对合并占领区和货币改革，但是在美国的竭力游说和施压下，于 1948 年 6 月同意将自己的占领区与美英占领区合并。1948 年 6 月 19 日，西占区公布"关于改革德国货币制度的法令"，并于第二天正式发行了新版德国马克（"B 记"马克）取代帝国马克。货币改革在客观上促进了西占区经济形势的好转，但是给苏占区带来极大混乱。苏联提出抗议，猛烈抨击西方分裂德国的行径，并针锋相对地在苏占区内发行了"D 记"马克。

货币改革恶化了苏联与西方之间本已紧张的关系，并引发了第一次柏林危机。从 1948 年 4 月 1 日起，苏联以柏林属于苏占区的一部分为由，开始检查进入西柏林的人员和货物。西占区实行货币改革后，苏联于 6 月 24 日彻底切断了柏林与西占区之间的陆路和水上交通，第一次柏林危机爆发。西方国家对苏联的封锁反应强烈，对苏联实行了反封锁，但仍试图通过谈判解决问题；苏联的封锁也留有余地，没有切断空中交通。西方因此通过大规模空运给西柏林进行物资供应。双方都有所保留以避免陷入战争当中。

封锁柏林是苏联的失人心之举，也没有达到阻止西方进行货币改革的目的。[①] 1949 年 1 月 31 日，斯大林暗示可以取消对西柏林的封锁，并于 5 月 12 日取消了西柏林与西占区之间的一切限制，第一次柏林危机宣告结束。

（2）两个德国的建立

在封锁期间，柏林分裂成东西两部分，柏林的分裂成为德国分裂的先导，加速了整个德国的分裂。法国占领区和美英占领区合并及随后的货币改革，为建立西德国家铺平了道路，美国也已经决心要分裂德国。1948 年 2

---

① 方连庆、王炳元、刘金质主编《国际关系史（战后卷）》，北京大学出版社，2006，第 23 页。

月至 6 月，美、英、法、荷、比、卢六国在伦敦开会，并发表《伦敦议定书》，决定建立西德国家。同年 8 月，美、英、法三方委员会起草了《占领法规》。9 月，西德议会委员会召开，拟定了具有宪法性质的《基本法》，决定成立德意志联邦共和国，定都波恩。9 月 20 日，联邦德国正式成立，康拉德·阿登纳（Konrad Adenauer）担任首任总理。作为回应，苏联积极成立东德国家。1949 年 5 月 30 日，"第三次德国人民代表大会"通过了宪法，10 月 7 日，德意志民主共和国（简称"民主德国"）正式成立。西德和东德的相继建立，标志着德国的正式分裂。两个德国的出现对战后欧洲乃至整个国际局势都产生了重大影响。

（3）第二次柏林危机与柏林墙的建立

德国分裂后，西柏林实际成为苏联势力范围内的一块"飞地"，西方因此尤其重视西柏林的战略地位，称其为"自由世界的橱窗"和"铁幕上钻出来的一个小洞"；苏联则视西柏林为"毒瘤"，赫鲁晓夫称"西柏林是美国在欧洲插进的一脚，有个大脓包"。①

1958 年 10 月 27 日，民主德国领导人乌布利希（Walter Ulbricht）发表声明，称西方武装联邦德国违反《波茨坦公告》，因此丧失了继续留在西柏林的权利，拉开了第二次柏林危机的序幕。11 月 10 日，赫鲁晓夫（Nikita Sergeyevich Khrushchev）宣布苏联准备将柏林的管理职权移交给民主德国，并随后照会了美、英、法三国，建议将柏林变成一个"非军事化的自由城市"，半年之内就三国往来西柏林和联邦德国之间的运输制度达成协议，否则将把进入西柏林的过境检查权移交给民主德国。西方对苏联的最后通牒反应强烈，拒绝了苏联的撤出要求。

在西方的强硬态度下，苏联态度软化。双方于 1959 年 5 月和 7 月在日内瓦举行了外长会议，但因双方立场相去甚远，没有达成任何协议。1959 年 9 月，赫鲁晓夫访美期间放弃了六个月解决柏林问题的最后通牒，以换取美国对四国首脑会议的支持，但首脑会议却因 U－2 飞机事件流产。

1961 年 6 月，赫鲁晓夫与新上任的约翰·肯尼迪（John F. Kennedy）总统在维也纳举行会谈，他再次发出了六个月内解决柏林问题的最后通牒。双方态度强硬，肯尼迪表示决不允许苏联以武力将西方赶出柏林。美苏都开始增加军费开支，增强军事能力，柏林出现剑拔弩张的紧张局势。

---

① 〔美〕亨利·基辛格：《大外交》，顾淑馨、林添贵译，海南出版社，2012，第 575 页。

在柏林局势紧张之时，出现了东德人经由西柏林出逃的高潮，华约决定对此采取措施。1961 年 8 月 12 日，民主德国封锁了西柏林四周的边界，并于当晚拉起了 170 公里长的铁丝网，随后筑起 3.6 米高的水泥墙。

"柏林墙"的建立使柏林危机进一步升级。美苏双方都加紧备战、恢复核试验、进行军事演习。第二次柏林危机使战争一触即发，成为东西方冷战的一次高潮。但是在危机中，双方都保持了克制，都避免因柏林问题而爆发战争。其间，美国派 1500 名军人向西柏林增援，没有受到苏联的阻拦。西方最终也容忍了柏林墙的建立，没有与苏联"摊牌"。随后柏林危机开始缓解，10 月 17 日，赫鲁晓夫在苏共二十二大上表示，只要西方愿意解决德国和柏林问题，苏联可以不坚持 1961 年 12 月 31 日的最后期限。赫鲁晓夫再次主动平息了柏林危机。

第二次柏林危机表明美苏双方都不愿爆发战争，双方都学会了在危机中如何最大限度地试探对方的底线和忍耐力。柏林墙的修建也使德国的分裂最终得到确认，这无疑是阿登纳的一次严重挫败，统一德国的政策有待调整。[①] 勃兰特（Willy Brandt）上任之后，开始着手调整联邦德国与民主德国、东欧国家以及苏联之间的关系，决心实施他的"新东方政策"。

7. 战后美国亚太同盟体系的建立与冷战后的调整

美国在二战后曾试图以联合国的集体安全体制为基础，通过大国合作、组建联合国安理会来谋取世界霸权。但随着冷战的爆发，美国很快放弃了大国合作，转而开始组建地区军事联盟体系。

（1）战后美国亚太同盟体系的建立

1947 年 1 月 20 日，杜鲁门在其第二任期的就职演说中提出了美国对外行动的四点计划，其中第四点即所谓的"技术援助不发达地区计划"，被称作第四点计划（The Point Four Program）。该计划的目的是，通过对落后国家的一系列附带政治条件的经济和技术援助，在亚非拉国家进行资本输出和原料掠夺，控制和渗透亚非拉国家，建立美国控制下的冷战联盟体系。第四点计划为美国建立亚太军事体系提供了有利条件。[②]

1950 年 6 月朝鲜战争爆发，美国提出了对远东的遏制政策，朝鲜战争成为美国亚太联盟战略形成和演变的重要因素。1950 年 10 月 17 日，美泰签订《军事援助协定》；1951 年 8 月 30 日，美菲签订《共同防御条约》；1951

---

① 刘德斌主编《国际关系史》，高等教育出版社，2003，第 383 页。
② 刘德斌主编《国际关系史》，高等教育出版社，2003，第 372 页。

年 9 月 1 日,美、澳、新西兰三国签订《澳新美安全条约》;1953 年 8 月 8 日,《美韩共同防御条约》签订;1954 年 9 月 8 日,《东南亚集体防务条约》签订;1954 年 12 月 2 日,美国与中国台湾当局签订"共同防御条约"。[1]

美国在亚太地区的军事同盟很大程度上是为了针对中国而建立的。起初,美国想要在亚洲构筑一个类似于北约的多边安全体制,但没有成功。以双边促多边是美国亚太同盟体系的一大特点,这也正是美国在冷战后加强联盟横向间协调和两个三角关系(美日韩和美日澳)的深层次原因。[2]

虽然艾森豪威尔(Dwight David Eisenhower)也曾提出"多米诺理论"(Domino Theory)来鼓吹美国在亚洲建立多边军事同盟的重要性,但是追随美国的亚洲国家对日本的侵略都还心有余悸,对美国重新武装日本有所顾虑。[3] 1951 年年初,美国国务院拟定了一份《太平洋公约草案》,但该草案遭到了新西兰和澳大利亚两国的反对。这也是《澳新美安全条约》签订之后,对日和约才得以签订的原因。美国要想在签订对日和约上得到澳、新等国家的支持,就必须在安全上保证日本不再对其他国家构成威胁。此外,鉴于美国在朝鲜战争中的教训,这些国家也不愿为台湾当局火中取栗,因此美国纠集英、法、澳、新、菲、泰、巴基斯坦共八国签订《东南亚集体防务条约》时,各国都不愿意过分刺激中国,也不愿将北纬 21 度以北地区包括在条约范围内,所谓"东南亚集体防务"只包括菲律宾和泰国两个东南亚国家。可见,中国并不对东南亚国家构成威胁,以中国为假想敌的防务政策也不具备诱惑力。根据该条约所建立的"东南亚集体防务组织(SEATO)"在建立后也未起到实质性作用,1977 年 6 月,该组织就悄无声息地解散了。

(2)冷战后美国亚太同盟体系的调整

冷战结束、苏联解体,使国际体系发生了根本变化。作为美国全球联盟体系重要支柱的亚太联盟,在冷战后非但没有随着联盟赖以存在的基础消失而消失,反而得到扩展和强化。苏联解体后,美国国内曾出现关于是否要在亚太地区维持原有同盟体系的大讨论,但最终主流学派都认为,亚太同盟体系的存在对该地区的长期和平与稳定以及美国的安全利益至关重

---

[1] 值得注意的是,美日同盟,即美国与日本签订的一系列条约也属于美国在亚太的同盟体系,且属于美国在亚太的同盟体系中的核心,因此将在后文中专门阐述。

[2] 王帆:《美国的亚太联盟》,世界知识出版社,2007,前言第 8 页。

[3] 1954 年 4 月,艾森豪威尔声称,如果印度支那落入共产党手中,那么其他东南亚国家也将很快跟着倒下。

要，必须予以维持和强化。①

美国认为，中国崛起会对美国在亚太的主导地位形成挑战，作为霸权国，美国需要遏制中国的崛起，至少保证不出现与美国匹敌的大国力量，防止在东亚出现一个美国霸权的挑战者；东亚地区目前仍然有许多不安全、不确定因素，例如日俄南千岛群岛（日称"北方四岛"）领土争端、中日钓鱼岛争端、朝鲜半岛问题、台海问题、南海问题等，都是东亚地区潜在的冲突隐患；在亚洲地区，除中俄是合法核武国家外，印度、巴基斯坦、朝鲜都拥有了核能力，由于印巴、朝韩的敌对关系，不时会出现核危机甚至爆发核冲突，核武器也有向其他地区扩散的危险；"9·11"事件之后，恐怖主义成为美国的一大威胁，而亚太地区也面临着恐怖主义等非传统安全问题的威胁。因此，美国在亚太的同盟体系对美国的霸权和安全利益以及亚太地区的稳定有重要意义。

美国的亚太同盟体系从冷战结束后到 20 世纪 90 年代中期经历了一个过渡期，该段时期内，联盟因为丧失了针对性，成员国关系比较松散。20 世纪 90 年代中期以后，同盟国开始确认新的威胁和合作基础，加强了凝聚力；"9·11"事件之后，以反恐为契机，美国进一步加强了与盟国的协作，使联盟的职能更加广泛。从奥巴马政府开始，面对中国崛起的势头，尤其是金融危机缩小了中美间的经济差距后，美国推出"重返亚太"战略，追求战略再平衡，强化与亚太盟国的联盟关系，加强在中国周边的军事存在和部署。

冷战后美国亚太联盟的总体强化趋势主要表现在以下几个方面。一是巩固东北亚同盟。东北亚在美国亚太战略中地位突出，美国通过 1996 年美日联盟再定义，逐渐突破了美日同盟的"专守防卫"原则对日本行动范围的限制，提出了"周边事态"概念。日本还以维和和反恐的名义，向海外派兵，使日本在联盟中的地位得到提升，外向性得到增强。美国则借日俄南千岛群岛领土争端、中日钓鱼岛争端，频繁介入东北亚事务，以加强美日同盟。美韩联盟方面，美国于 2003 年调整了驻韩军事基地，李明博政府于 2009 年与美国签署《美韩同盟未来展望》声明，决定建立"全方位战略联盟"。此外，美日、美韩联盟之间还加强了配合，使美国在东北亚的联盟战略发挥出更好的聚合作用。

---

① 杨文静：《美国亚太同盟体系的调整及其走向》，《现代国际关系》2003 年第 8 期，第 23 页。

二是强化东南亚同盟。冷战结束后，美国曾一度对东南亚地区有所忽视，但是随着该地区战略价值的不断提高，美国开始重新重视在该地区的介入。"9·11"事件后，美国借反恐名义加强与菲律宾、泰国等国的盟友关系；奥巴马政府高调宣布"重返"亚太，竭力渲染"中国威胁论"，积极介入中国与东南亚国家的领海争端。为了凸显美国在东南亚的军事存在，美国甚至加强了与越南、印尼、新加坡等国的安全合作，并成功对缅甸进行了民主渗透。

三是强化南太平洋同盟。作为美国的传统盟友，澳大利亚与美国的军事盟友关系在冷战后不断强化。美澳于1996年发表《美澳21世纪战略伙伴关系协议》，加强同盟关系；澳大利亚对美国在伊拉克、阿富汗的战争鼎力支持；美澳举行定期军事演习；2011年开始，美国还在澳大利亚达尔文港永久驻军。美新联盟虽然因1985年的核试验问题破裂，但很快得到修复。两国不断加强了安全合作和对话交流，还举行了联合军演。①

美国的亚太联盟呈现出由美国主导向横向多边合作转变，由单纯军事同盟向制度化的政治、经济、军事综合组织发展的特点，但也面临着缺乏明确动因、联盟内部利益分歧、亚太反美民族主义等问题的挑战。总之，为了维持在亚太地区的霸权，美国在亚太地区的联盟体系仍将长期存在下去，并将得到进一步加强。

8. 美国对日本的民主改造与美日同盟的形成与调整

（1）美国单独占领日本与对日本的民主改造

战后美国对日政策的基本目标就是要使日本从属美国，使日本受美国的控制并为其称霸世界的政策服务。② 1945年8月15日，日本天皇下诏投降。美国垄断了对日受降权之后，排斥其他盟国，单独占领了日本，并于9月7日成立了以麦克阿瑟（Douglas MacArthur）为首的盟军最高统帅司令部。③ 9月22日，杜鲁门政府公开发表了《美国战后初期的对日政策》，把战后初期美国对日本的政策定为两大方面：一是要保证日本不再成为美国安全和世界和平的威胁，尊重《联合国宪章》和其他国家的权利；二是要保证日本成立一个支持美国政策的政府。因此，战后初期，美国对日本采

---

① 凌胜利：《冷战后美国亚太联盟的强化：趋势与问题》，《美国问题研究》2012年第2期，第129～135页。

② 方连庆、王炳元、刘金质主编《国际关系史（战后卷）》，北京大学出版社，2006，第27页。

③ 斯大林曾要求分割占领北海道，但遭到杜鲁门拒绝；中国和英联邦国家等盟国也只是派兵象征性占领日本。

取的政策基本是削弱和改造。

在该政策的指导下，美国开始对日本进行改造。美国对日本的改造涉及军事、政治、经济、文化教育等各个方面，其主旨是非军事化和民主化，改造对战后日本产生了深远影响。改造的主要措施如下。

第一，解散法西斯军队，逮捕和整肃战犯。盟军总部以天皇的名义解散了日本军队；成立远东国际军事法庭，负责审判东条英机等战犯；解散右翼军国主义政党和团体。

第二，废除旧的法律和制度，制定新宪法。盟军总部命令日本政府撤销了对言论、宗教等政治权利的限制，恢复民主自由权利。盟军总部还在麦克阿瑟的授意下主导了日本新宪法的制定。日本国会于 1946 年 10 月 7 日通过了新宪法，规定日本实行象征天皇制和主权在民原则、放弃战争和交战权。

第三，解散财阀。通过拍卖持股公司和财阀家族的股份，分割右翼财阀的大型垄断公司。

第四，实行农地改革。盟军总部要求日本政府废除农村的封建土地所有制，将土地以小块廉价方式卖给农民，实行耕者有其田，从而基本消灭了地主阶级。

第五，劳动立法和教育改革。取消了镇压工人的立法，允许组织工会团体，实行劳动立法、男女同工同酬和 8 小时工作制等进步规定。在教育方面，禁止进行军国主义和极端民族主义教育；尊重人权，实行教育机会均等原则。

第六，拆迁赔偿。对日本的工业设施尤其是军工企业进行严格的拆除来赔偿战争受害国，以消除日本的战争潜力。①

美国主导的对日资产阶级性质的民主改造客观上具有很大的进步意义。改造具有较彻底的反封建性质和一定程度上的反军国主义性质，解放了生产力，促进了日本资本主义的发展，对日本经济的恢复和发展起到了促进作用。

（2）美国对日政策的改变

美国最初对日本持的是仇视和敌对心态，这主要体现在《鲍莱报告》中。②

---

① 关于对日民主改造的具体措施，参见肖月、朱立群《简明国际关系史（1945—2002）》，世界知识出版社，2002，第 12～14 页。

② 埃德温·鲍莱是盟国赔偿委员会美方首席代表，他于 1945 年作为总统特使率领调查团抵达日本，并发表了两份报告，建议对日本实行严厉的拆迁计划。

但是随着国际形势发生急剧的变化，美苏为首的两大阵营之间冷战的爆发和中国共产党的胜利引发了东亚形势的变化，以罗亚尔演说为转折点，美国对日本的政策发生重大变化，美国由原来的限制、削弱和打压日本，逐渐转变为扶植、帮助和支持日本。① 美国逐渐地背离了《波茨坦公告》的精神，开始复兴日本经济，直到 1949 年 5 月，美国宣布停止执行拆迁赔偿计划。

美国对日本的政策由严厉到缓和再到援助，由拆迁赔偿到复兴日本经济，表明美国开始将日本纳入其远东战略轨道。

（3）美日同盟的形成与变化

美日联盟是伴随着冷战在亚洲展开的进程而形成的。② 美日同盟在美国的亚太同盟体系中也居于核心位置。中国共产党的胜利，以及朝鲜战争的爆发，使美国更加坚定地将日本视为维护美国利益和东亚霸权体系的基石，决心排除中国和苏联，与日本单独媾和。经过四年的多方准备，1951 年 9 月 4~8 日，在旧金山召开了只有 52 个国家参会的旧金山会议，并于 9 月 8 日签署了《旧金山对日和约》。《旧金山对日和约》的主要内容包括结束战争状态、承认朝鲜独立、以和平方式解决争端、战争赔偿、日本放弃太平洋上一系列岛屿的权利要求等。作为战胜国的中国被排除在会议外，因此，中国政府没有承认这一非法的、无效的和约。

根据《旧金山对日和约》，盟国可以在日本驻军，和约签订的当天，美日就签订了《日美安全条约》，其主要内容是：授权美军驻扎日本；驻日美军可以镇压日本内乱；未经美国同意，日本不能将军事权利转让给第三国。1952 年 2 月，美日还签订了《美日行政协定》，补充了美军海空基地设置、费用分担和驻日美军及其相关人员的治外法权等内容。1954 年 3 月，两国在东京签订了《日美共同防御援助协定》，主要内容是美国对日本进行军事援助以及要求日本承担更多的军事义务等。③

《日美安全条约》及《日美共同防御援助协定》的签订表明，美日正式结成军事同盟，自此美国可以借助日本在东亚地区的政治和军事影响力，遏制中国，与苏联对抗。但这是一个不对等的同盟关系，尤其是条约中关于美军可以镇压日本内乱的条款，是对日本主权的损害和限制。美国在相

① 1948 年 1 月 6 日，美国陆军部长罗亚尔发表演说，主要内容就是要扶植日本，将日本变成防止共产主义威胁的屏障。

② 王帆：《美国的亚太联盟》，世界知识出版社，2007，第 7 页。

③ 方连庆、王炳元、刘金质主编《国际关系史（战后卷）》，北京大学出版社，2006，第 177 页、第 183 页。

当长的一段时期内只是让美日联盟作为一种单向的联盟存在，并没有让日本完全对等地加入进来，这个联盟并不包括互助的联盟义务。①

美日的不对等同盟使日本在外交和军事安全上沦为美国的附庸，但是美国给予日本安全保障也使日本能减少军费开支，将更多的资源用于经济发展。1955年后，在美国的安全保护和经济支持下，日本的经济开始高速发展。日本经济的高速发展使美日矛盾开始凸显，美日之间开始出现经济摩擦，日本还要求提高自己的政治地位，驻日美军也和日本国民出现冲突，日本各地爆发了声势浩大的反美运动。日本政界和民间要求修改《日美安保条约》的呼声越来越高。

1955年鸠山内阁时期，外相重光葵访美，要求修改《日美安保条约》，遭到杜勒斯的拒绝。1957年2月，岸信介上台组阁，他认为，日本应该在美国的保护下实现日美关系对等化，将日本由经济大国转变成政治大国。随着日本反美情绪高涨，美国最终同意修改条约。双方于1959年4月开始谈判，1960年1月19日，双方在华盛顿签署了《新日美安保条约》。新条约增加了政治和经济合作的内容，明确了双方的军事同盟关系和安全保障义务；删除了美军可以镇压日本内乱的条款，强调军事上的协调与互助的内容，一定程度上改变了旧条约的片面性，突出了对等性。

新条约遭到了日本的强烈反对，日本各地举行了游行请愿活动，条约获得通过后，岸信介被迫辞职。新条约的签订还对日苏关系产生了重大影响，苏联通知日本，色丹、齿舞二岛将在外国军队全部撤出日本并签订了《日苏和约》之后归还日本，日俄南千岛群岛问题也因此至今悬而未决。

9. 赫鲁晓夫对外政策的调整与东西方关系的第一次缓和

1953年3月5日，领导苏联长达三十年之久的斯大林逝世，赫鲁晓夫逐渐走向了苏联权力舞台的中央。斯大林逝世后，尤其是朝鲜战争之后，苏联做出一系列姿态来调整对外关系。赫鲁晓夫在根本问题不妥协的前提下，对西方的关系表现出一定的灵活性，发起了一场所谓的"和平攻势"。②

1956年2月，苏共二十大召开，赫鲁晓夫在会上所做的报告，阐述了自己对当时国际局势的看法。他认为，现代战争并非不可避免，两种社会制度是可以"和平共处"的；每一种社会制度都有存在的权利，不同社会制度可以"和平竞赛"；国家向社会主义制度过渡的方式并不是只有战争一

---

① 王帆：《美国的亚太联盟》，世界知识出版社，2007，第5页。
② 朱明权：《当代国际关系史》，复旦大学出版社，2013，第58页。

种，"和平过渡"也是可能的。这就是赫鲁晓夫的"三和路线"。

根据赫鲁晓夫的三和路线，苏联开始主动缓和与西方国家的关系，首先就表现在《奥地利国家条约》的签订上。奥地利问题作为战后遗留问题迟迟得不到解决，1955年年初，苏联放弃了一贯坚持的奥地利问题必须和德国问题一起解决的立场，表示愿意先解决奥地利问题。西方国家积极回应，最终和苏联达成了协议。5月15日，《奥地利国家条约》签订，奥地利主权得到恢复，美、英、苏、法四大国军队撤出奥地利。奥地利宣布永久中立，不与德国合并，不与他国结盟。《奥地利国家条约》的签订为四大国会议的召开铺平了道路。

早在1953年，丘吉尔就提议召开四大国首脑会议，但是直到奥地利问题解决后，四大国才就召开首脑会议达成协议。1955年7月18日，四大国首脑峰会在日内瓦举行，会议讨论了德国、欧洲安全、裁军和加强东西方接触等问题。由于双方分歧巨大，主张各异，会议最终没有达成任何实质性协议。但是，会议传达出了冷战双方对话、缓和的意愿以及东西方保持接触的必要。国际舆论也将这次会议上大国协商解决国际争端的态度渲染成"日内瓦精神"，广泛宣传。

西德加入北约已经成为现实，为了增加在欧洲外交的回旋余地，避免被动，苏联主动提出和西德建立外交关系，并邀请阿登纳访苏。阿登纳深知苏联在德国问题上的重要性，在事先与美、英、法三国领导人磋商之后，他于1955年9月8日访问莫斯科。经过在战俘和德国统一等问题上的一系列斗争后，苏联主动让步，双方最终达成协议，并于9月13日正式建立了外交关系。苏联与西德建交使欧洲关系得到缓和，增加了苏联的外交回旋余地；西德在国际社会的地位也得到提高。

为了进一步缓和与西方的关系、提高苏联的国际地位，赫鲁晓夫主动提出访问美国。1959年9月15~27日，赫鲁晓夫历史性地访问了美国。访问期间，赫鲁晓夫和艾森豪威尔在戴维营（Camp Davis）举行了会谈。会谈涉及德国和柏林问题以及裁军和禁止核试验等问题，但没有解决两国的分歧。戴维营会谈是东西方第一次缓和高潮，会谈期间，赫鲁晓夫曾放弃了半年内解决柏林问题的最后通牒以换取西方同意再次召开四大国首脑会议，但会议最终因U－2飞机事件流产。

《旧金山对日和约》和《日美安保条约》签订后，美国和日本结成军事同盟，苏联东部受到巨大威胁。为了减轻这种威胁，苏联又主动释放信号，提出苏日恢复邦交。鉴于苏联强大的政治影响力，日本要想加入联合国、重返国际社会，没有苏联的支持是不可能的。同时，日本也想收回南千岛群岛。日本最初坚持外交关系的恢复必须要以领土问题的解决为前提，但随着形势的变化，鸠山一郎放弃了这一原则。1956 年 10 月 19 日，双方发表宣言，宣布结束战争状态、恢复外交关系。此后，日本得以加入联合国，重返国际社会。苏联曾答应归还日本色丹、齿舞两岛，后因 1960 年 1 月《日美新安保条约》的签订没有归还，南千岛群岛问题至今未能解决。

赫鲁晓夫时期苏联对外政策的调整是苏联主动缓和对外关系的结果。赫鲁晓夫希望通过主动缓和与西方的关系，在消除战争危险、为国内发展创造和平环境的同时，能靠主动的"和平攻势"提升苏联的国际地位，改变战略被动的局面，实现与美国平起平坐、共同主宰世界的目标。此外，在一定意义上，赫鲁晓夫还希望能通过缓和获得西方国家对东欧现状的承认，同时也起到分化西方的目的。但是，因为苏联与西方国家的巨大矛盾和分歧，缓和没能根本改变东西方冷战的局面。

10. 两大阵营内部的分化与破裂

从 20 世纪 50 年代中后期开始到整个 60 年代，东西方关系中既有大国协调和关系缓和，也有紧张对峙和激烈对抗。同时，在两大阵营内部也出现了动荡和分化，主要表现如下。

（1）资本主义阵营的分化

从 50 年代中后期开始，西欧和日本经济开始高速发展，美国、西欧和日本的力量对比开始发生变化。在西方资本主义阵营内部，西欧和日本开始表现出不同程度的自主倾向，并且寻求与自己经济地位相当的政治地位。

为了提高西欧在国际舞台上的地位，增强自身的实力以遏制和对抗苏联，欧洲国家开始捐弃前嫌，走向联合的道路。1950 年 5 月 9 日，法国外长罗伯特·舒曼（Robert Schuman）提出"舒曼计划"。1951 年 4 月 18 日，关于建立欧洲煤钢共同体（ECSC）的《巴黎条约》签订，并于 1952 年 7 月 23 日生效。1958 年，关于建立欧洲经济共同体（EEC）和欧洲原子能共同体（EAEC）的《罗马条约》生效。1967 年，上述三个机构合并成立了欧洲共同体（EC）。欧共体的成立，增强了欧洲国家与苏联对抗的实力，同时也增强了欧洲对自身事务的自主权和发言权，从而扭转了由美苏主导欧洲事务的局面。

在西欧内部，由戴高乐领导的法兰西第五共和国则表现出了更大的决心，要恢复法国的大国地位，反对美国的控制。为此，戴高乐先是拒绝了《拿骚协议》（Nassau Agreement），拒绝加入美国主导的"多边核力量"计划，又与西德签订《法德合作条约》，实现法德和解，然后退出了北约军事一体化组织，与中国建立外交关系。因为美英的特殊关系，戴高乐还长期反对英国加入欧共体。戴高乐的外交政策提高了法国的地位，对西欧也产生了深远影响。

西德与苏联建交以后，长期坚持僵硬而不合时宜的"哈尔斯坦主义"，实际束缚了自己的手脚，解决不了任何问题。为了改变这种局面，勃兰特决心改善同苏联、东德以及东欧国家的关系。1970 年，西德与苏联签署了《莫斯科条约》，与波兰签署《华沙条约》，1972 年，西德与东德签署了《基础条约》。勃兰特的新东方政策为改善联邦德国与东方国家的关系起到了积极作用。

此外，20 世纪 60 年代初期，美国和日本还签订了《新日美安保条约》，增加了日本在美日联盟中的自主性和对等性。

值得注意的是，西方阵营的分化只是西方国家集团内部关系的调整，这种内部调整是有限度的，并不意味着西方同盟的破裂。

（2）社会主义阵营的破裂

社会主义阵营经历了一个从内部危机到公开分裂的过程，这在苏联与南斯拉夫关系的破裂过程中就可见一斑。

南斯拉夫与苏联的矛盾早在二战期间就埋下了伏笔。战争期间，铁托（Josip Broz Tito）领导的南斯拉夫共产党游击队在反对德国法西斯的入侵过程中起到了中流砥柱的作用，而苏联为了维持与英美的战时盟友关系，支持南流亡政府。在随后的南苏关系中，苏联不尊重南斯拉夫的主权与铁托探寻自己的社会主义建设道路的权利，双方从而发生了矛盾。1947 年，苏联反对南斯拉夫和保加利亚建立巴尔干联邦，使南苏矛盾公开化。1948 年 3 月，南苏矛盾骤然激化，6 月的共产党布加勒斯特会议上南斯拉夫被开除出情报局。南苏关系的破裂暴露了社会主义阵营内部的矛盾，预示了 60 年代社会主义阵营的分裂。斯大林死后，虽然赫鲁晓夫采取了措施恢复南苏关系，但双方关系时有反复，一直没有彻底恢复。

苏共二十大上，赫鲁晓夫所做的全盘否定斯大林的秘密报告，在社会主义国家之间引起了极大思想混乱，产生了极其负面的影响，最终导致了1956 年夏秋波匈事件的爆发。1956 年，波兹南斯大林机车厂爆发了游行示威，苏联和波兰双方围绕对"波兹南事件"的定性问题产生了分歧，波兰统一工人党七中全会恢复了哥穆尔卡在波党中的地位。苏联担心波兰脱离自己的控制，赫鲁晓夫强行出席波八中全会，派军队包围华沙。经双方各有妥协之后，事件才得以平息。

匈牙利则是围绕国家改革和社会主义道路问题发生了内部的权力斗争。一些要求改革的知识分子组成"裴多菲俱乐部"，并与布达佩斯的学生联合会一起发动游行示威，后在西方的煽动下演变成流血事件。在事件最激烈的时期，纳吉掌权的政府宣布退出华约，要求联合国保卫其中立。在该事件中，苏联军队两次开进匈牙利。

与匈牙利类似，杜布切克（Alexander Dubček）领导的捷克斯洛伐克也在探寻适合自己的社会主义建设道路。杜布切克推行的一系列具有民主化和市场化倾向的政治、经济改革措施引起了苏联的不满。1968 年 8 月 20 日，以苏联为首的华约军队侵入了布拉格，捷克斯洛伐克的改革被迫终止。勃列日涅夫以"有限主权论"和"社会主义大家庭论"来为自己的霸权主义侵略行径辩护。

苏共二十大后，围绕对斯大林的评价和对赫鲁晓夫"三和路线"的看法，中苏两党的矛盾也逐渐扩大成两国矛盾。1958 年 4 月，赫鲁晓夫提出要在中国建立长波电台和联合舰队，这种侵害中国主权、企图将中国纳入其全球战略轨道的霸权行为理所当然地遭到毛泽东的坚决回绝。1958 年 8 月，中国政府炮击金门、马祖时，赫鲁晓夫正积极和西方搞缓和，在中美斗争最激烈时，苏联没有明确表达支持中国的立场。1959 年，苏联单方面撕毁技术和经济援助合同，1960 年又撤回苏联专家，停止援助中国发展核武器。在 1959 年 9 月中印第一次边界冲突时，苏联公开偏袒印度，赫鲁晓夫甚至公开指责中国"像公鸡好斗一样热衷于战争"。[①] 在意识形态领域，中苏爆发"大论战"，苏联组织对中国的指责和"围剿"。从 60 年代起，苏联不断挑起边界冲突，陈兵中苏和中蒙边境，对中国进行军事威胁。勃列日涅夫时期，苏联在中国北方陈兵百万，对中国的威胁变本加厉，直至1969 年 3 月，中苏爆发珍宝岛冲突，中苏的边境冲突达到顶峰。

苏联对东欧和社会主义中国的政治干预乃至军事入侵是苏联大国沙文主义和民族利己主义的表现，严重损害了别国的主权，也伤害了其他社会

---

① 朱明权：《当代国际关系史》，复旦大学出版社，2013，第 66 页。

主义国家人民的感情，激起了他国的民族主义情绪，这也是社会主义阵营最终破裂的主要原因。

11. 古巴导弹危机的爆发及其影响

1898 年，美西战争以后，古巴被纳入美国的势力范围。1958 年底，菲德尔·卡斯特罗（Fidel Castro）领导的革命推翻了美国控制的巴蒂斯塔政权，并于 1959 年成立了新政府。卡斯特罗掌权之后，为了维护国家主权和利益，对古巴进行了经济改革，其中对美国占有的财产进行国有化的措施侵害了美国的利益，美古关系逐渐恶化。1960 年 5 月，古巴与苏联建交，苏联将触手伸向了美国的传统势力范围。1960 年 10 月，美国开始对古巴进行经济封锁，1961 年 1 月，美国与古巴断交。肯尼迪上任后继续对古巴采取敌视政策。1961 年 4 月，由美国中情局支持、策划的古巴流亡者入侵古巴的"猪湾事件"失败，让新上任的肯尼迪威风扫地。"猪湾事件"使卡斯特罗领导的古巴进一步倒向苏联。1961 年 5 月，卡斯特罗正式宣布古巴为社会主义国家。肯尼迪政府则进一步加紧推行对古巴的封锁、制裁和敌视政策，1961 年 11 月，肯尼迪政府批准了由中情局领导的名为"猫鼬行动"（Operation Mongoose）的秘密计划，目的是煽动古巴的国内革命。[①] 卡斯特罗担心美国入侵古巴，请求苏联的保护。赫鲁晓夫也不愿失去古巴，决定采取措施保卫古巴。1962 年 6 月，苏古达成秘密协议，苏联在古巴部署中程导弹及伊尔 - 28 轰炸机，部署行动从 8 月份开始。

美国对此高度警觉，1962 年 8 月底，美国 U - 2 高空侦察机拍摄到古巴的地空导弹发射场，10 月 14 日，又拍摄到两周就能用于作战的中程导弹发射场和伊尔 - 28 轰炸机。美国对这一威胁到自己本土安全的行为大为震惊，10 月 16 日，肯尼迪召集了由国务院、国防部和中情局等相关部门人员组成的国家安全委员会，召开紧急会议，商讨对策，古巴导弹危机就此拉开序幕。

随着信息的进一步明确，经过一系列的综合权衡，肯尼迪最终选择了对古巴进行"隔离封锁"。10 月 22 日晚，美国通知其盟友和苏联，并由肯尼迪发表电视讲话，声称美国受到苏联部署在古巴的导弹的威胁，宣布对古巴进行封锁，将检查驶往古巴的所有船只，要求苏联拆除、撤出部署在古巴的进攻性武器。随后，美国派出航母和军舰，对古巴进行了严密的封锁隔离，美国军队进入高度戒备状态，肯尼迪意在表明，必要的时候，美

---

① Graham T. Allison and Philip Zelikow, *Essence of Decision*: *Explaining the Cuban Missile Crisis* (2nd Edition) (Beijing: Peking University Press, 2008), p. 84.

国不惜一战。

赫鲁晓夫最初对美国封锁古巴反应强烈，声称苏联有权对主权国家提供援助，并警告美国不要"轻易玩火"，同时命令苏联和华约军队也进入战备状态。但随着事态的发展和肯尼迪展现出不惜一战的决心，赫鲁晓夫开始退让，他命令驶往古巴的船只掉头返航。10月26日，赫鲁晓夫给肯尼迪写信，表示只要美国保证不入侵古巴，结束对古巴的封锁，苏联愿意拆除部署在古巴的进攻性武器。27日，苏联又要求美国拆除部署在土耳其的导弹。在美国决定对古巴进行空袭的危急关头，赫鲁晓夫在28日写公开信回应肯尼迪，接受了美国拆除导弹的要求，这场持续13天的危机逐渐平息下来。11月8日开始，苏联撤走了部署在古巴的导弹并接受美国的检查，11月20日，美国解除了对古巴的封锁。

古巴导弹危机成为冷战的最高峰，几乎导致人类面临毁灭性的"热核战争"。"在此之前，从来没有什么能让如此多的人面临这么高的突然死亡的可能性"，①古巴导弹危机也对国际关系产生了重大影响：赫鲁晓夫在危机前的军事冒险政策和危机时的妥协退让，对苏联的大国地位和国际影响力造成沉重打击，同时也进一步动摇了赫鲁晓夫的国内威信；苏联在危机中暴露了自己的军事劣势，危机之后，苏联开始潜心发展自己的核力量，导致核军备竞赛进一步升级；在危机中，美苏都认识到了人类在核战争中被毁灭的危险，因此直接导致了1963年美苏"热线"的建立和《部分禁止核试验条约》的签订；美苏两国为了自身利益直接进行交易的做法引起了各自盟国的不信任，进一步导致了两大阵营的分化与破裂。

12. 欧洲一体化的动因及其发展历程

第二次世界大战结束以后，在冷战逐渐展开和两极格局逐渐形成的国际大背景下，西欧国家逐渐走向了联合的道路。

战争使国际力量对比发生根本变化，传统欧洲强国纷纷沦为二流国家，欧洲不再是世界政治的中心。西欧国家难以靠各自的力量与美苏竞争，要想维持欧洲在世界政治舞台上的地位，西欧国家必须走上联合自强的道路。两大阵营在欧洲的军事对峙，使西欧面临着苏联的现实威胁。因此，维护自身安全、平衡苏联的力量也是西欧国家联合的重要原因。为了与苏联对抗，美国通过马歇尔计划和北约组织推动西欧在经济和军事上的联合是其

---

① Graham T. Allison and Philip Zelikow, *Essence of Decision*：*Explaining the Cuban Missile Crisis* (2nd Edition) (Beijing：Peking University Press, 2008), p. 1.

走向一体化的重要外因。就其自身方面而言，西欧的一体化道路与其联合思想和统一运动有关。虽然欧洲国家对欧洲一体化持有联邦主义和联盟主义两种不同的态度，但是对联合自强方式的意愿是基本一致的。[①] 两次世界大战的教训使欧洲国家认识到，仇恨和战争解决不了任何问题，只会给人民带来灾难，而联合是消除仇恨、避免新的战争的最好手段。此外，增强经济竞争力也是西欧国家走向一体化的动因之一。西欧一体化是在欧洲精英的推动下展开的。从各自的国家利益出发，丘吉尔、阿登纳、戴高乐等领导人都持积极推动一体化的态度。防止战争、发展经济、复兴国家、遏制苏联、制约美国这些共同的愿望使他们殊途同归，汇集到西欧联合的共同认识上。[②]

1950 年 5 月 9 日，法国外长罗伯特·舒曼提出"舒曼计划"，建议将鲁尔区的煤钢资源置于法国和西德两国共同管理的机构之下，并向欧洲所有国家开放。该计划的目的是，通过职能部门的联合，探索西欧联合向其他领域延伸的可能性。而煤钢作为重要的军事战略资源，联合经营能够有效消除法国和西德军事上的互不信任，起到安稳人心的作用。计划一提出，就得到西德、比利时、卢森堡、荷兰和意大利等其他西欧国家的积极响应。1951 年 4 月 18 日，上述六国在巴黎签订《欧洲煤钢共同体条约》，成立了欧洲煤钢共同体。舒曼计划是法国对德政策的重大转变，也开启了通往西欧联合的大门，对战后欧洲格局产生了深远影响，5 月 9 日也因此被称为"欧洲日"。

煤钢共同体建立后，越来越多的人认识到西欧联合的重要意义。经过一段时间的筹备，1957 年 3 月 25 日，六国在罗马签署《欧洲经济共同体条约》和《欧洲原子能共同体条约》，二者合称为《罗马条约》。该条约的核心内容是建立一个西欧共同市场，通过各国宏观经济上的协调，逐渐推动西欧经济的一体化。实施该计划的起点就是要建立关税同盟，加强各国在税收上的协调。

在实施共同的税收政策上，因为各国的经济发展水平和产业差异，产生了一系列矛盾。联邦德国工业化水平较高，因此希望尽早开放工业品市

---

① 〔挪〕盖尔·伦德斯塔德：《战后国际关系史》（第六版），张云雷译，中国人民大学出版社，2014，第 123 页。

② 方连庆、王炳元、刘金质主编《国际关系史（战后卷）》，北京大学出版社，2006，第 190 页。

场；法国农产品的竞争力较强，希望将农产品纳入共同市场。因为成员国在共同农业政策上的分歧，法国抵制经济共同体的会议和活动达半年之久，共同体也因此爆发"空椅子危机"。1966 年，六国达成"卢森堡妥协"，赋予各成员国在部长理事会中的否决权，危机结束。1967 年 7 月 1 日，欧洲煤钢共同体、欧洲经济共同体、欧洲原子能共同体合并成为欧洲共同体，西欧的一体化进程进一步深入。

由于法国的反对，英国几次申请加入欧共体都没有成功。追求恢复法国大国地位和欧洲自主的戴高乐总统对英美的特殊关系心存戒备，担心英国的加入会引发"特洛伊木马"效应。1969 年戴高乐总统辞职，国际形势在这段时间也发生深刻变化，英国新上任的首相、保守党领袖爱德华·希思（Edward Heath）采取亲近欧洲大陆的政策，再次表示英国愿意加入欧共体。1973 年，英国、爱尔兰和丹麦正式加入欧共体，欧共体实现第一次扩大。1981 年，希腊加入欧共体，欧共体第二次扩大。1986 年，西班牙和葡萄牙的加入使欧共体成员国增至 12 国，实现其第三次扩大。

直到 20 世纪 80 年代中期，欧共体深化和扩大的主要成就都表现在经济方面，在政治和共同的外交政策合作上，都没有实质性的进展。1985 年，欧共体通过了《单一欧洲法案》，将欧洲政治合作条约单列出来，强调了欧共体合作的最终目标是制定和实施共同的对外政策。此外，该法案还决定要在 1992 年年底建成商品、资本、劳务、人员自由流通的统一大市场。《单一欧洲法案》的通过和实施对欧共体的深化和扩大以及欧盟的正式建立起到了重要的准备作用。

13. 戴高乐恢复法国大国地位的努力

二战使法国国力严重下降，印度支那战场上的失利和苏伊士运河事件又使其备受挫折，接踵而至的阿尔及利亚殖民地战争更是让法国雪上加霜，法兰西第四共和国在内忧外患之下已是风雨飘摇。1958 年 6 月，戴高乐将军临危受命，被国民议会授权组阁。1959 年，法兰西第五共和国诞生，戴高乐担任总统。

"没有人比戴高乐有更强烈的重振欧洲雄风之意识。"①他是著名的民族主义者，一贯主张维护国家主权和民族独立，反对美国霸权的控制；戴高乐对外政策的核心就是要恢复法国的大国地位，建设"欧洲人的欧洲"。戴

① 〔美〕亨利·基辛格：《大外交》，顾淑馨、林添贵译，海南出版社，2012，第 610 页。

高乐在战争期间长期被罗斯福漠视，法国在战争末期被排斥在对战后欧洲秩序做出安排的几次会议之外，战后初期的法国又在印度支那和苏伊士运河遭到美国排挤，这些都让戴高乐耿耿于怀。他深信，法国必须依靠自己的力量才能重新成为世界强国。戴高乐上台以后，采取了一系列政策措施，推动法德和解和欧洲联合、缓和东西关系、反对美国的控制，在战后国际关系史上给人留下了深刻印象。

戴高乐的对外政策首先体现在推动法德和解与合作上。戴高乐清楚地知道，要使欧洲成为独立于美苏的第三股力量，就必须推动法德和解，获得德国的支持。他上台伊始，就着手改善法德关系。1958 年 9 月，戴高乐在自己的家乡科隆贝双教堂村与西德总理阿登纳举行了第一次会谈，双方表示要加强法德合作，增强互信，消除历史敌意。此后，双方领导人前后经过了 15 次会谈，在法德合作上达成一致。1963 年 1 月 23 日，法国和西德双方在爱丽舍宫签订了《法德合作条约》，规定双方要加强外交磋商和协调，定期举行首脑和部长会议。不过，戴高乐将《法德合作条约》视作对抗美国的利器，强调法德独立于美国的一面；阿登纳则认为，法德合作不得损害西方联盟的利益，强调法德合作应该在与美国的特殊关系框架下进行。但无论如何，法德合作成为欧洲一体化的发动机。

在军事和防务政策上，戴高乐始终坚持法国必须拥有自己的军事指挥权和核武器使用权。这表现在法国拒绝了美国的"多边核力量计划"并退出了北约军事一体化组织。1958 年 9 月，戴高乐写信给美国总统艾森豪威尔和英国首相麦克米伦，要求法国在北约组织中的决策权，尤其是使用核武器的决策权，遭到二者的搪塞和拖延。戴高乐深知法国在北约组织中的从属地位不会有所改变，随后采取了一系列措施，收回了对法国军队的指挥权，撤回北约组织中的法国军官，并要求美国和北约的军队及总部搬离法国。与此同时，戴高乐始终致力于发展法国独立的核力量，并于 1960 年 2 月成功爆炸了自己的第一颗原子弹。1962 年，美国以向法国提供北极星导弹为条件，由肯尼迪提出"多边核力量计划"，要求法国交出自己的核力量由美国指挥，企图继续保持自己的核垄断地位。戴高乐断然拒绝了"多边核力量计划"。1963 年 8 月，美、英、苏三国签署的《部分禁止核试验条约》也遭到戴高乐的断然拒绝，他表示法国对任何禁止核武器的主张都不感兴趣。1966 年 2 月 21 日，戴高乐在爱丽舍宫正式宣布法国将退出北约军事一体化组织。

戴高乐一贯反对美国包揽对苏事务，要求法国在对苏事务中的发言权。他希望增加法国的发言权，缓和对苏关系，抗衡美国。1960 年 3 月，赫鲁晓夫应戴高乐之邀访问法国，进行了法苏之间的最高级别接触，为进一步缓和两国关系奠定基础。1966 年 6 月，戴高乐访问苏联，法苏发表了联合声明，签署了贸易、科技、文化协定，还建立了双方热线。法苏接触和双方关系缓和，提高了法国在欧洲的发言权，增加了法国外交的回旋余地，同时也是 20 世纪 70 年代东西方关系缓和的第一步。

法国独立自主的外交政策还体现在中法关系上。战后初期的法国追随美国，不承认新中国。阿尔及利亚问题的解决、美国扩大对越南的武装干涉、中苏关系的恶化等因素，促成了中法双方改善关系。1963 年，法国前总理富尔以戴高乐特使的身份访华，探讨双方改善关系的可能性。中国方面对法国改善关系的善意予以积极回应。1964 年 1 月，法国通知美国决定与中国建立外交关系。1 月 27 日，中法发表建交公报，决定建立外交关系，美国不得不接受现实。法国是西方大国中首个与新中国建立大使级外交关系的国家，中法建交也使法国成为唯一能同时和中、美、苏直接对话的国家，法国的国际地位因此明显提高。

此外，戴高乐反对美国的霸权也体现在反对英国加入欧共体上。因为英美的特殊关系，戴高乐几次否决英国加入欧共体的申请。

戴高乐以维护法国的国家利益和大国地位为出发点，制定和执行其对外政策，维护了法国的民族利益，对法国、欧洲，乃至整个世界局势产生了深刻影响。戴高乐反对美国霸权、摆脱美国控制的努力也因此被称为"戴高乐主义"，他的远见卓识也为法国人民所铭记。

14. 联邦德国对外政策的调整：勃兰特"新东方政策"

1955 年 9 月，联邦德国与苏联建立了外交关系，建交的后果之一就是在同一个国家出现了两个德国大使馆。为了表达自己维护国家统一的决心和孤立民主德国的意图，联邦德国阿登纳政府以外交部国务秘书瓦尔特·哈尔斯坦（Walter Hallstein）的名义宣布，除苏联外，其他所有国家与民主德国建立外交关系都将被视为一种不友好的行为，联邦德国将因此与之断交。"哈尔斯坦主义"的立足点是联邦德国相信自己能在美国的支持下，很快实现西德对东德的统一。

然而，随着冷战局势的深入及分裂局势的固化，尤其是柏林墙的修筑，西德主导统一德国的局面并没有出现。到了 60 年代末期，国际局势发生巨大变化，僵硬的"哈尔斯坦主义"已经不能适应局势的发展，反而使联邦德国自身在欧洲陷入孤立。60年代末，苏联实力大为增强，美国深陷越战泥潭，实力相对衰落，美苏之间出现了核恐怖均势。美苏双方采取措施改善关系，东西关系出现缓和趋势。

1969年10月，社会民主党领袖维利·勃兰特出任联邦德国总理，正式推行"新东方政策"（New Eastern Policy）。勃兰特认识到，在美苏实力趋于平衡、两极格局进一步巩固的情况下，不可能通过武力统一德国，美国也不可能为西柏林付出战争的代价。僵硬的"哈尔斯坦主义"阻碍了联邦德国的对外交往，实际上造成了自身的孤立，不利于德国的统一。要实现德国的统一，必须增加联邦德国与东方国家的接触，尤其是与民主德国的接触，即以接近求转变，以接近求统一。此外，戴高乐的外交政策也对勃兰特起到了某种示范作用。勃兰特决心放弃"哈尔斯坦主义"，改善与苏联、东欧国家以及民主德国的关系。

1970年8月12日，勃兰特访问苏联，与苏联签订了《莫斯科条约》，规定双方互不使用武力或以武力相威胁，尊重欧洲国家的现有边界状况，不对任何国家有领土要求。1970年12月7日，勃兰特访问波兰，两国签订了《华沙条约》。联邦德国承认了奥德－尼斯河边界为波兰与德国的最终边界，两国尊重彼此的领土完整，不再对对方的领土提出要求。在访问华沙期间，勃兰特在华沙犹太人纪念碑前下跪致哀，感动了波兰和欧洲人民，化解了两国人民的历史宿怨。

解决德国问题，首先要解决的就是西柏林问题。《莫斯科条约》签订后，勃兰特宣布，必须在西柏林问题解决后，条约才能生效。在东西方缓和的大背景下，美、苏、英、法四大国于1970年开始就西柏林问题展开谈判，并于1971年9月3日签订了关于西柏林问题的《四大国协定》。协定规定由苏联保证西柏林的交通顺畅，西方则承认了东德对东柏林的控制现状，并规定西柏林不是联邦德国的组成部分。《四大国协定》消除了再次爆发柏林危机的可能，是70年代东西方缓和的主要标志之一。

柏林问题的解决有力推动了东西德国问题的谈判和解决。1972年12月21日，两国终于达成了《两德关系基础条约》。条约规定：两个德国彼此承认对方是主权国家，并建立常设机构、互派代表；不以武力相威胁，和平解决争端。1973年9月18日，两个德国同时加入了联合国。随后，联邦德国分别与捷克斯洛伐克、匈牙利、保加利亚等国建立外交关系，加之之前与罗马尼亚和南斯拉夫恢复了外交关系，联邦德国与大部分东欧国家建立了外交关系。

勃兰特的"新东方政策"取得了丰硕成果，与东方国家建交结束了联邦德国与东方国家的隔绝状态。"新东方政策"提高了联邦德国的政治地位，扩大了自己的国际生存空间。更为重要的是，两个德国的接触和缓和，为德国的重新统一奠定了基础。联邦德国与苏联和东欧国家关系的改善同时也是 70 年代东西方关系缓和的重要内容，对世界和平产生了积极影响。勃兰特本人也因为缓和欧洲的紧张局势做出的巨大贡献而获得了 1971 年的诺贝尔和平奖。

15. 法德和解及其国际影响 *

法德两国可以说是千年宿敌（hereditary enemy），一千多年来，几乎每隔 50 年就要打一次大战。规模空前、伤亡巨大的第二次世界大战的悲惨场景还历历在目，如何处理两国关系的难题依然摆在两国人民面前。战后初期，法国主张削弱甚至分割德国，时刻警惕着德国法西斯死灰复燃。但是，随着欧洲冷战局势的形成以及两国国内因素的推动，在内外因素的相互作用下，法德两国最终捐弃前嫌，实现了和解，并且成为推动欧洲一体化的主要动力。

从外部因素来说，两极格局的形成和冷战的逐渐展开，是法德和解的催化剂。战后欧洲逐渐分裂为东西两部分，西欧结成了以美国为首的联盟体系，东欧则成了苏联的势力范围。在西欧看来，他们时刻面临着所谓"共产主义的威胁"，法德都希望通过改善两国关系，协调一致，共同与苏联对抗，平衡苏联的力量。为了与苏联对抗，美国成为法德和解直接或间接的推动者。通过马歇尔计划，美国推动复兴欧洲经济，增加了法德两国的经济联系，经济上相互依存成为法德和解在经济层面的重要原因。在西欧形成以美国为首的等级秩序下，法德都被置于美国的等级之下，等级内部爆发新的战争的可能性大大减小。

从两国自身内部分析，法德两国都有改善关系、实现和解的意愿和需要。早在 1950 年，舒曼计划就体现了法国对德政策的调整，煤钢联营的建立为两国和解提供了契机和可能的选择路径。战争使欧洲遭到严重破坏，法德都成为二流国家。满目疮痍、百废待兴的现状使和解成为法德两国最

---

* 此专题涉及的德国指联邦德国。

好的选择。欧洲再也无力应对一场新的战争，和解符合两国的国家利益，也符合两国民众的愿望。法国戴高乐政府对外政策的一大宗旨就是要恢复法国的大国地位，而获得德国的支持、借助德国的力量是戴高乐的明智选择。德国在战后深刻认识到法西斯战争给欧洲人民带来的深重灾难，其自身对历史的深刻反省，使其逐渐获得了欧洲人民的谅解。对战犯的彻底审判、严厉惩戒和战后对战争受害者的赔偿，体现了德国对欧洲国家的深切忏悔。而作为战败国，德国要想完全恢复国家主权，实现国家统一，必须获得法国的谅解。阿登纳深知，德国必须重新"融入"欧洲。战争使两国民众认识到，仇恨解决不了任何问题，只会将两国拖入新的战争深渊，而两国人民再也不愿意经历战争的恐怖和惨痛。总之，只有实现法德和解，法德两国，甚至整个西欧，才有未来。①

基于以上的原因和认识，1963 年 1 月 22 日，两国在爱丽舍宫签署了《法德合作条约》，正式实现了两国的历史性和解。法德和解对欧洲乃至整个世界格局都产生了深远影响。和解提高了法国的国际地位并增加了外交的回旋余地；和解也使德国被法国重新接受，提高了德国在欧洲的政治地位，改善了德国的国际形象。《法德合作条约》的签署，消除了西欧国家，尤其是法国对德国的恐惧，降低了两国爆发新的战争的危险，增加了欧洲的和平因素，两国都可以将更多精力用于专心发展经济，改善人民生活，稳定国内政局，巩固自己的统治。法德和解，有力促进了欧洲一体化进程，和解后的法德轴心（Franco-German Axis）成为欧洲一体化的发动机。欧洲的联合统一又有力地提高了西欧的国际地位，使西欧离成为独立于美苏的第三种力量的目标更近一步。总之，法德和解与西欧一体化相携互促，平衡了苏联的强大力量，也在一定程度上抗衡了美国的霸权。

16. 巴勒斯坦问题的由来及战后中东的几次主要战争

（1）巴勒斯坦分治与第一次中东战争

巴勒斯坦（Palestine）位于地中海东岸，面积约 2.7 万平方公里，地理位置重要。当地最早的居民是公元前 4000 年左右由阿拉伯半岛迁入的迦南人。公元前 13 世纪，腓力斯人迁入，开始将此地称为"巴勒斯坦"。② 犹太

---

① 关于法德和解的原因，参见和春红《宿敌变伙伴：法德走向战后和解的原因浅析》，《法国研究》2011 年第 4 期，第 51～58 页。

② 腓力斯人来自地中海的克里特岛和爱琴海沿岸，因此被称作"海上民族"；巴勒斯坦的意思是"腓力斯人的土地"。参见彭树智主编《二十世纪中东史》，高等教育出版社，2001，第 170 页。

人原称希伯来人，意思是"渡河（指幼发拉底河）而来的人"。希伯来人于公元前 11 世纪建立了统一的希伯来王国，但希伯来王国后来分别被新巴比伦帝国、希腊马其顿国王亚历山大大军和罗马帝国所灭亡，其人民也被镇压和驱逐。希伯来人因此经历了三次大离散，被迫逃亡世界各地，其中逃亡欧洲的人最多。[①] 逃到欧洲的犹太人因为坚持自己的信仰和生活方式，一直过着一种"与世隔绝的社团生活"。不愿融入欧洲的犹太人遭到欧洲人的排挤、欺凌，甚至屠杀。但是，根据犹太教的教义，巴勒斯坦是上帝赐给犹太人的"特许之地"。因此，世界各地的犹太人仍对巴勒斯坦怀有深深的向往之情。

19 世纪后半期，犹太复国主义逐渐兴起。[②] 1896 年，匈牙利犹太人记者、剧作家西奥多·赫茨尔（Theodor Herzl）出版了小册子《犹太国》（The Jewish State），宣称犹太人问题是一个民族问题。1897 年，他在瑞士巴塞尔组织了第一次犹太复国主义者大会，大会通过的纲领宣称犹太复国主义的目标就是要在巴勒斯坦建立一个犹太人国家。第一次世界大战期间，出于争取世界犹太人对战争的支持及在战后分割奥斯曼帝国领土等目的，英国支持犹太人复国主义者的努力。1917 年，英国发表贝尔福宣言（Balfour Declaration），宣布支持犹太人复国主义者在巴勒斯坦建立犹太人的民族国家。

第一次世界大战后，英国取得了对巴勒斯坦地区的委任统治权，大量犹太人开始移居巴勒斯坦。第二次世界大战期间，犹太人为躲避希特勒法西斯的迫害和屠杀，纷纷逃往巴勒斯坦地区。犹太人的大量涌入，引起了阿拉伯人不满，双方民族矛盾开始激化。为了维持与阿拉伯国家的关系，英国于 1939 年开始限制犹太人迁入，结果又引起犹太人的不满。二战后，英国继续对犹太人实行限制政策。犹太人开始采用暴力和恐怖手段来反对英国的限制。二战后的美国实力强盛，也开始插手中东事务，要求英国准许犹太人迁往巴勒斯坦。英国战后国力衰微，提出的分省自治计划遭到阿犹双方的反对，无奈只能将巴勒斯坦问题提交给联合国处理。1947 年 5 月，联合国组成巴勒斯坦问题特别委员会来调查处理该问题。1947 年 11 月 29 日，联合国大会表决通过了第 181 号决议，即《巴勒斯坦分治决议》，决定

---

① 黄民兴：《中东历史与现状十八讲》，陕西人民出版社，2008，第 87～89 页。
② 犹太复国主义（Zionism），又译作"锡安主义"。锡安是位于耶路撒冷西南的一座山，是古代犹太人王宫和神殿的所在地，因而是犹太人心中的圣地。

结束英国的委任统治，在该地区成立犹太国家和阿拉伯国家，耶路撒冷由联合国托管。但是这个分治决议的领土和人口划分很不公平，犹太人以不到 1/3 的人口分到了 57% 的领土，且以肥沃的土地居多。

分治使犹太人欢欣鼓舞，阿拉伯人则表示要为反对分治而战。1948 年 5 月 14 日，英国撤军完毕，委任统治宣告结束。当天下午，犹太复国组织领导人本 - 古里安（David Ben - Gurion）宣布以色列建国。美国在以色列宣布建国后 16 分钟就承认了以色列，苏联也于次日宣布承认以色列。第二天，埃及、外约旦、伊拉克、叙利亚和黎巴嫩五国对以色列宣战，第一次中东战争爆发。

战争初期，阿拉伯国家占有明显优势。美国操纵联合国两次通过停火决议，使以色列在停火期间及时进行了人员招募，又得到西方的武器装备补充，加之阿拉伯国家自身不团结、统治腐朽，以色列各个击破，阿拉伯国家被迫同以色列签订停战协定，以色列获得战争的胜利。

第一次中东战争使阿以矛盾更加激化。以色列在战争中占领了更多的领土，几乎控制了巴勒斯坦 80% 的土地；70 多万巴勒斯坦人背井离乡，沦为难民；巴勒斯坦人也丧失了民族自决的权利，分治决议中规定的阿拉伯国家至今没有建立起来；战争也激化了腐朽的阿拉伯国家统治集团的内部矛盾。

（2）苏伊士运河战争

苏伊士运河连接地中海和红海，是波斯湾通往大西洋的重要水运通道，开通后不久就被英国占领和控制。1952 年，纳赛尔领导的七月革命推翻了腐朽的法鲁克王朝。1954 年，英埃签署协议，规定英国军队将从运河撤军。1956 年 6 月，最后一批英军撤出埃及。

为了发展民族经济，独立后的埃及决定在尼罗河上兴建阿斯旺水坝。埃及向英、美和世界银行贷款，英、美答应贷款，但对埃及的军事援助要求反应冷淡。西方国家还以埃及加入巴格达条约组织、停止支持阿尔及利亚的反法斗争为贷款条件，纳赛尔被迫转向了苏联。苏联认为这是插手中东、在中东扩张自己势力的好机会。1955 年 9 月至 1956 年 6 月，苏联通过捷克斯洛伐克与埃及达成了军火协议，向埃及提供飞机、坦克、火炮等重型军事装备。1956 年 6 月，苏联外长访问埃及，答应提供贷款并展开全方位合作。7 月，英、美正式取消了贷款。7 月 26 日，纳赛尔正式宣布将苏伊士运河收归国有。

针对埃及对运河的国有化行动，英、法准备采取军事行动，并加紧与美国磋商。美国支持"国际水道"的航行自由，但反对英、法对埃及开战，试图排挤英、法。1956年10月29日，以色列向埃及开战，第二次中东战争爆发。英、法要求埃及停火，并对埃及展开轰炸和地面进攻。美、苏则在联合国通过一系列决议，要求双方停火。英、法被迫停火，以色列也撤出了埃及境内。①

第二次中东战争沉重打击了英、法势力，推动了阿拉伯国家的民族解放。英法两个老牌殖民国家，在中东的势力大为衰落，美苏取代英法成为中东地区的主要势力。为了遏制苏联和阿拉伯民族主义，美国总统艾森豪威尔于1957年1月推出了"艾森豪威尔主义"，要求国会拨款对中东进行军事援助，遏制共产主义，但其真实目的是填补英、法被削弱后所留下的"力量真空"，确立美国在中东地区的霸权地位。

（3）六五战争

第二次中东战争后，美苏加紧在中东争夺。1959年，巴勒斯坦青年亚西尔·阿拉法特（Yasser-Arafat）在科威特成立了"巴勒斯坦解放运动（法塔赫）"；1964年，巴勒斯坦解放组织（PLO，简称巴解组织）成立。随着阿以双方的矛盾越来越深，加之有西方媒体曝出以色列在生产核武器，法塔赫和巴解组织反对以色列的行动越来越激进和频繁，以色列的报复也越来越激烈。1967年，叙利亚和以色列的关系越来越紧张，苏联向埃及提供了假情报，声称以色列将在5月17日进攻叙利亚。5月22日，纳赛尔被阿拉伯世界激进的舆论冲昏了头脑，宣布封锁蒂朗海峡（Straits of Tiran），给了以色列发动战争的理由。

1967年6月5日凌晨，以色列突然对埃及、叙利亚、约旦发起猛烈攻击，令阿拉伯国家措手不及。突袭使阿拉伯国家的人员和装备遭受严重损失，作战飞机还没起飞就被炸毁在地面。以色列得到美国的全力支持，但是苏联在战争几天后才发出"警告"。战争的结果是阿拉伯国家纷纷战败，以色列占领了包括加沙地带、西奈半岛、约旦河西岸、戈兰高地和耶路撒冷老城在内的阿拉伯国家六万多平方公里的土地。

11月22日，联合国安理会通过242号决议，要求以色列撤出新近占领的阿拉伯领土，尊重阿拉伯国家的主权和领土完整，但没有明确巴勒斯坦

---

① 陈和丰：《1956年苏伊士运河战争》，《国际问题资料》1985年第8期，第30~32页。

人的合法权益。阿拉伯国家对以色列采取"不承认、不谈判、不和解"的"三不原则"，中东从此进入不战不和的状态。

（4）第四次中东战争

1970年9月，劳累过度的纳赛尔病故，副总统萨达特继任。萨达特也曾想通过和谈解决问题，但美以反应冷淡。为了打破不战不和的局面，让美国正视阿拉伯国家的要求，萨达特做出了开战的决定。70年代初期，苏联致力于美苏缓和，不愿向埃及提供新式武器，力图维持中东不战不和的局面。1972年，萨达特驱逐了苏联的军事和技术人员。为了保住埃及这个苏联在中东的桥头堡，苏联开始向埃及提供大量先进装备。

经过一系列的军事和外交准备，1973年10月6日，埃及和叙利亚在南北两线向以色列同时发起进攻。① 防备不足的以色列迅速陷入被动，但埃及并没有乘胜追击。以军在获得美国军援后，于10月16日由阿里埃勒·沙龙（Ariel Sharon）带领一支军队成功偷渡运河，以色列逐渐占据了主动权。22日，安理会通过了美苏联合提出的338号决议，要求各方停火并执行242号决议。24日，各方在联合国的压力下接受停火，战争结束。

阿拉伯国家在战争中打破了以军不可战胜的神话，打破了中东不战不和的局面，迫使超级大国不得不正视阿拉伯国家的要求。战争中阿拉伯国家以石油为武器，迫使日本、欧共体不得不放弃支持以色列，使得以色列进一步孤立。

"十月战争"之后，埃苏逐渐疏远，埃美逐渐接近。1974年，埃美复交，埃美关系的改善为中东和平创造了条件。1977年11月，萨达特突访以色列，12月贝京回访埃及，双方开始和谈。1978年9月，在美国总统卡特的邀请下，萨达特和贝京在戴维营举行了12天的最高级别会谈。会谈最终签署了《戴维营协议》，协议规定各方就加沙地带和约旦河西岸地区实行自治举行谈判；以军分阶段撤出西奈半岛，埃以实现关系正常化、签订和平条约后建立外交关系。《戴维营协议》结束了阿以之间的全面交战和对峙状态，大大推动了中东和平进程。② 但埃及因违反阿拉伯国家的"三不"原则遭到孤立。

---

① 10月6日是犹太教的赎罪日，因此又称"赎罪日战争"；10月是穆斯林的斋月，阿拉伯国家又称第四次中东战争为"十月战争"或"斋月战争"。
② 黄民兴：《中东历史与现状十八讲》，陕西人民出版社，2008，第103页。

（5）第五次中东战争

第五次中东战争又称"黎巴嫩战争"。20世纪80年代，埃以实现和解，伊拉克陷入两伊战争，以色列的最大威胁是黎巴嫩南部的巴解组织和驻扎黎巴嫩的叙利亚军队。1982年6月，以军以驻英大使被刺为借口，大举侵入黎巴嫩，第五次中东战争爆发。在美国的调停下，巴解组织人员被迫撤离贝鲁特，巴解组织总部迁往突尼斯。1983年5月，黎以在美国的干预下达成撤军协议，黎同意在其南部设安全区，叙利亚因以色列在黎仍有驻军而拒绝撤军。以色列在安全区遭到当地人民反抗的同时也因开支巨大、伤亡严重而引起国内不满。1983年6月，总理贝京因此辞职；1985年1月，以军无奈开始执行单方面撤军计划。

17. **不结盟运动的兴起及其意义**

不结盟运动在20世纪60年代初兴起是国际形势发展的必然结果。一方面，第二次世界大战中反法西斯力量的胜利，促进了殖民地、半殖民地人民的觉醒，殖民体系迅速瓦解，各国人民反帝、反殖革命运动蓬勃发展。另一方面，老殖民主义者力图保住自己的殖民利益，美国则乘机填补"力量真空"，推行新殖民主义政策。新老殖民主义的矛盾尖锐化、表面化。与此同时，另一个超级大国苏联也在同美国争夺亚、非、拉广大的中间地带。大国之间这种争夺势力范围的斗争，对第三世界国家的独立、主权和安全形成了越来越大的威胁。

在老殖民体系瓦解、两大阵营尖锐对立的情况下，一些有声望和有影响力的独立国家领袖，如铁托、尼赫鲁、纳赛尔、苏加诺、恩克鲁玛等逐渐形成了共同的或近似的国际意识，主张参与国际事务，推动第三世界国家政治和经济的联合，争取和巩固民族独立、反对"阵营"政策、促进世界和平。1961年9月1～6日，第一届不结盟国家和政府首脑会议在贝尔格莱德举行。25个国家的首脑出席了会议，会议发表了《不结盟国家和政府首脑宣言》和《关于战争的危险和呼吁和平的声明》。这次会议标志着以独立自主、不结盟、非集团为基本原则和宗旨的不结盟运动正式形成。此后，不结盟国家在开罗、卢萨卡、阿尔及尔、科伦坡、哈瓦那等地相继召开不结盟会议，表达第三世界国家的政治诉求。不结盟运动的活动领域和斗争目标也不断深化，从争取和巩固民族独立的政治斗争到侧重争取建立国际经济新秩序，从反帝、反殖到反对霸权主义，不结盟国家作为国际舞台上的一支政治力量发挥了极为重要的作用。参与不结盟运动的国家数量由 1961 年的 25 国增加到 2006 年的 118 国，不结盟运动的规模和影响不断扩大。①

不结盟运动形成以后，在反对帝国主义、殖民主义，促进亚、非、拉各国民族解放运动的深入发展，反对霸权主义，国际强权政治和集团政治，维护第三世界国家的独立、主权和平等地位、反对超级大国侵略和战争政策，保卫世界和平和各国安全，改革旧的国际经济关系并建立国际经济新秩序等方面，做出了不懈努力，具有重要的历史意义。

不结盟运动所倡导的国际政治理念在世界格局从两极向多极化的演变中发挥了重要作用，它的存在和发展抑制了集团政治，缓冲了两极对抗，也在相当程度上推动了国际政治的民主化。在不结盟运动的旗帜下，广大第三世界国家成为国际事务中日趋活跃的重要力量。不结盟运动的壮大与两个阵营的分化作为同一个历史过程一起改变了战后初期形成的世界格局。

不结盟运动还致力于促进第三世界国家的经济合作（南南合作），并要求改变不合理的国际经济秩序，运动的成员国大多也是联合国贸易和发展会议上代表发展中国家利益的"七十七国集团"的成员，它们在历次贸易和发展会议上提出的宣言和行动纲领为推动与发达国家的对话（南北对话），改革旧的国际经济体制等方面做出了重要贡献。

18. 印巴分治与"克什米尔问题"的由来

18 世纪中期印度沦为英国的殖民地后，印度人民反抗英国殖民统治的抗争就没有停止过。第二次世界大战结束后，在世界反殖民主义大潮下，印度的独立运动不断高涨。以印度教教徒为主体的国大党主张印度作为整体独立，穆斯林联盟则要求建立独立的伊斯兰国家。特别是 1946 年 2 月 18 日的孟买水兵起义以及之后的罢工，严重冲击了英国的殖民统治。战后英国国力下降，面临着严重的财政困难，对希腊、土耳其的支持都难以为继，自然无力在印度采取直接的军事行动。在此情况下，英国艾德礼政府只能派人与国大党和穆斯林联盟就自治问题举行谈判。1946 年 3 月，英国使团抵达印度，与印度各界接触后达成了一个由联邦、省的联合、省构成的"三级权力"法案。但在立宪会议选举后，在联邦政府中的席位问题，引发穆斯林和印度教教徒之间大规模的武装冲突。英国再也无法控制印度的局

---

① 〔挪〕盖尔·伦德斯塔德：《战后国际关系史》（第六版），张云雷译，中国人民大学出版社，2014，第 194 页。

势，1947 年 2 月，艾德礼发表声明，宣布将把权力移交给印度。

1947 年 6 月 3 日，英国新任驻印总督蒙巴顿公布了"印度独立方案"（亦称"蒙巴顿方案"）。主要内容是：①将印度分为印度教教徒的印度联邦和穆斯林的巴基斯坦两个自治领；②王公土邦在政权移交后享有独立地位，可选择加入印度或巴基斯坦；③巴基斯坦分为东巴基斯坦和西巴基斯坦两部分；④原直属印度的其余部分组成印度联邦；⑤作为自治领的印度和巴基斯坦分别建立政府和制宪会议，分别设立总督，仍为英联邦的成员国。1947 年 7 月，英国议会通过"蒙巴顿方案"。同年 8 月 14 日，建立了巴基斯坦自治领，并成立了以穆斯林联盟领袖列·阿里汗为首的巴基斯坦政府。次日，印度自治领也宣布成立，成立以国大党领袖加·尼赫鲁为首的印度政府。1950 年 1 月 26 日，印度宣布成立共和国。1956 年 6 月 23 日，巴基斯坦伊斯兰共和国宣告成立。印巴分治的历史从此开始。

克什米尔地区位于南亚次大陆的北部山区，处于印度、巴基斯坦、阿富汗和中国之间，战略位置非常重要。面积为 20 万平方公里，人口约为 500 万，其中穆斯林占 77%，印度教教徒占 20%，原为印度的第二大土邦。在其归属问题上，英国一手制造了印巴纠纷。根据"蒙巴顿方案"，克什米尔可以自由选择加入印度或巴基斯坦，或宣布独立。但是在 1947 年 10 月，印度利用在印巴分治时所控制的克什米尔邦议会通过决议，宣布克什米尔加入印度。巴基斯坦坚决反对，认为穆斯林在克什米尔占大多数，他们在文化、种族和地理上与巴基斯坦有着密切关系，克什米尔的归属应由克什米尔人民进行公民投票来决定。当印度军队应克什米尔大君请求进入克什米尔后，巴基斯坦亦出兵克什米尔，从而引发了印巴间第一次大规模武装冲突。在联合国的调停下，1949 年年初，印巴双方实现停火。同年 7 月，划定停火线，规定印度控制克什米尔的 3/5 地区和 3/4 的人口，巴基斯坦控制 2/5 地区和 1/4 人口。印巴分别在各自控制的地区建立了政府，克什米尔一分为二。

从此，克什米尔的归属问题成为印巴两国争论、对峙的焦点，成为影响南亚地区稳定的主要因素。印巴两国因此在 1965 年和 1971 年爆发了第二次和第三次印巴战争。在第三次印巴战争中，印度在苏联的暗中支持下，策动东巴基斯坦独立，成立了孟加拉国。印巴两国为了威慑对方，还各自发展了核武器，进行核试验，对该地的和平稳定造成重大影响。

19. 尼克松主义与美国的战略调整

尼克松上台时，美国的国内外形势都发生了重大变化，"美国几乎完全主宰世界舞台的时代也接近尾声了"。① 美国大规模对外援助和投资导致资金大量外流，对盟国的军事义务及越南战争的军费开支导致严重的财政赤字，使得美国国内经济状况日趋恶化。大规模的反战游行和种族平等运动则是美国国内社会问题的体现。在国际上，美元式微，美元信用受损引发"美元危机"，欧洲和日本逐渐挑战美国的经济和政治霸主地位。在美苏力量对比上，出现了有利于苏联的局面。美苏达成核恐怖均势，苏联占有了常规武器方面的优势。此外，战后独立的一大批亚、非、拉国家部分改变了国际政治力量对比，第三世界的崛起也挑战着美国的霸主地位。在面临内外困境、霸权地位受到挑战的情况下，要维护自己的战略利益，美国必须收缩自己的海外力量，调整对外政策，"尼克松主义"应运而生。

1969 年 7 月 25 日，尼克松在关岛发表讲话，宣布了他的亚洲新政策。其要点是：美国将恪守对亚洲盟国的条约义务，除非受到核大国的威胁，美将鼓励其亚洲盟友自己承担国内安全和军事防务的责任。这一政策被称为"关岛主义"。1970 年 2 月 8 日，尼克松向国会提交的国情咨文把这一政策推广到美国的全球外交，形成了美国新的全球战略，即"尼克松主义"。"尼克松主义"以"伙伴关系""实力"和"谈判"为三大支柱。所谓"伙伴关系"，是指美国要强化同北约盟国、日本以及其他自由国家的关系，鼓励它们分担更多负担，承担更大责任，与美国一起对付苏联的威胁。所谓"实力"，是指美国的对外政策继续以"实力"为后盾，通过强大的军事力量，对苏联实施有效威慑，确保自己和盟国的安全。所谓"谈判"，是指从实力地位出发，把"谈判"作为处理同共产党国家关系的主要途径，制约苏联，同时改善与中国的关系，扭转外交被动局面。

根据尼克松主义，美国的对外战略进行了一系列的调整。第一，美国改善了与西欧和日本的关系，改变了过去那种由美国支配和负责一切的政策。第二，从越南撤军，试图以谈判和战争越南化的方式结束印度支那战争。第三，解冻中美关系，与中国合作共同对抗苏联，以维持世界的均势结构。第四，美国战略调整还表现在从实力地位出发，与苏联进行限制战略武器的谈判。

"尼克松主义"是美国地位衰落的产物和表现，是二战结束以来美国对外政策的重要转折点。此后，美国由战略攻势转变为战略守势，扩张战略

① 〔美〕亨利·基辛格：《大外交》，顾淑馨、林添贵译，海南出版社，2012，第 718 页。

也为收缩战略取代，对 70 年代国际局势的缓和起到了积极的推动作用。但"尼克松主义"并不是要美国退回到孤立主义。它没有放弃战后美国外交政策的基本目标，没有否定美国所承担的条约义务，相反，它表达了美国继续参与世界事务的决心。尼克松主义的实质是，在美国国力衰落的情况下，选择性地承担国际义务，通过推行与国家力量相适应的对外政策，继续维持美国的霸权地位。[①]

20. 中美关系的解冻与中美苏大三角关系的形成

20 世纪 70 年代，中美关系由敌对、对抗走向和解、合作，出乎全世界的意料。中美关系的解冻和逐步正常化是两国从当时的国际局势和自身国家利益出发，调整各自外交政策的结果。抑制苏联的扩张这一中美共同的战略利益是两国实现和解的关键。

从美国方面来看，1969 年 1 月，共和党人理查德·尼克松（Richard Nixon）就任美国第 37 届总统。当时，美国正面临着自二战结束以来最为严峻的形势。越南战争的沉重负担，国内政治、经济以及社会危机的加深，苏联常规武器和战略核武器数量的快速增长，使美国在同苏联的争霸斗争中日益处于不利地位。而西欧、日本由于经济实力的增强，政治独立性和对美国的离心倾向也在日益增强。为此，尼克松提出了著名的"尼克松主义"，开始实行战略收缩政策。尼克松还提出当今世界上存在美国、苏联、西欧、日本、中国五个力量中心的"五大力量中心说"。与此相适应，美国调整了外交政策，积极推行多极均势外交。为了在与苏联的冷战对抗中取得优势，尼克松政府开始主动着手改善中美关系，希望借助中国以"联华反苏"。

从中国方面来看，20 世纪 60 年代中苏关系破裂以来，中苏双方在边境地区屯兵百万，苏联成为中国国家安全的最大威胁。特别是 1969 年 3 月珍宝岛事件的发生更使中国感到国家安全受到了巨大威胁。为了全力抵御苏联的军事威胁，改善中国的周边安全环境，中国也需要改变同美国长期对抗的政策。尼克松就任美国总统后，通过各种渠道向中国传达改善两国关系的愿望。中国从现实国家利益出发，也开始调整外交政策，改变了 60 年代"两个拳头打人"的外交政策，外交政策的意识形态色彩变淡，开始更加务实。因此，中国也开始积极地与美国进行战略合作，共同对抗苏联。

---

① 肖月、朱立群：《简明国际关系史（1945—2002）》，世界知识出版社，2002，第 209 页。

尼克松上台后，通过各种渠道向中国表达和解的愿望，这对中国实施联美抗苏的战略提供了条件。1970年1月，中美恢复了大使级会谈；10月5日，尼克松在接受《时代》周刊采访时，公开表达了想访问中国的愿望。1971年4月"乒乓外交"的进行，是中国对美国改善关系愿望的积极回应。7月，美国国家安全事务助理基辛格博士取道巴基斯坦，秘密访问中国，与周恩来总理举行会谈，这是中美两国高层冷战爆发二十多年来第一次面对面就中美关系和国际局势交换意见。1972年2月，尼克松正式访华，中美双方发表了中美《上海公报》，从而揭开了中美关系正常化的序幕。

中、美、苏大三角关系是冷战格局形成以来，国际政治格局最有影响力的变动。中美正常化开启了大三角关系，而中美联合抑制苏联则是和解的动因。中美敌对状态的结束，有效遏制了苏联霸权主义扩张的目的，减轻了中苏边境的安全压力，还使中国迅速发展了与西方国家的关系；中美合作也改善了中美的战略处境，扩展了国际活动空间。中美和解使美国以战略收缩的方式，最大限度地维护了美国的全球利益，遏制了苏联的扩张，因此美国成为其中的最大获益者。受到来自中美两条战线上的压力，苏联因为中美和解而变得更加被动。

21. 苏联在"缓和"烟幕下的全球扩张

20世纪60年代末期，苏联的对外政策发生重大变化，其主旨和核心就是在缓和的烟幕下，实行全球扩张，与美国在全世界进行争夺。

这一时期，苏联在政治上对美国发动"和平攻势"，其对外缓和战略实质是针对美国和西方的政治性进攻战略。在经济上，苏联进一步重视重工业，尤其是军事工业的发展。军事战略是苏联这一时期全球扩展战略的核心。苏联积极增强自己的军事实力，在战略核武器方面与美国达成恐怖均势的同时，取得了在常规力量方面的优势。苏联利用其军事优势，积极实行南下战略，扩大在第三世界的影响，加紧对中国进行军事包围；在东欧，苏联加强了对东欧国家的控制，甚至直接出兵捷克斯洛伐克，用军事手段遏止东欧国家的离心倾向。

苏联的全球性进攻战略的实质就是主张在全球范围内采取主动的、积极的介入姿态，扩大苏联对世界事务的影响力和控制力。苏联在这一时期的全球扩张浪潮主要表现在对南亚和非洲的渗透、对越南扩张的支持、入侵阿富汗等方面。

南亚具有重要的地缘政治意义，是美苏争霸的重要地区。苏联在南亚地区渗透的主要表现是发展同印度的关系。苏联在政治上采取支持印度的立场，在印巴战争中，苏联支持印度；在中印边界冲突中，苏联偏袒印度，也扮演了不光彩的角色。在经济上，苏联对印度提供了大量的经济援助和贷款，支持印度的"五年计划"，帮助印度搞所谓"社会主义实验"。此外，苏联还对印度进行军事援助，向印度提供军事装备，培训军事人员。1971年8月，苏联与印度签署了带有浓厚军事同盟色彩的和平友好条约，使苏印关系有了法律依据。1971年，印度在苏联的支持下，分裂了巴基斯坦，使东巴基斯坦独立成为孟加拉国。

1971年，苏联与埃及签订友好合作条约。1976年，埃及废除了双方的友好合作条约，埃苏关系破裂。为了改变因埃苏关系破裂产生的苏联在非洲影响力和实力下降的局面，苏联通过介入索马里和埃塞俄比亚之间的战争，将自己的势力渗透到了非洲东北角。苏联原本与索马里和埃塞俄比亚都保持着友好关系，在两国因领土争端发生战争后，苏联支持埃塞俄比亚，并派古巴军人到埃塞俄比亚与索马里作战。苏联在非洲东北角的渗透使其牢牢控制了红海出入印度洋的战略要地。此外，苏联还积极介入安哥拉内战，通过代理人战争的方式将自己的势力渗透到了非洲西南部。1975年11月，苏联支持古巴出兵安哥拉，支持安哥拉"人民解放运动"单方面成立"安哥拉人民共和国"。安哥拉新政府成立后，与苏联签署了友好合作条约。

早在抗击美国侵略的过程中，为了抵消中国的影响，苏联就给予了越南很大支持。越战结束后，越南与苏联的关系更加密切。1978年，经互会接纳越南为成员国，苏越签订了友好合作条约。越南在苏联的支持下开始谋求在东南亚地区的霸权。1979年2月，为了回击越南的不断挑衅，中国被迫进行对越自卫反击战。苏联还支持越南于1978年侵入柬埔寨，并在1979年否决了联合国安理会关于在柬埔寨停火和撤军的提案。

1979年年底，苏联入侵阿富汗，将其对外扩张推向了顶峰。阿富汗位于中亚，地理位置十分重要，美苏都在阿富汗极力争夺自己的势力范围，企图控制阿富汗，建立在中亚地区的霸权。美苏在阿富汗的争夺使得阿富汗的政权更迭频繁，政局不稳。为了牢固控制阿富汗，苏联于1979年12月27日出兵阿富汗。苏联的入侵改变了美苏在该地区的战略态势，对美国的战略利益构成了直接挑战。更为重要的是，美国推出"卡特主义"，开始对苏联采取强硬政策。苏联的入侵彻底终结了20世纪60年代末期以来的美苏缓和。

苏联全球进攻战略的目的是争夺世界霸权。美苏缓和掩盖下的进攻在一定程度上改变了美苏的战略态势，扩大了苏联在第三世界的影响力和势力范围。但是，这一战略的实施不仅中断了美苏缓和的进程，加剧了国际局势的紧张，也消耗了苏联大量的资源，对其大国地位造成了潜在的、长远的损害。

22. 卡特主义与艾森豪威尔主义的异同

艾森豪威尔主义是美国总统艾森豪威尔在冷战时期提出的对外政策。苏伊士运河战争之后，中东民族解放运动高涨，为防止苏联对中东的影响扩大，艾森豪威尔于 1957 年 1 月 5 日正式向国会提交了一份关于中东问题的特别咨文。其主要内容是，污蔑中东在共产主义操纵下出现动荡局面，要求国会授权总统在中东实行"军事援助和合作计划"，通过军事援助和武装部队的使用，抵制"共产主义的侵略"。

70 年代末期，为了抵制苏联在中亚的扩张，美国总统卡特提出了"卡特主义"。1979 年年底，苏联出兵入侵阿富汗，标志着苏联的对外扩张达到了顶峰。苏联的南下政策使其势力范围向南推进了 600 公里，加上在南也门和非洲东北角的军事存在，苏联对波斯湾地区形成了包围之势，这对美国在该地区的利益，尤其是石油来源和运输线路构成了严重威胁。1980 年 1 月，卡特在国情咨文中警告苏联："任何外来力量控制波斯湾的企图，都将被视为对美国重大利益的侵犯，会遭到美国包括军事手段在内的一切必要手段的回击。"这一政策宣言被称为"卡特主义"。

艾森豪威尔主义和卡特主义是美国政府关于中东、中亚地区的政策声明，二者的目的都是遏制苏联实力的扩张、建立美国的地区霸权、维护美国的国家利益。艾森豪威尔主义是在战后初期、苏伊士运河战争之后，英法实力下降、无力维持在中东地区殖民统治的大背景下提出来的，该政策主要是为了排挤英法，其实质是要填补"力量真空"。美国势力介入中东，加剧了该地区的紧张局势。卡特主义是在苏联入侵阿富汗之后，美国为了应对苏联的扩张提出来的，具有部分的被动性质。70 年代，苏联在缓和的掩盖下，扩张态势咄咄逼人，卡特主义的提出，标志着美国对苏政策的根本性转折，它放弃了尼克松以来的缓和战略，强调通过军事手段来积极回应苏联势力的扩张。

23. 里根的新遏制战略与星球大战计划

罗纳德·里根（Ronald Wilson Reagan）于 1981 年出任美国第 40 任总

统，他上任时，美国正面临着内外困境。在经济上，美国正面临通货膨胀率和失业率居高不下、经济增长停滞不前的"滞胀状态"；在政治和军事上，苏联在军备竞赛和地区扩张方面的挑战咄咄逼人；欧洲的联合和离心倾向进一步发展；同时还面临着第三世界国家要求建立国际政治经济新秩序的挑战。1979 年发生的伊朗人质危机事件更使美国蒙受奇耻大辱，使其霸权国的国际形象严重受损。在这种情况下，美国迫切需要调整自己的对外政策。

作为共和党保守派，里根具有强烈的反共意识。他上任后，将美国的对外政策建立在"两极世界"基础上，奉行以"实力求和平"的对外战略总方针，主张以"现实主义、实力加谈判"的原则处理对苏关系。制止苏联的扩张是里根政府对外战略的核心。由于里根对苏联的强硬政策，美苏关系进入了僵硬对抗的"新冷战"时期。里根上台后，他的保守的内外政策逐渐被人们称作"里根主义"，一般认为，这是一种比杜鲁门主义更具进攻性和冒险性的"新遏制"战略。①

里根从整顿和复兴经济入手，采取经济和军事双管齐下的方式，力图增强和苏联对抗的实力。他向国会提出"经济复兴计划"，通过扩大联邦政府预算、增加财政赤字、提高利率和减税等政策振兴美国经济。从 1982 年年底美国经济开始回升，到 1984 年美国经济增长率达到了 6.8%，通胀率则下降到 3.8%。经济的迅速恢复为里根政府制定强硬的对抗政策奠定了物质和心理基础。在军事上，里根力图扩军抗苏，重振国威。为此，他提出"新灵活反应战略"，大幅增加军费开支，力图通过新一轮军备竞赛，增强美国的军事实力，打破美苏军事平衡；"既准备打常规战争，也准备打核大战"。该战略放弃"一个半战争"的构想，主张拥有足够的军事实力，在任何地方、任何方面对付来自苏联的进攻。为了与苏联争夺第三世界，里根还提出"低烈度战争"理论，声称要把苏联 70 年代在亚洲、非洲和加勒比地区取得的势力优势"推回去"。里根政府还在国际上积极构筑围堵苏联的战略防线，协调与西欧盟国的关系，加强在中东和加勒比等地区的势力存在和军事干预。里根的对苏战略还具有强烈的意识形态色彩。他在道德上完全将苏联置于美国的对立面，指责苏联是"邪恶帝国"，为了控制世界"保留了犯罪、撒谎和欺诈的权利"，他扬言要把马列主义"扫进历史的垃

---

① 柯友申：《里根主义和遏制战略》，《国际问题资料》1986 年第 13 期，第 5 页。

圾堆"。里根还否认东欧是苏联的势力范围，要在东欧推行美国的"自由和
民主体制"。

值得注意的是，里根的新遏制战略并没有完全排斥与苏联的谈判和对
话。80 年代，里根政府与苏联举行了欧洲中程导弹谈判和第一阶段削减战
略武器谈判（START - Ⅰ）。但在谈判中，美苏各自提出自己的不同建议和
方案，且双方都不愿做出妥协和实质性让步，谈判最终失败。

以新的军备竞赛打破美苏间战略平衡最典型的表现是里根于 1983 年 3
月 23 日发表全国电视讲话时，提出的战略防御计划（Strategic Defense Ini-
tiative，简称 SDI），又称"星球大战计划"（Star Wars）。该计划的核心内
容就是建立能够保卫美国免遭导弹袭击的导弹防御系统，在导弹到达美国
地面之前就将其摧毁。该计划的目的就是在美苏"相互确保摧毁"的恐
怖均势的情况下，建立美国对苏联的军事优势，使美国获得攻防兼备的
能力。

战略防御计划加剧了国际局势的紧张，增加了美苏关系的不稳定因素，
使军控谈判复杂化；美苏的军备竞赛因此升级，尤其是使太空成为美苏竞
赛的新领域。该计划还将苏联置于是将有限的资源用于发展经济还是开展
军备竞赛的两难境地。军备竞赛进一步消耗了苏联有限的资源，给苏联带
来了巨大的心理、技术和经济压力。

24. 戈尔巴乔夫"改革与新思维"及其影响

1982 年 11 月，勃列日涅夫逝世，苏联进入老人政治时期，到 1986 年
戈尔巴乔夫上台时，苏联已经面临严重的内外危机。在国内，苏联的政治
陷入教条主义，缺乏有效的民主和监督；经济陷入停滞状态，轻重工业比
例严重失调，管理效率低下。在国际上，苏联深陷阿富汗泥潭不能自拔，
在第三世界的扩张也难以为继；里根政府的强硬政策，尤其是"星球大战
计划"使苏联进退两难，军备竞赛力不从心。种种迹象表明，苏联已经到
了非改革不可的地步。

"新思维"的概念最早由安德罗波夫提出，戈尔巴乔夫上台后接过新思
维的概念，提出了自己的一整套改革思想。1987 年，他出版了《改革与新
思维》一书，系统、全面地阐释了自己的改革思想。在书中，他所阐述的
新思维的核心就是"承认全人类的价值高于一切"。他认为，当今世界的特
征发生了变化：核武器时代人类面临着被毁灭的危险，核战争已经不可能
达成政治目的；在人类越来越走向相互依存的时代，世界已经成了一个紧

密联系的整体；面对着资源、环境、人口和粮食危机等全球性问题，人类必须加强合作；当今世界的资本主义还富有活力，需要重新加以认识。

根据他对世界特征的新认识，戈尔巴乔夫认为，核战争没有胜利者，军备竞赛是愚蠢而荒谬的，安全问题只能通过政治途径解决；在人类的共同利益面前，社会主义应该从根本上与资本主义和平共处，而不是将其作为权宜之计。社会主义应该是人道的、民主的、公开的。

由于"新思维"是适应历史的需要而产生的，从反对军备竞赛、维护世界和平、国家关系非意识形态化、不同社会制度的国家和平共处等方面看，应该说"新思维"有一定的积极意义。但是"新思维"有个发展变化过程，这一理论又存在许多似是而非的东西，这又决定了它的历史作用的复杂性。特别是后来在重大政治经济问题上"新思维"发生了原则性变化，它对国家统一和社会主义制度的作用便走向了反面。

第一，戈尔巴乔夫"新思维"导致了严重的国内政治后果，而且它的负面影响来得比人们预想的要快得多。"新思维"是导致苏联改革失败、苏共失权、苏联解体的主要内在原因。第二，"新思维"是导致东欧剧变的重要原因。1989年，苏联逐渐放弃了对东欧国家的控制，共产主义在政治和经济方面积累的错误发生了总爆发，共产党及其政治目标在东欧国家日益不得人心，东欧国家的共产党政权纷纷倒台。第三，戈尔巴乔夫"新思维"是冷战走向终结的重要标志之一。根据"新思维"的指导，苏联对外政策做出了重大调整。戈尔巴乔夫放弃军备竞赛，开始与美国缓和关系，并热衷于与美国领导人在世界各地举行会面；在美苏谈判中以让步推动核裁军，在欧洲安全中谋求建立"全欧大厦"；收缩在第三世界的势力，减少对第三世界的干预。第四，"新思维"客观上结束了苏联自斯大林时期便开始的对别国内政的民族主义、大国沙文主义、霸权主义干涉，特别是结束了对东欧国家内政的强权干涉。对欧洲和第三世界干涉的减少，有利于世界局势的缓和。

戈尔巴乔夫"新思维"的出台，标志着苏联共产党最终摆脱了斯大林主义的束缚，并且为其他社会主义国家的政治改革提供了可资借鉴的经验教训。"新思维"只是部分反映了世界现实，它没有解决好在国力衰微和西方压力越来越大的情况下，如何体面地维护国家和民族利益的问题。这也是其理论中的致命错误。

25. 日本追求"政治大国"地位

20世纪70年代，日本的各项主要经济指标都已居世界前列，成为仅次于美国的资本主义世界第二大经济大国。经济上的巨大成功使日本开始改变战后长期在国际事务中采取的低姿态，将从经济大国向政治大国迈进作为其对外政策的一项基本方针，积极争取成为与其经济实力相适应的政治大国。① 为了谋求政治大国地位，从 70 年代开始，日本历届首相都相继提出自己的外交政策理念，各届政府的不同理念都表达了争当政治大国的愿望。根据不同理念的指导，日本对自己的对外政策做出了大幅调整。

日美关系始终是日本对外关系的核心，保持与美国的关系，强调和加强美日同盟，借助美日同盟关系增强其国际影响力是其实现政治大国梦的基本手段。70 年代，美国的战略收缩要求日本承担更多的责任，为日本在国际社会寻求政治发展提供了有利条件。田中角荣在开展"多边自主外交"的同时，积极配合美国在亚太的战略部署，承担本土和周边海域的防卫任务。80 年代，美日在经贸领域频繁发生矛盾和摩擦。在妥善处理贸易摩擦的同时，日本始终强调自己是西方一员，还不断扮演欧美矛盾协调员的角色，从事"大国外交"。在对苏关系方面，日本积极改善与苏联的关系，增加与苏联对话的自主性，减小来自苏联的阻力和安全威胁。中美关系于 1971 年解冻后，日本也开始改善对华关系，并于 1972 年与中国恢复了邦交。美日同盟的加强和日苏、中日关系的改善，为日本向政治大国过渡创造了有利条件。

日本追求政治大国的一个步骤就是以成为"普通国家"为由，企图修改和平宪法。但是日本宪法的修改有严格的法律程序，不可能一蹴而就。从 50 年代开始，日本右翼势力就发起修宪斗争，经历了 50 年代、60 年代、80 年代三次斗争高潮都没有成功。进入 21 世纪后，日本在修宪运动上又有了一系列新动向。小泉纯一郎一再表示要修改宪法第九条②；2005 年 10 月，自民党正式提出了《新宪法草案》，安倍政府上台后进一步极力推动宪法修正的进程；随着日本民族主义情绪高涨，赞成修改宪法的人也越来越多。

与修改"和平宪法"紧密相连的另一个步骤就是通过制定扩大自卫队在海外行动范围的法案，企图以渐进策略造成向海外派兵的既成事实，来突破"专守防卫"的限制。日本不断增加军费开支，并于 1987 年冲破了军费不得超过国民生产总值 1% 的限制。1991 年，自民党不顾法律和舆论的双

---

① 顾关福：《战后国际关系史》，天津人民出版社，2010，第 421 页。
② 《日本宪法》第九条规定日本放弃战争权，不承认国家的交战权，《日本宪法》因此被称为"和平宪法"。

重限制向海湾地区派遣自卫队参加多国部队的扫雷行动。1992年，自民党政府在国会通过了《联合国维持和平行动法案》（"PKO"法案），使日本以参加联合国维和行动的名义向海外派兵有了法律依据。1997年6月，日美签署了《新防卫合作指针》，引入"周边事态"的概念，突破了防卫的地理限制。"9·11"事件以后，日本又以反恐的名义通过了《恐怖对策特别措施法》《自卫队修正案》《海上保安厅修正案》等法案。这三项法案再次突破了派兵的地理范围和武器使用的限制，实现了战时向海外派兵且无须事前得到国会批准的目的。

为了争当政治大国，日本还要求修改《联合国宪章》中的"敌国条款"，并谋求成为联合国常任理事国。1990年第45届联大会议上，日本正式向联合国提出删除"敌国条款"的要求，此后一直未能如愿。1994年9月，日本又正式提出要成为联合国常任理事国，并向49届联大提出"入常"申请。此后，日本积极开展联合国外交，热情支持联合国改革。2005年，在联合国成立60周年之际，安理会改革再次被提上日程，日本向谋求"入常"发起新一轮冲击。当年，日本与德国、印度、巴西结成"入常联盟"，要求一起成为安理会常任理事国。为了寻求支持，日本加强了对拉美和非洲等地区的经济外交，但由于受到安理会改革日程、其他安理会成员国的态度等因素的影响，日本至今都没有"入常"成功。尤其是鉴于其对历史的认错态度，日本不太可能得到曾经受到其侵略的东亚诸国的支持。

26. 中日钓鱼岛问题上的争端

中国最早发现、命名、利用、管辖钓鱼岛及其附属岛屿。明代的《顺风相送》（1403年）便有记载，钓鱼岛位于台湾与琉球群岛之间，但不属于琉球群岛。① 1562年，中国海防军事图集《筹海图编》已明确将钓鱼岛及其附属岛屿纳入中国版图。明清时期，中国政府已经对钓鱼岛进行了管辖。根据国际法先占原则，钓鱼岛只是无人居住而不是"无主地"。② 毋庸置疑，钓鱼岛及其附属岛屿自古就是中国固有领土。

1609年萨摩藩军队入侵了琉球王国，1872年日本又把琉球王国改为琉球藩，1874年日本第一次入侵台湾，1879年日本又把琉球藩改为冲绳县。

---

① 郑海麟：《钓鱼岛主权归属的历史与国际法分析》，《中国边疆史地研究》2011年第4期，第60页。

② 管建强：《国际法视角下的中日钓鱼岛领土主权纷争》，《中国社会科学》2012年第12期，第124～125页。

从历史史料的记载看，琉球原本就不是日本领土，钓鱼岛也不属于琉球藩，钓鱼岛就更不可能属于日本。钓鱼岛问题产生的直接原因是 1894 年日本发动侵略中国的甲午战争。① 甲午战争前 10 年，为了给发动侵略战争做准备，日本政府组织了多次秘密调查，得知钓鱼岛是中国命名的岛屿。因此，直到 1893 年冲绳县令要求将钓鱼岛划归冲绳时，为了避免过早引起冲突，日本政府仍以"该岛究竟是否为帝国所属尚不明确"为由予以拒绝。② 甲午战争失败后，清政府被迫同日本签订了丧权辱国的《马关条约》，条约的第二条将台湾及其附属岛屿以及澎湖列岛割让给日本。

第二次世界大战以日本法西斯的战败而告终。日本在签署投降书时，承诺将无条件履行具有国际法效力的《波茨坦公告》和《开罗宣言》，其中就包括将台湾、澎湖列岛等归还中国。日本认为，日本政府在 1895 年 1 月内阁会议上就决定在钓鱼岛上建立标桩，将其正式纳入日本领土。也就是说，日本是在 1895 年 4 月《马关条约》签订之前三个月将钓鱼岛纳入日本领土之内的，因此该岛就不包括在《马关条约》之内。然而，根据日本东京都株式会社人文社发行的《大日本管辖分布图》，其中的《冲绳县管内全图》证明，钓鱼岛并不属于冲绳县管辖。

根据法理，日本在战后就应将钓鱼岛无条件归还中国。但是日本战败后，钓鱼岛连同琉球一起被美国托管，直到 1972 年美国擅自将钓鱼岛的行政管辖权交给日本，再度引起中日两国的争端。事实上，美国将钓鱼岛划入琉球进行托管是没有国际法效力的。1951 年 9 月 8 日，美国在排除中华人民共和国的情况下在旧金山召开和会，并签署了《旧金山和约》，琉球群岛被交由美国托管。但在该和约第三条规定美国行政管辖权和领海范围时，并没有涉及钓鱼岛。③ 更为重要的是，中华人民共和国政府从来就没有承认过《旧金山和约》。《旧金山和约》是在排除中华人民共和国的情况下签署的，它本身就违反了《联合国家宣言》中"绝不单独地与敌国进行停战、媾和"的条款。条约签订后，周恩来总理就严正声明，指出《旧金山和约》是"非法的、无效的，因而是绝对不能承认的"。另外，日本与台湾国民党当局签署的所谓"日华和约"，本身就不是两个主权国家的协议，因而并没

---

① 刘江永：《钓鱼岛争议与中日关系面临的挑战》，《日本学刊》2012 年第 6 期，第 4 页。

② 刘江永：《钓鱼岛之争的历史脉络与中日关系》，《东北亚论坛》2014 年第 3 期，第 6 页。

③ 郑海麟：《钓鱼岛主权归属的历史与国际法分析》，《中国边疆史地研究》2011 年第 4 期，第 63 页。

有法律效力。1972年9月日本首相田中角荣访华时，《中日联合声明》的发表也意味着中日两国达成了"日华和约"无效的共识。日本常常用《归还冲绳协定》来论证对钓鱼岛的主权，然而这一点连美国都不愿承认。美方的表述是，归还的只是对岛屿的行政管辖权，不涉及主权归属问题，有关钓鱼岛的主权归属问题应该由争议双方解决。

1972年，田中角荣当选日本首相，中日双方领导人以两国关系大局为重，在两国邦交正常化谈判中就钓鱼岛问题达成搁置争议的默契与共识。中日两国在1978年签署《中日和平友好条约》时，日本领导人并没有对两国在钓鱼岛争端中达成的政治默契提出质疑，日本国会在审议《中日友好和平条约》时，也并没有提出异议。然而，随着日本政治逐渐右倾化，日本开始否认中日双方曾经达成过搁置争议的共识，否认两国在钓鱼岛主权归属问题上存在争议。2012年4月16日，日本东京都知事石原慎太郎宣称，东京将计划"购买"钓鱼岛以守卫日本领土。9月10日，野田佳彦不顾中方的强烈反对，宣布日本政府购买钓鱼岛、南小岛、北小岛。9月11日，日本政府和栗原家族签订合同，标志着日本政府对钓鱼岛的所谓"国有化"正式宣告成立。为了反制日本，中国政府宣布中国公务船只在钓鱼岛领海执法和巡航将常态化。① 日本政府在钓鱼岛问题上执行的错误政策已经成为影响中日关系的突出问题和中日关系恶性循环的根源之一。

27. 拉美债务危机的成因及其应对

20世纪70年代，拉美国家执行了错误的经济发展政策，是导致该地区爆发债务危机的主要内在原因。70年代拉美经济增长主要靠高投入带动，大部分国家都实行"进口替代战略"。60年代起，拉美国家就奉行财政赤字政策，通过国家直接投资来刺激经济增长，但在国有化运动中扶持起来的国有企业受到过度保护，因此管理不善、效率低下、严重亏损。国有资产使用缺乏效率，又无法为还债做贡献，补贴的不断增加使财政赤字雪上加霜。在这种情况下，拉美国家又采取举债和增发货币的方式来平衡财政收支。到80年代初期，拉美主要国家的平均外债率达到35%，外债总额达到3200多亿美元。外债的急剧膨胀逐渐超过了其经济的实际承受能力。

拉美债务危机的外在原因主要是国际金融和贸易形势发生了不利于拉美国家的变化。70年代发达国家经济普遍陷入滞胀危机，国内需求不足使

---

① 阎学通：《国际关系分析》，北京大学出版社，2013，第235~236页。

大量资金流向国际市场。发达国家提供的各项优惠贷款政策刺激了拉美国家纷纷大规模举债，致使其外债过快增长。80 年代，发达国家为了抑制通货膨胀，采取紧缩性的货币政策，提高了贷款利率，拉美国家债务负担随之成倍增长。在国际贸易方面，80 年代发达国家之间的贸易比重增加，缩减了与发展中国家的贸易量；发达国家的贸易保护政策又导致传统的初级产品价格不断下降。例如，墨西哥和委内瑞拉等以石油为主要收入来源的国家，在 80 年代面临石油价格下跌时，出口收入就遭受损失。拉美国家的出口收入不断减少，使其偿债能力下降。

1982 年 8 月，墨西哥政府宣布已经无力偿还国际金融机构和债权国的债务，拉美债务危机爆发。随后不久，巴西、阿根廷、委内瑞拉、秘鲁、智利等国都相继告急，宣布无力偿还债务，债务危机迅速蔓延至拉美 15 个国家。严重的债务负担使得拉美国家不得不借新债还旧债，债务危机还导致了广泛的经济危机。

债务危机爆发后，拉美债务国多次召开专门会议商讨解决办法，呼吁西方债权国就债务问题举行政治对话。但发达国家通过 IMF 强迫拉美债务国执行严厉的货币紧缩政策，甚至要求其牺牲主权和经济发展还债。1984年，拉美国家在哥伦比亚召开了拉美债务国外长和财长会议，签署《卡塔赫纳协议书》，成立了拉美债务国协调委员会，以定期商讨和协调外债问题。参会的 11 个债务国组成了卡塔赫纳集团，强调必须通过政治对话解决债务危机，债权国和债务国要共同承担责任。卡塔赫纳集团始终强调还债不能牺牲经济发展，要以发展促进还债。

在债务国的努力下，债权国也开始正视债务国的合理要求，逐步接受"以发展促还债"的合理主张。1989 年 3 月，美国财长布雷迪（Nicholas Brady）提出了解决债务问题的"布雷迪计划"，其中包括减免债务、提供资金保障、降低利息和债务资本化等方面的措施，产生了一定积极影响，也得到了债务国的欢迎。但是由于拉美债务规模过于庞大，短时间之内不可能偿清。债务危机给拉美各国带来了经济衰退和通货膨胀等一系列严重消极后果，70 年代拉美国家因经济快速增长而缩小的与发达国家的差距又迅速拉大了。

28. 布什"超越遏制"战略

进入 20 世纪 80 年代，里根政府"以实力求和平"，重振国威，在保持核威慑和欧洲战略重点基础上加强了同苏联在第三世界的争夺，同时与苏联展开了一场综合国力的较量。到 80 年代中期，里根的对苏强硬政策使苏联的内政外交陷入困境。为扭转这种局面，戈尔巴乔夫上台后一方面在国内进行改革，另一方面提出外交政策"新思维"，以全人类利益、自由选择、国际关系非意识形态化以及全面安全体系为指导思想调整对外政策。在缓和美苏紧张关系方面，苏联做出许多重大让步。在这样的背景下，为了巩固在综合国力较量中占上风的优势地位，利用戈尔巴乔夫政治"新思维"造成的机会，从根本上摧垮苏联的制度，1989 年 5 月 12 日新上任的美国总统布什在得克萨斯农业和机械大学讲话中首次提出了针对苏联的"超越遏制"战略。此后，布什在多次讲话中重申了这一战略。

"超越遏制"战略的主要内容有三点。第一，美国对苏的战略目标"远不仅是遏制苏联的扩张主义，我们所追求的是苏联重新成为国际社会的一员"。为此要求苏联朝着开放的社会演进，在国际上以较负责态度行事，以便回到世界秩序中来。第二，鼓励苏联支持中东欧国家的变革，放弃勃列日涅夫主义，允许中东欧国家走自己的发展道路，拆除"铁幕"，拆除柏林墙，建立一个开放、统一和自由民主的欧洲。第三，"超越遏制"战略的基础是美国保持强大的实力地位。战后初期美国确立的对苏遏制战略取得了成功，美国只有继续坚持威慑战略和联盟战略，坚持"以实力求和平"的基本方针，"在经济上、外交上和军事上保持强大"，"超越遏制"战略才能取得成功。

"超越遏制"战略是美国在新形势下提出的对苏战略，是对苏遏制战略的继续和发展。它的突出特点是：在目标上，由过去遏制苏联扩张转为从根本上改变苏联的制度，使苏联成为一个建立在西方民主价值观基础上的国家，将其纳入国际体系中，成为美国的一个建设性伙伴；在手段上，过去只重视军事手段，"超越遏制"战略强调的则是在军事实力的基础上，政治、经济、军事、文化各个手段多管齐下，特别是运用政治、经济手段促使苏联就范；在斗争空间上，过去强调在外围遏制、威慑和防范苏联，将苏联控制在一定的范围内。"超越遏制"战略则强调把斗争推进"铁幕"之内，在苏联势力范围内和苏联国内展开较量，以便最终改变苏联的社会性质，实现苏联的和平演变，使苏联"融合"到国际社会中来。①

29. 德国的统一进程

1989 年 10 月 6 日，戈尔巴乔夫访问民主德国，敦促东德领导人尽快改

---

① 刘金质：《从遏制战略到超越遏制战略》，《国际政治研究》1989 年第 4 期，第 28~29 页。

革，引发了民主德国各大城市大规模游行、示威和集会，群众要求民主和举行自由选举，实行政治多元化。11月9日，东德政府宣布开放东西柏林边界，东柏林人疯狂涌向边界，拆毁了柏林墙，进入西柏林。两德边界开放被看作德国统一的序幕。因此，从柏林墙倒塌的那一刻始，两德统一的进程就开始了。

德国统一分为内部进程和外部进程两部分。

第一，德国统一的内部进程。这一过程分为三个阶段：第一阶段，从1989年11月9日开始到1990年3月18日民主德国"自由大选"，这是德国统一的筹划和准备阶段。1989年11月9日，柏林墙倒塌。1989年11月13日，新当选的民主德国部长会议主席莫德罗提出了成立两德"条约共同体"的建议。1989年11月28日，联邦德国总理科尔提出了关于德国统一的"十点计划"，这是联邦德国对统一问题提出的初步设想和对策。其中，计划中的第五点内容是不承认东德现政府的合法性，要求民主德国建立一个"有民主合法性的政府"。第六点内容是要求统一后的德国必须是"整个欧洲未来大厦的一部分"，以消除美国和西欧国家的担忧。1989年12月7日和1990年1月28日，民主德国各党派举行了两次"圆桌会议"，多数人主张与西德统一。1990年2月1日，民主德国又提出了分四个阶段实现统一的主张，但提出统一后的德国要保持中立。科尔对莫德罗的建议表示欢迎，但反对德国中立化的主张。2月17日，两德总理会晤时，科尔提出了首先建立以西德马克为基础的两德货币联盟作为实现德国统一的决定性步骤的建议，但莫德罗表示反对。1990年3月18日，在联邦德国的支持下，民主德国的"基督教民主联盟"在选举中获胜。由此，联邦德国要求的具有"民主合法性"的民主德国政府产生，联邦德国出台统一政策的时机已经成熟。

第二阶段，从1990年3月18日民主德国大选结束到7月1日两德的货币、经济和社会联盟条约正式生效，是两个德国经济、货币统一的阶段。1990年4月12日，民主德国大联合政府成立，基督教民主联盟主席德梅齐埃当选为总理。4月19日，德梅齐埃在发表施政纲领时提出民主德国同意与联邦德国建立经济、货币和社会联盟，使用西德马克；同意在民主德国恢复州的建制，按联邦德国《基本法》第23条规定加入联邦德国。这表明两个德国在统一问题上达成了一致。很快，双方就分别宣布将于7月1日建立两个德国的经济、货币和社会联盟。1990年5月18日，联邦德国与民主德国签订《货币、经济和社会联盟条约》，这也被称为德国统一的第一个国家条约，主要内容包括货币统一、经济统一、社会和司法统一等方面的内容。两德《货币、经济和社会联盟条约》的签署，表明德国的统一已迈出了决定性的一步，德国统一的进程已不可逆转。

第三阶段，从 1990 年 7 月 1 日到 10 月 3 日民主德国加入联邦德国，是两个德国政治统一的阶段。1990 年 8 月 31 日，两个德国签署了《统一条约》，这也被称为德国统一的第二个国家条约。根据条约，民主德国废除了原来的 15 个行政专区，恢复到 5 个州，按照联邦德国《基本法》第 23 条的规定，于 1990 年 10 月 3 日加入联邦德国。至此，德国的内部统一完成。

第二，德国统一的外部进程。德国的统一，并不仅仅是两个德国内部的事。德国的分裂，本身就是大国安排的结果。因此，两个德国要实现统一，必然会涉及战后欧洲疆界、集团隶属关系的重新安排或进一步确认，也必然会涉及美、苏、英、法四大国是否放弃对德国的权利和义务的问题，还会涉及统一后的德国与邻国及欧洲的关系问题。所有这些问题都不是两个德国或统一后的德国能够单独解决的，而是需要两个德国与四大战胜国经过谈判达成国际协议加以解决，于是就产生了关于解决德国统一外部问题的"2 + 4 会议"。

1990 年 5 月 5 日到 9 月 12 日，共召开了四次"2 + 4 会议"，即两个德国和四个战胜国组成的会议，主要解决三个问题。首先是统一后的德国的联盟归属问题。美国等西方国家坚持统一后的德国必须留在北约。苏联一开始坚决反对，后又开始妥协，提出了"过渡时期"模式和"法国模式"，均遭到西方国家反对。科尔于 7 月中旬访问苏联，开展"统一外交"，给苏联一系列保证并承诺给予苏联经济援助。苏联最终同意统一后的德国可以留在北约。

第二个问题是统一后的德国与波兰边界问题。科尔最初为统一后的德国承认奥德 - 尼斯河作为德波边界间接设置了条件和障碍。在引起了波兰、苏联和国内的不满和反对后，联邦德国做出让步，承诺统一后的德国将承认奥德 - 尼斯河边界，不再附加任何条件。

德国统一的最后一个问题是四大国在德国的"权利与责任问题"。战后，四大国在德国承担了相当的责任，享有一部分权利，而作为战败国的德国在主权方面受到限制。1990 年 9 月 12 日，四大国最后达成了《关于最后解决德国问题的条约》，也称《德国统一条约》，因其在莫斯科签署又被称为《莫斯科条约》。条约对统一后的德国领土、边界、武装部队和军备等做出了规定。1990 年 10 月 1 日，四大国又在纽约召开的欧洲安全与合作会议的外长会议上签署了一项终止战胜国对柏林和整个德国权利和责任的文件。至此，德国统一的所有"外部问题"都得到了圆满的解决，这样，德国自统一之日起就成为一个享有完整主权的国家。当然，德国在对外政策和军备控制等方面仍然受到一些外部和自我限制。

两个德国的统一，不仅使德国的历史开始了新的篇章，也使战后国际关系的发展迈进了一个新的阶段。德国统一与东欧剧变、苏联解体一样都是雅尔塔体系瓦解过程的重要组成部分，它所产生的影响，如同战后初期德国的分裂一样，对欧洲乃至世界都意义深远。

30. 苏联解体及其对国际关系的影响

关于苏联解体原因，学术界的研究成果十分丰富，但至今没有定论。国内外学术界对这一影响世界历史进程的重大历史事件的关注直到今天仍在继续。学者们试图从政治制度根源、民族和文化因素、经济根源、对外关系因素等方面探析苏联这一超级大国崩溃的原因。[①] 从层次分析法的角度分析，学术界大体上将苏联解体的原因分为以下几方面。

就个人层次而言，戈尔巴乔夫的个人因素可以说对苏联解体起了导火索的作用，是他采取的一系列内政和外交政策直接把苏联推入了解体的深渊。1985 年 3 月，戈尔巴乔夫当选为苏共中央总书记，历时三年之久的苏联"老人政治"时代结束，这似乎预示着苏联新时代的到来。但正是戈尔巴乔夫改革使苏联一步步走向了出人意料又情理之中的崩溃。

戈尔巴乔夫上台后，针对苏联的内外困境进行了三个阶段的改革，每一阶段都比前一阶段走得更远，也使苏联更接近解体的边缘。从 1985 年到 1987 年是其改革的第一阶段，这一阶段戈尔巴乔夫首先进行了经济体制改革，但是改革没有取得实质性进展。第二阶段，从 1987 年末到 1989 年，戈尔巴乔夫把改革的触角伸向政治领域。1987 年 11 月，戈尔巴乔夫出版了《改革与新思维》一书，书中的"新思维"的核心便是承认"全人类的利益高于一切"。在"新思维"中，戈尔巴乔夫开始放弃社会主义的意识形态。

---

① 　关于苏联解体的原因，可参见相关的研究综述，如：姜爱凤《苏联解体原因研究综述》，《当代世界与社会主义》1997 年第 1 期，第 64～67 页；郭欣根《苏联解体原因的几种主要观点述评》，《社会主义研究》2003 年第 2 期，第 11～15 页；潘广辉《西方学术界对苏联解体原因的研究综述》，《俄罗斯研究》2003 年第 2 期，第 54～63 页；吴恩远《近年来国内外学术界对苏联解体原因研究综述》，《世界历史》2009 年第 1 期，第 102～115 页。

在"民主化""公开性"的口号下，苏联一党制名存实亡，党内外的反对势力也迅速崛起。第三阶段从 1990 年到 1991 年，在这一时期，戈尔巴乔夫在政治上提出"人道的、民主的社会主义"，在经济方面加快推进经济体制改革，严重脱离实际地向市场经济过渡。在这一阶段，以叶利钦为代表的"激进派"势力日益强大，并公开向戈尔巴乔夫发起挑战，苏联加盟共和国的离心倾向也越来越明显。

戈尔巴乔夫所实行的一系列经济政治改革方案以及所谓的对外政策"新思维"皆与当时苏联的社会现实严重脱离。实际上，戈尔巴乔夫的问题在于，他干了一件与他的水平和能力不相称的重大事件。此外，就影响苏联解体的个人因素而言，苏联国内"激进派"领导人叶利钦以及美国总统里根、老布什等人也起了不容忽视的作用，但是与戈尔巴乔夫相比，作用显然要小得多。

从国家层次分析，苏联解体是"苏联模式"难以为继的必然结果。所谓"苏联模式"，也称"斯大林模式"，就是指苏联在社会主义建设过程中所推行的一整套高度集中的政治经济体制。苏联模式是在特定的历史时期形成的，并在苏联历史上发挥过积极作用。但是，这一模式同样有巨大的缺陷。随着历史的发展，这一模式的局限性及其弊端逐渐暴露。具体说来，在高度集中的计划经济体制下，苏联长期优先发展重工业，导致国民经济比例严重失调，尤其是农业发展遭到的严重破坏，直接导致人民生活长期处于低水平。与之相伴的是在高度集中的政治体制下，苏联的政治生活也逐渐失去活力，变得日益僵化和腐败。高度集权、党政不分、个人崇拜、高度意识形态化等弊端使得苏联人民对这一体制的不满日益加深，加上苏联的多民族国家特性和战后苏联的一系列错误的民族政策，为苏联国内的民族分离主义提供了土壤。

从赫鲁晓夫开始，苏联领导人就试图对"斯大林模式"实行不同程度的修正。然而，这些修正都只不过是对旧体制的修修补补，没有触及问题的本质和核心。到了戈尔巴乔夫时期，"苏联模式"已病入膏肓。尽管戈尔巴乔夫认识到了彻底改变这一旧体制的必要性和紧迫性，但为时已晚，不切实际的改革措施反而加速了苏联的解体。

从国际体系层次探讨苏联解体的原因，实际上主要是分析二战后形成的两极格局对苏联解体的影响。冷战的爆发使国际体系形成了一种特殊的结构，即以美国为首的资本主义阵营和以苏联为首的社会主义阵营的对抗。

在冷战的不同历史时段，尽管美国的对苏战略在内容和形式上由于领导人的更换进行过不同程度的调整，但美国一以贯之的大战略目标没有任何根本改变，那就是通过对苏推行遏制战略从内部摧毁苏联。苏联毫不示弱地采取了与美国针锋相对的对抗政策，甚至在某些时期比美国走得更远。美苏双方对抗的结果是：一方面，美国利用其经济、军事上的绝对优势迫使苏联疲于奔命地追赶美国，尤其在里根提出"星球大战计划"后，苏联为扩张军备承受了超出其能力的经济负担；另一方面，苏联在欧洲、拉美、非洲等地主动出击，扩张自己的势力范围，然而，过度扩张使国内经济背负沉重负担，这也为苏联解体埋下了最大的伏笔。

美国在通过军备竞赛拖垮苏联的同时，并未放弃其他手段的运用。最值得一提的当然就是美国在冷战过程中自始至终都非常重视的对苏"和平演变"政策。以美国为首的西方国家通过各种手段宣扬西方资产阶级民主制度的优越性，宣扬西方资本主义物质文明的先进性。这些手段在苏联政治经济方面的弊端日益暴露，尤其是在广大人民生活水平不断下降的情况下，对苏联解体起到催化作用。"和平演变"策略使苏联以更快的速度走向了解体。

以上三个层次的因素对苏联解体都起了重要作用，任何单一层次的解释显然都是不充分的，用层次分析法的视角探讨苏联解体，能够较为全面地反映这一历史事件的全貌。

总之，冷战的结束，实质上就是美苏两极格局的瓦解。具体说来，就是美国因苏联解体赢得冷战，而苏联因为解体永远退出历史舞台。

像冷战的爆发一样，苏联的解体和冷战的结束给国际关系带来了重大的影响。

苏联的解体意味着持续近半个世纪的冷战彻底结束，战后建立起来的美苏两分天下的两极格局被打破。以"相互确保摧毁"的核恐怖均势为特征的力量平衡被打破后，两极中的一极消失，美国成为唯一的超级大国，世界进入了单极霸权时代。两极格局的消失也促进了世界格局向多极化发展的趋势，中国、欧洲、俄罗斯、日本等力量在国际事务中的作用也有所加强。冷战后，大国关系开始进入调整期。

对欧洲而言，因为冷战的结束，作为冷战主战场的欧洲在国际关系中的地位有所下降。欧洲地区在冷战时期被抑制的民族矛盾和纷争爆发，巴尔干地区也因此相继发生了波黑内战和科索沃战争。对亚太地区而言，冷战后的亚太经济高速发展，在世界事务中的重要性不断上升。世界事务的重心由大西洋沿岸转移至太平洋沿岸的趋势逐渐加强。

冷战的结束还使全球化趋势得到加强。两极格局下，世界分为两大阵营，资本主义世界市场和社会主义世界市场并行，两大市场虽也有经济来往，但总量相对较少。冷战结束后经济全球化迅速发展，国家之间的相互依存度越来越高。此外，冷战期间的全球对峙结束后，和平与发展成为世界的主要潮流。

当然，苏联解体也有一定的消极影响。冷战时期被抑制的其他矛盾开始集中爆发，欧洲和世界也充满了很多不稳定因素。世界仍然面临着许多非传统安全威胁。俄罗斯与美欧关系也充满了不确定性。对社会主义国家来说，东欧剧变和苏联解体是国际共产主义运动遭受的最大挫折。

31. 克林顿的"参与和扩展"战略

1993 年 1 月，克林顿出任美国第 42 任总统。他就任时，国际局势已经发生了巨大变化。苏联解体使美国成为世界唯一超级大国，美国认为自己面临着一个领导世界的历史性机遇。克林顿认为，在危险与机遇并存的时代，美国的首要目标是扩大以自由民主和市场经济为主要特征的自由国家圈。经过一段时间的酝酿和外交实践，克林顿及其政府要员不断发表讲话，对"参与和扩展"战略进行了阐述。

"参与和扩展"战略被概括为：一个总目标，三个支柱。一个总目标是：领导世界，维护美国独一无二的领导地位。三个支柱：第一支柱为国家安全，第二支柱为经济发展，第三支柱为扩大民主政治。1994 年 7 月 21 日，克林顿在《国家安全战略报告》中提出美国在 21 世纪要谋求全球领导地位。具体措施如下。

①在政治上，以"民主和平论"为理论依据，把扩大西方民主提高到战略位置上，以那些具有重大战略意义的国家为重点，促进其向西方民主制度的转变；巩固苏联地区、东欧和拉美各国新生的民主政权。同时推行"一个超级大国主义"，把谋求美国对世界的领导地位和维持欧盟关系结合起来，防止任何地区性大国崛起为新的超级大国，进而挑战美国的全球利益。

②在经济上，推行经济外交，加强七国集团特别是美、日、欧之间的政策协调，利用世界贸易组织、国际货币基金组织、世界银行等国际组织，推行全球经济自由化；把占领新兴市场、确保能源安全提高到战略高度。

③在军事上，提出"塑造""反应""准备"三位一体化的军事安全战略，即：塑造有利于美国利益的国际安全环境，随时对危机做出反应和为应付未来挑战做好准备。

后来的事实证明，克林顿政府的"参与和扩展"战略是比较成功的，它不但使美国经济得到再一次高速发展，而且也维持住了美国超级大国的地位。

32. "9·11"事件后，小布什政府的国家安全战略

小布什上台后开始调整美国的国家安全战略，而"9·11"事件的发生则大大加速了其调整进程。小布什政府调整美国的安全战略，是基于国内和国际两大因素进行的。在国内方面，小布什上台后，共和党"新保守主义"政府决定性地改变了美国的国家安全理念。"新保守主义"势力在制定国家安全战略时，主张采取进攻性策略，将"绝对安全"作为美国的战略目标来争取。在国际方面，21世纪初的国际力量对比变化所呈现出来的是美国的"一超"地位，大大增强了美国的信心。实力优势是美国奉行进攻性国家安全战略的物质基础。实力优势使美国确定了其在后冷战时期全球战略的目标——扩大现有的绝对优势，保持美国全球利益的安全，对可能出现的挑战美国霸权地位的国家和力量进行防范和遏制。

"9·11"事件使上述新的国家安全理念成为主导。事实上，2001年公布的美国《四年防务评估报告》的主要内容，还是以防范中、俄这样的可能挑战美国霸权地位的国家为主要内容的，但是"9·11"事件的发生改变了美国安全威胁的轻重缓急。恐怖主义被认定是美国安全的最大威胁，反恐和防止大规模杀伤性武器的扩散成为美国的第一安全要务。2002年9月，布什总统签署了其第一份《国家安全战略报告》，这标志着冷战后美国新国家安全战略的正式形成。报告全面系统地总结了布什政府执政以来，特别是"9·11"事件以来美国国家安全战略的变化。报告认为，"9·11"事件以后，"恐怖分子和无赖国家"构成了对美国安全最大的威胁，而"威慑""遏制"战略已无法应对这一威胁，因此美国在必要时将对这种威胁采取"先发制人"战略，即在"恐怖分子所构成的威胁还没有完全形成前"予以摧毁。

根据新的国家安全战略的指导，小布什的对外政策呈现出几个特点。一是以反恐划线，奉行"非友即敌"的反恐理念，将是否打击恐怖主义作为评判敌友的唯一标准。二是提出"邪恶轴心"概念。2002年1月，小布什在国情咨文中指责伊拉克、伊朗、朝鲜为"邪恶的轴心"，声称恐怖主义

和邪恶轴心是美国打击的对象；古巴、利比亚、苏丹、叙利亚则被定义为邪恶轴心的外围。三是奉行单边主义。小布什上台以来，采取了一系列以美国为中心的一意孤行的做法：拒绝签署《全面禁止核武器试验条约》、退出《反导弹条约》、退出《京都议定书》、拒绝签署《地雷公约》、在中东一味偏袒以色列侵占巴勒斯坦领土。美国蔑视国际法和国际机制的单边主义行径，也遭到了国际社会的强烈反对。

不过，小布什的国家安全战略并没有放弃"遏制"和"威慑"战略，也没有忽略所谓的"长期潜在威胁"。要准确理解小布什政府的国家安全战略，就应该认识到打击现实威胁和防止长期潜在威胁是其两个基本内容。反恐和防止崛起大国挑战美国的霸权地位这两个目标被巧妙地统一在了"先发制人"和"单边主义"的框架之下。

33. 俄罗斯外交政策的演变

冷战结束后，俄罗斯的对外政策几经变化，主要经历了以下几个时期。

第一，向西方"一边倒"时期。俄罗斯独立之初，国内政局动荡，经济困难，民族矛盾尖锐，社会问题成堆。面对这些困难，从1992年新年伊始，俄罗斯开始推行"休克疗法"和大规模私有化的经济改革政策。这一改革的政治内涵是打碎既有的社会结构，建立西方式民主政体的社会基础。为了达到改革的经济、政治目标，俄罗斯实行了向西方"一边倒"的政策，力图消除与西方的对抗，融入西方社会，最终得到更多的西方援助。为了消除与西方的对抗，俄罗斯于1993年1月在莫斯科同美国签署了《第二阶段削减战略武器条约》，放弃追求战略平衡，同意全部销毁俄罗斯战略核武库中的"王牌力量"——陆基多弹头洲际导弹。俄罗斯还加强了同西欧国家的联系，在东欧撤军、波罗的海问题等方面采取了积极合作态度，1992年开始与欧盟进行政治对话。俄罗斯在国际传统伙伴方面也做出了让步，放弃了以意识形态划线，切断了与一些由有马克思主义倾向政党执政国家的政治、经济传统联系，放弃对第三世界国家反帝斗争的支持。然而，俄罗斯对西方的示好并没有达到预期目的，西方国家答应援助俄罗斯的资金兑现了不到一半。最令俄罗斯感到失望的是西方从1993年开始酝酿的北约东扩。北约东扩从根本上动摇了俄对西方的看法，成为对双方关系影响重大但又难解的矛盾焦点，也使俄对西方"一边倒"的政策归于失败。

第二，"多极化外交"时期。1996年1月9日，普里马科夫出任俄罗斯外长。他上台后对俄罗斯外交政策做出了巨大调整。这一调整表现在两方面：一是提出多极化外交思想，主张把俄罗斯的利益同西方的利益区别开来，奉行独立自主的外交政策，并恢复俄罗斯传统的国际联系；二是在俄罗斯与西方的关系中，力图通过协议形式划分一条使双方利益均不受损害的界限，实现双方关系稳定化。为此，普里马科夫开展了积极的多极化外交实践活动，主要包括：谋求与法国、德国建立特殊伙伴关系，在巴尔干地区采取支持南斯拉夫的立场，加强对中东欧国家的工作，反对北约东扩等。普里马科夫的"多极化外交"也没有取得成功，原因在于其政策所要实现的外交目标大大超越了俄罗斯的国家实力。

第三，普京"务实外交"时期。2000 年 5 月普京正式担任俄罗斯总统，他对俄罗斯积弱的现实及其在世界上的位置具有清醒的认识，因此他上台后开始以俄罗斯根本国家利益及其对国情、国力的认识为基础制定外交政策。普京主政后，总结了俄罗斯近十年外交的失误和教训，提出了"务实外交"的主张。普京致力于开展东西方并重、欧亚平衡的外交，在加大与美国和其他西方国家周旋力度的同时，加快了俄罗斯重返亚太的步伐，俄罗斯亚太外交渐趋活跃。普京强调"务实外交"，总的原则是，最大限度维护俄罗斯的国家利益，为俄罗斯国家复兴服务。在做法上重视"内部目标高于外部目标"；突出俄罗斯外交政策中的经济色彩；强化俄罗斯的核威慑能力；调整与大国的关系，特别是在"9·11"事件后，与美国关系大为改善，并加入北约 20 国委员会，积极融入国际社会；视独联体为"战略利益范围"，把同独联体国家发展关系作为其对外政策的"绝对优先方面"；加强与中国、日本等亚洲国家的关系。经过几年的努力，俄罗斯在国际舞台上发挥了更加积极的作用，大国地位有所恢复。

34. 伊朗核问题

伊朗核问题自产生以来就是中东乃至全世界的关注焦点。早在 20 世纪 50 年代，作为美国以及西方在海湾地区的战略支柱和遏制苏联南下的战略屏障，伊朗巴列维王朝的核电项目得到了西方国家的支持。1979 年，伊朗爆发伊斯兰革命，巴列维王朝垮台，伊朗成为中东地区最激进的反美国家，美国开始阻挠伊朗的核电计划。两伊战争爆发后，伊朗一度停止发展核项目。20 世纪 80 年代中期，伊朗重启了核计划，但没有太大进展。90 年代起，伊朗的核进展开始加快。1992 年，俄罗斯与伊朗签署了民用核协议，伊朗在俄罗斯的帮助下，开始大力发展核电项目，其中包括重建在 70 年代由联邦德国帮助兴建、在两伊战争中遭到严重破坏的布什尔核电站。

　　早在 1974 年，巴列维王朝时期的伊朗就签署了《不扩散核武器条约》（NPT）。伊斯兰革命后，作为美国在中东重要遏制对象的伊朗，拥有核武器是美国绝对不能接受的。1991 年 10 月，美国中情局就断言伊朗试图发展核武器。2002 年 8 月，伊朗反政府组织"伊朗全国抵抗委员会"向媒体披露了伊朗在秘密建造两座核设施的消息，伊朗核计划遭到曝光。2003 年 2 月，伊朗官方正式宣布了自己拥有生产和提炼铀的能力。从 2003 年 6 月起，国际原子能机构（IAEA）开始对伊朗的核设施和计划进行核查，要求伊朗签署 NPT 的附加议定书并停止核试验。美国威胁伊朗，若伊朗拒绝上述要求，将把核问题提交给联合国安理会讨论，并在联合国内发起对伊朗的制裁。在 IAEA 和英、法、德等各方的外交努力下，伊朗于 12 月 18 日签署了 NPT 附加议定书，愿意接受对其核设施进行更严格的、不事先通知的核查。伊朗核问题暂时告一段落。①

　　在中东地区占有主导地位的美国是不会允许伊朗这样的敌对国家拥有核武器的，美国对伊朗政策的最终目的就是推动伊朗政权垮台；而作为在中东拥有重要影响力的国家，伊朗的最终目标就是使美国的意识形态和政治、经济、军事影响力退出中东。对美国而言，伊朗一旦拥有了核武器，美国常规军事力量的威慑力将大为减弱，中东地区的力量平衡将被打破；对伊朗而言，拥有一定的核威慑能力能够维护国家主权和领土完整、防止和报复外敌入侵，甚至可以上升到事关国家生死存亡的高度。②

　　作为中东大国的伊朗，历来就在伊斯兰世界拥有重大的影响力。地处中亚和波斯湾两大世界产油要地的伊朗，具有极高的地缘政治和经济地位。因此，伊朗是大国政治争夺的前沿地带。冷战时期，中东就是美苏争夺的重点。冷战结束后，美国成为中东的主导。而对于冷战后的俄罗斯而言，中东也具有重要的战略价值。地处俄罗斯南翼的伊朗，对俄罗斯的安全具有重要意义；伊朗是俄罗斯武器的重要买主，俄罗斯是伊朗核电设施的重要供应者，俄伊两国有紧密的经济联系。尽管俄美两国都反对伊朗发展核武器，但俄坚持要在联合国框架下对伊进行制裁，坚决反对武力解决问题。作为国际政治舞台重要力量的欧盟，防止大规模杀伤性武器扩散是其核心关切之一。地理上的更临近以及安全上的更紧密使欧洲也不愿伊朗拥有核

---

①　王冀平等：《伊朗核问题与大国关系》，《美国研究》2004 年第 1 期，第 80 页。

②　牛新春：《试析美国与伊朗在伊核问题上的政策选择》，《现代国际关系》2012 年第 7 期，第 40 ~ 47 页。

能力。丰富的油气资源使中东对欧洲也有重要的经济意义。在伊朗核问题上，欧盟首先考虑自己的战略利益，力图维持该地区的无核化和政治稳定，反对美国动武，主张通过政治和外交途径解决问题。[①]

2004 年 3 月，伊朗宣布恢复运行伊斯法罕核燃料处理设施，6 月又宣布恢复浓缩铀离心机的组装生产。在英、法、德的斡旋下，伊朗于 11 月终止了铀浓缩活动，IAEA 决定不将伊朗核问题提交联合国安理会，并答应伊朗保留处于 IAEA 监控下的 20 台离心机。2005 年 8 月，伊朗重启伊斯法罕铀转换设施。2006 年 1 月，伊朗宣布恢复浓缩铀的研制。美国对此反应强烈。在美国倡议下，安理会常任理事国和德国在伦敦聚会讨论伊朗核问题，形成了关于伊朗核问题的"5 + 1"机制。2006 年 7 月，美国推动六国将伊朗核问题提交安理会，并通过决议，限伊朗在一个月内停止铀浓缩活动。[②] 从 2006 年以来，在美国的大力推动下，安理会先后通过五个制裁伊朗的决议。尤其是 2010 年"核交换协议"失败后，欧盟对伊朗越来越没有信心，制裁伊朗的声音和力度越来越大，制裁的国际合法性不断增强。制裁给严重依赖能源出口的伊朗带来经济困难，造成国内物资短缺和严重的通货膨胀，失业率也居高不下。

"阿拉伯之春"给伊朗核问题带来了更多不确定性，中东乱局也使国际社会对伊朗核问题的关注度有所降低。2013 年开始，伊朗核问题出现良好转机，美伊两国打破了长达 34 年的僵持和对抗，实现了两国元首的通话和外长面对面谈判，并直接导致了伊朗核问题谈判的突破。2015 年 4 月，伊朗核问题各方在瑞士洛桑达成初步协议，伊朗同意收缩其核活动，美欧同意在核查后解除制裁，这是达成伊朗核问题全面协议的重要步骤。

35. 朝鲜核问题

自 20 世纪 90 年代以来，朝鲜核问题就是东亚地区的热点问题，受到国际社会的密切关注。20 世纪 50 年代起，朝鲜在苏联的帮助下发展自己的核计划。在苏联的援助下，到 80 年代，朝鲜的核能力已经初具规模，其中包括平壤以北 130 公里的宁边核设施。1985 年朝鲜加入了 NPT，但一直拒绝签署《安全保障协定》，拒绝 IAEA 对其进行核查。随着朝鲜核能力的不断提升，美国对朝鲜核计划的关注越来越密切，到 90 年代末期，美韩情报机

[①]　刘国华：《伊朗核问题与大国的利益博弈》，《国际问题研究》2007 年第 2 期，第 46～48 页。

[②]　华黎明：《伊朗核问题与中国中东外交》，《阿拉伯世界研究》2014 年第 6 期，第 7 页。

构都声称朝鲜在秘密发展核武器。

1991 年 9 月，布什政府公开谴责朝鲜在研制核武器，声称必须对朝鲜核设施进行检查。朝鲜对此予以否认，表示在美国撤出部署在韩国的核武器的情况下，愿意接受核查。当年 12 月，美国撤走了部署在韩国的核武器，朝韩双方签署了《朝鲜半岛无核化宣言》。1992 年 1 月 30 日，朝鲜与 IAEA 签署了《安全保障协定》，同意接受核查。根据朝鲜提供的清单和核查结果，IAEA 和美方对朝鲜已经拥有的核能力大吃一惊。同时，美方和 IAEA 人员还对核查结果表示怀疑，要求对宁边地区的两个军事基地进行核查。这一要求遭到朝鲜拒绝。1993 年 2 月 25 日，IAEA 通过决议，要求朝鲜一个月内允许对宁边地区进行特别核查。美国也声称，若朝鲜拒绝，将把问题提交给联合国安理会。在 IAEA 和美国的压力下，朝鲜宣布退出 NPT，第一次朝核危机爆发。

为了避免问题继续恶化，克林顿政府于 1993 年 6 月与朝鲜举行了自朝鲜战争以来的首次高级别会谈，朝鲜宣布暂缓退出 NPT，朝鲜半岛紧张局势部分缓和。1994 年 10 月，美朝最终签署了《核框架协议》。美国同意为朝鲜建设两座轻水反应堆以取代石墨反应堆，并保证不对朝鲜使用核武器；朝鲜则承诺采取措施实现半岛无核化，并保证不退出 NPT。第一次朝核危机得以平息。

2001 年小布什上台后，调整了对朝政策，称朝鲜为"邪恶轴心"国家。2002 年起，美国情报部门发现疑点。当年 10 月，负责亚太事务的助理国务卿凯利访朝，确证朝鲜进口了用于铀浓缩的离心机，美国随后停止向朝鲜供应重油。朝鲜反应强烈，以美国没有履行《核框架协议》为由，宣布重启核计划，并于 2003 年 1 月宣布正式退出 NPT，第二次朝核危机爆发。危机爆发后，中国政府积极斡旋。在中国的推动下，于 2003 年 4 月在北京举行了中、朝、美三方会谈。同年 8 月，为了把日趋紧张的朝鲜核危机纳入谈判解决的轨道，以和平的方式确保朝鲜半岛无核化，在中国的倡导和主持下，在北京举行了中、朝、美、韩、俄、日六方会谈。在会谈中，朝鲜主张以"冻结换补偿"，美国则要求朝鲜先弃核，六方会谈的谈判非常艰辛。由于美朝双方立场各异，六方会谈没有取得实质性进展，还因洗钱、伪钞等问题多次中断。① 2006 年 7 月，朝鲜发射导弹，联合国安理会通过 1695

---

① 魏志江、李艳萍：《试论朝鲜半岛第二次核危机与危机管理》，《世界经济与政治》2006 年第 3 期，第 55 页。

号决议进行谴责；10 月，朝鲜进行了第一次地下核试验，联合国通过 1718 号决议表示谴责，并要求朝鲜无条件重返六方会谈。当年年底，会谈重启。2007 年，朝核问题出现转机，IAEA 总干事巴拉迪和六方会谈美方团长希尔访朝，朝鲜开始对宁边核设施去功能化，危机出现好转局面。2008 年，朝核问题因为美国敦促朝鲜完成核申报等事件再起波澜。

2009 年 4 月，朝鲜宣布成功发射"光明星 2 号"卫星，5 月进行了第二次核试验，危机再次升级。针对核试验，联合国安理会于 6 月 12 日一致通过了 1874 号决议进行谴责。此后，朝鲜密集进行了导弹试射，美国不断加强对朝鲜的经济制裁。2011 年 3 月，朝鲜表示愿意重返六方会谈。2012 年，朝鲜发射了"光明星 3 号"卫星。奥巴马宣布延长对朝制裁，联合国于 2013 年 1 月通过 2087 号决议，要求朝鲜遵守安理会有关决议，不得使用导弹技术。2013 年 2 月，朝鲜进行了第三次核试验，国际社会再次反应强烈，联合国安理会表示强烈谴责。

对于朝鲜来说，违背国际社会反对核扩散的普遍共识，执意发展核武器只会使自己孤立于国际社会；因执意发展核武器而遭到制裁使本就欠发达的朝鲜经济雪上加霜；朝鲜能否控制好自己的核武器也值得怀疑。朝鲜发展核武器激起本地区的军备竞赛，使本就充满不确定性的东北亚地区局势更加复杂化；核武器给包括中国东北地区在内的人口稠密的东北亚地区带来了严重的环境和安全压力。因此，通过政治和外交途径，实现半岛无核化是维持本地区和平稳定的最佳选择。

36. 冷战后欧洲一体化的新发展

欧共体 1985 年通过《单一欧洲法案》，决定要在 1993 年之前建成欧洲统一大市场，还把政治合作条约单列出来，强调其重要性。冷战后的欧洲发生重大变化，德国统一、东欧剧变、苏联解体使欧共体在欧洲政治格局中的地位提升，建立经济、货币联盟和政治联盟的主张被提上了日程。

1991 年 12 月 9 ~ 10 日，在荷兰小城马斯特里赫特举行的欧共体第 46 次首脑会议，通过了《欧洲联盟条约》（又称《马斯特里赫特条约》，简称"马约"）。它规定欧共体今后的任务是建立经济、货币和政治联盟，将欧共体由一个经贸集团建设成一个具有强大经济实力，并执行共同外交和安全政策的政治实体，实现一次质的飞跃。《欧洲联盟条约》包括《欧洲经济与货币联盟条约》和《欧洲政治联盟条约》。

《欧洲经济与货币联盟条约》突破了欧共体以关税同盟和共同市场为中

心的格局，规定在宏观经济和公共财政方面进行协调，计划建立欧洲央行，制定和执行统一的货币政策并最终实现欧元区国家单一货币取代各国货币的目标。根据该规定，1998 年成立了欧洲中央银行，1999 年欧元正式启动并进入外汇交易市场，2002 年欧元在欧元区国家间流通。

《欧洲政治联盟条约》的明确目标就是欧洲国家要制定共同的外交和安全政策。共同的重大外交方针由欧盟理事会一致决定，由部长理事会通过多数表决机制负责具体行动；在安全上，由西欧联盟负责制定欧盟的防务政策。"马约"将欧洲一体化推到了更高水平，是欧洲经济和政治联合发展的里程碑。

欧洲一体化进程还体现在欧盟的决策机制方面。欧盟的机构和决策机制最初都是从早期的欧洲共同市场继承下来的，在采取共同的外交和安全政策时需要欧盟理事会一致通过，各国都享有否决权。随着欧盟的"东扩"以及欧盟在参与解决前南问题时"共同的外交和安全政策"显得软弱无力，欧盟迫切需要改革其决策机制。于是，1996 年 3 月至 1997 年 6 月举行的欧盟政府间会议对"马约"进行了修改并最终签署了《阿姆斯特丹条约》（简称"阿约"）。阿约规定，欧盟理事会在决定欧盟的共同战略或行动、立场时采取特定多数表决机制。特定多数表决机制不包括军事和防务等方面内容，如成员国认为某一共同行动违反其国家利益时，可启动紧急制动机制，行使否决权。2000 年 12 月，欧盟理事会的特定多数表决机制在新签订的《尼斯条约》（简称"尼约"）中确定了细节，对特定多数所代表的国家和人口数量做了规定。2004 年欧洲遭遇"制宪危机"，《欧洲宪法条约》被法国和荷兰全民公投否决。2007 年，欧盟推出《里斯本条约》，条约于 2009 年正式生效。为了提高决策效率，该条约对欧盟的决策程序做了进一步修改，规定减少使用否决权，除在外交、防务、税收等事关国家主权的领域实行一票否决外，在气候变化、能源安全、紧急救援等领域实行双重多数机制。该条约还增设了欧盟"总统"和"外长"作为常设职务，以利于保持欧盟政策的连续性。

欧盟（欧共体）的另一项重要成果就是欧盟的"东扩"。1995 年，瑞典、芬兰、奥地利正式加入欧盟，欧盟成员国增至 15 国。2000 年 12 月举行的欧盟首脑会议决定欧盟从 2002 年底开始迎接新成员。2003 年，欧盟在雅典举行首脑会议，塞浦路斯、匈牙利、捷克等 10 个中东欧国家签署了入盟协议，上述国家于 2004 年 5 月正式加入了欧盟。2007 年，保加利亚和罗马尼亚两国加入欧盟，欧盟成员国增至 27 国。2013 年，克罗地亚正式成为欧盟第 28 个成员国。欧盟的不断扩大使其内部各国之间的差异不断增大，给欧盟增加了复杂性；东扩也增加了欧洲政治局势的不确定性。

37. 试析联合国改革

作为一个世界性国际组织，联合国的宗旨是维护世界和平与安全。但是在战后初期的冷战大背景下，联合国在很长时间内为超级大国所利用，没有真正发挥维护世界和平和保障国际安全的作用。20 世纪 60 年代，民族独立运动取得了决定性胜利，新独立的民族国家纷纷加入联合国，改变了联合国的面貌。联合国不再是超级大国任意操纵的工具，并开始逐渐发挥起与其宗旨相符的作用。冷战结束后，国际形势发生了深刻变化，经济全球化使各国相互依存，大规模杀伤性武器扩散、全球变暖、环境恶化、恐怖主义等非传统安全问题的凸显给人类提出了新挑战，联合国这一具有广泛性和权威性的国际组织的地位、作用和重要性大大提高。

但是，联合国制度的基础和运行模式反映的是其建立之初，也就是二战后的国际政治形势。随着国际关系的发展，世界形势已经超越了联合国集体安全制度的最初设想，联合国原有的机制在许多方面已经不能适应变化了的世界形势。改革联合国，使其适应国际关系的新形势已经成为国际社会的共同呼声。

事实上，联合国的改革从其成立不久就已经开始，但是冷战时期进行的多个阶段改革都不具有实质意义。[①] 1991 年 12 月，加利（Boutros Boutros-Ghali）就任联合国第六任秘书长，他在上任伊始就开始了对联合国的新一轮改革进程。加利对联合国的改革主要包括精简机构、节省开支、解决财政困难等方面。加利首先对联合国秘书处进行了大刀阔斧的改革。他精简了秘书处，裁撤了大量高级职位，将职权集中到八位副秘书长手中。随后，他又提出要减少官僚机构、裁减费用、加强内部监督、改善财政状况、克服财政危机等改革主张。[②] 加利的前期改革过于集中于政治事务，引起了发展中国家的疑虑，它们担心重政治、轻经济的改革削弱了对发展问题的关注；加利后期的改革集中于经济发展事务，又引起了美国等西方国家的不满。由于发达国家和发展中国家的分歧，加利的改革陷入困境。尤其是美

---

① 蔡拓：《联合国改革的指向与中国的选择》，《当代世界与社会主义》2005 年第 2 期，第 66 页。

② 钱文荣：《论联合国改革》，《现代国际关系》2004 年第 9 期，第 2 页。

国的阻挠，成为加利改革的最大阻力。因为加利的改革没有体现美国的意志，美国故意拖欠联合国会费，使联合国的财政危机进一步加剧。美国还指责联合国因加利改革而陷入混乱，声称加利"顽固地抵制根本性改革"，反对他连任秘书长。

1997 年，安南（Kofi Atta Annan）就任联合国第七任秘书长，继续联合国的改革历程。在拜访了美国总统克林顿和参议院外交关系委员会主席霍尔姆斯（Jesse Holmes）后，安南于当年 7 月份提出了《革新联合国：改革方案》。在这个被称为"一揽子改革"的方案中，安南的改革几乎涉及了除安理会之外联合国的所有领域和机构部门，包括建立新的领导和管理机构、加强维和行动反应能力、控制行政开支、削减人员、加强非政府组织的作用等方面。2003 年 9 月，安南又提出了"大幅度改革"建议，主张重组安理会、经社理事会、联大等主要机构及其职能。尽管安南的改革方案试图兼顾各方尤其是美国利益，但是仍然遭到各方尤其是发展中国家的批评。改革很难达成共识。

在联合国机构改革中，安理会是改革的焦点。联合国安理会的代表性不足已经是事实，安理会扩大是国际政治多极化和国际关系民主化的历史潮流，能够提高集体安全的决策机制的代表性和合法性，也是国际社会的合理诉求。由于安理会常任理事国在联合国权力机构中居于核心地位，因此受到世界各国的关注。发展中国家强调国家不分大小强弱一律平等，安理会接纳新成员时应该考虑地区分布均匀；发达国家强调为国际和平和安全所做的贡献。

围绕联合国安理会改革主要有以下几种方案：一是以美国为代表的主张直接增加德国和日本为常任理事国的快捷方案；二是欧洲国家提出的同时扩大常任理事国和非常任理事国的"2 + 3 模式"；三是不结盟国家提出的先以人口和地域代表性为依据，将非常任理事国席位增加 6～10 个的方案。目前，"入常"愿望最强烈的日本、德国、巴西、印度已经结成"四国集团"。四国集团表示，要为联合国改革"注入更大的政治动力"。但是作为第二次世界大战发动者的日本和德国，难免会引起其他国家的警惕。

除成员国席位外，安理会改革的另一个重要议题是改革其决策程序，其中的关键就在于常任理事国的否决权问题。很多国家认为，否决权有违国家平等原则，有悖于国际关系民主化潮流，主张限制甚至取消否决权。美国对此表示坚决反对。作为常任理事国的中国，承认国家平等原则，也充分重视广大发展中国家的合理要求和愿望。但是常任理事国否决权的设计本身就是为了使权力相对集中，承担了更多责任的大国做出的决议应该具有权威性和指导性。更为重要的是，否决权能够保证大国一致，对反对霸权主义和强权政治具有重要意义。较为切实可行的改革措施是制定否决权的使用规则，防止大国对否决权的滥用。

作为联合国安理会常任理事国，中国长期强调联合国在国际事务中的主导作用，是联合国维和行动的坚定支持者和积极参与者，也是联合国改革最早的倡导者和有力支持者。

38. 联合国第一代维和行动与第二代维和行动原则的特点及中国的立场

维护国际和平与安全是联合国成立的目的和宗旨，维持和平、制止侵略是联合国的主要职责。维和行动是由安理会通过决议，由秘书长领导，经当事国同意，向冲突地区派出武装和非武装军事人员，以遏制威胁和平的局部争端和冲突，防止冲突扩大化和冲突再起的行动。1948 年联合国向巴勒斯坦派出"停战监督组织"，是联合国历史上第一次维和行动。联合国维和行动分为两个时期：冷战时期被称为第一代维和行动，冷战后被称为第二代维和行动。① 两代维和行动具有不同的特点。

作为非强制和平手段，第一代维和行动的主要特点如下。①维和行动必须受到当事方的邀请或征得冲突各方的同意。维和行动应该尊重当事国的主权领土完整、不干涉其内政，这也是建立维和行动的首要条件。②维和行动必须坚持中立原则。维和部队只能在冲突地区监督停火或执行有关协定，不能偏袒某一方或介入冲突。③维和行动要限制使用武力。维和部队的武装人员除自卫外，不得滥用武力。冷战时期的维和行动虽然受到美苏两极格局的影响和制约，但是对缓和国际紧张局势、防止地区冲突扩大、和平解决地区冲突等仍起到一定的积极作用。

冷战结束后，国际形势发生巨大变化。冷战时期被东西对抗所掩盖的民族冲突、领土争端、宗教矛盾重新突出。冷战后的联合国维和行动打破了传统维和的基本原则，最重要的变化是突破了不使用武力的规定，维和也不再遵守"绝对中立原则"。1992 年，联合国秘书长加利向安理会提交了《和平行动纲领》，对维和行动做了广义的解释。加利认为，根据《联合国宪章》的精神，联合国维和行动应该包括预防性外交、促成和平、维持和

---

① 顾关福：《战后国际关系（1945—2010）》，天津人民出版社，2010 年，第 624 页。

平及冲突后缔造和平四个方面。重点是其中的预防性外交，加利的解释是采取行动防止争端发生，防止现有的争端升级为冲突，发生冲突时限制冲突扩大。冷战后的冲突更多地发生在国内而非国家之间，加利对预防性外交的解释为联合国干预国内冲突提供了理由。维持和平与强制行动的界限也变得模糊，维和部队常常以人道主义干预为由使用武力，侵蚀了限制使用武力的自卫原则。此外，第二代维和行动还超出了第一代维和行动监督停火、控制冲突等传统领域，被委以扫雷、人道主义救援、监督甚至组织选举等多重任务。1993 年，联合国在索马里进行维和时介入了索马里的内部争端，维和行动最终失败。1995 年，加利发表了《和平纲领》补编，重新强调了"当事方的同意、公正无私、除自卫外不使用武力"等原则。

冷战后，中国成为联合国维和行动的坚定支持者和积极参与者。但是，中国政府认为维和行动应该征得发生冲突的国家同意，维和不能成为干预别国内政、侵犯主权的理由。尤其是部分西方大国，打着"人权高于主权"的旗号，借"人道主义干预"行"新干涉主义"之实。维和不应介入他国内部事务，更不能打着"人道主义干预"的幌子推行霸权主义和强权政治。维和也不能滥用武力，更不得以武力相要挟。例如，在波黑内战中，西方国家对波黑主权的粗暴干预，并没有起到制止种族冲突的作用。更有甚者，以美国为首的北约以"人道主义干预"为由，对主权国家南斯拉夫进行了长达 78 天的狂轰滥炸，这是对联合国维和行动原则的破坏，也是对国际法原则的蔑视。最好的方式应是使维和行动制度化、规范化，以明确的制度和规范，遏止维和行动被滥用的趋势。

39. 欧盟与东盟启动和深化发展机制特点比较

区域一体化是当今世界的一个重要发展趋势。欧盟和东盟在本地区乃至世界的政治、经济发展当中都扮演了相当重要的角色。然而，由于欧盟和东盟的政治经济体制、历史文化背景、社会发展水平等方面的不同，二者在一体化过程中具有各自的特点，呈现出巨大的差异性。

欧盟是建立在欧洲经济一体化基础之上的，它最早可追溯到 20 世纪 50 年代。欧洲煤钢共同体（ECSC，1951 年）、欧洲经济共同体（EEC，1957 年）、欧洲原子能共同体（EAEC，1957 年）三大功能机构是欧盟的雏形。1991 年年底签署的"马约"于 1993 年正式生效，欧盟正式成立。东盟的前身是 1961 年由马来西亚、泰国、菲律宾三国成立的"东南亚联盟"（ASA）。该组织成立后因为内部的主权和领土争端而解体。1967 年 8 月，泰国、印尼、马来西亚、菲律宾、新加坡五国外长在曼谷举行会议并发表了《曼谷宣言》，正式宣告东南亚国家联盟的成立（ASEAN，简称"东盟"）。

欧盟和东盟成立的动因有很大不同。遭到战争严重破坏的欧洲迫切需要恢复和发展经济，走向联合是西欧恢复经济、实现和平、重新发挥其在国际舞台上作用的唯一出路。从外部原因来说，美国的推动和经济援助则是西欧走向联合的重要动力。在冷战的国际大背景下，走向联合是西欧国家与苏联和东欧集团对抗的需要。总体而言，经济因素是西欧走向一体化的最重要原因。相较而言，东盟成立的政治用意更强。虽然，为了减少阻力，《曼谷宣言》尽量淡化其政治和军事色彩，但是在越南战争使东南亚各国面临安全威胁时，寻求联合以保证国家安全才是东盟建立的真正原因。此外，希望遏制共产主义在东南亚的扩张以及强烈的民族独立意识也是东盟所寻求的政治目标。[①]

从组织的深化发展和制度化水平上比较，二者也具有很大的差异。欧盟已经发展成为一个政治和经济实体，在世界上具有重要影响力。欧洲一体化的深化主要是通过功能性机构的"外溢"，从经济层面逐渐过渡到政治层面的；而东盟的发展主要是因为国际环境的变化，促使东盟由政治安全合作过渡到经济合作层面上。随着地缘政治局势和国际形势得到缓和，东盟的合作与深化中心从政治转为经济。总体而言，欧盟目前已经发展成为一个超国家联盟组织，拥有自己的宪章和章程。欧盟的运作也主要由独立于成员国的超国家机构负责，在经济上还有自己的中央银行和统一的货币。所以，欧盟的一体化水平较高。东盟目前则是一个比较松散灵活的组织，各成员国都对超国家机构持十分谨慎的态度，其运行也主要通过各国共同参与的首脑和部长会议来推动。

欧盟和东盟各成员国之间的内部差异水平也有很大不同。随着欧盟的扩大，各成员国之间的差异水平也在扩大。但是，欧盟在扩大时会要求申请加入的国家按照欧盟的政治、经济体制的价值标准进行改造，新加入的成员国符合"欧盟标准"是其必然要求。而东盟各成员国之间的差异则是实质性的。除了经济发展水平存在巨大差异之外，东盟成员国的政治体制、历史文化背景甚至宗教信仰都存在着巨大差异。这些因素为东盟的深化发展和扩大形成了障碍。此外，欧盟在一体化深化发展时拥有法国－德国这

---

① 磨玉峰：《欧盟与东盟区域一体化发展模式之比较》，《桂海论丛》2005年第4期，第53页。

一轴心力量的推动，但东盟缺少这样的核心推动力量。

40.　冷战后人类社会面临的非传统安全问题

所谓非传统安全，是相对传统安全而言的，但非传统安全问题不是冷战后才出现的新问题。冷战时期，由于两大阵营激烈对抗，在战略武器上实行核恐怖均势，人类面临着被核战争毁灭的危险。除核武器外，主权国家还面临着常规武器的威胁。因此在冷战时期，人们更多关注的是事关主权国家存续的传统军事安全，两大集团的军备竞赛、全球对抗和地区冲突成为国际关系的主线。

冷战结束后，军事安全在国际关系中的优先地位下降，非传统安全领域出现的问题给人类社会带来了严峻挑战。全球化突破了原有民族国家与"安全场所"的地域局限，非军事安全问题越来越受到人们的重视。①

与传统安全相比，非传统安全威胁呈现出不同的特点。第一，非传统安全威胁具有跨国性，而不是对某一个国家安全构成威胁。第二，非传统安全威胁一般不是来自某个主权国家，其行为体具有非政府性。第三，非传统安全威胁的内容具有广泛性，包括经济、社会、生命财产安全等方方面面。此外，非传统安全威胁还具有相对性，可以转化成传统的军事安全威胁。②

当前人类社会面临的主要非传统安全问题如下。

第一，恐怖主义威胁。恐怖主义通过有组织的方式，采取极其残忍的手段针对平民发动暴力袭击，以表达其政治诉求。冷战后的恐怖袭击愈演愈烈，伤亡越来越大，恐怖分子的手段越来越专业化和多样化，且呈现出跨国性特点。恐怖主义对国际安全构成的威胁也越来越严重，"9·11"事件后，打击恐怖主义，避免遭受恐怖分子袭击已经成为世界许多国家最重要的安全任务。

第二，经济安全问题。随着全球化进程的加快，各国的经济联系越来越紧密，国际经济竞争也越来越激烈，国际竞争已经成为以经济和科技为核心的综合国力的较量。在各国经济紧密相互依存的大背景下，一国的经济形势和经济安全不再仅仅由本国自身经济条件和运行状况决定，往往与别国经济密切联系，经济危机会通过全球金融和贸易联系迅速蔓延至其他

---

① 余潇枫、李佳：《非传统安全：中国的认知与应对（1978—2008年）》，《世界经济与政治》2008年第11期，第89页。

② 刘学成：《非传统安全的基本特征及其应对》，《国际问题研究》2004年第1期，第32页。

国家甚至全世界。1997 年东亚金融危机以及 2008 年美国次贷危机引发全球性经济危机后，世界各国更加注重经济安全。

第三，环境恶化和气候变化。工业革命以来，人类社会在大肆利用自然资源的同时大量排放废弃物，致使环境遭到严重破坏，包括水污染、土壤污染、过度开垦导致的土地退化等。化石能源导致全球变暖和空气污染。21 世纪以来，国际社会已经普遍认识到环境问题的严重性和紧迫性，纷纷要求保护环境、遏制气候变化、实现人类社会的可持续发展。1992 年公布的《联合国气候变化公约》和 1997 年东京全球气候变化大会通过的《京都议定书》等就是国际社会应对气候变化的体现。

除上述非传统安全问题外，人类社会还面临着大规模传染性疾病的爆发、跨国毒品走私和非法移民等一系列问题。

非传统安全问题所具有的与传统安全问题不同的特点，使其对国际关系产生了特殊影响，同时也要求国际社会采取相应措施。

第一，非传统安全问题模糊了国家边界，对主权原则形成了挑战。西方大国在应对非传统安全问题时常常侵犯小国的主权和权益。非传统安全问题的跨国性质同时也要求不同国家加强合作，共同应对威胁。

第二，发达国家和发展中国家受到的影响不同，应对非传统安全问题的能力也不同，这往往使二者产生矛盾。例如，在应对气候变化时，发达国家和发展中国家在承担减排义务时，产生严重分歧。实施"共同但有区别"的责任分担应该成为国际社会的普遍共识。

第三，非传统安全威胁的增多使联合国这样的政府间组织和一些非政府组织的作用得到加强。国际社会可以在联合国框架内加强合作，也可以充分利用绿色和平组织和世界气象组织这些专业组织，发挥其作用，应对部分非传统安全威胁。

参考文献

〔英〕保罗·肯尼迪：《大国的兴衰：1500～2000 年的经济变革与军事冲突》（下），王保存等译，中信出版社，2013。

〔挪〕盖尔·伦德斯塔德：《战后国际关系史》（第六版），张云雷译，中国人民大学出版社，2014。

顾关福：《战后国际关系（1945—2010）》，天津人民出版社，2010。

〔美〕亨利·基辛格:《大外交》,顾淑馨、林添贵译,海南出版社,2012。

李庆余:《美国外交史——从独立战争至 2004 年》,山东画报出版社,2006。

刘德斌:《国际关系史》,高等教育出版社,2003。

时殷弘:《现当代国际关系史(从 16 世纪到 20 世界末)》,中国人民大学出版社,2006。

唐贤兴主编《近现代国际关系史》,复旦大学出版社,2008。

肖月、朱立群:《简明国际关系史(1945—2002)》,世界知识出版社,2003。

袁明主编《国际关系史》,北京大学出版社,2005。

〔美〕约翰·刘易斯·加迪斯:《长和平:冷战史考察》,潘亚玲译,上海人民出版社,2010。

〔美〕约翰·刘易斯·加迪斯:《冷战:交易·谍影·谎言·真相》,翟强、张静译,社会科学文献出版社,2013。

朱明权:《当代国际关系史》,复旦大学出版社,2013。

第六章　新中国外交史概论[*]

（一）导言

1. 新中国外交的缘起（1949～1955）

任何一国之外交均受到国际环境与国内政治两大因素的相互影响。新中国建立以来不断演变的外交政策亦在这两大因素的相互影响下成为新中国外交史的一个核心线索。1949 年 10 月 1 日成立的中华人民共和国在建国伊始，面临着尖锐复杂的国际环境。二战后，随着美苏两大国的摩擦与对抗逐渐升级，双方由盟友变为对手，随着 1947 年杜鲁门主义的出台，美苏冷战正式开始。在这一严峻的国际环境下生存下来、维持国家的独立自主成为中国建国初期外交的首要目的。而从建国初期的国内政治土壤来看，新中国的成立，标志着中国共产党领导的新民主主义革命的胜利。而新民主主义革命是与新中国对外关系的形成紧紧联系在一起的，这一革命反对帝国主义侵略和压迫、追求民族解放的性质为新中国的外交目标奠定了基调。而随着中国共产党由一个革命党转变为一个执政党，其所制定的对外政策亦上升为国家的外交政策，毛泽东等中共领导人在革命时期形成的世界观、国际政治理论和思维方式等对其后中国外交史的发展产生了深刻影响。

首先，面对如何对待旧中国遗留的外交关系问题，毛泽东提出了"另起炉灶"的方针，即不承认旧中国的对外关系，建立以平等为基础的新的外交关系，同旧中国的屈辱外交彻底决裂，谈判建交。与这一政策相应的

---

*　本章由北京外国语大学国际关系硕士王江波负责撰写。

便是"打扫干净屋子再请客",清除帝国主义在华特权以及残存的经济、文化势力。面对美苏两大国家集团对抗的世界政治格局,采取"一边倒"的政策,即站在当时以苏联为首的社会主义阵营一边。采取这一政策不仅仅是由于意识形态的原因,更是从国共内战到中华人民共和国成立初期美苏截然不同的对华政策导致的必然结果。

这一政策的实践,便是以1950年2月14日中苏签订的《中苏友好同盟互助条约》为标志的中苏同盟的诞生。这一结盟巩固了新生的人民政权,有利于恢复遭战争重创的国民经济以及为现代化建设奠定基础,同时也深刻改变了东亚的冷战格局。在中苏结盟的同时中美关系不断恶化,1950年6月25日爆发的朝鲜战争成为检验中苏同盟成色的试金石。1950年10月中国参战,经过五次战役,将战线维持在三八线附近;1951年7月10日交战各方开始停战谈判,经过两年的边打边谈阶段;1953年7月27日,交战各方在停战协定上签字,朝鲜战争结束,从此中美对抗的关系一直持续到70年代。

同时期反对帝国主义对中国周边安全威胁的外交实践,还有援越抗法,中国以派遣顾问团、提供物资援助等方式帮助越南打赢抗法战争,经过在1954年4月26日~7月21日举行的日内瓦会议上的外交努力,中国最终促成印度支那停战,周边局势得到进一步缓和。日内瓦会议上中国积极而灵活的外交努力显示出中国外交政策的调整,即在为了国内经济建设而维持周边和平稳定的环境时,既要反对和防止敌对的大国在接近中国的地区部署军事力量,也绝不再被盟国拖入战争,要通过更加灵活的外交而不是一味对抗来维护中国的国家安全和独立自主。在日内瓦会议休会期间,周恩来访问了印度和缅甸,在分别与两国领导人签署的联合声明中,提出了和平共处五项原则,用以指导和不同社会制度的国家之间的关系。在1955年4月印度尼西亚万隆召开的亚非会议上,中国重申了和平共处五项原则并提出了"求同存异"的原则,积极推动了中国与亚非国家关系的发展,从长远来看,万隆会议成为中国后来推行反霸统一战线的一个开端。

2. 发展与波动——对外多方矛盾与反美统战(1956~1966)

20世纪50年代中期出现了美苏第一次缓和,两大阵营内部出现裂痕,同时亚非拉新兴国家的独立运动与民族解放运动蓬勃发展。1956年9月,中共八大在这一国际政治环境背景下召开,将党的工作中心转变为国家的经济建设,确立了以争取持久和平为中心的外交方针,旨在为实现国家工业化的目标创造有利的国际环境与外部条件。

　　然而同年苏共二十大召开，中苏开始出现分歧，苏联为了推行其缓和政策而约束中国以维护苏联的国家利益，这必然造成了双方战略利益的冲突，1958 年发生的长波电台与联合舰队等事件、第三次台海危机中苏双方的猜疑、1959 年美苏领导人会晤以及苏联对"大跃进"运动的批评，导致双方的利益冲突加剧。随着 60 年代中苏意识形态论战的升级以及同时期中国国内的"左"倾化，中苏关系的破裂已成必然趋势。中国在继续组织反美统一战线的同时，也开始反对苏联干涉。毛泽东在 1964 年将中间地带说发展为"两个中间地带"思想，即亚非拉广大经济落后的国家是第一个中间地带，欧洲、日本等帝国主义和发达资本主义国家是第二个中间地带，中国将更多依靠两个中间地带国家而不是苏联领导的社会主义阵营来反对美国的霸权主义。中国最终在 1965 年形成了"反帝必反修"的"两个拳头打人"的政策，这一政策同时标志着中苏关系的彻底破裂。同时，针对亚非拉新兴国家的发展之势，周恩来在 1964 年 1～2 月访问非洲五国时提出了著名的对外援助八项原则，进一步促进了中国与亚非拉新兴国家关系的发展。

　　3. 混乱与重塑——文革时期的中国外交与反苏统战（1966～1976）

　　1966 年开始的"文化大革命"所形成的极左思潮对中国外交造成了极大的负面影响，受此时"中国革命中心论"驱动的向外输出革命、外交系统的瘫痪以及"三砸一烧"事件使得中国对外关系降至冰点，然而外交的这种混乱局面由于 1967 年形成的"毛泽东 - 周恩来"决策体制而得到及时清理，这也是为什么中国能在文革时期同美国、日本等帝国主义及资本主义国家接近的重要原因。此时的国际环境正在发生巨大的变化，随着苏攻美守态势的出现，以及中苏边境冲突的逐渐升级，尤其 1969 年的珍宝岛冲突将中苏推向大规模战争的边缘，这种危急的外部环境使中国的外交战略迫切地需要重塑。

　　伴随着中美在共同反对苏联问题上的日渐接近，1971 年 10 月 25 日在亚非拉新兴国家的帮助下，中华人民共和国恢复了在联合国的合法席位以及一切合法权利；1972 年 2 月尼克松访华，两国公布了《上海公报》，中美实现了历史性的和解。这打开了中国对外关系的新局面，中国先后同西方大多数国家建立了外交关系。日本首相田中角荣于同年 9 月访华并实现了中日关系正常化。此时中国的外交政策也相应地由"反帝必反修"演变为毛泽东于 1973 年提出的"一条线"和"一大片"战略，并最终于 1974 年形成"三个世界"思想，由反美统一战线转为建立反苏国际统一战线。这一思想成为整个 70 年代中国外交的指导思想，反对苏联霸权主义成为这一时期中国外交政策的突出内容。

4. 改革开放——独立自主的和平外交路线与不结盟（1978～1989）

随着 1976 年周恩来、毛泽东等中国老一辈领导人相继去世、1977 年 8 月中共十一大宣布"文化大革命"结束、1978 年 12 月召开的十一届三中全会决定实行以经济建设为中心和改革开放的国家发展战略以及 1978 年 8 月中日签署《中日和平友好条约》、1979 年起中美正式建交，中国的外交政策开始发生根本性变化。以邓小平为核心的中共领导人开始重新认识国际局势与国家利益，逐步摆脱以教条的"时代"学说、时刻保持紧张的战争准备等为特点的极左外交思想，于 1985 年提出了"和平与发展是当今世界两大问题"的思想。这一思想是对"战争与革命"的彻底否定，也是自中华人民共和国成立以来对时代认识的一次巨大飞跃，对直至今天的中国外交都产生了深刻影响。在这一认识基础之上，中国同年宣布彻底放弃反苏国际统一战线的方针，并于 1986 年完整而详细地阐述了中国所采取的独立自主和平外交路线的十个基本原则，同时宣布中国采取决不依附于任何一个超级大国，也决不同它们任何一方结盟或建立战略关系的"不结盟"政策。这一路线直到今天仍是指导中国外交的基本路线。

在这一外交政策的指导下，中国的对外关系进入了全面发展的阶段。1982 年中美《八一七公报》的签订使中美关系趋向稳定，其后双方的高层互访频繁、贸易和军事合作不断深化。随着勃列日涅夫的去世，尤其是1985 年戈尔巴乔夫上台后，苏联逐步从蒙古国和阿富汗撤军，并敦促越南从柬埔寨撤军，消除了中苏关系的"三大障碍"。戈尔巴乔夫于 1989 年 5 月访华，标志着中苏两国关系实现了正常化。中国与欧洲国家关系也快速发展，双方经贸及技术合作进一步深化，尤其与英国和葡萄牙分别就香港和澳门回归祖国达成协议。中国与第三世界国家的关系也稳定发展，也开始积极发展同各种国际组织的关系。

5. 冷战后——国际格局剧变下的平稳过渡和对外关系的全面发展（1990年至今）

从 1989 年春到 1991 年间，随着东欧剧变和苏联解体，二战后形成的国际冷战格局发生了根本性变化，美国成为世界上的唯一超级大国，国际格局从两极格局向新的格局过渡。而 1989 年 6 月中国国内的政治风波引起的以美国为首的西方国家对中国的制裁，使得中国在后冷战时代初期的外交面临复杂严峻的形势。

面对这一风云突变的国际形势，邓小平于90年代初提出了一系列指导原则，总结起来即是"冷静观察、稳住阵脚、沉着应付、韬光养晦、善于守拙、决不当头、有所作为"的二十八字方针，使得中国的对外关系得以平稳过渡，顶住了冷战结束所造成的冲击。随着中国改革开放的深入和中国经济的持续高速发展，中国的综合国力和国际地位也在快速上升，中国对外关系进入了全面快速发展阶段。1997年和1998年中美两国领导人的互访标志着冷战后动荡的中美关系经过磨合开始走上稳定和积极发展的轨道，尽管其间发生"炸馆"和"南海撞机"事件，但未能阻挡中美关系全面持续不断向前发展的历史潮流。苏联解体后中俄关系实现了平稳过渡，随着上海合作组织的建立、《中俄睦邻友好合作条约》的签订以及中俄边界问题的彻底解决，两国逐渐形成了平等信任、相互支持、共同繁荣、世代友好的全面战略协作伙伴关系。尽管中日关系以及中国与南海国家关系因为领土问题时有波动，但从宏观来看，中国对外关系快速、全面发展，形成了"大国是关键，周边是首要，发展中国家是基础，多边是重要舞台"以及"和平发展"的外交方针。

（二）专题解析之基础篇

1. 论述新中国外交政策的缘起

"新中国外交"是1949年以来的世界与中国两方面形势发展的结果，在时间上主要是指1949年10月1日中华人民共和国诞生到1955年，差不多就是中共第八次全国代表大会召开之前的这个时期。

从世界范围看，20世纪40年代后期到1953年3月斯大林逝世，是冷战对抗最为激烈的阶段。当时美苏两国处于极其紧张和近乎僵硬的对抗之中。[1] 在欧洲，北大西洋公约组织和华沙条约组织的成立标志着东西两大阵营所有联系的中断。在亚洲则爆发了朝鲜战争，其结果是朝鲜半岛分裂长期化，而且还导致冷战向东亚大规模蔓延，形成两大阵营在欧洲之外的另一条激烈对峙的战线，在朝鲜半岛上中美持续了近三年的热战。[2] 这一极端

---

[1]　裴坚章主编《中华人民共和国外交史（1949—1956）》，世界知识出版社，1994，第1页。

[2]　时殷弘：《敌对与冲突的由来——美国对新中国的政策与中美关系（1949—1950）》，南京大学出版社，1995，第211～225页。

对抗的局面在斯大林去世后开始逐步缓解，就在美苏不再尖锐对抗，并且在斯大林去世后东西方关系一度缓和的这个时期，中国正在经历极为剧烈的转型，即从中共取得革命运动的最后胜利转向建设社会主义国家，而新中国的外交也伴随这个转型而诞生，并且在国际冷战的互动中塑造出自己的意识形态。

从1949年10月1日中华人民共和国成立一直到1956年9月中共八大宣布一个建设时代的开始，都属于从革命向建设社会主义国家过渡的时期。这一时期为中华人民共和国的对外关系奠定了基础，并且留下了深远的影响。所谓"新中国外交"就是革命与建设社会主义国家相互重叠时期的外交，它面对的外部世界是冷战，需要回应美苏全球战略博弈造成的有时是严峻的外部环境；在内部面对的不仅是革命运动的诉求，还有从革命向建设社会主义国家过渡时期的各种基本诉求。这些诉求主要包括以下几个方面：首先是确保主权和领土完整；其次是发展经济和实现社会进步，这是保证新中国生存的基本条件；再次是实现和维护国家的统一；最后是社会核心价值的建构与国家认同的完成。

在这一时期，中国做出了一系列的重大决定，包括中苏结盟、中美对抗、援越抗法、抗美援朝、印度支那地区停战谈判、处理东南沿海危机、参加万隆会议等，这一系列重大决策对中国乃至世界都产生了巨大影响，这也成为新中国外交政策的缘起。

2. 简述新中国外交三大政策及其外交实践

中华人民共和国成立初期，中国外交的首要任务是：彻底摆脱帝国主义对中国的控制，恢复国家的独立和主权。为此，毛泽东早在中华人民共和国成立前夕就提出了"另起炉灶""打扫干净屋子再请客"和"一边倒"的三条方针。

"另起炉灶"就是同旧中国的屈辱外交彻底决裂，不承认旧中国同其他国家建立的外交关系，要在新的基础上同世界各国建立新的外交关系。"打扫干净屋子再请客"就是要在彻底清除旧中国遗留下来的帝国主义在华特权和残余势力之后，再请客人进来，以免敌对者"钻进来"捣乱。"一边倒"，即倒向社会主义一边。这包含两方面的含义：第一，团结工人阶级、农民阶级、城市小资产阶级和民族资产阶级，在工人阶级领导之下，结成国内的统一战线，并由此发展成为工人阶级领导的以工农联盟为基础的人民民主专政的国家，走社会主义道路；第二，联合世界上以平等待我的民族和人民，共同奋斗。这就是联合苏联，联合各人民民主国家，联合其他各国的无产阶级和广大人民，结成国际统一战线，反对帝国主义的侵略政策和战争政策。

为实施这三大外交政策，中华人民共和国成立初期，中国采取了一系列外交实践。

第一，中国同苏联和各社会主义国家建交并发展友好合作关系。1949年12月至1950年2月，毛泽东主席、周恩来总理赴苏访问，并同苏联签署《中苏友好同盟互助条约》。① 条约的签订，有利于中苏两国加强友好合作并共同对付可能的外来侵略，有利于中国放手进行国内的经济建设。与此同时，中国同其他社会主义国家的友好合作关系也得到全面发展，形成建国后第一次建交高潮。

第二，积极谋求建立新的国际关系原则。50年代初期，毛泽东就提出了世界各国和平共处和大小国家一律平等的思想。据此，周恩来总理于1953年年底进一步提出了"互相尊重主权和领土完整、互不侵犯、互不干涉内政、平等互利、和平共处"五项原则，使之成为处理国际关系的新原则。与此同时，中国为恢复在联合国和其他国际组织的合法席位开展了长期不懈的斗争，为最终彻底解决这一问题准备了条件。

第三，坚决反对美国的侵略政策和战争政策。中华人民共和国成立后，中国在朝鲜、越南和台湾三条战线上同美国展开激烈的斗争。1950年6月25日，朝鲜内战爆发，中国应朝方要求派志愿军入朝参战，抗美援朝的结果是美国不得不于1953年7月27日签署《朝鲜停战协定》。在越南问题上，中国积极支持越南人民反抗法国殖民主义和美国的干涉。在台湾问题上，中国政府揭露和控诉美国侵略中国台湾的罪行，并且一举解放一江山岛，维护了国家主权和安全。

这三大方针有效地防止了帝国主义国家对中国的侵略和武装干涉，回答了中华人民共和国建立之初如何制定自己的外交方针、如何对待帝国主义国家和如何对待社会主义国家等问题，为新中国外交关系规定了方向与原则，为迎接50年代第一次建交高潮的到来奠定了基础。

3. 简要分析新中国采取"一边倒"政策的背景和原因

解放战争三大战役胜利后，中国共产党迅速取得全国胜利的趋势已经

---

① 关于中苏同盟条约的谈判及其签订，请参见沈志华、李丹慧《战后中苏关系若干问题研究——来自中俄双方的档案文献》，人民出版社，2006，第1~29页。

不可逆转。在当时两极化的国际环境背景下，部分党内外人士建议执政后的中国共产党走"第三条道路"，以此利用矛盾、掌握主动、提高新政权的国际地位。为了回答这一问题，毛泽东在 1949 年 6 月 30 日发表的《论人民民主专政》一文中明确指出，要取得胜利和巩固胜利，必须一边倒，"积四十年和二十八年的经验，中国人不是倒向帝国主义一边，就是倒向社会主义一边，绝无例外，骑墙是不行的，第三条道路是没有的"。这就是著名的"一边倒"政策思想。

"一边倒"政策的确切含义在中华人民共和国成立时颁布的《共同纲领》中有严谨规定："中华人民共和国联合世界上一切爱好和平、自由的国家和人民，首先是联合苏联、各人民民主国家和各被压迫民族，站在国际和平民主阵营方面，共同反对帝国主义侵略，以保障世界的持久和平。"

"一边倒"简单明了地表达了中国领导人将站在苏联一边的意愿和决心，是对领导人倾向和基本选择的揭示。[①] "一边倒"政策的提出不仅符合当时的历史条件，而且也是在当时条件下唯一的选择。其原因如下。

第一，从中美关系来看，中国共产党虽然具有坚定的反帝性质，但这并不意味着排斥与美英等西方资本主义国家打交道的可能，但是这条路被美国堵死。在抗日战争胜利前夕，中国共产党在延安热情地接待了来华调停的马歇尔。但美国出于偏执的反共意识形态，仍然采取了全面支持国民党打内战的政策。[②] 在中国人民解放军渡过长江之后，中国共产党领导人同意了司徒雷登通过傅泾波转达的北上要求，但是美国国务院指示司徒雷登在任何情况下都不得前往北京。中华人民共和国一成立，美国就急忙宣告继续承认国民党政府。种种行为表明美国一次又一次地与中国共产党为敌，从而堵死了中美建立友好关系的道路。

第二，从中苏关系来看，"一边倒"是获取社会主义阵营援助的必要条件。中华人民共和国成立后，为了保障国家安全，医治战争创伤，发展民族经济，应该尽可能地寻求外来援助。而跟随帝国主义阵营，新中国不仅不可能指望任何援助，而且还必须面对敌视。新中国只能从社会主义阵营方面寻求同情、支持和援助。[③]

---

① 牛军：《冷战与新中国外交的缘起（1949—1955）》（修订版），社会科学文献出版社，2013，第 136 页。
② 陶文钊：《中美关系史（1911—1949）》上卷，上海人民出版社，2004，第 298～321 页。
③ 章百家：《从"一边倒"到"全方位"——对 50 年来中国外交格局演进思考》，《中共党史研究》2000 年第 1 期，第 22～23 页。

第三，当时一方面是以美国为首的执行侵略政策和战争政策的帝国主义阵营，另一方面是以苏联为首的和平、民族独立的社会主义阵营，在国际进步和反动两种力量的对立中，没有中间道路。中国站在苏联等社会主义国家一边，也就站在了和平、民主、民族独立的社会主义力量的一边。"一边倒"政策的具体化是中华人民共和国成立初期毛泽东对苏联进行的国事访问和《中苏友好同盟互助条约》的签订。

> **※ 万隆会议**
>
> 万隆会议是 1955 年 4 月 18～24 日在印度尼西亚万隆召开的反对殖民主义、推动亚非各国民族独立的会议，又称第一次亚非会议。中国总理周恩来率代表团参加。会议广泛讨论了民族主权和反对殖民主义、保卫世界和平及各国经济文化合作等问题。会议一致通过了包括经济合作、文化合作、人权和自决、附属地人民问题以及关于促进世界和平和合作宣言等内容的《亚非会议最后公报》，确定了指导国际关系的十项原则。这十项原则是和平共处五项原则的引申和发展。会议号召亚非各国团结一致、和平相处、友好合作、共同反对帝国主义与殖民主义，这十项原则被称为"万隆精神"。

4. 比较毛泽东与邓小平在独立自主外交思想上的主要异同

独立自主是中国对外政策的基石，也是毛泽东和邓小平外交思想共同的内核，独立自主思想贯穿了中国外交思想的始终。毛泽东和邓小平在制定外交政策与对外交往的过程中，不断切实贯彻执行独立自主的外交政策，独立自主思想是毛泽东思想活的灵魂之一，邓小平将毛泽东独立自主思想进行了创造性的发展，使其有了崭新的时代内涵。[①]

毛泽东和邓小平都对独立自主思想进行过精辟的理论论述和具体实践，其共同点如下。首先，毛泽东和邓小平都是从中国国情出发、针对中国革命建设的实际、站在哲学世界观和方法论的角度来论述独立自主问题。中华人民共和国成立后，中国社会主义制度是在半封建半殖民地基础上产生的。因此，在社会主义建设中，也只能独立自主、自力更生，尤其在国际敌对势力对中国进行包围和实行封锁的情况下更是如此。毛泽东、邓小平

---

① 刘利亚：《邓小平对毛泽东外交思想的发展》，《毛泽东思想研究》2005 年第 2 期，第 143～146 页。

对这一点的认识是非常清晰而深刻的。其次，从中国的人文历史和文化心态看，漫长封建社会的思想禁锢使人们形成了唯书、唯上的思维定式和行为方式。对传统文化有着深刻研究与把握，同时又以马克思主义武装了头脑的毛泽东、邓小平，为了中国革命和建设的需要，产生了独立自主的思想动因。最后，从毛泽东和邓小平的个人素质来看，他们在青年时期都对自我的存在、自我的价值有着深刻的思考，有着强烈的自尊心与自信力，相信自身的力量，具有"独立""自主"的朴素意识。

但他们独立自主的思想也有不同之处，主要有背景相异、基础相异和结果相异三个方面。

第一，背景相异方面，毛泽东的独立自主思想产生于抗日战争时期，在中华人民共和国成立后得以发展，其时代的主题是战争与革命；而邓小平则处在中国全面实施改革开放，发展与和平成为时代的主题，在一定时期内世界大战打不起来的时代背景下。时代背景的不同，决定了毛泽东和邓小平独立自主的思想存在差异。

第二，基础相异上，毛泽东的独立自主思想是建立在与苏联结盟的基础之上，只有取得苏联的信任，才能获得苏联的外援，从而对抗美国的全面封锁；而邓小平却把独立自主建立在不结盟的基础之上，因为结盟不利于独立自主且当时中国的综合国力已经具备了不结盟的基础。

第三，时代背景的不同导致毛泽东和邓小平独立自主外交思想建立的基础不同，而这又导致了独立自主的结果相异。毛泽东独立自主的思想与结盟政策在根本上有着不可调和的矛盾，注定其结果要么是坚持独立自主放弃结盟，要么是放弃独立自主，牺牲国家主权与独立，完全为结盟让路。[①] 毛泽东一直苦苦挣扎在独立自主与结盟之间；而邓小平一开始就将独立自主建立在不结盟的基础之上，二者具有天然的相容性，因而其外交政策能够保持稳定，而且在冷战后新的国际格局中处于一个有利的地位。

5. 论述中国历史上的三次建交高潮及其原因

新中国的第一次建交高潮是新中国成立后的第一年，由于中国实行独立自主、和平外交的方针，并且坚持"一边倒"的方针政策，团结了广大社会主义阵营的国家，中国与以苏联为首的 17 个社会主义国家正式建立了外交关系。中苏两国于 1949 年 10 月 5 日互派大使，正式建立了外交关系。

---

① 沈志华：《冷战的再转型：中苏同盟的内在分歧及其结局》，九州出版社，2012，第 17 ~ 18 页。

随后，保加利亚、罗马尼亚、匈牙利、朝鲜民主主义人民共和国、捷克斯洛伐克、波兰、蒙古国、德意志民主共和国、阿尔巴尼亚等欧亚社会主义国家相继与中国建交。① 南斯拉夫于 1949 年 10 月 5 日宣布承认中华人民共和国。1950 年 1 月 18 日，中华人民共和国同越南民主共和国相互承认并建立大使级外交关系。

与此同时，新中国还努力争取一些民族独立国家和资本主义国家的承认，并同它们发展友好关系。从 1949 年年末到 1950 年上半年，缅甸、印度、巴基斯坦、锡兰（今斯里兰卡）、以色列、阿富汗、印度尼西亚等一些国家相继承认中国。随后，缅甸、印度、锡兰、印度尼西亚等国先后与新中国达成了正式建交协议。

第二次建交高潮发生在 50 年代中期以后，一大批亚非拉国家摆脱殖民统治，获得独立。在非洲，仅 1960 年就有 17 个国家宣告独立，这一年被称作"非洲独立年"。这些国家在肃清殖民残余势力、发展本国经济等方面，迫切需要世界其他国家在政治上和经济上的帮助，它们愿意同中国建立和发展关系。② 同时，由于遭受殖民统治和争取民族独立的共同经历，以及巩固主权独立和发展民族经济的共同愿望，中国对亚非拉国家怀有较强的认同感。50 年代中期到 60 年代中期出现了第二次建交高潮。1955 年年底，同中国建交的国家只有 23 个，到 60 年代中期，同中国建交的国家在十年时间内增加了一倍多。这一时期同中国建交的国家有 24 个，除法国外全部是亚非拉国家。同时，中国还同其中的许多国家签订了友好条约，进一步巩固和发展了同这些国家的友好关系。

第三次建交高潮是随着中美关系的改善和中国在联合国合法席位的恢复，于 70 年代初期出现的西欧国家同中国建交的高潮。1970 年至 1973 年，意大利、奥地利、比利时、冰岛、马耳他、希腊、卢森堡和西班牙先后与中国建立外交关系。1972 年，英国和荷兰先后同中国签署了关于两国从代办级关系升格为大使级外交关系的联合公报，英、荷两国承认中华人民共和国政府是中国唯一的合法政府，并撤销其在台湾的官方机构。同年，联邦德国外交部部长访华，两国达成了建交协议，1975 年，中国同欧洲经济

---

① 裴坚章主编《中华人民共和国外交史（1949—1956）》，世界知识出版社，1994，第 44~74 页。

② 裴坚章主编《中华人民共和国外交史（1949—1956）》，世界知识出版社，1994，第 274~290 页。

共同体建立正式关系。1979 年，葡萄牙和爱尔兰也同中国建立了正式外交关系。至此，中国已同西欧 20 个国家建立了外交关系，形成了第三次建交高潮。

6. 试分析 20 世纪 80 年代以来中国外交政策的调整

以 1978 年 12 月召开的中共十一届三中全会为标志，中国进入改革开放时代，中国的发展开始转向以经济建设为中心。为了配合经济建设这一中心工作，80 年代上半期，中国外交进行了全面调整。中美建交后，中国一度加强了联美抗苏的"一条线"战略。不过，中国从 1982 年起就放弃了这一战略，开始同美国保持一定的距离，致力于建立更均衡的外交关系。通过一系列外交活动，中国不断改善与周边各国的关系，加强了同第三世界国家的政治经济合作；在力争中美关系稳定发展的同时，逐步使中苏关系朝正常化方向前进，同时继续发展同西方国家和东欧国家的政治经济关系。① 此外，中国还积极拓展多边外交，加强与联合国的合作，广泛参与多边经济、社会领域的活动和区域性争端的解决。20 世纪 80 年代的外交战略由"一条线"开始向"全方位"外交调整。

中国外交工作的指导思想也发生了深刻变化。这种变化包括三个方面：第一，提出外交工作的任务主要是配合国家的经济建设和祖国统一大业的完成，并为此创造一个和平的国际环境。第二，在重新阐释独立自主的和平外交政策时，提出要把国家的主权和安全放在第一位，实行真正的不结盟，强调反对霸权主义。第三，在与世界各国的交往中，提出要根据世界的发展趋势和自身的利益要求来处理与不同类型国家的关系，不再以意识形态划线，也不再划分敌、我、友，放弃了团结一部分国家打击某个国家的策略。②

与此同时，中国对国际重大问题以及中国与世界的关系也有了新的认识，主要是：第一，领导人认为，当代和平因素的增长超过了战争规模的增长，和平与发展成为时代主题；第二，中国承认世界是多样化的；第三，中国明确了"独立自主不是闭关自守，自力更生更不是盲目排外"的思想。

80 年代初外交政策调整的推动力，不仅来自政治和经济变革进程的实

① 王俊逸：《中苏关系正常化过程中的中国与中欧关系》，载沈志华、李斌主编《脆弱的联盟：冷战与中苏关系》，社会科学文献出版社，2010，第 482～506 页。

② 章百家：《改变自己 影响世界——20 世纪中国外交基本线索刍议》，《中国社会科学》2002 年第 1 期，第 15～17 页。

际需要，也来自对于以往历史经验和教训的不断反思。中国外交指导思想的变化、中国对重大国际问题以及世界关系的新认识表明，中国已经告别了以往那种带着浓重意识形态色彩的理想主义"革命外交"，以积极主动的姿态自觉地朝着全面融入现存国际体系的道路前进。中国也领悟到，要在国际事务中发挥更大的作用，要解决国家统一问题，"归根到底还是要把我们自己的事情做好"。

7. 结合中国外交的现实，谈谈你对邓小平国际战略思想中"韬光养晦""有所作为"两句话的理解

中国牢记世界已经进入以"和平与发展"为主题的时代，采取"韬光养晦、有所作为"的方针和立场，妥善自处，外交上也表现得极为得体。面对苏东变局，中国恪守和平共处五项原则，坚持不干涉别国内政，尊重各国人民自己的选择。中国积极掌握全局形势，"我们不扛旗、不当头"；在海湾战争中，中国采取了超脱的态度；上述种种外交行为都表现了中国坚持"韬光养晦"的原则，但是中国绝不是无所作为，中国还是要有所作为，在当时的环境下，中国坚持和平共处五项原则，紧抓国际政治经济新秩序，积极推动建立国际政治经济新秩序。①

中国外交的正确实践给"韬光养晦、有所作为"这个指导思想提供了许多合理的内涵：一是中国不以社会主义作为处理对外关系的准则，因而中国是"韬社会主义之光，闪耀和平共处五项原则之光"；二是中国坚持以和平与发展作为时代主题，中国"韬的是反帝革命之光，闪耀的是根据和平共处五项原则宣传和建立国际政治经济新秩序之光"；三是根据自己的地位和力量，作为发展中国家的一员发挥自己的作用，既不去当头反对某一类国际势力，也不说过头的话、做过头的事；四是韬光养晦并不是常有的养精蓄锐以便将来一击的那种含义，而是同"有所作为"联系在一起，"做好我们自己的事"，"在原则立场上"把握住"和平共处五项原则"，在国际上"讲公道话、办公道事"，并努力争取建立国际政治经济新秩序。

其核心思想是，中国在处理重大事情时需要有镇定的心理素养和沉着冷静的工作方法；在奉行中国独立自主的和平外交时，掌握和平与发展的世界主题，在政策和策略上不去重复50、60、70年代的某些做法；努力办好自己的事，牢牢把握住和平共处五项原则，在国际事务中说公道话、办

---

① 王缉思：《中国的国际定位问题与"韬光养晦、有所作为"的战略思想》，《国际问题研究》2011年第2期，第6～7页。

公道事。

8. 简要评述外交决策的三大模式

外交决策分析作为国际关系理论的一个分支产生于20世纪50年代，其着眼点是外交政策的制定过程，传统的外交决策三大模式为：理性行为体模式、官僚组织模式和认知心理模式。[①]

理性行为体模式假定外交政策是由目标明确且十分理智的一些人深思熟虑得出的结果。他们系统分析各种可能的政策选择，从中选出最佳的方案，以实现国家追求的目标。在这种分析方法中，决策者在决策过程的一开始就有一个或一组明确目标，列出可能的行动方向，并根据对付出和收益的权衡来评价与每一个政策相对应的结果，最终确定相对收益较大的政策。简要而言，理性选择是人们在面临决策时，在预估各种行动方案结果的基础上，比较择优的思维过程，其核心不在于谁去做决策，而是决策本身是一个分析和选择的过程。这一模式的局限主要存在于以下几个方面：第一，完全理性建立在一个"虚假承诺"之上；第二，完全理性需要有充分的时间，但实际上决策往往是在紧迫时间下依据有限信息做出的；第三，这一模式没有考虑到知觉与错误知觉的作用。

官僚组织理论作为外交决策分析的中层理论，继理查德·斯奈德（Richard C. Snyder）等人在《决策：研究国际政治的一种方法》一文中首创外交政策分析的"大理论"之后，官僚组织过程研究就是其中最早开展的课题，格拉汉姆·艾利森（Graham T. Allison）的《决策的实质》一书便是经典之作。[②] 官僚组织过程模式认为，组织内部和组织之间各种因素相互作用的过程，就是外交政策形成的过程，主要是应用系统论和控制论研究外交决策的形成过程。它主要有三个分析层次：小团体、决策组织和官僚体制。小团体层次主要是研究团体迷思（groupthink）行为，决策组织层次主要是研究不同组织在决策过程中的运行和作用，官僚体制层次研究的是为决策涉及的不同政府部门之间基于各自利益和立场就外交决策方案进行互动的过程。[③]

---

① 冯玉军：《对外决策研究中的决策理论》，《世界经济与政治》2000年第2期，第30～34页。

② Graham T. Allison and Philip Zelikow, *Essence of Decision: Explaining the Cuban Missile Crisis* (2nd Edition) (Beijing: Peking University Press, 2008).

③ 关于小集团思维，可参见〔美〕欧文·L. 贾尼斯《小集团思维：决策及其失败的心理学研究》，张清敏等译，中央编译出版社，2016。

　　认知心理模式主要是用心理分析法进行外交政策分析，也是研究微观国际政治的手段之一。除了对决策者个性方面的案例研究外，其信息和数据收集的手段和方法与心理学研究类似。行为准则法、认知图法、意象理论、知觉和直觉理论是外交政策分析中心理学视角的主要研究工具。这种视角所考察的对象仍然是外交政策制定过程这个"黑箱子"内部运行的各种现象，着眼于决策者的心理过程。心理分析学者希望通过对这个过程的研究，找出外交决策的某些规律，从而对国家的国际行为进行解释乃至预测。①

（三）专题解析之实践篇

1. 大国是关键

（1）阐述推动中美关系在20世纪70年代初期缓和，并于1979年建交的根本动因，并依此展望中美关系前景

　　20世纪60年代末，随着国际局势的变化，美国政府意识到与中国为敌并不符合美国的利益，中国也感到需要改变腹背受敌的安全战略环境，共同的战略利益促使中美关系缓和，两国关系逐步实现正常化，这是推动中美关系在70年代初期缓和，并在1979年1月1日正式建交的根本动因。

　　由于美苏争霸态势的变化和中苏关系的严重恶化，到20世纪60年代末期，在相互敌对了20多年之后，中美双方都感到必须调整自己的政策以改善两国关系，从而促使中美关系解冻。美国改变对华政策的主要原因如下。第一，改善中美关系，可以借助中国抗衡苏联，加强美国在美苏争霸中的力量。勃涅日列夫上台之后，美苏争霸态势由美攻苏守转变为苏攻美守，苏联成为美国强有力的竞争者，美国需要利用中苏矛盾，借助中国力量，共同对付苏联；第二，美国推行的敌视中国的政策已经走进了死胡同，必须改变。长期以来，美国对中国的敌视政策不仅没有搞垮中国、扼杀社会主义政权，反而使中国在国际上的地位越来越高，这说明美国遏制和孤立中国的政策遭到了可耻的失败，因此必须寻求新的政策；第三，改善中美关系是美国调整亚洲战略的需要。美国深陷越南战争泥潭，美国想要"体面结束越南战争"必须借助中国。②

① 张清敏：《外交决策分析的认识视角：理论与方法》，《国际论坛》2003年第1期，第39~44页。
② 关于中、美、苏大三角关系，可参见〔美〕亨利·基辛格《大外交》，顾淑馨、林添贵译，海南出版社，2012，第738~747页；牛军主编《冷战时期的美苏关系》，北京大学出版社，2006，第198~223页。

从中国方面看，珍宝岛事件后，中苏关系严重恶化，苏联在中苏边境陈兵百万，对中国形成严重的军事威胁。苏联把中国当作主要敌人，而美国战略重点在欧洲，把中国看作潜在的威胁，但不是现实的威胁。为了改变 60 年代以来腹背受敌的不利处境，毛泽东认为可以联合美国这个敌人来反对苏联这个更危险的敌人，而且毛泽东希望通过中美关系的改善来促进台湾问题的逐步解决，因此对尼克松缓和中美关系的举措给予了积极回应，把国家利益放在比意识形态更重要的位置。

中美两国基于各自的战略利益考虑，结束了长期以来对峙的局面，实现了中美关系的正常化。但是中美两国之间所存在的问题并没有得到妥善解决，结构性矛盾依然存在，这也制约着中美关系发展的前景。中美关系未来发展前景主要趋向以下几个方面：第一，中美关系日益多变化和全球化，中美作为具有世界影响力的大国，其双边关系的波动将在世界范围产生影响；第二，中美之间的"摩擦点"呈"相互孤立化"趋势；第三，中国在中美关系中的主动性将持续增强，随着中国经济实力的不断增长，中美力量对比会逐渐向有利于中国的方向发展，中国的主动性将逐步得以增强。

（2）中苏关系正常化的三大障碍及其消除

实现中苏关系正常化的关键，是要消除严重威胁中国安全的"三大障碍"。这"三大障碍"是指：第一，苏联在蒙古国和中苏边界部署重兵；第二，苏联出兵干涉阿富汗；第三，苏联支持越南入侵柬埔寨。其中，苏联支持越南入侵柬埔寨是妨碍中苏关系正常化的主要障碍。1982 年 10 月到 1988 年 6 月，两国政府特使共进行了 12 轮磋商。刚开始，苏联方面对"三大障碍"先是以不损害"第三国利益"为借口，采取了不承认和拒绝讨论的态度。[①]

1985 年 3 月戈尔巴乔夫出任苏共中央书记后，对改善中苏关系表现出更加积极的态度。1985 年 10 月，邓小平委托齐奥塞斯库给戈尔巴乔夫带口信，表示如果中苏双方达成谅解，让越南从柬埔寨撤军，自己愿意打破不再出国访问的决定，到莫斯科与戈尔巴乔夫会晤。1986 年 7 月 28 日，戈尔巴乔夫在海参崴发表讲话，说苏联将从阿富汗撤走 6 个团军队；正在同蒙古国讨论从蒙古国撤走相当大一部分苏军；可以按主航道中心线划分中苏界河上的边界线，"苏联愿意在任何时候和任何级别上同中国最认真地讨论建

---

① 杨公素、张植荣：《当代中国外交与实践》，北京大学出版社，2009，第 259 页。

立睦邻局势的补充措施问题"。

1987年2月，中苏边界谈判正式恢复，并取得进展。1988年戈尔巴乔夫发表在阿富汗问题上的声明，苏联同意从5月15日起的9个月内从阿富汗全部撤军，同时戈尔巴乔夫表示愿意推进柬埔寨问题的解决。1988年12月7日，戈尔巴乔夫在联合国大会上表示，苏联将从东欧和蒙古国撤军。1989年1月，越南宣布，最迟在1989年9月从柬埔寨完全撤军。① 这样，三大障碍的解决都取得了明显的进展。

80年代下半期，尤其是1984年苏联部长会议副主席阿尔希波夫正式访问中国之后，中苏间逐步展开多层次、多渠道、多领域的交往，加上戈尔巴乔夫在对华政策上的新思维和灵活性，使中苏两国最终摆脱"三大障碍"的影响，步入"正常化"进程。1989年5月15～18日，戈尔巴乔夫访问中国，同邓小平等领导人会晤，双方发表《联合公报》，指出中苏两国高级会晤标志着两国国家关系正常化。

中苏关系正常化具有特别的象征意义，它标志着中国国家发展战略和国家安全战略的重大调整。中国开始"告别冷战"。②

（3）冷战结束后中俄关系的主要特点

苏联解体后，中苏关系平稳过渡到中俄关系。两国关系的发展比较顺利，很快找到了合适的定位。后苏联时代欧亚大陆两个最大的经济、政治和军事实体之间的互动，至少受制于三个主要因素：双方日益扩大的意识形态差距、双方综合国力对比的重大变化、国际体系由两极向单极过渡。在这三者合力的大环境中，中俄关系在20世纪90年代（叶利钦时代）走过了由稳定双边关系、维护睦邻友好、建设性伙伴关系再到战略伙伴关系的"四部曲"。2001年双方签署了睦邻友好合作条约，两国战略协作伙伴关系不断得到充实和发展。冷战后中俄两国战略伙伴关系的发展具有一些典型的特点：

第一，具有较为坚实的政治基础。中俄双方一致认为，相互尊重和平等、互不干涉内政是保持和发展健康国家关系的前提。在具体原则上则表现为：一是尊重对方国家人民的自由选择；二是相互支持各自在维护国家

---

① 左凤荣：《戈尔巴乔夫对外战略的调整与中苏关系正常化》，《探索与争鸣》2005年第10期，第42～45页。

② 牛军：《告别冷战：中国实现中苏关系正常化的历史含义》，《历史研究》2008年第1期，第127页。

主权和领土完整方面所做的努力。①

第二，日益增强的经济基础。俄罗斯已连续多年保持中国第八大贸易伙伴的地位，同时，俄罗斯也是中国第七大出口市场和第八大进口来源地，中俄还相互承认对方的市场经济地位，这为双方进一步发掘经贸合作的潜力、深化战略协作伙伴关系提供了新动力。此外，中俄两国经济具有很大的互补性，也具有发展经贸合作的地缘优势。为推动中俄经贸关系的发展，中俄两国签署了一系列政府间经济、贸易、能源和科技领域的合作协定，有利于促进双边关系的发展。

第三，广泛认同的世界共识。中俄两国面临着共同的任务与国际环境，在维护亚太地区和世界的和平、稳定与发展，建立公正合理的国际新秩序等重大国际问题上，中俄两国立场相近或一致。加强中俄在国际事务中的磋商与协作，有利于维护各自在国际上的地位和权益，使中俄在国际事务中发挥更大作用。

第四，较为完善的机制化建设。2001 年，指导新世纪中俄关系发展的纲领性文件《中俄睦邻友好合作条约》的签署，标志着两国关系的机制化建设进入了逐步完善的阶段。② 这些年来，双方定期举行各种级别的会晤，机制化建设使得中俄两国定期会晤更加稳定，同时中俄两国之间的民间交往也显著增多。

第五，面向未来与长远。中俄在政治、经济、科技、军事、文化和外交领域的合作全面发展，进一步发展和深化了中俄两国的经贸关系，加强了两国人文领域的交流，为中俄战略协作伙伴关系奠定了坚实的经济、社会和政治基础，尤其是两国"国家年"的举办使得两国关系更是面向未来和长远。

（4）简述中欧关系的发展历程

中国与欧洲虽然相距遥远，但从"丝绸之路"开通以来，双方已有两千多年的交往历史。中华人民共和国成立之后，中华民族结束了遭受外国列强肆意凌辱的历史，中国与欧洲之间的不平等关系有了根本性转变，双方在平等互利的基础上进行交往，揭开了中欧关系发展的新篇章。

中欧关系的发展历程，主要可以分为四个阶段：新中国对欧外交的开始（1949 ~ 1963）、中欧关系发展的第二阶段（1964 ~ 1977）、中欧关系的

---

① 冯玉军：《中俄关系中的中国国家利益》，《俄罗斯研究》2007 年第 2 期，第 43 ~ 45 页。

② 于滨：《后冷战时期的中俄关系》，《国际政治研究》2006 年第 2 期，第 129 ~ 132 页。

大发展与波折（1978~1994）、中欧全面战略伙伴关系的建立与发展（1995年至今）。

20世纪50年代，由于以美苏为首的两大阵营进行紧张激烈的对抗，中国推行"一边倒"战略，中苏结成同盟，美国推行遏制加孤立中国的政策，因此，中国与东欧国家发展了友好合作关系，而与其他欧洲国家处于冷战状态，仅与瑞典、丹麦、瑞士、芬兰四国通过谈判建立了外交关系，与英国和荷兰建立了"代办级"的外交关系。

20世纪60年代，随着中苏关系的破裂，中国与大多数东欧国家关系恶化，特别是1968年苏联出兵捷克斯洛伐克和1969年珍宝岛事件之后尤为紧张。由于欧共体的成立，西欧经济迅速发展，国际地位也获得显著提高，毛泽东提出"两个中间地带"思想，中国与西欧国家关系得到一定发展。特别是1964年中法建交，开创了中国与西欧国家发展关系的新局面，成为中国与西欧关系的重大突破。到20世纪70年代末，除梵蒂冈、摩纳哥和安道尔三个国家之外，中国和所有西欧国家都建立了外交关系，并且于1975年同欧洲经济共同体建立了外交关系。

自改革开放以来，中欧关系得到全面发展。中国视欧洲为维护世界和平的主要力量；在经贸上，中国把欧洲视为重要的合作伙伴；中欧高层交往不断增多，政治对话机制逐渐建立，在国际事务中开展了广泛的合作。1983年与欧洲煤钢共同体及欧洲原子能共同体建立外交关系，至此中国与欧共体全面建交。同时，由于1978年中苏政策的调整，中国与东欧国家关系也有所改善，到20世纪80年代中后期，东欧国家都先后与中国实现了关系正常化。[①]

1995年以来，欧盟连续发表了几个重要文件，大幅度调整和提升与中国的关系，从"长期关系""走向成熟的伙伴关系"再到"全面战略伙伴关系"，中欧双方的政治关系不断强化、互尊互信；经贸关系不断发展、互利互惠，双方在其他领域上持续扩大与深化合作、互鉴互荣，双边关系得到全面发展。[②]

（5）简析当前中日关系陷入僵局的原因

中日两国自邦交正常化以来，龃龉不断、分歧颇多。日本早稻田大学

---

① 牛军编著《中华人民共和国对外关系史概论》，北京大学出版社，2010，第279~279页。

② 吴志成、赵晶晶：《新中国六十年：中欧关系的历史回顾与思考》，《南开学报》2009年第4期，第13~14页。

名誉教授毛里和子将中日间的主要利益分歧分为三个层次。

基础层次主要是围绕历史认识以及价值观的对立。历史问题作为中日两国间的"包袱"，对两国关系的影响是基础性的，历史问题的波动直接影响其他层次问题的解决。在未来两国关系中，对历史问题的处置态度将直接影响两国关系的走向。

第二层次主要是围绕权力特别是亚洲地区领导权的对抗。这一层次的对抗是两国间结构性的对抗。中国的不断崛起，日本的逐步衰落，以及两国对亚洲地区领导权的争夺成为两国难以化解的结构性矛盾，其对两国关系的影响是深层次的和长久的。在短时期内，结构性矛盾难以解决，只会在具体事件上影响两国关系。

第三层次主要是围绕领土、领海、贸易以及经济合作等具体利益的对抗。目前，这一层次主要是围绕钓鱼岛问题而产生的对抗，自 2010 年双方在钓鱼岛问题上的冲突变得白热化之后，钓鱼岛问题就成为中日两国间最激烈的对立因素，双方都宣称钓鱼岛及其附属岛屿为"国有领土"，毫不妥协。钓鱼岛问题成为影响两国关系走向和国民情感最直接的因素。

中日两国自进入 21 世纪以来，在历史认识、亚洲领导权和领土领海等主要利益分歧上龃龉不断。而中日两国关系的走向主要取决于以下三个维度：一是日本国内政治形势；二是钓鱼岛问题的走向；三是安倍政府对华战略取向。

第一，日本国内政治右倾化将损害中日政治互信的根基。2012 年 12 月众议院大选后，日本右翼势力和鹰派得势，温和自由派进一步削弱。在众议院 480 席中，自公两党占有席位 325 席，超过 2/3。2013 年 7 月参议院选举后，自公两党议席总数达到 135 个，超过参议院总议席半数的 121 席。在众参两院选举中，右倾化政党都占据了绝大多数席位，安倍政府右倾势力进一步增强。安倍内阁成员 19 人中，有 14 人是"大家一起参拜靖国神社国会议员会"的成员。可以预见的是，随着安倍内阁右倾化进一步发展，参拜靖国神社的幕僚增多，日本修宪可能性明显增大。因而，由于日本政治右倾化抬头，中日两国关系的不确定性和受到的负面影响将扩大，中日发生冲突的风险明显增加。[①]

第二，安倍在钓鱼岛问题上主张强硬，有可能导致中日关系进入新的

①　刘江永：《中日关系"政冷经热"的症结与出路》，《现代国际关系》2006 年第 4 期，第 29 页。

冰冻期。钓鱼岛问题是中日关系中最敏感、最棘手的问题。进入21世纪，日本右翼团体不断到钓鱼岛制造事端，安倍上台之后，运用政府权力进一步激化钓鱼岛争端。他公开表示日本同中国不存在领土问题，钓鱼岛问题没有外交交涉余地。在接受美国《外交》杂志专访时更强硬表示"我们从未同意搁置尖阁诸岛议题"，说日方过去同意搁置"完全是中国大陆的谎言"。

第三，安倍对华战略取向将力推"挟美压中"，开展遏制中国的亚太外交布局。在安倍的对外战略中，日美同盟被置于核心位置。安倍视日美同盟为实现其政治追求的必要保障，同时将"重塑日美信赖关系，强化日美同盟"视为"重建日本外交和安保的第一步"。在强化日美同盟的基础上，开展了一系列遏制中国的亚洲外交来抑制中国的影响力。

总而言之，右翼主导下的日本国家战略发展方向对中日关系的损害是全方位的，甚至有可能在中日两国主要利益分歧上引发冲突，从而使中日关系陷入僵局。

> ### ※ 中日关系四原则
> 　　中日两国领导人就维持两国关系持久发展提出的、指导中日友好关系发展的原则。1982年5月，中国总理赵紫阳访日，和铃木善幸会晤时表示中国珍惜两国间已经建立的良好关系，为此提出发展中日关系三项原则：和平友好、平等互利、长期稳定。这一提议得到日本方面的积极响应。1983年11月，中共中央总书记胡耀邦访问日本，和日本首相中曾根康弘会谈时，中曾根提议把三原则改为四原则，即加上相互信赖这一项，胡耀邦对此表示赞同。中日双方一致同意将原来指导中日两国关系的三原则，充实发展成为和平友好、平等互利、相互信赖、长期稳定的四原则。中日关系四原则的提出为两国关系深入发展做出了贡献。

2. 周边是首要

（1）从理论和实践层面论证周边外交对于中国外交布局的重要性，以及中国应该如何构建"和谐周边"

东亚在很久以前就已经形成了以中国和儒家文化为中心的体制和秩序。中国与邻国之间建立起被称为"天下礼治"的体系，中国古代的睦邻外交思想就是在这样的背景下不断得以实践、丰富和发展的。中华人民共和国成立以后，放弃了古代"唯我独尊"的毗邻外交思想，平等对待周边国家，开创了睦邻外交的新局面。中华人民共和国的外交政策与实践在很长一段时期内保持了一定程度的连贯性，睦邻外交成为当代中国外交中基本的主题之一。① 冷战结束后，中国的周边外交取得了相当大的成绩，在这个过程中，中国保持着睦邻外交的连贯性，进一步发展了与邻国的政治、经济、军事、安全等双边关系，并通过区域合作机制开展多边外交。

从实践层面上看，周边外交对中国外交布局同样具有重要性。首先，中国的传统地缘安全格局有了根本性改观，周边形势不断改善，但仍然面临着许多挑战。中国跨境民族众多，少数民族大多聚居于边疆地区，有的与中原地区的经济文化差异非常大，而与邻国相同民族具有相同的语言文化、风俗习惯和宗教信仰。存在一些分裂势力勾结境内民族进行分裂祖国的活动，这需要中国妥善处理与周边国家关系。其次，全球化的趋势给中国和周边带来不容忽视的影响，周边国家的经济安全与中国密切相关，只有正确处理与周边国家的关系，才能真正维护国家经济安全和能源安全。最后，国际恐怖主义对中国西北边疆造成冲击。20 世纪 90 年代以来，"东突"恐怖势力在中国新疆及其毗邻地区制造了许多起骇人听闻的暴力恐怖事件，造成了大量的人员伤亡，给中国的国家安全带来严重的威胁。② 因此，无论是从理论角度还是实践层面，中国都应该做好睦邻外交这门功课。

构建"和谐周边"，我们应该立足于以下三个方面：第一，经济外交引领睦邻关系。中国与周边国家的经济合作以惊人的速度迅速深化，亚洲国家在中国经济外交中具有绝对的优势，中日、中韩与中国－东盟之间的贸易成为中国与亚洲国家、地区贸易的重中之重，这成为睦邻外交的着眼点；第二，用务实态度处理周边敏感问题。中国周边形势复杂，牵扯多方利益。中国在处理周边敏感问题如钓鱼岛问题、南海问题时应该坚持务实态度，坚持"主权在我，共同开发"的原则，避免直接对抗，实现合作共赢；第三，进行多层次、多渠道、高密度的信息沟通。在国家交往中，信息不透明往往容易导致战略误判、双边关系恶化。加强政府首脑、知识精英、意见领袖之间的信息交流，保持双边对话机制的畅通，加强双边对话，尽快

---

① 陈琪、管传靖：《中国周边外交的政策调整与新理念》，《当代亚太》2014 年第 3 期，第 9 页。

② 祁怀高、石源华：《中国的周边安全挑战与大周边外交战略》，《世界经济与政治》2013 年第 6 期，第 36～37 页。

打破相互猜疑的局面是重构双边战略互信的关键点。

※ 北部湾事件

北部湾事件又称东京湾事件，是美国于 1964 年 8 月在北部湾（又称东京湾）制造的战争挑衅事件。1964 年 7 月底，美国军舰协同西贡海军执行"34A 行动计划"，对越南北方进行海上袭击。8 月 1 日，美第七舰队驱逐舰马多克斯号为收集情报，入侵越南民主共和国领海，次日与越南海军交火，击沉越南鱼雷艇。美国政府立即发表声明，宣称美海军遭到挑衅。3 日，美总统 L. B. 约翰逊宣布美国舰只将继续在北部湾"巡逻"。4 日，美国宣称美军舰只再次遭到越南民主共和国鱼雷艇袭击，即所谓"北部湾事件"，并以此为借口于 5 日出动空军轰炸越南北方义安、鸿基、清化等地区。7 日，美国国会通过《东京湾决议案》，授权总统在东南亚使用武装力量。这一事件是美国在侵越战争中推行逐步升级战略，把战火扩大到越南北方的重要标志。

（2）试论 1962 年中印边界冲突的根源

中印边界全长约 2000 公里，但两国从来没有正式划定过边界线，而英国对中国西南边疆的侵略和蚕食又留下了一些历史纠纷，使中印边界问题成为两国间存在的最大历史遗留问题。从根本上说，中印边界问题是由英国殖民主义侵略和统治造成的。[1]

中、印两国在边界东、中、西三段都存在争议。东段指不丹以东至中国、印度、缅甸三国交界处的边界；中段指从西段的东南端到中国、印度、尼泊尔三国交界处的中国西藏阿里地区同印度喜马偕尔邦和北方接壤的边界；西段指中国的新疆和西藏同克什米尔印度占领区的拉达克接壤的边界，争议地区涉及 12.5 万平方公里的土地。对于争议地区问题，中国政府历来主张通过谈判，互谅互让，取得公平合理的解决。[2]

1959 年 3 月 22 日，尼赫鲁在给周恩来总理的信中提出了全面领土的要求，印度边境哨所节节向北推移，企图在边界问题上造成既成事实，逼中国接受。在东段，印度侵占了麦克马洪线以北的朗久和塔马顿，并在那里设立哨所，8 月 7 日又侵入和占领了线北的沙则和兼则马尼。

---

① 孟庆龙：《中印边界冲突中的英国因素》，《清华大学学报》（哲学社会科学版）2014 年第 6 期，第 51~64 页。

② 杨公素、张植荣：《当代中国外交与实践》，北京大学出版社，2009，第 149~152 页。

1959 年 8 月 25 日，在东段马及墩寺南端发生了新中国成立后中印边界的第一次武装冲突。一股侵入马及墩寺南侧地带的印度武装部队突然向驻扎在马及墩寺的中国边防部队猛烈开火，中国边防部队被迫还击。10 月 25 日，在西段又发生了空喀山口事件。60 多名携带轻重机枪等武器的印度武装人员侵入空喀山口以南的中国领土，向只有 14 人且只配备轻武器的中国巡逻队发动武装进攻，中国巡逻队被迫还击。

1960 年 4 月 19 日至 25 日，周恩来总理抱着和平解决边界争端的友好愿望，赴新德里同尼赫鲁总理举行会谈，双方未能达成任何实质性协议。周恩来总理在离开新德里前举行的记者招待会上发表了书面讲话，提出了六点看法，但是遭到了印度政府的否定。

印度不同意中印双方保持边界现状，不同意双方边防部队脱离接触，是为了要继续贯彻它的"前进政策"。1961 年 7 月 6 日，印度在西段它所侵占的巴里加斯设立新的哨所，并派出巡逻队。在东段，印度陆军总部在 1961 年 12 月发出一项指示，命令东部军区继续将哨所向前推进。为避免局势进一步恶化，中国从 1962 年 8 月至 10 月曾多次建议中印双方在官员报告的基础上讨论中印边界问题，但印度却坚持要中国从西段自己的大片领土上撤出，并以此作为同意谈判的先决条件，这就断然关闭了和平谈判之门。10 月 12 日，尼赫鲁总理宣布，他已下令要把中国军队从他所谓的入侵地区"清除掉"。10 月 17 日，印军在边界东西两段开始猛烈炮击我军。18 日，印度国防部官员宣布：已经把中国人"赶回两英里"，由此触发了 1962 年中印边境的大规模武装冲突。中国方面在忍无可忍的情况下，不得已于 10 月 20 日开始进行自卫反击。①

（3）简要分析南海问题的成因、现状以及中国应如何应对

汉朝时，汉武帝于元封元年（公元前 110 年）于海南设珠崖（今海南三亚市）及儋耳（今海南儋州市）两郡，此后历代都宣布了对南海的主权。直至 20 世纪中期，中国历代政府一再明确宣布对南海所拥有的主权，并未引起他国争议。② 随着东南亚国家逐渐取得独立，产生了一些新的国家，政治独立后的东南亚沿海与岛屿国家的资源出路必然是向海看。自 1982 年《联合国海洋法公约》通过以来，各沿海国的海洋权利普遍得到扩大，不仅

---

① 关于中印边界问题的梳理与进展，请参见吴兆礼《中印边界问题的缘起、谈判进程与未来出路》，《南亚研究》2013 年第 4 期，第 47～62 页。

② 贾宇：《南海问题的国际法理》，《中国法学》2012 年第 6 期，第 26～27 页。

一些国家的 3 海里领海扩大到 12 海里，它们还得到了与大陆架相关的排他性海洋经济权利。东南亚国家对扩大海洋主权以争取海洋资源的意识已有大幅提高。在 1982 年的第三次联合国海洋法会议上，各国的海洋权益意识得到彰显，权益博弈达到高潮。自 20 世纪 60 年代后期经调查发现南海蕴藏着丰富的海底石油和天然气资源后，周边国家开始加速抢占南沙的岛礁。新一轮南海争端的形成是越南和菲律宾的内部考量、美国重返亚太的战略效应和中国国家实力的显著增强等因素共同作用的结果。

近年来，南海地区风起云涌，各方角力正酣。南海已经成为各方战略角逐的舞台，域内外部分国家相互勾结、相互利用，企图联手构筑围堵中国的同盟。围绕中国南海问题主要表现为：自 2010 年美国高调"重返"亚太以来，南海周边国家动作频繁，在美国策划和指挥下，以越南和菲律宾为先锋，日本、印度等国为后援的围攻中国的"口水战"不断。越南与美国积极携手配合，将所谓的"南海问题"炒作成本地区的"热点"；日本和印度等国也借助美国的影响逐渐向南海地区渗透，进一步推动了南海问题的国际化趋势。当然，目前争议各方尚不愿将纠纷和摩擦上升为军事冲突，南海斗争形式主要还是舆论战，南海地区总体上维持了"大体和平稳定，局部纷争不断"的局面。

在应对南海争端上，中国应该从两个方面着手：一方面，中国需要坚持"主权在我，合作开发"的原则，坚决主张对南海地区的主权，在主权问题上绝不能做丝毫让步。在坚持"主权在我"的原则下，中国可以同周边国家共同开发，合作共赢。同时，中国坚决反对他国船只在中国专属经济区内从事非和平的活动甚至是军事活动。另一方面，中国应该与他国通过谈判寻求共赢，以使南海呈现稳定之势。2002 年中国与东盟十国在柬埔寨共签《南海各方行为宣言》便是一例。根据《南海各方行为宣言》的原则，解决南海争议应该放弃使用武力手段，并由直接相关方谈判解决。

菲律宾总统阿基诺三世上任之后，首先挑起了中菲黄岩岛冲突。随后菲律宾在美国操纵下，对处于中国领土主权范围的岛礁及其周围海域提出要求，提起所谓的仲裁诉讼。菲企图据此否定中国在南海的领土主权和海洋权益，为自己非法侵占中国南海的部分岛礁的行为张目，严重威胁地区和平与稳定，造成了南海局势的复杂化。杜特尔特总统上任后，中国和菲律宾关系好转，南海局势也开始逐渐降温。然而，树欲静而风不止，美国政府依然打着航行自由的旗号，不断在南海挑动事端，企图通过怂恿南海声索国与中国对抗以实现美国国家利益，强化美国在亚太区域的影响力。然而，围绕南沙岛礁的具体争议，应该回到由直接当事方通过对话协商来解决的轨道上。中国和东盟国家完全有能力通过共同的努力，以自主的方式来制定一个致力于维护南海和平与稳定的地区规则。

> ※ **南海各方行为宣言**
>
> 《南海各方行为宣言》是中国与东盟各国外长及外长代表于2002年11月4日在柬埔寨金边签署的政治文件。中国国务院总理朱镕基和东盟各国领导人出席了签字仪式。这一宣言是中国与东盟签署的第一份有关南海问题的政治文件，对维护中国主权权益、保持南海地区和平与稳定、增进中国与东盟互信有重要的积极意义。
>
> 宣言确认，中国与东盟致力于加强睦邻互信伙伴关系，共同维护南海地区的和平与稳定。宣言强调通过友好协商和谈判，以和平方式解决南海有关争议。在争议解决之前，各方承诺保持克制，不采取使争议复杂化和扩大化的行动，并本着合作与谅解的精神，寻求建立相互信任的途径，包括开展海洋环保、搜寻与救助、打击跨国犯罪等合作。

3. 发展中国家是基础

（1）简述中国对外援助八项原则以及中国对非洲的援助实践

1963年12月14日起，周恩来总理在陈毅副总理兼外长的陪同下，先后访问了埃及、阿尔及利亚、摩洛哥、突尼斯、加纳、马里、几内亚、苏丹、埃塞俄比亚和索马里。周恩来总理与非洲十国领导人分别举行了会谈，并提出了中国与非洲和阿拉伯国家相互关系的五项原则和中国对外援助的八项原则（即著名的《中国政府对外经济技术援助的八项原则》）。

八项原则内容如下。第一，中国政府一贯根据平等互利的原则对外提供援助，从来不把这种援助看作是单方面的赐予，而认为援助是相互的。第二，中国政府在对外提供援助的时候，严格尊重受援国的主权，绝不附带任何条件，绝不要求任何特权。第三，中国政府以无息或低息贷款方式提供经济援助，在需要的时候延长还款期限，以尽量减少受援国负担。第四，中国政府对外提供援助的目的，不是造成受援国对中国的依赖，而是帮助受援国逐步走上自力更生、经济上独立发展的道路。第五，中国政府帮助受援国建设的项目，力求投资少，收效快，使受援国政府能够增加收入，积累资金。第六，中国政府提供自己所能生产的、质量最好的设备和物资，并根据国际市场的价格议价。如果中国政府所提供的设备和物资不合乎商定的规格和质量，中国政府保证退换。第七，中国政府对外提供任何一种技术援助的时候，保证做到使受援国人员充分掌握这种技术。第八，中国政府派到受援国帮助进行建设的专家，同受援国自己的专家享受同样的物质待遇，不容许有任何特殊要求和享受。中国据此展开对非洲国家的援助。

从1956年埃及成为第一个接受中国援助的非洲国家开始，到20世纪70年代末，中国对非援助已达到一定规模，并形成自己的特色与影响力。到1978年，中国共向36个非洲国家提供了超过24亿美元的经济援助，中国在非洲的援助项目达200多个，涉及农业、气象、卫生、体育、教育等众多领域，其中坦赞铁路建设项目最为典型。1983～1989年，中国援助非洲成套设备与项目130多个，有30多个非洲国家从中受益，1988年的援助款项比1983年增加63%，并且在援助方式上实现多元化。到1999年，中国援助非洲40多个国家共建成成套项目800多个，签订的承包劳务合同达9700多份，这些项目对于改善非洲国家的经济发展基础和民生起了重要作用。进入21世纪，中非关系在持续推进过程中同时呈现出明显的阶段性提升。2000年中非合作论坛的建立以及2006年11月在中非合作论坛北京峰会上，中国国家主席胡锦涛宣布中国将对非采取的"八项政策措施"更是将对非援助推向新的高潮。[①]

（2）论述中国与拉美关系发展的复杂性

中国与拉丁美洲和加勒比地区的关系源远流长。相传从公元5世纪，中国僧人就曾东渡墨西哥。明朝万历年间海上"丝绸之路"的发展促进了中拉关系的发展。新中国对拉美的外交"从一片空白起步"，采取"累积式"发展、稳步推进的方针。20世纪五六十年代，中国开启对拉美的民间交往，历经艰辛，最终在七八十年代迎来两次建交高潮。21世纪中拉关系开始向"跨越式"发展迈进。[②]六十多年来，中拉关系经历了"从无到有，从局部突破到大规模突破，从小规模、低层次的交流到大规模、高层次推进的过程"，这一过程既有机遇，同时也充满挑战。

中拉关系发展机遇有如下特点。第一，政治基础良好。中拉相距遥远，

① 〔南非〕马丁·戴维斯：《中国对非洲的援助政策及评价》，曹大松译，《世界经济与政治》2008年第9期，第39～40页。
② 郑秉文、孙洪波、岳云霞：《中国与拉美关系60年：总结与思考》，《拉丁美洲研究》2009年增刊第2期，第3～17页。

不存在影响双方关系的历史和地缘政治等问题；此外，由于同属发展中国家，在政治、经济等各方面有着广泛的共同利益，发展良好的政治关系有着坚实基础。第二，经济结构互补性强。作为世界主要工厂，中国对原材料的需求非常大，而拉美资源、能源富集，也是世界原材料和初级产品的主要出口地区之一，双方经济结构有着很强的互补性。第三，国际形势发展的需要。拉美独立自主意识增强，希望实现对外关系多元化，减少对美国的依赖，因而具有加强和提升与中国关系的强烈意愿和需要。

中拉在政治、经济等各方面有着广泛的共同利益，同样也存在不少挑战。第一，中拉地理上相距遥远，双方在政治、文化、社会和价值观上的差异明显，给相互了解和交流造成困难。第二，中拉贸易结构仍较简单，贸易摩擦和贸易争端频繁出现。中拉贸易主要集中在基本商品和原材料领域，结构简单，且中拉双方在纺织品、服装、玩具、鞋等商品上存在竞争关系，容易导致贸易摩擦和争端。第三，中拉经济合作水平较低，双方相互投资较少，投资的领域较狭窄。第四，中拉关系发展受台湾和美国因素制约。拉美地区 33 国中有 11 个国家与台湾依然保持所谓"外交关系"，"台湾问题"较严重。拉美历来被视为美国的"后院"，中拉关系的快速发展，触及了美国在西半球霸权地位的神经，自然引起美国的"关注"。美国一方面在拉美宣传"中国威胁论"和"中国竞争论"，挑起拉美国家对中国的警惕和戒备，增加拉美国家对深化与中国关系的疑虑；另一方面跟踪、关注中国在拉美的举动，在"台湾问题"、中国急需的能源和资源项目等方面加大干涉力度。同时，美国加大对拉美国家的关注和投入，遏制拉美左翼力量的发展，维护自己在拉美的地位和利益，中拉关系的发展受到美国因素的巨大挑战。

（3）简述中国与大洋洲关系的发展进程

大洋洲有 14 个独立国家，其余十几个地区尚在美、英、法等国的管辖之下。除了澳大利亚和新西兰之外，大多是微型岛国，也都属于发展中国家。中国与大洋洲地区的关系历史悠久，当地老一代华人就是这种关系的见证。中国与大洋洲国家之间没有历史纠葛和利害关系，1972 年 12 月 22 日中国与澳大利亚、新西兰建交，在 20 世纪 70 年代中期，中国同斐济、萨摩亚、巴布亚新几内亚三国建立了外交关系。改革开放以后，中国加大了发展与大洋洲国家关系的力度，先后又同瓦努阿图、密克罗尼西亚联邦、库克群岛、汤加、纽埃等国建立了外交关系，目前中国与大洋洲国家中的 8

个国家保持了外交关系。中国与南太地区的结构互补关系日益明显，双方合作的需求也不断提高。

政治关系不断加强。1999年9月，中国国家主席江泽民访问澳大利亚时，双方一致同意建立面向21世纪长期稳定、健康发展的中澳全面合作关系。中国领导人曾多次访问或顺访大洋洲国家，该地区与中国建交国的领导人包括总统、副总统、总理、副总理、议长也曾多次访问中国。中国与这个地区国家的部长级交往每年都在增加，双方的政治关系保持稳定。

经贸关系不断发展。在双边领域，中国与这个地区有外交关系的国家都签署了经济技术合作协定，同一些国家分别签署了贸易协定、民用航空协定等，中国还在力所能及的范围之内向这个地区的国家提供了一定规模的经济技术援助。在国际事务中，中国与这些国家相互支持、密切合作。中国目前已经是澳大利亚第三大贸易伙伴。1971年中国与太平洋岛国论坛的成立为中国与该地区经贸关系的发展提供了重要平台。

文化交流明显增多。双方在文化、科教、旅游、卫生等领域的交流与合作进一步加强。截至2014年，中国赴澳留学生达15万人，占澳外国留学生人数的28.5%，2014年新西兰的中国留学生人数达到了30179人。同时，中国驻外机构在当地积极开展文化交流和互动，通过举办"中国电影节"等方式来增进彼此了解，拉近距离，建立友好关系。①

但需要指出的是，这一地区仍有少数国家与台湾当局保持"外交"关系，一个中国原则是中国同该地区国家、组织建立和发展关系的政治基础。中国政府愿在一个中国原则的基础之上与该地区各国建立和发展国家关系。

4. 多边是舞台

（1）分析中国与联合国关系的演变及原因

自1949年中华人民共和国成立后，新中国与联合国的关系已经走过六十余载。② 在这六十多年的岁月中，中国从最开始不被接纳到在联合国发挥作用，从对联合国事务的消极旁观转为积极主动地全面参与，从很少发出倡议到更多地提出自己的主张，作为联合国安理会常任理事国和世界上最大的发展中国家，中国在联合国这个多边外交的舞台上日臻成熟。

---

① 陈菲：《中国与太平洋岛国合作的现状、挑战与对策》，《社会主义研究》2011年第5期，第123~126页。

② 关于中国与联合国关系的回顾，可参见曲星《半个世纪的历程——中国与联合国关系回顾》，《世界历史》1995年第5期，第2~14页。

① 1949～1971 年受排斥与抗争阶段

1945 年 6 月，联合国制宪会议在旧金山召开，中国作为创始国参加并签字。1949 年中华人民共和国成立之后，即采取了一系列合法步骤，积极维护中国政府在联合国组织的合法地位。但是由于中华人民共和国成立之后采取"一边倒"政策，美国政府从其全球战略利益出发，顽固地坚持反华立场，以种种借口向联合国施加压力，并用操纵联合国表决机器、玩弄会议程序等手段，试图长期把新中国拒之门外。对此中国做了艰苦不懈的长期努力。在不断发展壮大的第三世界国家的同情和支持下，1971 年第 26 届联合国大会通过了第 2758 号决议，恢复了中国在联合国的一切合法权利。

② 1972～1978 年消极旁观阶段

1971 年恢复在联合国一切合法权利之后，中国对联合国的定位由超级大国控制世界的工具，改变为第三世界国家反帝反殖反霸的舞台，因而也缓和了对联合国的批评态度，把支持第三世界国家作为自己义不容辞的责任。但总体而言，由于当时冷战的气氛仍然浓厚，中国还没有摆脱极左思想的干扰，意识形态分歧、国内信息封闭、外交经验匮乏及对联合国作用认识不足等因素，使中国在这一阶段对联合国事务的参与是极其不充分的，在联合国的事务中只是一个旁观者的角色。

③ 1978～1989 年以国家利益为中心的有限参与阶段

这一阶段中国认为，联合国对中国而言不再仅仅是一个追求主权利益的讲坛，更是实现发展利益的广阔舞台，对联合国外交从主要维护国家安全转向为发展利益服务。由此，对联合国事务的参与扩展到经济、社会等各个领域，中国在联合国的多边外交一跃成为中国外交的重要内容。但是由于与国际制度刚刚接轨，中国在联合国体制中发挥的作用是非常有限的，中国更多的是在经历着一个学习、适应并由被动接受到主动参与的过程。

④ 1990 年至今作为负责任大国的积极合作阶段

这一时期中国积极参与联合国事务。在政治上，中国支持联合国在国际事务中发挥主导作用，是所有大国中对联合国权威地位最有力的支持者；在安全领域，中国支持安理会在维护世界和平与安全上的主导作用，积极参与裁军和维和行动，成为大国中对维和行动做出最大贡献者；① 在经济领

① 颜声毅：《当代中国外交》，复旦大学出版社，2004，第 352～353 页。

域，中国以自身发展带动联合国其他成员国发展，成为世界经济秩序最重要的塑造者之一。

中国加入联合国

1971 年 10 月，在广大发展中国家的支持下，第二十六届联合国大会以压倒多数，通过 2758 号决议，恢复了中华人民共和国在联合国的一切合法权利，并立即把国民党集团的代表从联合国及其一切机构中驱逐出去。这从一个侧面反映了中国国际地位的提高，标志着帝国主义孤立中国政策的彻底失败。此后，中国同绝大多数西方国家建立了外交关系，从而出现新中国的第三次建交高潮。中国在联合国组织内，坚定地同广大发展中国家站在一起，共同为实现联合国宪章的宗旨和原则、维护世界和平、加强各国友好合作、促进人类进步而不懈努力。1974 年 4 月，邓小平副总理率领中国代表团出席联合国第六次特别会议，阐述了中国对世界局势看法和建立国际经济新秩序的主张，受到热烈欢迎。

（2）简述驱使中国积极参与多边外交的内因和外因

从中国目前参与多边外交的实践来看，中国积极参与多边外交既有出于自身利益的考虑，同时也有外部环境的作用。

第一，参与多边外交是更有效维护国家利益的必然要求。多边外交作为一种可资利用的维护国家利益的手段，具有议程较为确定、讨论和活动具有较高公开性的特征。参与各方拥有平等的发言权，对于发展中国家来说，参与多边外交更有利于自身国家利益的实现。目前在综合国力和国际影响力仍有限的情况下，参与多边外交有利于减弱中国所受到的战略压力，中国可利用多边合作机制，缓解由于不可避免的政治、经济和安全等方面的某种程度的主权让渡造成的消极影响。①

第二，参与多边外交是实现国家利益最大化的需要。中国现在最大的问题依然是发展问题，中国为促进经济发展，既参与了区域性的国际合作，也参与了全球性的安排。历史表明，一国想要获得尽可能多的经济利益，它就不应游离于多边体系之外，而应该积极参与多边外交体系，从中获益。

---

① 王逸舟：《中国与多边外交》，《世界经济与政治》2001 年第 10 期，第 6～8 页。

第三，参与多边外交是中国树立负责任的建设性大国形象和身份的必然要求。中国作为一个快速崛起的发展中国家，综合实力的不断提高以及在国际事务中发挥的作用越来越大已经成为不争的事实。国际社会的关注日益增多，各种利益摩擦和"中国威胁论"不断凸显。面对新的外交困境，我们需要借助多边外交舞台，在更大范围、更有影响力的外交领域，发出更强有力的声音和进行更坚定的行动来协商对话、化解分歧、增信释疑。多边外交无疑具有这样的优势，有利于中国树立负责任的大国形象。

第四，参与多边外交是中国对美国单边主义的有力回应，是中国的战略选择。中美两国之间的结构性矛盾决定了中国在力争维护稳定的中美双边战略关系和扩大经贸关系的同时，必须另辟蹊径、广泛结交。发展新的多边外交渠道，既为自身的良性发展，也为全球的战略稳定开拓新的活动空间。中国不能坐等美国国际战略的调整，而是要积极参与和回应美国的战略调整，只有奉行多边主义和多边外交国际战略，才能避免被动的局面，更有利于中国的长远国家利益。

第五，参与多边外交是顺应世界潮流和改革开放的需要。自冷战结束以来，国际上多边外交呈现空前活跃的态势，而且形式与内容日趋丰富和多样化，形成了以联合国为中心，各种区域或次区域组织迅速发展的庞大组织网。仅有双边外交已无法满足国际形势发展的需要，背靠国际制度和国际组织开展多边外交已经成为国家的现实选择。中国的改革开放同样需要一个和平稳定的国际环境，而中国积极参与多边外交便为国内改革开放和现代化建设营造了有利的国际环境和周边环境，符合时代发展的需要。①

（3）简要评述朝核六方会谈

朝核六方会谈机制是以朝核问题为基本议题的多边主义机制，自2003年启动以来，它缓解了第二次朝核危机，推动了各方共识的达成和落实行动的展开，对国际和平、地区安全以及中国国家利益的维护与实现均具积极意义。② 但是朝核六方会谈也面临着众多的现实问题，未来朝核六方会谈的成功与否主要取决于东北亚安全环境的变化，美朝之间战略意图的博弈以及与会六方的态度。

---

① 吴建民：《多边外交是构建和谐世界的平台——重新认识多边外交》，《外交评论》2006年第4期，第13~14页。

② 〔韩〕都允珠：《多边主义制度、六方会谈与朝核危机》，《国际政治研究》2007年第3期，第123~137页。

朝核六方会谈机制自 2003 年建立以来，其间各方经过艰难曲折的谈判过程，在朝核问题上取得了一系列的成就，对国际和平与地区安全产生了积极效应。六方会谈作为主要解决朝核问题的多边主义机制，从 2003 年到 2013 年的十年间，共举行了六轮正式会谈和多次团长会，虽尚未能实现朝核问题的真正解决，但其在缓解朝核危机紧张局势、促成相关各方达成共识、推动解决朝核问题具体行动等方面所取得的成就是不可忽视的。同时，朝核六方会谈作为东北亚地区的一个非正式国际制度，其机制构建和运行进程对国际和平、地区安全以及中国国家利益的维护与实现均产生了重要的积极效应。

朝核六方会谈机制虽卓有成效，但其谈判进程中仍存在诸多问题与困境。朝核六方会谈机制面临的主要问题表现在两个层面：第一，谈判各方存在利益分歧和互信缺失问题，使六方会谈在朝核问题上难以消解分歧与矛盾，特别是美朝之间的战略博弈，使半岛无核化的实现和其他相关问题的解决困难重重。除国家利益分歧之外，互信的缺失也是六方会谈机制在议题解决层面面临的无法回避的现实难题；第二，六方会谈机制约束力弱、制度化程度低，难以确保协议的有效落实，甚至会谈机制本身也频遭搁浅，无法保证有效运转。①

自 2003 年 8 月 27 日开始，到 2009 年 4 月 23 日朝鲜宣布退出六方会谈为止，其间共举行了六轮六方会谈。到目前为止，朝核六方会谈一直处于搁浅的状态，而未来朝核六方会谈能否重启主要取决于两个方面：一是在六方会谈框架之内，美韩两方对朝政策走向及其影响下的朝美、朝韩关系演变，直接影响着朝核问题的解决前景，尤其是最近几年，朝韩两国在诸多问题上龃龉不断，使得朝核问题不断升温，甚至一度有演化为战争的危险，朝核六方会谈能否重启因此主要取决于朝美韩三国间能否做出相应妥协。二是国际环境的变化也间接影响了朝核六方会谈的进程，这种外国因素主要是伊朗核问题的走向，伊核问题同朝核问题在美国全球安全战略框架下存在极大相关性。2015 年 7 月 14 日，伊朗总统鲁哈尼发表全国电视讲话，称核谈判的成功标志着历史新的一页已经翻开。根据此次协议，伊朗将停止生产高浓缩铀和武器级的钚，在国际社会监督下拆除 2/3 的离心机，15 年内不建造新的核设施。伊朗核谈判协议的达成为朝核问题的解决提供

---

① 黄凤志、金新：《朝核问题六方会谈机制评析》，《现代国际关系》2011 年第 12 期，第 9 ~ 15 页。

了一个样板，说明通过更有效、低成本的方法和平解决复杂的国际问题是可行的。然而由于朝鲜政府不愿意放弃既定的核武器以及导弹发展战略，重启朝核问题谈判的可能性可以说非常之低，多方的博弈使得朝鲜政府有足够的空间与各国周旋，复杂的地缘政治更是让六方会谈重启变得希望渺茫，由此可见，朝核问题的解决道路依然漫长且艰难。

（四）专题解析之应用篇

1. 中国坚持不结盟政策的原因分析

随着中国实力的不断增强、国家利益的逐渐拓展，中国所面临的压力也日益增大，一时学界关于是否需要继续坚持"韬光养晦、有所作为"产生了质疑，同时对于"不结盟"政策的争议也纷至沓来。当前，坚持不结盟政策的学者仍大有人在，但主张中国结盟的学者也不在少数。

坚持不结盟政策具有以下好处：

首先，中国不结盟政策是在新的国内外形势下维护国家利益的适宜之举。一是顺应了国际形势，积极营造和平稳定的国际环境。二是可以积极发挥外交政策灵活性，以结交更多友好国家。中国坚持不结盟是基于自身利益独立自主开展的国际交往，在不结盟基础上与世界大国、各地区重要国家建立广泛的友好关系，不仅有利于服务中国的经济发展，还能扩大中国的国际影响。三是淡化意识形态的"负面"影响。中国的不结盟主张在摒弃意识形态分歧的基础上开展国家交往，有利于消减因意识形态引发的"中国威胁论"的影响，从而拓展中国的对外交往对象。①

其次，就过去三十多年来中国面临的安全威胁或压力而言，结盟并无必要。就国土安全而言，中国并未遇到太大的威胁，目前在海上的权益争端也并非一种迫在眉睫的安全威胁，不必通过结盟予以解决。

此外，不结盟政策也比较符合中国的历史传统和战略文化。对中国而言，结盟主要是一种防御性的考虑，而在并无迫在眉睫的安全威胁的情形下进行结盟并不符合防御性的战略文化。

总之，过去三十多年来，中国坚持不结盟政策，基本上维护了国家利益，为经济发展营造了较为和平稳定的外部环境，无论是主张不结盟还是倡导新安全观，不结盟政策基本上延续了下来，具有内在的合理性。

---

① 凌胜利：《中国为什么不结盟？》，《外交评论》2013 年第 3 期，第 20～33 页。

2. 请预测未来一段时期中国外交将遭遇的机遇、挑战及其发展前景

随着中国对外开放度的提高、参与国际事务数量的增加，中国外交在21世纪尤其是在后金融危机时代进入了一个新时期，中国外交的研究也由此迎来了一个新机遇。

随着综合国力的不断发展和中国国际社会地位的不断提升，中国未来在国际社会中将在国际和国内两个层面面临前所未有的机遇。在国际方面，从新中国成立至今，中国一直坚持在和平共处五项原则的指导下与其他国家发展外交关系，并且在推进国际社会秩序朝着合理化方向积极作为，同时在参与国际事务和国际组织上中国也有优异的表现，中国的国际形象不断得以提升，国际话语权逐渐提高，因而为未来中国展开外交关系塑造了良好的国际环境；① 从国内方面来看，中国综合国力不断提升，尤其是在西方发达国家经济增速普遍下降甚至出现负增长的情况下，中国经济一枝独秀，综合国力不断得以提升。外交是内政的延伸，国家综合国力的提高将为中国积极开展外交关系奠定坚实的经济基础；同时，中国综合国力的提高也将有利于塑造良好稳定的国内社会，有利于中国做好外交事务。

当然，在看到机遇的同时，我们也应该看到中国外交面临的严峻挑战。一是美国对中国展开的各种外交攻势和遏制，尤其是随着中国国力的不断提高和美国霸权实力的相对下降，在相对实力缩小的时候，美国必定会采取各种方式来遏制中国崛起。二是来自中国周边的挑战，由于中国地缘环境复杂，怎么处理好与周边国家的关系也将成为未来中国外交的挑战之一。② 三是来自西方国家的挑战，随着中国综合国力的不断提升，以美国为首的西方联盟将联合起来对中国采取压制政策，如何巧妙化解并从中获利也成为挑战之一。

在机遇与挑战并存的情况之下，中国外交的未来发展前景主要表现为以下几个方面。一是继续巩固和发展与主要大国的关系。既保持与美、欧、日等大国关系既有的良好发展势头，妥善处理矛盾分歧，努力增进互信和利益汇合点，同时进一步加强与俄罗斯、印度、巴西等新兴大国的战略对话与合作，拓展大国外交的新空间。二是全面深化与周边及发展中国家的

---

① 楚树龙、林芯竹、冯峰：《上升中的中国国力、国际地位与作用》，《国际经济评论》2009年第6期，第16～17页。

② 祁怀高、石源华：《中国的周边安全挑战与大周边外交战略》，《世界经济与政治》2013年第6期，第25～46页。

友好务实合作。珍惜周边外交来之不易的良好局面，进一步加大对区域合作的投入。巩固与发展中国家关系在中国外交工作中的基础地位，深化与发展中国家的传统友好与务实合作关系，扩大双方在国际事务中的沟通协调。三是继续在国际和地区热点问题上发挥积极和建设性的作用。既要坚持原则，根据事情本身的是非曲直和我们的根本利益决定立场和政策，又要展现中国负责任大国的形象，努力推动热点问题当事方通过和平对话方式解决分歧，维护世界和地区的和平稳定。四是积极开展经济外交、安全外交和公共外交，努力开创有中国特色的多元化外交新格局。针对外交任务和对象日益多元的趋势，进一步发挥外交在推进对外经济合作、维护国家安全、塑造国家形象等方面的重要作用，更好地服务于国内经济社会的持续稳定发展。

参考文献

中华人民共和国外交部编《中华人民共和国外交史》三卷，世界知识出版社，1994、1998、1999。

牛军：《冷战与新中国外交的缘起（1949~1955）》（修订版），社会科学文献出版社，2013。

牛军编著《中华人民共和国对外关系史概论》，北京大学出版社，2010。

杨公素、张植荣：《当代中国外交与实践》，北京大学出版社，2009。

杨奎松主编《冷战时期的中国对外关系》，北京大学出版社，2006。

张历历：《当代中国外交简史》，上海人民出版社，2009。

颜声毅：《当代中国外交》，复旦大学出版社，2004。

谢益显：《中国当代外交史（1949~2001）》，中国青年出版社，2002。

第七章　政治学原理[*]

（一）导言

人类对于权力、政府、统治等政治现象的研究，可以追溯到希腊城邦、中国春秋和古印度等古典文明时期。但真正意义上的现代政治学，起源于 19 世纪末 20 世纪初的美国。在近代欧洲，特别是在德国等欧陆国家，虽然霍布斯、洛克、卢梭、斯密、康德、托克维尔、马克思、韦伯、涂尔干等大师的政治思想与论述奠定了今天政治学理论的基本范畴，但政治研究仍然从属于"大政治经济学"与"大社会学"，没有独立的政治学科。而在南北战争后的美国，伴随着移民潮、工业化和城市化，选举体制逐步成熟，官僚机构不断发展，出现了对于政府制度、选举、政治 – 司法关系等具体领域的知识与人才的需求。在这一背景下，1880 年美国哥伦比亚大学成立了第一个政治学研究机构；1903 年，美国政治学会（American Political Science Association）成立；1906 年，美国政治学会主编的《美国政治学评论》（*American Political Science Review*）创刊，这些事件标志着现代政治学的诞生。

权力是政治学的核心概念，同时也是社会科学领域的核心概念之一。权力关系体现在人类生活的各个领域中。真正使政治学区别于其他学科的，在于政治学集中讨论的以国家（state）为主体的权力关系。其中根据研究层级的区别，广义的政治学又可分为关注国家内部各级政府（governments）内、政府间、政府与政府外群体和组织间权力关系的"国内政治学"（或称

---

* 本章由中国国际问题研究院助理研究员康杰博士负责撰写。

"本国政治学")及"行政学",关注国家间权力关系的"国际政治学",以及关注国家间的时序变迁和横向差异的"比较政治学"(也被称为"世界政治学")。在现实中,国内政治学与比较政治学实际是相互包含的,两者往往共享同一套研究主题、理论和方法。狭义的政治学即指国内政治学与比较政治学。

政治学的主要知识领域,可以概括为政治观念、政治制度、政治行为和政治发展。政治观念讨论的是基本的政治价值与意识形态的分野,并形成一个次学科:政治理论(Political Theory)。政治制度研究各种政治实体的起源、演变以及它们的政体、构成方式和具体制度,同时旨在总结和解释不同政治实体的制度差异。政治行为研究则包括政治统治、政治治理和政治参与(如选举、动员、集体行动等)三个分支,并研究上述三种行为的不同表现、成因和效果。通常,当一个政治实体的制度层面和观念层面发生变化时,其行为层面也会发生连带的变化。而政治发展研究正是针对某一个或某一类政治实体中政治活动的整体性变迁,如革命、民主化等。

现代政治学自诞生以来,主要经历了以下几个发展阶段:关注正式政治制度的旧制度主义时期(1880~1920),关注具体的政治行为的行为主义时期(1921~1966),以国家理论和政治发展为核心的后行为主义时期(1967~1988),以及以科学方法和政治行为的重归为特征的第二次科学革命时期(1988年至今)。今天政治学在研究问题和方法上已日趋成熟和多元,并越来越与社会学、经济学、心理学、生物学等学科产生交叉融合。

中国人对政治现象和政治问题的研究历史源远流长。从古典时期诸子百家的政治思想,到王朝国家时期帝王、名臣、学者的统治实践,再到近代以来西学东渐背景下的转变,产生了极为丰富的经典观点与论著。在新中国成立后和政治学科恢复以来,随着当代西方政治学著作和方法的大量引进,在新时期中国独特的国情、发展道路和治理经验基础上,中国政治学正在逐步完成从"取经""译经"到"著经"的转变,涌现出越来越多的创造性和本土化思考。

(二) 基本概念

1. 什么是权力? 权力的来源或要素有哪些

关于权力,最广为人知的是马克斯·韦伯(Max Weber)的定义。韦伯认为,权力意味着"某人在社会关系中不顾他人反对而贯彻自身意志的可能性"。① 权力最简单，亦是其最本质的手段即是暴力和强制。另一方面，与此相对，韦伯还引入了"支配"（dominance）的概念，即人群自愿服从权力的某些或全部指令。② 这种"自愿服从"，或是出于对自身利益的算计，或是出于对权力合法性的信仰，或是仅仅出于单纯的习惯。正如卢梭所说："即使最强者也不能总是强大得足以永远做主人，除非他把权力转化为权利以及把服从转化为义务。"③由此可见，权力并不仅是一种单向的能力（capability），而是权力行使与服从权力这两个向度所构成的关系。从家庭到企业组织，从民间组织到官僚机构，从国家之内到国家之间，权力关系无处不在。广义上的政治科学所关注的，即是以国家（state）为权力主体的权力关系。

迈克尔·曼（Michael Mann）划分了两个维度的权力类型，依据权力扩展的不同方向，分为广泛型（extensive）和深入型（intensive）；依据权力行使和服从的不同方式，分为威权型（authoritative）和弥散型（diffused）。广泛型权力讨论的是最低度人口控制所能扩展到的最大地理范围，深入型权力则是指对人口的深度控制和动员；威权型权力依赖明确的命令和有意识的服从，弥散型权力则以一种更加本能和无意识的方式弥散在整个人群中。这两个维度的权力类型可以组合成四种理想的类型，以此对应历史上权力组织的不同扩展方式。另一方面，曼划分了权力的四种来源，即意识形态、经济、军事与政治（包括领土控制与对外地缘政治竞争）。四种要素分别在不同程度上作用于上述四种权力类型，形成了权力组织扩展的 IEMP 模式。④

潘维认为，权力由四种要素构成，分别是财富（Wealth）、暴力（Violence）、观念（Idea）和人格（Personality），即 WVIP。财富与暴力属于物质类/硬权力；观念和人格属于精神类/软权力。拥有硬权力者难以拥有软权力，拥有软权力者则难以拥有硬权力。与此相应，政府行使权力的方式包括四类：以暴力为基础执行和维护关于社会秩序的规矩；在政府里安排强势社会利益集团的代表，代表强大社会集团的利益；培育执政者的"责

① Max Weber, *Economy and Society* (Berkley: University of California Press, 1978), p. 53.
② Max Weber, *Economy and Society* (Berkley: University of California Press, 1978), p. 212.
③ 〔法〕卢梭：《社会契约论》，何兆武译，商务印书馆，2001，第 12~13 页。
④ Michael Mann, *The Sources of Social Power*, Vol. 1, *A History of Power from the Beginning to AD 1760* (Cambridge: Cambridge University Press, 1986), pp. 8-30.

任感"，使其对社会团体的整体利益负责；塑造社会的共同利益观念。①

综合而言，权力的来源可以分成两大领域，即组织和规范。一方面，一切政府的军事权力、经济权力及政治权力的行使，都需要依靠专门的军队、财政－税收组织和行政组织。另一方面，上述权力要素所依赖的人力和物质资源，也都由相应的组织来完成动员。专门组织通过掌握专业技能（expertise）、执行渠道和信息，构成了权力的"基础设施"。历史上各类政治实体权力的扩展与深化，无一不有赖于各类组织的功能完善和效率提升。政治实体的竞争、成败和兴衰，也与其各类组织对时代变化和区域差异的适应性密切相关。

如果说组织对应着权力的"能力"维度，那么规范则关系到权力的"服从"或"合法性"。一方面，权力的获取和行使，需要"程序上的正义"。从传统的君主制和贵族制政体，到现代的选举型政体，君主继位和现代竞争性选举的合法性都有赖于一定的程序，需要君臣、政党与选民认可一定的游戏规则。所谓的"程序正义"，其实质是符合社会所公认的规范。这种规范可以是承袭自传统，也可以是政府和强势社会群体有意培育的结果，当然也包括各种舶来成分。同时，各种法律和政府命令的实施，固然是以暴力为后盾，但如果背离了社会的既有规范，其行使将面临更大的暴力成本，且面临更多的不稳定和难度。另一方面，诸如意识形态这样的规范权力，能够形成或反对各类集体行动，并使特定的政治团体或个人获得魅力型（charismatic）权威。如前所述，这种人格魅力，某种程度上是在为社会创造规范。因此，意识形态这类规范权力将加速政治团体间权力对比的变化，并由此推动或阻碍政治变迁的进程。

组织型权力与规范型权力这两大范畴的关系，折射出政治学领域中的多个研究次领域。现实中，一方面，组织型权力凭借自身的功能专长和信息优势，有逐步压过规范型权力的趋势，且规范型权力的形成，如政治社会化等过程，也要依赖组织型权力。另一方面，规范性权力也会通过渗透和制衡的方式来抵消这一趋势。

这种关系最为突出的表现即是美国政治学中的立法－行政关系研究，以及比较政治学中的政－军关系（civil-military relations）研究。关于前一种关系的研究认为，随着现代政治日益复杂化，总统代表的行政权凭借对复

①　潘维：《政治常识：世界各国政府的社会谱系》，北京大学中国与世界研究中心《研究报告》第 68 期，第 1~2、13~15 页。

杂信息的处理能力，逐步盖过了国会代表的立法权，使国会面临成为"橡皮图章"的危险。相应地，国会也会通过发展一系列专门委员会来抵消行政部门的信息优势。[①] 关于后一种关系的研究认为，基于程序或意识形态等规范型权力获得权力的领导人，面临如何控制掌握组织型权力的军事和官僚组织的问题。在诸多案例中，后者凭借强大的组织资源，对前者的执政地位发起挑战，甚至取而代之。对此，前者或用规范约束后者，或选择降低后者的组织强度，或利用各组织之间的竞争以实现制衡。[②]

2. 简述 20 世纪美国政治科学/比较政治学的发展过程，总结其议题与方法的发展与转换，并列举代表性的学者和著作

表 7 - 1 引自杰拉多·蒙克（Gerardo Munck）和理查德·斯奈德（Richard Snyder）的研究，从中可以窥见 20 世纪美国政治学/比较政治学的研究主题、理论和方法的发展脉络。

表 7 - 1　20 世纪美国政治学发展脉络

		政治学学科体系建立（1880~1920）	行为主义革命时期（1921~1966）	后行为主义时期（1967~1988）	第二次政治科学革命（1989 年至今）
学科主题		政府和正式政治制度	政治体系；非正式政治；政治行为	国家理论，国家-社会关系；正式政治制度；政治行为	国家理论，国家-社会关系；正式政治制度；政治行为
理论	元理论	无	结构功能主义	国家理论	理性选择，博弈论，制度主义
	中层理论	无	利益集团，政党，政治结构，官僚，军队，民主化与稳定	国家形成，革命，威权和民主政体的类型，民主崩溃和转型，军队，政党，民主制度，政治文化，统合主义，社会民主，经济发展模式，经济改革	国家崩溃，社会冲突，族群冲突，民主的类型，选举及其他民主制度，政党，选举行为，公民态度，政治文化，社会运动，经济与决策，资本主义的类型

---

① Robert Gilmour and Alexis Halley, et al. , *Who Makes Public Policy: The Struggle For Control Between Congress and The Executive* (New Jersey: Chatham House Publishers, 1994).

② Samuel Huntington, *The Soldier and the State: the Theory and Politics of Civil-Military Relations* (Boston: The Belknap Press of Harvard University Press, 1985); Peter Feaver, "Civil-Military Relations," *Annual Review of Political Science*, Vol. 2, 1992, pp. 211–241.

续表

		政治学学科体系建立 (1880~1920)	行为主义革命时期 (1921~1966)	后行为主义时期 (1967~1988)	第二次政治科学革命 (1989年至今)
研究方法		案例研究，小样本比较	案例研究； 小样本比较； 跨国统计分析	案例研究； 小样本比较； 跨国统计分析	案例研究；小样本比较；跨国统计分析；国内统计分析；形式理论
评估	理论优势	学科特定研究主题的建立	建构元理论的尝试； 将社会行为纳入学科关注	基于案例提出理论； 提升了对政治过程和政治变迁的关注	对行为与制度（行为体及其选择）的强调；注意到内生性（endogeneity）问题
	经验优势	强调对研究对象观察的实证研究	更多的比较分析，扩大实证研究范畴	更多严谨的比较分析； 长时段的历史分析	更多的比较分析；严谨的验证过程
	理论缺陷	正式制度路径过于狭隘，无助于建构理论	缺乏对中层理论的整合； 视决策过程为黑箱，视政治为非政治因素的结果； 过分强调结构功能主义的分析	缺乏对中层理论的整合	缺乏对中层理论的整合
	经验缺陷	缺乏系统比较； 经验研究范围狭隘	缺乏对结构功能主义的验证	无	形式理论本身缺乏验证
与其他学科和学派的关系	通过批判哪些得来	欧式大理论和历史哲学	历史	还原主义； 政治进化论，即认为所有社会将按照同一模式向前进步的理论； 功能主义	区域研究
	借鉴自哪里	德意志历史学派； 法学研究	美国政治； 帕森斯社会学； 人类学； 心理学	历史社会学； 西方马克思主义； 拉美依附论	美国政治； 经济学
研究背景	政治事件和趋势	美国镀金时代的"社会问题"，欧洲民主化和宪政改革，一战，俄国革命	大萧条，新政，法西斯主义，二战，亚非国家的独立，冷战，麦卡锡主义，民权运动	越战，欧洲社会民主，南方和东方的威权和极权主义，全球民主化，共产主义体系的崩溃	后冷战时代，全球化，市场改革，族群冲突，"9·11"事件，伊拉克战争

续表

		政治学学科体系建立 （1880～1920）	行为主义革命时期 （1921～1966）	后行为主义时期 （1967～1988）	第二次政治科学革命 （1989年至今）
研究背景	学者的价值取向	对辉格党传统的有限民主的共识；保守主义和温和的自由主义	对自由价值的共识	冲突的价值观：自由主义、保守主义和激进主义的激荡	对民主的共识；对新自由主义和全球化看法不一

资料来源：Gerardo Munck and Richard Snyder, *Passion*, *Craft*, *and Method in Comparative Politics*, (Baltimore: John Hopkins University Press, 2008), pp. 38 – 40.

推动政治科学/比较政治学学科发展和新旧流派转换的因素主要有三种。第一是议题驱动。新的政治 – 社会现实催生了新的研究议题，或者使一些被遮蔽的恒久性议题重新显现出来，这些都令旧研究流派力不从心。旧研究流派的研究关切、视角、方法都不足以有效回应新问题，进而引发研究者的反思与创新。第二是理论 – 方法驱动。政治学/比较政治的发展得益于借鉴自社会学与经济学的理论与方法。社会学与经济学领域的理论与方法创新潮流，往往会波及政治学/比较政治，例如20世纪50年代，推崇结构 – 功能主义（Structural Functionalism）的帕森斯社会学理论将政治学行为主义革命推向高潮，加布里埃尔·阿尔蒙德（Gabriel Almond）等领军人物颇受其影响。第三是学术共同体的整合和分化。一个独立学科的诞生，同时也是自主性的学术共同体的形成，研究议题、理论和方法都要反映在有代表性的研究者与研究群体中。议题和理论方法之所以能够发挥作用得益于师承关系、机构联系或研究共同体。总体而言，一方面，三种因素之间可以是一个发生次序上逐步递进的过程，另一方面，后两种因素又具有一定的自主作用。

在这三种因素之外，美国政府基于对外战略需求而对政治学进行的有针对性的系统资助与扶持，也在很大程度上左右了研究议题、方法和研究者的偏好。冷战初期的发展政治学和现代化理论、20世纪80年代的民主化理论以及当代的国家崩溃、族群冲突和内战研究等，都体现出深刻的美国国家意志的烙印。

比较研究的传统古已有之，但现代政治学/比较政治学是一个美国式的学科。它的出现在某种程度上可以归结为美国不同于欧洲的分权式的宪法与政治体系。欧洲特别是德国的政治研究被涵盖在整体的经济与社会研究中，在今天欧洲一些大学的机构设置中仍可以发现这种"大学科"的痕迹。[①]

20世纪初至二战的政治学/比较政治学研究，可以称为传统主义（traditionalism）学派。这一时期的研究主要是比较和归纳美国及欧洲各种议会制政体（如英、法、德等）的具体构成，描述各个政府的立法、司法、行政和选举制度，归纳正式的宪法和法律条文，以及重要政治职位权限的变化。这种就事论事的"描述"型研究，明确了政治学作为独立学科的地位，使之与欧洲历史与政治哲学的宏大叙事区分开来。但这种研究所带来的结果是，研究范围过于狭窄，研究主题仅仅关注正式制度与法律条文，限制了研究视野，无助于解释政治自身的运行规律。[②]

20世纪20年代，芝加哥大学教授查尔斯·梅里亚姆（Charles Merriam）创建了以"跨学科"（inter-discipline）研究为宗旨的社会科学研究理事会（Social Science Research Council, SSRC），沟通了政治学、经济学、社会学、人类学、统计学、心理学等社会科学分支学科的全国性学会，致力于逐步打破单个学科的狭隘视野，促进社会科学的一体化。[③] 同时，梅里亚姆和同在芝加哥大学的哈罗德·拉斯韦尔（Harold Lasswell）、昆西·赖特（Quincy Wright）等名家，培养了如阿尔蒙德、戴维·杜鲁门（David Truman）、赫伯特·西蒙（Herbert Simon）等知名学者，从而奠定了行为主义革命的共同体基础。但是行为主义革命真正发展壮大是在二战结束之后。[④]

行为主义与传统主义的分野，具体体现在其研究议题和方法上。在研究议题上，行为主义主张跳出传统主义的"正式制度"范畴，转而研究个体的可观察、可测量的行为指标和制度之外的"非正式"行动，如选民的投票行为、个体的政治态度和政治价值、政治传播和社会化以及利益集团的游说活动等。在研究方法上，行为主义大量借鉴了心理学、社会学的小组实验、抽样调查和统计等量化方法，卡尔·多伊奇（Karl Deutsch）和昆西·赖特等人初步建立了一些早期的研究数据库。阿尔蒙德和西德尼·维

---

① 如英国的一些大学的人文科学、社会科学和政治科学（Human, Social and Political Science）专业，同时涵盖了人类学、社会学、政治学和国际关系的内容。

② Gerardo Munck and Richard Snyder, *Passion, Craft, and Method in Comparative Politics* (Baltimore: John Hopkins University Press, 2008), pp. 35 – 37；吴青：《本世纪以来比较政治学在美国的发展》，《国外社会科学》1994年第1期，第65页。

③ Kenton W. Worcester, *Social Science Research Council, 1923 – 1998* (New York: Social Science Research Council, 2001).

④ Gerardo Munck and Richard Snyder, *Passion, Craft, and Method in Comparative Politics* (Baltimore: John Hopkins University Press, 2008), p. 41.

巴（Sidney Verba）的《公民文化：对五国公民政治态度与民主的比较》（*The Civic Culture: Political Attitudes and Democracy in Five Nations*），罗伯特·达尔（Robert Dahl）的《谁统治？一座美国城市中的民主与权力》（*Who Governs? The Democracy and Power in an American City*），卡尔·多伊奇的《政府的神经》（*The Nerves of Government*）等著作是其中的重要代表。

20 世纪 60 年代，阿尔蒙德等学者将社会学家塔科特·帕森斯（Talcott Parsons）的结构功能主义理论引入对一国政治体系的解释中。阿尔蒙德将现代政治体系划分为利益集团、政党、立法机关、行政机关、官僚部门、司法部门等结构，将结构的功能分为体系层次、过程层次和政策层次，这是对现代政治体系进行系统比较的基础理论进行建构的最初尝试。①

同一时期，与集中关注美欧发达国家的行为主义政治学相呼应的是，主要以第三世界国家为研究对象，以现代化理论为代表的发展政治学开始兴起。20 世纪 60 年代，为了在亚非拉新独立国家"抵抗"革命浪潮，美国国务院、中央情报局等政府部门开始积极赞助和扶持学术界对第三世界的研究。美国各主要大学普遍设立了冠名以地区研究（regional studies）和国际研究（international studies）的学术机构。以沃尔特·罗斯托（Walt Rostow）为代表的经济学家和丹尼尔·勒纳（Daniel Lerner）、马里昂·列维（Marion Levy）、戴维·阿普特（David Apter）、白鲁恂（Lucian Pye）、西里尔·布莱克（Cyril Black）等政治学家出版了大量关于"现代化"的论著。经济学领域刚刚兴起的"发展经济学"与行为主义政治学在此实现了合流。

现代化理论的核心概念集中在以下几个互有重叠且互有关联的假设之上：第一，"传统"社会和"现代"社会互不相关，截然对立；第二，经济、政治和社会诸方面的变化是相互结合、相互依存的；第三，发展的趋势是沿着共同的、直线式的道路向建立现代国家的方向演进；第四，发展中社会的进步能够通过与发达社会的交往而显著地加速。② 可概括成两点，即：一是单一发展道路假设，美国的今天就是第三世界的明天，沿着美国的道路第三世界就能迈入现代化；二是经济决定论假设，即经济发展必然促进社会开放和政治民主。这一时期的代表性著作有沃尔特·罗斯托的

① 〔美〕加布里埃尔·阿尔蒙德、宾厄姆·鲍威尔：《比较政治学——体系、过程和政策》，曹沛霖等译，东方出版社，2007。

② 〔美〕雷迅马：《作为意识形态的现代化：社会科学与美国对第三世界政策》，牛可译，中央编译出版社，2003，第6页。

《经济增长的阶段：非共产党宣言》（*The Stages of Economic Development*：*A Non-Communist Manifesto*），西摩·李普塞特（Seymour Lipset）的《政治人：政治的社会基础》（*Political Man*：*The Social Bases of Politics*）、阿尔蒙德和詹姆斯·科尔曼（James Coleman）的《发展中国家的政治》（*The Politics in Developing Countries*）、阿普特的《现代化的政治》（*Politics of Modernization*）等。

　　20 世纪 60 年代中期之后，行为主义和现代化理论开始遭遇危机。一方面，在美国国内，随着民权运动和反越战运动逐步走向高潮，左派批评理论在美国学术界的影响上升，以现行政治体系为研究对象的、追求"价值中立"的行为主义被批评为缺乏反思精神和历史感的"守旧派"（conformist）。其研究议题被批评为过于狭隘和静态，不但未能关注宏观的、长时段的政治变迁，甚至对具体的政策过程都因为滥用结构功能主义的若干假定而无法给出充分解释。行为主义在重视利益集团、选民等社会维度的时候，却对正式的政府机构缺乏关注，对于传统主义，只看到了正式制度的缺陷，因而矫枉过正，反而步入了另一个错误的极端。另一方面，在对外政策层面，依据现代化理论推行的一整套以经济援助为主，辅以"反叛乱"战争和军事援助的第三世界政策鲜有胜果，第三世界的动荡加剧，革命势头呈现出上升趋势，美国深陷越战泥潭更是宣告了该政策的彻底破产。第三世界国家的发展路径完全不同于现代化的理论预测，经济发展和社会开放非但未能产生稳定的民主秩序，反而催生了更多的失序，表明政治发展的路径并非单一的，而是多元的、复杂的。

　　对行为主义的系统批评和反思，催生了 20 世纪 60 年代中期至 80 年代中期的后行为主义。这是关于国家、革命、政体变迁和政治组织的各种中层理论（mid-ranged theory）的黄金时期，也是比较历史研究（Comparative Historical Research）和多元政治价值大行其道的时期。后行为主义时代最具代表性的研究议题和流派如下。

　　一是"国家中心"的研究流派。这一派学者不满于结构功能主义建构的非历史的、静态的"政治体系"和"政治结构"概念，而将"国家"视为一种动态的历史进程。近代民族国家的形成、国家形成中的政体分化、近代西欧的民主路径等宏大问题，成为他们关注的主要议题。社会学方法被用于长时段的比较历史分析中，社会学、比较政治与历史实现了交融。其中最具影响的著作包括查尔斯·蒂利（Charles Tilly）主编的文集《西欧民族国家的形成》（*The Formation of National States in Western Europe*），斯蒂芬·罗肯（Stephan Rokkan）的文集《欧洲的国家形成、民族建构和大众政治》（*State Formation*，*Nation-building*，*and Mass Politics in Europe*）和塞缪尔·芬纳（Samuel Finer）的三卷本巨著《统治史》（*The History of Government from the Earliest Times*）等。20 世纪 80 年代，"国家中心"研究影响了政治经济学、公共政策和国际政治等研究领域，产生了诸如西达·斯考切波（Theda Skocpol）和彼得·伊文斯（Peter Evans）等人的《找回国家》（*Bring the State Back In*）等著作。

　　二是关注政治制度变迁的政治发展理论。这一派学者批判现代化理论的单一路径和经济决定论的假设，指出政治发展存在多种路径，社会阶级的结构、社会动员和经济发展的时机（timing）、在国际体系的不同位置、帝国主义等因素，都会影响政治发展和政体变迁的结果。这一时期，关于政体变迁和政治发展的各种中层理论层出不穷，不同的政治价值彼此激荡。其中既有揭示政治发展、社会动员与政治失序的联系，赞美强力政府的保守主义者塞缪尔·亨廷顿（Samuel Huntington）及其《变化社会中的政治秩序》（*Political Order in Changing Societies*），也有借鉴马克思的阶级分析法，通过社会阶级结构来解释民主与独裁政体起源的巴林顿·摩尔（Barrington Moore）及其《独裁与民主的社会起源：现代世界塑造过程中的地主与农民》（*Social Origins of Dictatorship and Democracy*：*Lord and Peasant in the Making of the Modern World*），也有更加激进的伊曼纽尔·沃勒斯坦（Immanuel Wallerstein）及其已出版了四卷的《现代世界体系》（*The Modern World System*）。

　　除了上述两个较为集中的研究议题外，后行为主义还关注各种正式和宏观的政府制度和政治现象。但与传统主义不同的是，后行为主义试图通过案例比较得出解释，而非仅仅进行简单的归纳与描述。对政党制的比较研究的成果有乔万尼·萨托利（Giovanni Sartori）的《政党与政党体系》（*Parties and Party Systems*：*A Framework for Analysis*）；对军事组织、政－军关系和政变的研究成果有芬纳的《马背上的人：军队的政治角色》（*The Man on the Horseback*：*The Role of Military in Politics*）和阿莫斯·珀尔马特（Amos Perlmutter）的《当代军队与政治：职业军、禁卫军与革命军》（*The Military and Politics In Modern Time*：*On Professionals*，*Praetorians*，*and Revolutionary Soldiers*）；对革命的比较研究的成果有斯考切波的《国家与社会革命：对法、俄、中的比较分析》（*States and Social Revolutions*：*A Comparative Analysis of France*，*Russia and China*）和约尔·米格代尔（Joel Migdal）的《农民、政治与革命：第三世界政治与社会变革的压力》（*Peasants, Politics, and Revolution: Pressures Toward Political and Social Change in the Third World*）；对统合主义（Corporatism）的研究成果有菲利普·施密特（Philippe Schmitter）的《巴西的利益冲突与政治变革》（*Interest Conflict and Political Change in Brazil*）等。

　　总体而言，小样本的案例研究成为这一时期的主导方法，基于典型案例得出的中层理论成为主流。这样的研究路径，在丰富分支研究领域和中层理论的同时，也造成了中层理论间缺乏整合，缺乏跨越分支领域的宏理论，整个政治学日益割裂成庞杂的专门圈子，彼此之间的联系越来越分散，缺乏对话工具等问题。与此同时，20 世纪 80 年代拉丁美洲和东南欧等地区民主化和经济自由化的转轨浪潮，冷战结束后族群冲突和内战的加剧，以及民主化、经济政策和族群冲突等议题重要性的大大上升，加大了对学科整合的压力。此时，经济学中理性选择理论的兴起提供了学科变革的契机。

　　理性选择理论有如下基本假定：一是个体主义，个体是政治过程的核心行动者，个体是理性的，其行动目标是个体效用最大化；二是将制度视为约束或激励个体行动的外生因素；三是个体的同质性，即个体对制度的回应是相似的、理性的。理性选择理论可以用来分析绝大多数领域的政治行动与政治制度间的互动，解释政治制度的设计和变迁，同时能够更清晰地阐明微观的政治过程中行为体的复杂关系，如选民的投票互动、政务官与事务官间的委托 – 代理关系等，因此提供了一个极具渗透性和整合性的元理论。

　　新的理论带来了研究议题和方法的变革，政治行为研究和定量方法重新占据主流。因此，这次变革被称为"第二次行为革命"或"第二次科学革命"，其影响一直延续至今。定量研究方法被广泛用于验证多个变量间的关联、对多种假说内含的变量关系进行直接验证、排除似是而非的变量关系。例如，彼得·费弗（Peter Feaver）和戴维·莱丁（David Laitin）通过对外部因素与内战爆发频度的定量研究，认为"冷战结束后内战爆发频度增加"的传统看法，实际上是站不住脚的。[①] 相比之下，传统的小样本和案例比较方法的主要缺陷是在案例选取和设计上容易陷入过于狭窄的"量身定制"陷阱，造成严重的遗漏变量问题。同时，在多案例比较研究中，较

[①]　James Fearon and David Laitin, "Ethnicity, Insurgency, and Civil War," *The American Political Science Review*, Vol. 97, No. 1, 2003, pp. 75 – 90.

容易出现假说抽取自一个自变量过于显著、变量联系"过度典型"的案例，之后再根据这个假说来切割和扭曲其他案例，造成虚假的"和谐"的问题。定量研究方法通过对传统理论或常识看法的证伪，推动学者寻找遗漏的变量，创造新理论。定量研究方法在论证的公开透明性和可重复性上也具有传统方法和案例研究方法无法企及的优势，易于接受同行评判，保证数据使用上不出现明显的人为偏差。同时，政治学研究的各类数据库迅速兴起，并不断积累和改进，实现了学术资源的优化利用。

但是，正如后行为主义在摒弃行为主义的狭隘和静态的同时接受了其科学和实证的理念一样，新的学科变革虽然复兴了行为研究和定量方法，但也并未摒弃后行为主义研究的诸多议题及其定性方法。国家形成和政体形成这样的宏观历史题目和案例比较方法，依然在今日的政治学研究中占据着一席之地。政治学学科的发展在某种程度上呈现出在宏观议题和微观议题、结构研究与进程研究、整体主义视角与个体主义视角、定量方法与定性方法之间的"摇摆"，各种研究方法"你方唱罢我登场，各领风骚二十年"。但这种"摇摆"并不是简单的回归，而是一种螺旋式的上升，后代研究在批判前代研究的同时，也继承了前代研究的知识论与研究方法，使今日的政治学日益呈现出研究领域、议题和方法上的多元性。

这一时期的代表性研究，有亚当·普沃斯基（Adam Przeworski）的《民主与市场》（*Democracy and the Market*）和《民主与发展》（*Democracy and Development*），胡安·林茨（Juan Linz）和阿尔弗瑞德·斯泰潘（Alfred Stepan）的《民主转型与巩固的难题》（*Problems of Democratic Transition and Consolidation：Southern Europe，South America，and Post-Communist Europe*），约瑟普·柯罗莫（Josep Colomer）的《博弈论与民主转型：西班牙案例》（*Game Theory and the Transition to Democracy：The Spanish Model*）；达隆·阿西莫格鲁（Daron Acemoglu）和詹姆斯·罗宾逊（James Robinson）的《独裁与民主的经济起源》（*Economic Origins of Dictatorship and Democracy*），戴维·莱丁的《形成中的认同》（*Identity in Formation：The Russian Speaking Populations in the Near Abroad*），罗伯特·贝茨（Robert Bates）和安妮·克鲁格（Anne Krueger）的《经济政策改革中的政治经济互动》（*Political and Economic Interactions in Economic Policy Reform：Evidence from Eight Countries*）等。

3. 列举现代政治意识形态的主要流派，并叙述其起源和分野

简而言之，现代政治意识形态是一套关于政治生活的观念体系。其中

既包含了对过往和现存的政治制度及政治行为的系统解释，也描绘了理想的未来政治蓝图及其实现途径。政治体制的类型以及社会经济价值的分配是政治意识形态的核心内容。近代以来，政治意识形态往往既是推动政治革命和改革的重要推动力，同时也巩固和强化了既有政治秩序，是现代政治生活的关键维度之一。在政治生活特别是政党竞争中，"政治意识形态"易被丑化为操纵大众的工具，但任何一个政党或政治团体都是以明确的或混合型的意识形态作为凝聚物的。

欧洲启蒙运动奠定了政治意识形态的若干价值要素，但真正意义上的现代意识形态，是第二次工业革命带来的一系列社会结构变迁和政治运动的产物。19 世纪中后期，主要欧洲大国进入重化工业时代，形成煤钢复合体式的资本密集型经济结构，大量手工业者和作坊工人转变为现代产业工人。经济转型刺激和加速了城市化进程，新的传媒手段和传播技术也促使政治和社会运动步入高度组织化的阶段，现代政党和政治运动应运而生。这些新生政治势力将启蒙运动的各种松散的政治价值和政治哲学观念整合成系统的政治纲领，由此催生了现代政治意识形态。现代政治意识形态诞生的标志之一就是政论类大众报刊的产生。

自由主义、保守主义和社会主义是最为主要的现代政治意识形态。这三种政治意识形态分别对应着欧洲社会结构中的新兴工业资产阶级、土地所有者阶级和工人阶级。

这一时期的自由主义也被称为"古典自由主义"，它体现了处在上升期的工业资产阶级巩固"守夜人国家"，反对政府干预的需要。古典自由主义的价值核心是启蒙思想家的自由和理性观念。其中，"自由"最初指"免于干涉的自由"，即"消极自由"。"理性"则指个人有能力依照自身理智做出明智判断，理性的载体是"经济人"而非集体或国家。同时，在理性驱动下的社会竞争，能够天然地趋向于平衡冲突，增进和谐。不受政府干预的市场是最优的、蕴含自然平衡的机制，而政府干预竞争只会带来诸多负面效果。

在"自由"与"理性"基础上，古典自由主义推崇洛克式的分权型政体，认为政府必须建立在"被统治者的同意"之上。政府权力一方面是基本秩序和稳定的保障，另一方面易被滥用而侵夺个人自由。"绝对的权力绝对地导致腐败"，因此必须以"权力对抗权力"，通过在政府不同部门和机构间建立权力分隔和制衡的宪政机制，严格划定政府行使权力的界限。

二战后，随着冷战铁幕的开启、东西方意识形态竞争的加剧和欧洲国家工人运动的高涨，自由主义出现了由古典到现代的转型。现代自由主义吸收了社会主义的平等价值观念和一些政策要素。其核心特征是主张"积极自由"，认为自由绝不仅仅意味着不干涉，更意味着要为个人的自我实现创造条件；不仅要形式上、程序上的平等，也要从实质上、结果上增进平等。在具体的政治经济领域，"凯恩斯主义"经济与福利国家是现代自由主义的体现。在社会领域，现代自由主义则奉行族群和种族平等政策，推行多元文化主义，采取补偿性的教育和就业政策来增强"结果平等"。

20 世纪 80 年代，西方国家的"凯恩斯主义"经济和福利国家政策遭遇困境，多元文化和社会政策也面临质疑。同时，在第三次科技革命的推动下，经济全球化加速发展，跨国资本力量空前强盛。在这些因素的作用下，"向古典复归"的新自由主义迅速兴起。新自由主义一方面强调国家干预和福利制度扭曲了市场规律，消磨进取心，造成了社会价值观的堕落和竞争力的下降，另一方面重拾市场原教旨主义和"私有产权至上论"，认为要素自由流动的市场经济和明晰的私有产权是普遍繁荣的基础。在西方国家内部，以里根、撒切尔为代表的政治家开始推行以削减福利、减少干预和增加私有化为标志的国内经济改革。在世界范围内，美国政府和国际货币基金组织、世界银行等国际组织，针对拉美国家和苏东阵营，大力推行以金融投资自由化和私有化为特征的"华盛顿共识"。

政治哲学意义上的保守主义源于 18 世纪初埃德蒙·伯克（Edmund Burke，1729 – 1797）等英国政治思想家对法国大革命的批判。保守主义认为负责任的权威是社会的基石，富有者和特权阶层有照顾弱者的责任，国家应当扮演各种社会利益的裁判者和调和者。在 19 世纪后期，英国的保守主义与自由主义随着大地主和工业资产阶级间的联姻而逐步合流，保守主义集中体现在德国等欧洲大陆国家。欧陆国家，一方面享有经济发展道路上的"后发优势"，即通过银行－资本联合体和国家直接投资，可以在较短时间内积累大量资本，从而实现快速工业化。另一方面，其统治阶级多为传统的土地所有者阶级，在工业化和城市化浪潮冲击下，面临资产阶级和工人阶级的双重政治压力。这迫使统治阶级不得不寻求"阶级妥协"式的政治和经济政策：一是充当资本和工人之间的调和者；二是通过稳定国内秩序和推行海外扩张为资本创造良好的内外部条件；三是率先建立社会福利保障制度，并赋予工会、政党一定的参政权利。在北欧、意大利等国，同样也出现了类似的政治经济模式，被日后的社会科学界统称为"社会统合主义"（social corporatism）。

因此，作为政治意识形态的保守主义强调国家对于社会力量的整合和平衡作用。保守主义认为，国家和各种社会利益团体的关系是互动合作、相互支持的。政府强制社会团体达成妥协和合作，并为此提供保障和渠道，其结果是达到政体利益的均衡。保守主义在当代欧陆国家政治中主要表现为各国基督教民主党、保守党等中右政党在"莱茵模式"资本主义下的治理实践。

近年来兴起的"新保守主义"是一种有"保守主义"之名，但与上文的保守主义大相径庭的概念。新保守主义是对后越战时代美国社会盛行的价值相对主义的反弹。新保守主义者反对暧昧、虚无的价值相对主义，呼吁坚守和复兴处在内外"危机"中的西方自由民主价值，消灭自由民主的敌人。小布什执政后，任用了切尼、沃尔福威茨、拉姆斯菲尔德等多位信奉新保守主义的重要官员，形成了"新保内阁"，在对外政策上推行冒险的扩张主义。总体而言，新保守主义并不是一套系统的政治意识形态，而仅是一种兴起于冷战后期的美国国内思潮。

政治权力的归宿是对财富和价值的分配，整个人类历史就是围绕权力和财富再分配的斗争史。分配的平等是社会主义的核心价值，废除私有制、实现公有制是实现平等分配的核心途径。从柏拉图、卢梭和空想社会主义思想家，到近代马克思主义，"天下为公"的理想和对平等的诉求贯穿整个人类思想史。在第二次工业革命的背景下，马克思和恩格斯以社会科学的方式，使社会主义从零星的、碎片化的思想转变为系统的现代政治意识形态。马克思主义从唯物史观出发，揭示了现代社会两大主要阶级间矛盾不可调和的根源和社会革命的必然性，指出了无产阶级通过武装斗争夺取和改造国家机器、建立新生产方式和新社会形态的政治变革路径。从诞生起，马克思主义便成为工人阶级政党和社会主义国家政治实践的纲领和指南，深刻地塑造了一个多世纪以来的世界政治秩序和人类观念版图。

19世纪末，社会主义阵营出现重大分化：以德国社会民主党为代表的西欧工人阶级政党认为普选制度为工人政党提供了和平参与和获得政权的可能性，实现社会主义不一定要通过暴力革命和武装斗争。这一以妥协代替革命、以选举代替暴力的意识形态被称作社会民主主义。一个世纪以来，社会民主党逐步从边缘化的非法组织发展成为今天所有欧洲国家的主要政党之一。社会民主主义也逐步与现代自由主义合流，意识形态的解释和动员功能消失，取而代之的是功利化的选举功能。

冷战后期以来，三种昔日的主要政治意识形态都经历了重要的演化，但在今天新的政治经济形势和社会结构下，它们都日渐式微。第三次科技革命重塑了主要发达国家的经济和社会结构，第三产业取代了制造业的主导地位，社会原有的二分或三分型的阶级格局变得高度混杂和碎片化。城乡、亚文化等新型认同的兴起，宗教、族群等传统认同的复兴，都大大模糊化了阶级认同的边界。全球化的演进、社交网络和即时通信技术的发展、新的全球型问题的出现，也极大地改变了国家自身的治理议程，使与现代政治意识形态所相伴相随的代议制政体在世界范围内衰落了。生态主义、社群主义、女性主义等碎片化的新政治诉求，以及如民粹主义等沉渣泛起的旧政治思潮，占据了今日发达国家的政治观念结构。这在今日美国的"特朗普现象"、英国公投脱欧和欧陆极右翼政党崛起等现象中可见一斑。

（三）国家专题解析

1. 相对于西欧中世纪国家和近代帝国，近代民族国家的核心特征是什么

从时间序列上看，发源于西欧的近代民族国家，是在中世纪国家的基础上脱胎而成的；从地域上看，近东和中国的近代帝国，则是近代民族国家的主要竞争对手。将近代民族国家与另外两者区分开来的有两项指标：一是是否存在明确的中央权威；二是是否存在一以贯之的领土治理体系。

按照韦伯的定义，国家是"在固定疆界内肯定了自身对武力之正当使用的垄断权利的人类共同体"。[1] 照此来看，西欧中世纪"国家"甚至不能称为国家。在西欧封建制下，各层领主之间以双边封建契约的方式层层分封领地，封建领地内的司法与行政权力属于其领主，而国王虽然是名义上的最高领主，却只不过是无数领主中的一个，只能控制其自有领地。领主与封臣是一种彼此约束的契约关系，而非命令与服从关系。"封臣的臣服是一种名副其实的契约，而且是双向契约：如果领主不履行诺言，他便丧失其享有的权力。"[2]领主 – 封臣关系不存在传递性，"我的封臣的封臣，不是我的封臣"。同时，还有罗马天主教会的权力与世俗权力相抗衡，包括君主在内的所有人，都受到不止一个方向的权力的管辖和约束，同时也享有不

---

① 〔德〕马克斯·韦伯：《韦伯作品集 I：学术与政治》，钱永祥等译，广西师范大学出版社，2004，第 197 页。
② 〔法〕马克·布洛赫：《封建社会》，张绪山译，商务印书馆，2007，第 712 页。

止一种权力。近代民族国家中明确的中央权威、金字塔形的权力等级体系和统一的法律体系在此时完全不存在。① 欧洲封建制意味着权威和资源分散在各种界限明确的主体之间，每一块领地、每一个团体都拥有自己的独立权力。②

按照查尔斯·蒂利的观点，近代民族国家的形成，正是不同主体之间建立制度化讨价还价的过程。在中世纪西欧的社会结构中，武力和财力是彼此隔绝的，分别掌握在不同的社会集团手中。一方面，从罗马衰亡直到中世纪后期，西欧只有零星的跨区域商业网络，自给自足、不依赖货币的封建庄园是主要的经济形态。领主以军事效忠和服役关系为条件将庄园与土地分封给封臣，后者以庄园与土地为依托，获得基本的武力资源，如马匹、兵器、附属部队和后勤资源等。另一方面，中世纪残存的商业和手工业主要存在于独立于领主统治的自由城市中。在中世纪后期，跨地域的贸易与金融网络逐步重建，城市的财富日益增长。与此同时，技术变革改变了战争的形态，依靠召集封臣服役的传统方式，既在技术上落伍，也面临"封臣权利"的掣肘，无法应对频繁战争的压力。各国君主和主要领主越来越依赖招募雇佣兵建立不依靠封臣的常备军，因此越来越依赖金钱，逐步与城市的商人和行会达成了合作关系，形成了代议机构和税收体系。

金钱使君主获得了新的支付手段，并使其得以摆脱与封臣间的封建约束关系，获得了不依靠封建关系的军事力量，即常备军。同时，君主通过剥夺和收买封臣的军事资源，平定国内叛乱，让各种大小领主屈服于其权威，逐渐垄断了暴力运用，建立了统一的司法体系，由此迎来了近代民族国家的第一个阶段——绝对主义国家。

近代民族国家的主要"竞争对手"是以奥斯曼帝国和明清帝国为代表的近代帝国。同样由于火药和其他技术的运用，这一时期近东和中国专制皇权的集权程度显著加强了。与西欧中世纪不同，拥有明确的中央权威和疆域的"韦伯式国家"在这两个地区长期存在。近东和中国的专制君主，从未像欧洲君主那样面对封臣的掣肘和城市阶级的压力。欧洲君主孜孜以

① 举例而言，英格兰 14 世纪议会中，列席上院的显贵被称为国王的"peer"；阿拉贡国王的加冕仪式上，大贵族会如此宣誓："与你同样高贵的我们，向并不比我们高贵的你宣誓，如果你能够信守我们之间的约定，我们便向你效忠。"

② 马克垚：《封建主义概念的由来与演变》，载中国社会科学院历史研究所、中国社会科学院经济研究所、中国社会科学杂志社《历史研究》编辑部编《封建名实问题讨论文集》，江苏人民出版社，2008，第 60 页。

求的常备军和官僚体系，在公元前的中国就已经相当成熟。

近代帝国与近代民族国家的最显著区别在于其领土治理体系是多元的，中央对地方的渗透程度较低。奥斯曼帝国在小亚细亚和叙利亚等地区实行由苏丹任命官员的行省制度，对基督教和犹太教社区则实行米勒特制度，即只要非伊斯兰宗教团体按照奥斯曼国家的规定缴纳人头税、土地税等各种税赋，就可以在其宗教领袖的管理下享有充分的自治权。在东欧、北非，奥斯曼帝国则维持藩属国制度，藩属国君主只需向苏丹个人效忠，其国家完全自治。类似地，清朝在满蒙地区实行八旗制度，在汉族地区实行行省制度，在回部地区实行伯克制度，在西南地区实行土司制度，在西藏则通过皇帝个人保持宗教纽带，并主持最高宗教领袖的继承，而不进行直接治理。同时，奥斯曼帝国和清朝行省的共同特点在于都未下渗到的基层农业社会，基层农业社会是由当地精英维持和治理的。多元的领土治理体系和基层社会的本地精英化管理，使近代帝国能够以较小的代价实现对广大领土的低度控制，但同时也存在抗外力冲击能力弱、政权的财政汲取能力低下等弊端。

相比之下，近代民族国家之所以被称为"民族国家"，与民族主义并不相关，民族主义兴起于18世纪末期，远远晚于民族国家的形成。民族国家中的"民族"，实质是指其核心领土上只存在单一民族和文化，与近代帝国包含多元民族、宗教甚至文明区域的领土规模形成了鲜明对比。

与近代帝国相比，近代民族国家的优势在于其领土规模和国家控制能力是相匹配的——治理与征税网络没有由于过大的幅员而变得过于稀疏，同时还避免了地方政府尾大不掉的问题。由于欧洲近代民族国家走了一条"乡村包围城市"的道路，一方面可以对乡村和基层社会进行强力控制，另一方面保持了商业经济的自主和良性发展，能够更有效地将各种国内资源转化成国际竞争力。到19世纪，近代帝国已经全面落后于近代民族国家，于是被迫以民族国家为方向重新改造自身：奥斯曼帝国的精英放弃了多元民族帝国，转而建构单一民族国家土耳其；而中国则通过长达半个世纪的革命，在保全了清帝国幅员的基础上，用政党基层组织和土地革命的方式，建构了下渗至基层社会的单一治理体系，完成了向民族国家的转型。

2. 关于国家的组织形式，阐释联邦制、单一制和地方分权制在概念和运作方式上的区别

联邦制的词根原义为协定和盟约，是指一个国家内部在联邦和次级主

体间分享主权的制度形式。联邦制国家存在两个不同层级的相对自主的政府，它们无论在法律上还是政治上都互不隶属。联邦制的中心特征在于分享主权（辅助性原则），一部分权力如外交、国防等归属联邦，而次一级政府则保留其他权力，两者互不侵夺。联邦国家一般通过成文宪法和独立司法仲裁界定两级政府的权限，并通过两院制议会等政治架构实现联邦和次级政府的联系。联邦制国家通常源于历史因素，如美国和德国，或文化与族群的异质性，如加拿大。

单一制的特点包括：单一主权结构，个别行政单位的自治权限制在统一的国家主权范围内；统一的宪法和法律体系；统一的政府组织机构；最高权力由中央掌握，地方权力来自于中央政府的授予，接受中央政府统一领导，中央政府与地方政府是命令与服从关系；国民具有统一的国籍身份。

现实中没有纯粹的联邦制或者单一制国家，中国就是典型例证。中国的地方人大、地方性税收和地方性法规等都具有联邦制的色彩。地方人大选举地方官员，地方官员向上级政府和地方人大双重负责，地方人大可制定地方性法规，地方有征税权，省高院一度拥有死刑核准权，但中国的行政系统是单一制的。

地方分权与权力下放：地方分权意味着包括立法、行政、司法等权力的整体下放，地方分权多发生在有地方自治传统的地区，本质上是一种政治措施，因为它改变了决策者的身份，由对上负责转变为对下负责，象征着地方民主的增强。地方分权集中体现为在地方设立放权机构，如英国在威尔士和苏格兰、西班牙在巴斯克等地区设置地方代议机构等。权力下放的主要目标是提高行政效率。

（四）政治制度专题解析

1. 什么是自由民主制？现代西方自由民主制包括哪些核心要素

现代自由民主制是一种间接而有限的民主形态，是人民参与和少数人统治之间张力的产物。相对于雅典民主下公民同时作为选举者、决策者和执行者的制度，现代民主的基本特征是主权在民，人民通过定期的选举选出代表来行使自己的主权权力，代表对人民/选民负责。人民对代表行使权力时的行动进行全程监控，如不满意可以随时撤换代表。在若干重大关键问题上人民可以直接做出决定。

代议制本质上是一种混合政体，它将寡头和精英的事实统治与大众的参与权利加以平衡，并融合了法治和宪政的理念与实践。它在形式上将政治权力建立在"多数人民的同意"上，从而模糊了统治者与被统治者的界限，因而具有空前的合法性根基。代议制一方面使得政治权力的行使受到被统治者的监督和制约，确保了人民作为主权者的权力，同时与宪政和有限政府相结合，确立了法在政治生活中的至上地位，防止了政治权力的滥用；另一方面，它也在事实上固化了既定的社会结构。

弗朗西斯·福山（Francis Fukuyama）将现代自由民主制度解构成三种制度的结合：强国家、法治和责任政府。而这三种制度往往蕴含着内在的张力和冲突，一种制度出现后，并不能自动产生另外两种。一方面，国家能力强大才能有效确保法律得到实施和行使权力，另一方面，法治和责任政府又在限制国家权力，迫使国家按照公开和透明的规则和民众的需要来行使权力。此外，法治规范和短期的民众需要可能也是相冲突的。古代中国和奥斯曼帝国能够建立起强大的国家，却难以建立有效的法治，国家最终被社会的亲缘关系腐蚀；而印度拥有类似于法治的限权传统，但却制约了强大的统一国家的形成。与此相比，近代英国和美国能将这三种制度结合在稳定的平衡状态，本身就是一种充满偶然性的奇迹，因为即便是在实现了三种制度稳定平衡的国家，三种制度也不是同时出现，或者线性发展的，而是有不同的组合模式和演化路径。①

2. 简述分权制衡制政体与议会制政体的区别

以美国为代表的分权制衡政体和以英国为代表的立法权与行政权相融合的议会制政体，是西方自由民主制的两种最基本的类别。

美国政体的核心在于分权制衡。按照分权制衡学说，国家的权力应分为立法权、司法权、行政权三种，这三种权力应严格划分开来，由不同的机构来执掌，并互相制衡，防止被滥用。现实中，总统掌握行政权，国会掌握立法权，联邦法院掌握司法权。在分立的同时，三种权力在运用过程中经常会相互交叉、相互融合，不同机构以分享权力的方式互相制衡，因此，立法机构不可能完全垄断立法的权力，行政机构也不可能垄断管理、行政的权力（如表 7 - 2 所示）。

---

① 〔美〕弗朗西斯·福山：《政治秩序的起源：前人类时代到法国大革命》，毛俊杰译，广西师范大学出版社，2012，第 235 页。

表7-2　美国政体的分权制衡

功　能	机　构
立法	主要机构：国会（参众两院，可以相互否决） 总统可以提出法律倡议，可以否决或搁置议会通过的立法 联邦法院可对国会的立法进行违宪审查
行政	主要机构：总统 国会批准总统的各项人事提名，通过政府预算，有权弹劾总统 联邦法院可对总统和政府的政策进行违宪审查
司法	主要机构：联邦法院 总统提名大法官 参议院通过总统对大法官的提名，有权弹劾大法官

正如亨廷顿指出，完全分权必然将导致某一种权力——过去是立法权，现在是行政权——最终在竞争中居于不受制约的强势地位。因此，分权制衡的精髓，就在于在分权的同时，保证三种权力之间的交叉。

而议会制政体的要义是有一个不负责任的国家元首，由议会产生的政府行使行政权。政府向议会负责（接受质询），受议会监督，议会可以对政府提出不信任案，政府反过来也有解散议会的权力。

议会制政体又可分为议会主导型（第三、第四共和国时的法国和1993年之前的意大利）和政府主导型（英国、德国、瑞典）两类。两者的共同特点是：对政府不信任案的条件限制、政府主导制定议会日程、议会会期的限制等。

造成政府主导的原因有两点。第一是技术层面的，国家事务日益专业化、紧迫化。第二是政治层面的，即政党的出现以及多数党现象的出现。

（五）政治参与专题解析

1. 结合现代政党的起源，论述西方政党在现代政治中的作用

按照起源的差异，现代政党可分为三种类型：选举型政党、阶级型政党与革命型政党。

选举型政党是最早出现的类型。它起源于近代议会中持不同政见、代表不同利益的议会派别，如起源于17世纪70年代的英国辉格党与托利党，美国立国初期的联邦党和民主共和党，19世纪德意志帝国议会中的民族自由党和保守党等。这些政党一开始都是由议员围绕人际网络构成的精英小圈子。随着19世纪中期之后选民范围的扩大化和选举制度的改革，议会内的这些政党开始寻求广泛的选民支持，建立了地方党部和组织。选举型政

党的核心特征就是组织松散，对党员没有严格的组织约束，只要选择在选举中投票支持该党即可作为该党党员。现代美国的共和党与民主党是最为典型的选举型政党。

阶级型政党兴起于19世纪欧洲的社会主义工人运动，其典型代表是欧洲大陆的社会民主党。这些政党代表某一个阶级、阶层或团体的利益，最初往往是"体制"外的群体。如1890年之前，德国社会民主党一直被德国当局定为非法组织，而一旦这些政党被吸纳入选举体系，便会迅速显示出巨大的优势。其原因在于，这些政党拥有更强的组织纪律和更稳定的代表性，比选举型政党更能维持党员的忠诚，在选举中拥有稳定的支持群体。随着欧洲各国工业化的发展和工会的普遍建立，社会民主党成为欧洲各国政治中举足轻重的力量。直到今天，社会民主党及其变种在所有欧洲选举政体中都是最为重要的政党之一。此外，在北欧国家以及波兰和匈牙利等国，还有代表农民利益的农民党等。

革命型政党区别于上述两种政党的突出特征是，它的目标是利用暴力推翻和改造现行的政治和社会制度，拒绝接受通过选举的方式来获取政治权力，马克思列宁主义政党是其典型代表。为了生存和发展，革命型政党发展出最严密、最严格的组织和纪律，以及集中式的中央领导层级。革命型政党的阶级成分是多元的，往往建立在多个阶级的联盟基础之上。

西方国家政党的功能如下。

第一，意见与利益综合职能。每一政党可以是某一特定阶级或阶层的利益代表，但为了生存发展，也必须争取其他一些阶层和利益团体的支持。

第二，政治录用与输送精英职能。这种职能通过参加与组织各类选举，推荐和提出候选人当选公职来实现。

第三，纲领与政策制定的职能。在现代政治中政党都有自己完整的施政纲领，执政后又必须有可行的各项公共政策，组织相关力量来研究和实施。

第四，政治整合与维持稳定职能。随着政党政治的发展，政党为公民参与提供了经常性的途径，政党还可以整合各种力量，减少社会的政治冲突。

第五，政治灌输与教育的职能。普通公民一般缺乏对政治的了解，如现有政体的基础知识和运作程序、各类政治原则、政治价值和政策主张等，而政党在这些方面可以发挥作用，即政党通过政治教育，实现政治社会化。

2. 分析利益集团在政治决策中的作用

利益集团指以影响政治过程和决策为目标的组织化社团，它们从政治体系外部施加影响，而不谋求获取政权。多数利益集团一般关注某项特定政策，试图实现自身的特殊利益，大多具有排他性。在西方国家的政治实践中，利益集团主要通过影响选举（政治献金）、雇佣游说者（lobbyist）、提供信息、制造舆论压力等方式实现自身诉求。

利益集团集中和代表了各种社会利益，在影响决策过程中为政府提供相应的信息和支持，同时在一定程度上制约政府权力的行使。但是，利益集团同时也是政治不平等的产物，强势集团往往占据主动，弱势群体的利益得不到表达，反过来加剧了不平等；利益集团的活跃降低了政府的权威，引起了政府内部的分裂，出现了所谓的"巴尔干化"。此外，高度自治的团体容易造成社会不稳定，给政府治理带来难题。

在更为广义的意义上，如公共选择学派，往往将政府内部的官僚机构和各部门看作利益集团，官僚之间竞相追求自身和部门利益最大化，事实上从政治体系内部对政治决策造成了类似利益集团的影响。

3. 比例选举制和多数选举制的定义及其影响①

多数选举制规定在一个选区内得票最多的政党独占这个选区的全部议席（the winner takes all），其他得票较少的政党则没有当选的机会。多数选举制分为相对多数代表制和绝对多数代表制。在相对多数代表制下，某候选人或政党只需获得相对多数选票便可当选或占有该选区的全部议席。绝对多数代表制又称二轮选举制，即参加选举的候选人或政党在选区第一轮选举中，必须获得过半数选票才能当选或占有该选区全部应选名额，否则要进行第二轮选举。

多数选举制的优点是，保证了永远能形成多数，有利于产生强势政府，防止出现比例选举制下势均力敌的政党间的僵局。而这种制度存在的缺点是，多数选举制下大量选票是无效的，包括那些投给落选者，以及投给当选者但超过相对多数当选者标准的选票。这种制度造成了两党制或两大党的倾向，小党和所获选票在地理上分布均匀的党派未被充分代表，扭曲了选民偏好。同时，经常会出现选票总数少于对手，却能凭借相对多数的优势而当选的政党，政府自身的合法性被削弱。

比例代表制，又称比例选举制，即根据参加竞选的各政党得票多少，

---

① 本部分是在安德鲁·海伍德的《政治学》第三章的部分内容基础上编写和改写而成的，参见〔英〕安德鲁·海伍德《政治学》（第二版），张立鹏译，中国人民大学出版社，2006，第三章。

按比例分配议席的制度。多见于社会阶级结构复杂的国家。比例代表制的优点是，使政党得票比例较为符合实际社会利益结构，具有更强的代表性。缺点在于，不可能建立强势和稳定的政党政府，存在党内竞争的问题，容易引起政党分裂，并使当选者得以逃避选区责任。

4. 什么是政治文化？政治文化的作用是什么

政治文化是行为主义的主要研究议题之一，其研究受到结构功能主义的影响，目的在于探讨何种文化基础有利于西方民主的成长。政治文化概念涉及政治体系的心理方面，是指政治体系的成员长期形成的、相对稳定的对体系各层面的认知、评价和情感取向。这些倾向性在一定意义上塑造了人们对于政治体系和行为的预期，是政治体系得以存在和维持的基础。政治文化影响政治制度的模式、结构和实际运行状况，并且具有相当的稳定性和延续性，制约着政治体系的发展和变迁。

阿尔蒙德和维巴在《公民文化》中，将最适合民主政体生长的文化基础称作公民文化，它是"一致与多样相结合的、允许变革又要求渐进性的文化"。通过对欧洲和北美五种政治体系的研究，他们将不同类型的政治文化界定为三种理想类型：parochial（乡民型，认同于狭隘的区域和地方，而非整个社会政治体系）、subjective（臣属型，对政治体系的参与要求较弱）以及 participant（参与型，拥有较强的参与和权利意识），他们强调任何一种实际存在的政治文化都是以上三种类型的混合，而公民文化本身，既在根本上强调整体认同和积极参与意识，又重视传统的、较为保守的取向对参与文化的有效平衡。公民文化的混合特性能够保持权力平衡的社会基础，从而维护了民主政治的稳定。

与公民文化相关的政治文化概念是社会资本。社会资本是指社会群体内部成员在相互联系的过程中产生的信任和规范，它作为一种共享的公共物品，减少了生活交往和市场经济中的制度费用，有助于提高社会经济效益和制度的绩效。罗伯特·帕特南在《使民主运转起来》（*Making the Democracy Work*）一书中，通过对意大利南北发展状况和民情的对比研究，指出普通人中间的信任、规范和社会联系网络对制度绩效和经济发展状况有重要的积极影响。[①]

政治社会化是与政治文化相关的重要概念。政治社会化是指社会成员

---

① 〔美〕罗伯特·帕特南：《使民主运转起来：现代意大利的公民传统》，王列、赖海蓉译，江西人民出版社，2001。

在政治实践活动中逐步获取政治知识和能力，形成政治意识和政治立场的过程。政治社会化的过程实际上是个体和体系两个层面运动过程的辩证统一。一方面，对于政治体系中的个体成员来说，政治社会化是社会成员通过教育和其他途径，获得政治态度、政治信仰、政治知识和政治情感，从而形成政治人格，成为政治人的过程。另一方面，对于政治体系来讲，政治社会化又是政治体系塑造其成员的政治心理和政治意识的过程。

政治社会化具有三个特点。第一，政治社会化是社会成员与政治体系相互联系、相互影响的过程。第二，政治社会化是对社会政治意识继承与创新的统一。第三，政治社会化是一个相互衔接、持续不断的过程。

（六）政治发展专题解析

结合既有研究，辨析近代以来各国革命的基本类型及其特点

马克思主义的革命理论是其宏大的总体建构中的一个重要组成部分，也是其关于革命原因和革命类型的最初系统论述，深刻地影响了世界范围内的比较政治学和社会学的革命研究。

在马克思主义的图景之中，现代社会就如同不断点火的发动机，依靠一次次燃烧矛盾，在爆发性的革命中使新的生产方式及其上层建筑得以建立。

马克思和恩格斯在《共产党宣言》中提出组织起来的无产者通过公开暴力革命推翻资产阶级统治的主张。但当时，他们还没有提出资产阶级国家机器的问题。1852 年，马克思在总结 1848 年革命经验和资产阶级国家机器发展过程时指出，"一切变革都是使这个机器更加完备，而不是把它摧毁"。[1] 他在给库格曼的信中更是明确地指出，"我认为法国革命的下一次尝试不应该再像以前那样把官僚军事机器从一些人的手里转到另一些人的手里，而应该把它打碎"。[2]

后来，马克思总结了巴黎公社革命经验，得出了"工人阶级不能简单地掌握现成的国家机器，并运用它来达到自己的目的"[3]的结论。马克思、恩格斯认为巴黎公社的这一经验非常重要，因而把它作为对《共产党宣言》的一个重要修改。虽然马克思强调了巴黎公社经验的重要性，但这并非普遍模式，它只是一次以独特的方式处理旧的国家机器的重要经历。马克思

---

① 《马克思恩格斯选集》第 1 卷，人民出版社，1995，第 676 页。
② 《马克思恩格斯选集》第 4 卷，人民出版社，1995，第 599 页。
③ 《马克思恩格斯选集》第 1 卷，人民出版社，1995，第 52 页。

毫不犹豫地从法国无产阶级进行的斗争中总结出各种可能的经验教训，但他并没有把巴黎公社的经验看作是每一国家的革命运动都应当遵循的模式和当作判断任何事情的一成不变的标准。相反，他用了一句很普通的话指出，"现成的国家机器"不能被"简单"地使用。换言之，需要对它进行"改良"和"改造"。因此，对"工人阶级不能简单地掌握现成的国家机器，并运用它来达到自己的目的"的正确理解是：为了使胜利了的工人阶级能够把这种国家机器用于达到自己的目的，必须改造旧的国家机器；同时，改变旧的国家机器有多种手段和方式，这取决于各国革命所处的环境，旧的国家机器可能需要被打破和摧毁，也可能通过和平的途径得到重新改造。

（七）革命的三种类型

有关"革命者"与"国家机器"关系的分析在马克思主义经典作家的论述中是略显含混和缺乏系统性的。按照西达·斯考切波的观点，通过两个主要指标，即原有的国家机器的性质，以及主导革命的阶级或集团掌控原有的国家机器的方式，可以将近代以来的主要革命分为三种类型。

第一种是以法国大革命、俄国二月革命为代表的贵族革命①，这类革命的特点在于，贵族或资产阶级从崩溃的绝对主义王权中继承原有的国家机器，并对其进行集体掌控。具体而言，首先，在旧制度时代，已形成了较为完备的国家机器；其次，革命过程中极少有相当规模的暴力，而往往只有骚乱、政变以及较低烈度的武装冲突，这使得原有的国家机器保存较为完整；最后，贵族或资产阶级对国家机器进行的集体掌控，往往是在一种共和国体制及其宪法机构的规制下进行的。

第二种是以十月革命和伊朗伊斯兰革命为代表的先锋队革命，其特点表现为，具有特定阶级属性与意识形态体系的、人数较少却组织严密的政党或教派，通过局部的暴力革命夺取了原有的国家机器，并通过对其改造、清洗、渗入和监督，实现国家机器的"变色"。具体而言，在国家机器的存在和完整性方面，其与第一种类型相似；不同点在于革命过程中以及革命之后，国家机器是由精英政党或教派的"先锋队"来领导和掌控的。这一"先锋队"将其组织与机构凌驾于国家机器的每一个组成部分，尤其是大小官僚与军官团之上，就如同寄生生物占据了一个巨人的神经中枢一般。

① 贵族一词，泛指旧制度中的统治阶级。

第三种是以中国新民主主义革命为代表的先锋队－大军团的革命，与上面两者相比，它的独特之处在于由一支类似于第二种革命中的革命政党通过领导和动员群众，经过大范围、长时间的暴力革命和武装斗争，从无到有建立新的国家机器。具体而言，首先，没有较为完备的国家机器，即便有相当程度的雏形存在，也会被长期高烈度的暴力革命摧毁，或冲击得破烂不堪。其次，"先锋队"与人民的关系较第二种而言密切得多。

此外，要想理解这三种革命类型，除了其国内状况之外，还要考察其所处的国际环境状况。外部环境一方面构成革命的诱因，它或是削弱了原有统治者的权威，并在国家内部造成统治危机①，或是对革命势力提供主动的援助②；另一方面则构成干涉的危险。就第二方面来说，三种革命都面临着强大的外部的压力，尤其是第三种类型，由于不存在完备的国家机器，在外来冲击下更显得脆弱。外部环境会为革命设置议程，革命政权一般都会寻求高强度的动员，来消除民族生存危机，这使得利用（或重建）国家机器成为革命者的重要任务。

这三种类型如表 7－3 所示。

表 7－3 革命的三种主要类型

	原有国家机器	暴力冲突的烈度	对国家机器的掌控方式	国际压力
贵族革命	有	低	以宪法框架来确定集体统治	高
先锋队革命	有	低或中	先锋队组织凌驾与渗透原有国家机器	高
先锋队－大军团革命	无	高	先锋队组织动员和领导群众重建国家机器	高

这三种不同的革命类型，塑造了相关国家的发展路径和政体类型，不仅影响了其政策效率与可执行性，也包括主导阶级的政治霸权（或合法性）的稳定性等方面。

无论在何种革命之中，走出第一步的通常都是贵族。正如列宁所言："对于一场革命的爆发而言，仅有'下层阶级拒绝'照旧生活下去还不够；还必须要有'上层阶级拒绝'照旧生活下去"。③ 对于一个掌握政治权力的

① 〔美〕西达·斯考切波：《国家与社会革命：对法国、俄国和中国的比较分析》，何俊志、王学东译，上海世纪出版集团，2007。
② 杨奎松：《中间地带的革命：国际大背景下看中共成功之道》，山西人民出版社，2010。
③ 〔美〕西达·斯考切波：《国家与社会革命：对法国、俄国和中国的比较分析》，何俊志、王学东译，上海世纪出版集团，2007，第 59 页。

集团而言，政权的保持包含如下几方面作用：调节权力集团内部的关系、抑制集团内部的机会主义、保障基本的社会秩序。而权力集团的分裂往往直接导致政权的瓦解。

绝对主义君主建构免受贵族掣肘的国家机器的关键，一方面在于维护国家机器的"外来性质"，要让外国人和少数族裔占据新生的官僚机构，以本地赋税供养的常备军也由外国雇佣军填充。他们相对独立于国内贵族，因此完全依赖于君主。另一方面，君主用买卖官职的方式，向平民阶级开放国家机器。同时，扶植外国人和少数族裔的商人阶层，借此获取替代性的独立财源，打击贵族特权。这些举措强化了君主相对于贵族阶级的自主性，因而建构一个中央集权的近代国家，必将撼动原有贵族阶级的传统特权。

正如马克思主义史学家佩里·安德森（Perry Anderson）揭示的，在18世纪的法国，"征收新税、废黜贵族免税权的一系列努力都在高等法院和省三级会议中遭到反抗和破坏……绝对主义的客观矛盾暴露无疑。王室力图从贵族的财富中找寻税源，贵族则试图追求控制王室的决策权：实际上，贵族在取得对王国的控制权之前拒绝放弃任何经济特权。在贵族就此问题与绝对主义政体展开的斗争中，高等法院中司法界的寡头愈加喜爱运用哲学家的激烈言辞；自由、代表权等被资产阶级重新诠释的观念，开始出现在法国贵族中最保守、最顽固的一派人所使用的华丽辞藻中"①。相继而来的是国际体系的竞争削弱了国家机器；法国参与美国独立战争的巨额军费造成了财政危机，贵族趁机反扑，迫使君主召开三级会议，革命随之而至。

与此类似，辛亥革命在很大程度上也是由旧制度中的统治阶级——绅士阶层主导的。一方面，太平天国起义以来，绅士成为"权绅"与"军绅"，成为地方层面实际的有权势者，清末新政更是将其已获得的经济与政治权力实体化了。但是，清政府的保守姿态和外交失利，让绅士阶层心生不满。改革也直接侵犯了绅士阶层的部分利益，因此在四川等地，绅士领导着反对中央政府的抗争。另一方面，清末新政的改革措施，极大地加重了大众的负担，大众反叛遍及各地。同时，新军和学生中广泛存在对清政府的不满情绪。在这种情形下，为了控制大众反叛和新军革命的方向，阻

---

① 〔美〕佩里·安德森：《绝对主义国家的系谱》，刘北成、龚小庄译，上海人民出版社，2001，第106页。

止革命的矛头指向自身日益膨胀的既得利益，绅士阶层在武昌首义之后，很快地转而支持革命，并在主要地区成为革命的实际领导者。①

这一种革命源于特权阶级内部的利益冲突，往往是由于国家机器的扩张侵犯了特权阶级的利益；革命的结果是特权阶级内部的利益调整。西达·斯考切波指出，法国大革命、俄国革命和中国辛亥革命都源于支配阶级对旧制度的抛弃——内外压力促使旧政权尝试广泛的社会变革，而这些变革本身侵害了主要支配阶级的利益，促使后者推翻前者。② 周锡瑞认为，辛亥革命实质是地方绅士阶级反抗中央新政削弱其传统特权的斗争。③ 亨廷顿认为，法国、俄国、墨西哥的革命和中国革命的第一个阶段，皆属西方类型；而"西方型革命的第一步是旧政权的瓦解……革命不是以强大的新生力量向国家发动进攻为起点，而是以几乎所有消极的和积极的国民对政府的继续存在的突然否定为开端的"④。旧制度的国家机器突然变成了无主的"空旷的房子"，等待各种社会阶级与集团来争夺和进驻。

在贵族革命初期，贵族阶级会集体地掌控国家机器，他们会通过设置议会等寡头机构、颁布宪法，来规制和调节集团内部的矛盾，共同确立一种统治秩序。但是，这种局面一般很难持久。究其原因，一方面，贵族阶级难以进行高强度的社会动员（这种类型的社会动员会侵犯其自身利益），因而很难在击退外部压力方面有所作为；另一方面，贵族阶级的统治秩序往往会被接踵而至的市民反叛与民众骚乱冲垮。唯一的例外是在英国，正如巴林顿·摩尔指出的，光荣革命后的英国形成了一个地主阶级俱乐部，地产贵族构成的寡头集团统治英国直到 19 世纪。这一例外的生成，既有英国独特的地缘位置使其不易遭到外来干涉的因素，又是因为在其发生与确立时，真正的民众动员时代远未来临。

贵族革命的结果，往往是社会中组织力最强的集团，即军人集团在权力竞争中取胜。正如马克思主义史学家、法国革命史的泰斗乔治·勒费弗尔（George Lefebvre）在巨著《法国大革命的降临》中描述的"四幕剧"一

---

① 周锡瑞：《改良与革命：辛亥革命在两湖》，江苏人民出版社，2007；张朋园：《立宪派与辛亥革命》，吉林人民出版社，2007。

② 斯考切波强调国家相对于支配阶级的自主性，国家和支配阶级之间在多数情况下是合作的、共生的。

③ 周锡瑞：《改良与革命：辛亥革命在两湖》，江苏人民出版社，2007。

④ 〔美〕塞缪尔·亨廷顿：《变化社会中的政治秩序》，王冠华、刘为等译，沈宗美校，上海世纪出版集团，2008，第 222～223 页。

样——在贵族成功完成了对绝对主义王权的反叛之后，资产阶级、小市民团体与无产阶级的联盟轮番登场，开展权力竞逐。最终，在内部的剧烈震荡和外部敌对势力的压力之下，拿破仑代表的军事强人集团掌握了新的政权，填补了旧制度的真空。[①] 与此类似，构成马克思国家理论的一篇重要文献《路易·波拿巴的雾月十八日》，也描绘了与此类似的多个阶级与集团在1848年法国七月王朝倒台之后"你方唱罢我登场"，最终政权落入小农支持的军人集团手中的情形。军人政体的嬗变已经成为20世纪以来的比较政治学关注的重要议题。

近年来一个尤为有趣的现象是，在信奉伊斯兰教的国家中，民主化与政治伊斯兰化构成了一对意想不到的盟友，而军人政体，无论是采取直接军人统治还是经过了合法性修饰，一直坚守着世俗化的方向。世俗与宗教文化的矛盾在20世纪便已频频显现，在今日又以"新媒体革命"的方式引爆了新的热点。亨廷顿曾在《文明的冲突》一书中直言，现代化不是西方化；当今中东的事态证明，一直被西方世界视为在蛮夷世界复制自身的"民主化"做法，亦能反过来强化"异端"——民主化也不是西方化了。世俗化与民主化这对在西方近代转型中相伴相生的现象，在西方之外演绎成了对立的价值与利益阵营。

根据实例，解释政体发展的不同路径

任何一种政体，都可以被视作多种可以拆分的要素的集合。如自由民主制可分解为竞争性的多党选举、对决策机构的制衡、自由的公众舆论、对暴力组织的文官控制、同类国家间的同盟牢固度和危机解决的可信性等，这些元素可以单独构成某些国内－国际结果的原因，也可以组合起来发挥作用。因此，在实际研究过程中，必须要对这类大概念进行拆分，定量研究必须要根据假说验证的具体需要来重新编码数据，而不能不假思索地借用现成数据库，哪怕是权威数据库的数据。而以过程追踪为代表的案例研究，则需要通过更为深入的先期研究来整理和检验既有理论，找到更相关的概念范畴。其中，布莱恩·唐宁（Brian Downing）[②] 和托马斯·厄尔特曼（Thomas Ertman）的研究对民主、专制、宪政等宏大概念的操作化和重新厘

---

① 〔法〕乔治·勒费弗尔：《法国大革命的降临》，洪庆明译，格致出版社，2010。

② Brian Downing, *Military Revolution and Political Change: Origins of Democracy and Autocracy in Early Modern Europe* (Princeton: Princeton University Press, 1992); Thomas Ertman, *Birth of the Leviathan: Building States and Regimes in Medieval and Early Modern Europe* (Cambridge: Cambridge University Press, 1997).

定非常值得借鉴，下文将对这两个研究做系统介绍。

唐宁的研究旨在解释欧洲近代早期的政体变迁，即为什么一些国家形成了绝对主义，而另一些国家保留了自由宪政制度。对于自由宪政制度的界定，一些学者会照搬自由之家（Freedom House Index）、政体指数（Polity Index）等数据库的指标。但通过发现关键节点的影响，唐宁将其更加细化和分解为一类范畴，即中世纪遗产，例如蕴含在中世纪自治城市中的雏形公民权以及王国内部各个等级在一个共识框架之内共同决定国家事务、君权服从法律（royal subordination to law）等原则。他的做法在一定程度上类似于"关键前阶段"方法，即考察重大转型之前的综合因素与转型变量的互动。具体而言，中世纪欧洲的宪政制度传统包括三个方面。

第一，君权与贵族的力量均势（rough balance between crown and nobility）。这种基础性的力量格局带来了三种结果，第一是代议制。城镇在君权－贵族的争斗中左右逢源，获得以宪章形式规定的自治权，并迎来了工商业和手工业的繁荣，以及一系列用以规范君权－贵族关系的法律。

第二是以封建骑士和民兵为主体的军事体系，西欧封建制本质上是一种互惠的军事契约关系，而在地理环境不适于骑兵作战的山区国家如瑞士，占据主要地位的是颇具古风的长矛兵与公民大会的结合。

第三是领主与佃户之间的互惠性关系。唐宁论证了这些制度传统普遍存在于从西班牙到斯堪的纳维亚的欧洲，而在其他文明地区，如俄罗斯、日本、中国都不存在，这是欧洲文明的独特产物。

中世纪后期，伴随着步兵战术、火药武器等新军事技术的变革与运用，欧洲大陆的战争变得日益昂贵，旧的中世纪军事体系日益不合时宜，对官僚体系、税收体系进行近代意义上的理性化变革的需求日益增长。军事革命和国家建构与中世纪宪政遗产之间产生了持续的压力：君主和日益兴起的官僚机构日益侵蚀了等级会议与宪章义务，出现了向军事－官僚绝对主义（military-bureaucratic absolutism）转向的普遍性趋势。但近代战争与绝对主义国家的兴起并非是简单线性关系。唐宁引入了一系列的干预变量，来解释在类似的外部压力面前欧洲国家的不同政治结果：在拥有种种优势条件（如外部资源动员，即掠夺、同盟策略、发达的商业和贸易、地缘禀赋、贷款工具等）从而免于进行高度的内部资源动员的国家，宪政主义遗产得以保存，从而为向自由民主制的转变提供了基础条件。而缺乏这些条件，不得不进行高度的内部资源动员的国家，则走向了绝对主义。

具体情况如表 7 - 4 所示。

表 7 - 4　战争强度、国内动员程度与政体类型的分野

国　　家	战争强度	国内动员的强度	政治结果
勃兰登堡 - 普鲁士	高	高	军事官僚绝对主义
法国	高	高	军事官僚绝对主义
波兰	高	低（国内贵族间的矛盾）	被灭国
1648 年前的英国	低	低	保存了宪政主义
1688 ~ 1713 年的英国	高	中（财源、同盟、地缘优势）	保存了宪政主义
瑞典	高	低（外国资源支持）	保存了宪政主义
荷兰	高	中（财源、同盟、地缘优势）	保存了宪政主义

资料来源：Brian Downing, *Military Revolution and Political Change: Origins of Democracy and Autocracy in Early Modern Europe* (Princeton: Princeton University Press, 1992), p. 242.

厄尔特曼的过人之处，在于他正确地将国家的政体形式（regime）与行政基础（infrastructure）区分开来，从而在政体分类上打破了分别以普鲁士和英国为原型的官僚制绝对主义国家（bureaucratic absolutist state）和议会制守夜人国家（parliamentary night - watchman state）的两分法。厄尔特曼认为，这种仅仅区分政体形式的二元框架，无法描述这一时期国家的多样性。因此，他引入了另一重要维度，即国家能不能有效控制自身的行政性基础设施（如官僚的任命方式、财政税收体系的运作、军官团的性质等）。在一些国家中，这些基础部门是被既有的精英集团作为私产加以掌控的（如用卖官鬻爵制、包税制这些世袭性特权来构建行政部门，实际上是佣兵队长私产的佣兵来作为军队基础等），而在另一些国家中，这些部门在非人格化的规则下，遵照官僚制的能力与绩优原则运作。厄尔特曼将前者称为"任人唯亲的"（patrimonial），把后者称为"官僚的"（bureaucratic），因此提出了四种理想类型（如表 7 - 5 所示）。

表 7 - 5　早期近代国家的主要类型

国家基础 设施的性质		政　　体	
		绝对主义	宪政主义
	任人唯亲的	法国、西班牙、葡萄牙等拉丁欧洲国家	波兰、匈牙利
	官僚的	普鲁士	英国

资料来源：Thomas Ertman, *Birth of the Leviathan: Building States and Regimes in Medieval and Early Modern Europe* (Cambridge: Cambridge University Press, 1997), p. 10.

之后，厄尔特曼提出了他对于这四种不同政治结果的解释。

第一，对"绝对主义－官僚制"这一维度的解释，主要着眼于这些国家地方政府和代议机构的性质。在德意志和拉丁欧洲，中世纪代议制表现为以等级划分的（estate-based）三级会议，贵族、僧侣与自由城市代表这三个拥有特权的等级，分别占有一院；而在英格兰、波兰、匈牙利、斯堪的纳维亚等地区，代议制体现为以地域划分的（territorially-based）两院制，高级贵族和僧侣列席上院，而下院则由来自各地区政府和城镇的代表组成。厄尔特曼指出，等级议会的结构性强度明显不如地域性议会。原因在于，前者中的各个等级往往倾向于扩大自身集团的收益，为此不惜相互排斥、放弃合作，从而容易被君主分而治之；后者中各种不同等级的人们混合在一起。同时，上院与下院的代表在家世与地域利益上联系密切。这种划分方式有助于院内和院际的合作，能够更有力地抵抗和制约君主权力。此外，它在本质上是地区政府的延伸和利益体现，从而形成了中央与地方间，以及各地方之间的交流平台。对于各国地方政府与代议机构的分野的产生，作者追溯到了中世纪早期的历史，指出欧陆国家在地缘上的支离破碎，是导致其不得不借助于以等级划分的代议机构的原因。

对于"任人唯亲"和"官僚的"之间的分野，厄尔特曼借用了亚历山大·格申克龙（Alexander Gerschenkron）关于后发工业化的解释，指出欧洲国家面临持续的地缘政治竞争的时间次序是不同的，发展时机（timing）的区别决定了建构国家机器方式的差异。以英法等国为代表的，在中世纪后期便面临战争动员需求的国家，因为主要资源——如行政和法律人才、熟练兵员以及可供使用的财源等——的匮乏，不得不给予这些资源的掌握者以大量特权，以"任人唯亲"的方式来建构国家行政力量；而当后发（1450年之后）国家，如德意志国家和波兰等，在面对国际体系压力之时，上述资源已经处于过剩状态，君主便能从中择优而用，并加以牢固控制，从而在国家机器的科层化上拥有更大的优势。

然而，如果仅以上述两种变量来分析问题，将有两个缺陷：一方面，拥有地域型议会的先发国家英国将是一个"任人唯亲的宪政主义"国家，这显然与历史相矛盾；另一方面，为什么先发国家中的法国、西班牙等国，无法对其任人唯亲的行政缺陷做出改革？为了解决这些矛盾，厄尔特曼引入了一块"补丁"，将上述两种变量衔接起来，从而揭示出国家的宪政框架对其行政能力的作用。为什么强大的代议机构在英国推动了更有效的国家基础设施的建立，而波兰等国的强代议机构却反复阻碍这一进程呢？究其原因，在于国家基础设施与强代议机构的出现顺序。强代议机构能对已经存在的（尽管是不健康的）国家基础设施进行有效的改革，而如果后者根本不存在，那么代议机构只会成为阻碍国家能力建设的力量。另外，在法国和西班牙等拉丁欧洲国家中，结构上相对脆弱的代议制和地方政府被崛起的君权压制，因此无法对不健康的行政机构进行改革。

参考文献

Charles Boix and Susan Stokes, eds., *The Oxford Handbook of Comparative Politics* (New York: Oxford University Press, 2009).

Gerardo Munck and Richard Snyder, *Passion, Craft, and Method in Comparative Politics* (Baltimore: John Hopkins University Press, 2008).

〔美〕弗朗西斯·福山：《政治秩序的起源：前人类时代到法国大革命》，毛俊杰译，广西师范大学出版社，2012。

〔美〕贾里德·戴蒙德：《枪炮、病菌与钢铁：人类社会的命运》，谢延光译，上海人民出版社，2006。

〔美〕塞缪尔·亨廷顿：《变化社会中的政治秩序》，谢冠华、刘为译，上海人民出版社，2008。

〔英〕塞缪尔·芬纳：《统治史》三册，王震、马白亮等译，华东师范大学出版社，2014。

潘维：《比较政治学理论与方法》，北京大学出版社，2014。

第八章 国际政治学概论*

（一）导言

国际政治学是政治学的一个分支，是揭示国际社会中各种国际政治行为主体间的政治关系及其发展变化的一般规律的一门学科。一般说来，政治学包括政治学理论、比较政治、政治思想史、政治制度、政党和政治团体、行政管理、外交学和国际政治等分支学科，每个分支各有其特定的内容，相互之间也有密不可分的联系。国际政治学的特定内容就是揭示国际社会中的各种国际政治行为主体之间的政治关系和政治关系发展变化的一般规律，而不是研究一国之内的各种政治力量之间的关系及其发展变化的规律。如果说，政治学和国际政治学是一种上下级学科关系的话，那么，国际政治学和其他分支则是一种平行关系，它们之间既有领域划分的不同，又有相互之间的渗透。

在国内外学术界，人们通常把国际政治学等同于国际关系学，它包括国际政治关系，这既是国际关系的主要内容或集中表现的含义，也反映了以往国际关系以政治关系为主的实际情况。随着世界经济国际化、一体化的发展，经济关系在国际关系中日益突出，占有重要的位置，国际经济关系包含了丰富的内容，它有时通过政治关系表现出来，有时也不一定都表现为政治关系。由于国际关系包括政治、经济、军事、外交等诸多关系，所以，也有人把国际政治学和国际关系学区分开来。

在中国，国际政治学作为一门新兴学科，广义地理解，包括国际关系

---

　　*　本章由北京社会科学院外国问题研究所助理研究员戚凯博士负责撰写。

理论、国际关系史和当代国际政治问题三个基本组成部分，其中国际关系理论有马克思列宁主义国际关系理论、西方国际关系理论以及其他国家及地区的国际关系理论；国际关系史有近代、现代和当代之分；国际政治问题主要指当代全球的、洲际的、各个国家或地区的国际政治问题。这三者既有各自特定的内容，又有密不可分的联系，综合起来，构成国际政治学的基本内容。

国际政治离不开各个国家的国家利益，各国的外交是实现各自国家利益的手段和保证。从这个意义上讲，各国外交政策问题也构成了国际政治学的重要组成部分。因此，中国有关国际政治的著作和教材，也都把各国的外交政策列入其中。狭义地理解，国际政治学指有关国际政治、国际关系的学说。按照这种理解，我们把国际政治学看作揭示国际社会中各种国际政治行为主体之间政治关系及其发展变化的一般规律的新兴学科。另外，国际政治学和国际战略学、国际经济学、国际法学、外交学等学科有着非常密切的联系，具有很强的综合性、交叉性、边缘性，这也是它的一个重要特点。

国际政治学的发展与人类社会的进步密不可分，甚至可以说，没有工业革命以来的人类进步，就没有国际政治的事实，也就更不会有"国际政治学"这门学科的出现与发展。工业化之后，许多国际政治研究者的理念为"民族主义"主导；随着工业化的发展和人们认识自然手段的增加，君权神授和王朝合法不再被视为理所当然，民族主义逐渐取代国际主义成为左右许多国际政治研究者的价值观。与此同时，工业革命产生的新技术和新能源的利用使得交通工具大为改进，大众政治实现了迅猛发展，大量的公民和臣民广泛参与对外事务，国际政治研究的议题领域急剧扩展。

从工业革命至今，经过数百年的发展，当代国际政治已经发展为一种多层次、多方位的结构体系，所谓"国际体系"也就是在国际社会中，在各个国际行为主体的相互影响与作用下形成的有机统一整体。其中，国际行为主体分为国家行为体和非国家行为体两类；相互影响与作用主要表现为行为体之间的相互冲突、竞争、合作和依存。

在国际体系之中，还包含着国际格局的结构。国际格局是指由国际关系中起主导和支配作用的国家或国家集团基于力量对比关系而形成的一种相对稳定的互动结构和状态。国际格局的构成要素一般包括行为主体、相互关系和结构状态。

　　人们一般将第一次世界大战视为国际政治最重要的起点，沙俄帝国、德意志帝国、奥匈帝国、奥斯曼土耳其帝国这四大帝国覆灭，巴尔干半岛与中东地区的民族国家则随之而起，"民族国家意识"得到了前所未有的广泛认同，以《凡尔赛和约》《华盛顿条约》及其他各个和约构成的战后欧洲及国际关系的新体系，就是所谓的"凡尔赛体系"，对战后欧洲及国际关系的发展有着重要影响。

　　1939年9月，第二次世界大战全面爆发，凡尔赛体系在欧洲很快土崩瓦解；1941年太平洋战争爆发，维持亚太地区局势稳定的华盛顿体系也随之消亡。第二次世界大战后期，美国、英国、苏联三国举行了一系列首脑会议，签署了一系列影响战后世界秩序的公报、议定书、协定、声明和备忘录，特别是形成了以《雅尔塔协定》为主体的国际关系新体系，即"雅尔塔体系"。

　　第二次世界大战结束后，美国与苏联展开了长达半个多世纪的竞争，国际政治格局进入两强相争的冷战时代，以1989年东欧剧变和1991年苏联解体为标志，雅尔塔体系最终瓦解。冷战结束以后，美国成为世界上唯一的超级大国。这种形势，一方面使得美国政府主宰世界的欲望更加膨胀，于是加紧推行霸权主义和单边主义的对外政策；另一方面，旧的平衡被打破，新的平衡一时尚未建立起来，两极格局解体留下的空间，客观上有利于多极化趋势的发展。

　　尽管国际关系在新的时期得到了极其充分的发展，但是国际政治学仍然保留了一些基本特色，它所讨论的主要内容仍然以政治、军事、安全等议题为主，譬如较为单纯的跨国经济合作、商贸等事务，这些事务属于国际政治经济学的范畴，而并不会成为国际政治学研究的最重要议题。权力、主权、和平、冲突、地缘政治、安全、国际机制、国家、非政府组织等议题仍然是国际政治学关注的重点所在。

　　正是基于上述的考虑，本章我们首先讨论什么是国际政治学以及它所涉及的一些基本概念，继而讨论最根本的研究理论和方法论问题，之后基本按照结构、结构的历史与发展、个体、个体的特征、个体的新特质、个体之间的关系而展开。就讨论内容来说，政治、军事、安全、合作等传统问题依然是国际政治学关注的焦点，因此着重讨论了国际格局、国家、国家权力、国际组织、合作与冲突、世界安全局势等核心概念与问题。

　　需要特别说明的是，国际政治学不是一门象牙塔里的抽象学问，它是密切贴合国际政治现实的，不断出现的新问题、新现象赋予了国际政治研究新的研究方向和议题，因此在本章中专门选取了气候变化、恐怖主义、海洋争端等热点问题进行了简略讨论，一方面希望弥补传统国际政治学研究领域的不足，另一方面也希望读者体会到国际政治学的现实性与时效性。

（二）专题解析

1. 什么是国际政治学

作为政治学（Political Science）的一个分支，国际政治学是揭示国际体系中各种国际政治行为主体之间的政治互动关系及其发展变化的一般规律的一门学科。[①]

国际政治学并非一门源远流长的学科，它的诞生与发展和人类社会交往的密切化程度紧密相关，它完全是国际社会和国际交往发展到一定阶段的产物。国际政治学在一战后才作为一个独立学科在社会科学领域占有一席之地。资本主义生产方式的形成、确立和发展，为现代民族国家的建立奠定了基础；国际分工的发展和世界市场的形成，把世界各国从经济上联结成为一体，使得彼此间的联系日益密切，相互之间的依存关系不断加深，从而出现了现代意义上的国际政治，构成了当今世界的国际政治社会。19世纪末20世纪初，整个世界联系为经济和政治上的整体，形成了统一的资本主义全球国际政治体系。[②] 在这样的背景之下，第一次世界大战结束以后，有关国际政治的教学与研究在西方国家的高等院校里迅速发展起来，并逐步出版了较为专门和系统的国际政治教科书和理论著作。

狭义地来说，国际政治学即指有关国际社会里国家与国家之间在政治领域行为与规律的学说；但是在现实研究中，我们更多地从广义的角度来看待国际政治学。国际政治学的实际内容一般可以分为以下几个层次：国际社会、行为主体、行为体交往关系；在某些时候，国际政治学会探求一定的规律；在某些场合中，行为主体内部的运转也会成为国际政治学研究的内容。

总体来说，国际政治学的研究对象和内容包括国际政治理论、国际政治史、国家间现状关系、国际社会治理等基本组成部分。当然，关于国际

---

① 李少军：《国际政治学概论》，上海人民出版社，2008，第6页。
② 陈岳：《国际政治学概论》（第三版），中国人民大学出版社，2010，前言。

政治学的研究对象问题，国内外有各种不同的观点：有的认为是世界体系，有的认为是国际社会，有的认为是主权国家之间的关系，特别是政治关系；西方社会近年来还强调非政府组织、个人等非国家行为体在国际政治中的重大意义。一般而言，学术界普遍认为，国际政治学的研究对象应该是国际体系中各个国际政治行为主体之间的政治关系及其发展变化的一般规律。

当代国际政治已发展为一种多层次、多方位的结构体系，国际政治参与者日益增多，各种矛盾与竞争日益深化，新科技革命影响不断扩大。因而，国际政治学的研究领域越来越广泛。国际体系、安全与防务、国家外交政策、全球范围的政治与经济关系、国际政治中的准则和法规、国际组织等问题日渐成为国际政治学的研究热点。

传统上，中国的国际政治学坚持以马克思列宁主义的国际政治观为指导，以毛泽东思想、邓小平理论、和平发展观等理论为具体指南，提倡理论和实践相结合，在过去较长的一段时间里，逐步形成了自己的学科特点，提出了世界基本矛盾、时代特征、国际统一战线、三个世界的划分、反对霸权主义、国际战略格局、"东西南北"关系、在国际政治中求同存异、"和平与发展"两大主题等内容。改革开放以来，不少中国学者在西方世界接受了新的学习，开始借鉴西方国际政治学术界的研究视角和方法，开展了多学科、跨学科的研究，用系统方法研究国际政治结构和活动方式，从历史学、社会学、经济学等各种新角度探讨国际政治问题。总的来说，中国目前的国际政治学研究已经趋于多样化。

2. 国际政治研究视角的哲学根源

讨论哲学根源的问题对于国际政治研究是否具有意义，意义又有多大？答案是高度肯定的，研究视角背后的哲学根源对于国际政治学者开展国际政治研究极为重要。哲学层次的思考，既从宏观层面决定了学者的研究态度、旨趣和议题，也从微观层面决定了其研究的内容和所采用的方法。

国际政治研究中究竟存在着哪几类哲学层次上的根本性指导思想，对于这一问题，欧美国际政治学界的若干重要学者都进行了相当深入的思考。如罗伯特·杰克逊（Robert Jackson）与乔格·索伦森（Georg Sorensen）认为，一战后国际政治学已经出现了三次大论战，当下我们正处于第四次大论战的初期。第一次是乌托邦自由主义和相对主义之间的论战；第二次是传统方法与行为主义之间的论战；第三次是现实主义或新自由主义与新马克思主义之间的论战；当前出现的第四次论战是在已经确立的理论传统和后实证主义方法之间展开的。[1] 他们的著作对这一重大问题进行了深入浅出的卓越分析。关于国际政治研究中的本体论、认识论等根本哲学问题，西方国际政治学界一般将它们视为"元理论"（Meta-Theory）问题，对于元理论问题的探讨是国际政治理论界"第二次大辩论"和"第四次大辩论"的核心内容，西方学界对其的研究与讨论一直十分热烈，成果丰硕却又众说纷纭。

一般来说，国际政治学界认为国际政治研究过程中暗藏着三类相互区别的哲学思想：科学主义、相对主义与阐释主义。简单来说，科学主义在国际政治研究中体现为，确信人类社会的行为和自然科学一样，具有可以被发现的规律和因果关系。相对主义哲学观并非绝对否认国际政治活动存在着规律或类似规律的条例，它常常否认存在超越时空的普世性规律来规范、控制人类社会的行为结果，同时又承认存在一种基于丰富经验而对诸多相似世事洞若观火的可能。阐释主义则宣称，一种事物或现象需要依赖某个人的阐释才能具有人类语义学上的价值。阐释主义相信人类对某一事物的看法，既能够构建起这一事物的本身结构，也可以影响它的结果。在国际政治研究中，奉行阐释主义世界观的理论是一支独立并较为团结的重要力量。

以美国为主导力量的国际政治学界的知名学者对于有关国际政治研究的根本哲学问题基本持两种态度：支持科学主义与支持阐释主义。前者以肯尼思·沃尔兹（Kenneth Waltz）和罗伯特·基欧汉（Robert O. Keohane）为代表，沃尔兹在《国际政治理论》[2] 一书的第一章"规律与理论"中坚定表达了他对科学与实证方法的信任和推崇；基欧汉等人则在《设计社会探究方案：定性研究中的科学推理》[3] 一书中阐述了他的实证主义认识论与方法论等问题。后者以亚历山大·温特（Alexander Wendt）和一些批判主义学者为代表，温特在《国际政治的社会理论》[4] 中对沃尔兹的实证主义理

---

① 〔加〕罗伯特·杰克逊、〔丹〕乔格·索伦森：《国际政治学理论与方法》，吴勇、宋德星译，天津人民出版社，2008。

② Kenneth Waltz, *Theory of International Politics* (Reading and Boston: Addison-Wesley, 1979).

③ Gary King, Robert Keohane and Sidney Verba, *Designing Social Inquiry: Scientific Inference in Qualitative Research* (Princeton: Princeton University Press, 1994).

④ Alexander Wendt, *Social Theory of International Politics* (Cambridge: Cambridge University Press, 1999).

念进行了深刻批判；批判理论的代表罗伯特·考克斯（Robert Cox）在《社会力量、国家与世界秩序：超越国际政治理论》① 一文中抨击了现实主义的科学主义倾向，提出由于世界政治是被建构的而不是被发现的，因而不存在主观（分析家）和客观（分析对象）之间的根本区别。至于相对主义，它的主要旗手则是英国学派的一些代表人物，最著名的便是马丁·怀特（Martin Wight）。

3. 如何理解工业化对国际政治研究的影响

西方国家在 18～19 世纪发生了两次工业革命，以蒸汽机的运用为标志的第一次工业革命于 18 世纪中叶在英国发生，这不仅造就了英国无与伦比的金融优势和贸易优势，也使其有能力维护"不列颠治下的和平"②；除此之外，在急剧扩展世界体系的同时，此次工业革命也使得"非欧世界黯然失色"。

肇始于德国和美国的第二次工业革命以内燃机、电力工业、化学工业的出现为标志。与第一次工业革命相比，此次工业革命的技术更新速度之快，技术传播范围之广，列强间实力对比更新之迅速，使其成为"旧世界的溶解剂和新世界的催化剂"。这两次工业革命的效应叠加在一起，不仅使得国际政治告别所谓的"经典时代"，也使得国际政治研究在主题、议题、方法等多个方面产生剧变。③

工业化之后，许多国际政治研究者的理念为"民族主义"所主导。在工业化之前，国际政治研究者所秉持的基本价值取向仍然是王朝性、政治性或帝国性的"国际主义"。概而言之，主要包括君权神授、王朝合法、列强互不毁灭、互相制衡、互不干涉内政以及节制竞争、节制冲突原则。但随着工业化的发展和人们认识自然手段的增加，君权神授和王朝合法不再被视为理所当然，而且民族主义逐渐取代国际主义，开始左右许多国际政治研究者的价值观。虽然 20 世纪的国际政治研究学者不会再变得如此极端，但对于国家利益的考虑以及对相对收益的关注已经成为现实主义国际政治研究者普遍秉持的研究视角。

与此同时，工业化使得国际政治研究者可资利用的研究方法的技术手

①　Robert Cox, "Social Forces, States and World Orders: Beyond International Relations Theory," *Millennium: Journal of international Studies*, Vol. 10, No. 2, 1981, pp. 126 - 155.

②　时殷弘：《现当代国际政治史》，中国人民大学出版社，2006，第 14 页。

③　〔美〕威廉·H. 麦尼尔：《竞逐富强：西方军事的现代化历程》，倪大昕、杨润殷译，学林出版社，1996。

段急剧增加。

首先，工业革命所导致的新技术和新能源的利用使得交通工具大为进步，国际政治研究者穿梭于各国之间所需的时间和经济成本已较前工业化时代大为降低，这不仅使得国际政治研究者之间的联系更为频繁，从而有利于该学术共同体的发育和完善，也使得学者们观察异国社会、进行田野调查大为便捷。

其次，伴随电讯工业而来的社会舆论急剧增加，导致了大众政治的急剧发展，这使得大量的公民和臣民广泛参与对外事务，有关国际政治的舆论资料不断涌现，这使得国际政治学者可以拥有大量资料进行实证研究。

最后，计算机技术的发展使得博弈模型设计和大量数据计算成为可能，这促使以托马斯·谢林（Thomas Schelling）为代表的学者将博弈方法在国际政治理论中加以运用。[1]

工业化还使得国际政治的研究议题领域急剧扩展。第一，工业革命所导致的总体战使得安全成为国际政治研究的重要议题。经过工业革命的洗礼，战争规模和武器技术都有了突飞猛进的发展，战争的手段、烈度、目的都是总体性的。因此不论是汉斯·摩根索（Hans Morgenthau）的经典现实主义还是沃尔兹的结构性现实主义，都将安全视为国家生存的首要前提，其现实背景是两次世界大战造成了巨大的伤亡。

第二，工业革命所导致的国家发展不平衡问题使得依附理论逐渐兴起。工业革命在急剧扩大世界体系的同时，也不可避免地产生了国家发展不平衡、发达国家强行将发展中国家纳入国际体系从而对其剥削的问题。[2] 这一现象成为劳尔·普雷维什（Raul Prebisch）、萨米尔·阿明（Samir Amin）等国际政治学者提出"依附论"的现实基础。[3]

第三，美国成为国际政治研究的中心。第二次工业革命以来，美国由于工业化带来的先进生产力，经济社会高度发达，能为国际政治学者提供先进的技术和资金支持，从而在二战后成为国际政治研究的中心，以致在国际政治研究中出现了所谓的"美国化"的倾向。

4. 国际体系与国际格局的异同

"体系"是一个科学术语，泛指相同或相类似的事物按照一定的秩序和

[1] Thomas Crombie Schelling and Morton H. Halperin, *Strategy and Arms Control* (Amsterdam: Elsevier Science Ltd, 1985).
[2] 王正毅：《世界体系与国家兴衰》，北京大学出版社，2006，第二编。
[3] 王正毅：《国际政治经济学通论》，北京大学出版社，2010，第五章。

内部联系组合而成的整体。在国际关系学中，国际体系是由诸多相互作用的国际行为体组合而成的整体。肯尼思·沃尔兹在《国际政治理论》中将体系界定为"一组互动的单位，由结构和互动的单位构成"，其中包含了体系和体系单位两个因素。[①]

国际体系也就是在国际社会中，各个国际行为主体之间相互影响与相互作用所形成的有机统一整体。其中，国际行为主体分为国家行为主体和非国家行为主体两类；相互影响与作用主要表现为行为体之间的相互冲突、竞争、合作和依存。人类最早的国际体系形成于 19 世纪末 20 世纪初，资本主义国家通过殖民、占领或侵略等方式将世界各地原本相互隔绝的地域连接起来，最终促成了世界殖民体系的形成，人类历史上第一个国际体系也由此形成。

国际体系的主要特征包括如下几点。第一，整体性，所有国家与非国家行为主体都被包括在国际体系中；第二，相互联系性，在体系中的所有行为主体都不可避免地都被卷入直接或间接的相互联系中；第三，非对称性，在国际体系中，国家之间综合实力的不同导致了国家之间的权力差距，大国和小国之间并不是平等的；第四，客观性，国际体系的存在不以某个人或某个国家的意志为转移。

国际格局是一个高度抽象的综合性术语，相较于体系，它更类似于一种关键的主要结构。一般而言，国际格局是指由在国际关系中起主导和支配作用的国家或国家集团，基于力量对比关系而形成的一种相对稳定的互动结构和状态。国际格局的构成要素一般包括行为主体、相互关系和结构状态。

行为主体即在国际关系中起举足轻重作用的国家或国家集团，或者称为战略力量，这是构成国际格局的基础性要素。相互战略关系则是国际格局作为一定历史时期的产物，它的产生必须具备两个基本条件：一是许多行为主体并存，二是行为主体彼此之间发生相当程度的交往。结构状态在一定时期里则会保持稳定或基本稳定。近代以来，国际社会经历了维也纳体系、凡尔赛－华盛顿体系、雅尔塔体系、"一超多强"这几个主要的国际格局。

有关国际体系与国际格局的异同问题，国内的学者主要分为三派。传

---

① 〔美〕肯尼思·沃尔兹：《国际政治理论》，信强译，上海人民出版社，2008，第 42 页。

统派认为，国际体系与国际格局是相互区别的，前者是国际社会中各个国际行为主体之间相互影响与作用所形成的有机统一整体，后者是国际政治活动中主要角色互动形成的关系结构及其样式，持这种观点的学者主要以北京大学的梁守德教授为代表。[①] 统一派则认为，这两个概念之间并无过大的差别，在某种意义上可以相互替代，这部分学者以中国社会科学院李少军研究员为代表。[②] 还有一种观点除了对国际社会、国际格局等概念做了一定程度的区分外，并没有沿用国际体系的提法，而是使用了"世界体系""世界格局""世界秩序""国际系统"等概念，持此种观点的学者以中国人民大学宋新宁教授和复旦大学潘忠歧教授等为代表。[③]

需要指出的是，国际体系和国际格局都是描述国际政治的重要概念，二者之间既有密切的联系，又有本质的区别。就两者关系而言，国际体系是对国际关系整体状况的概括，最具宽泛性。国际格局则是对其中各行为体，特别是"主角"行为体互动及关系状况的描述，是国际秩序的重要基础。但在实际运用中，它们之间并没有那么明确的界限。

5. 简论塑造与推动国际体系变革的原因

国际体系是人类社会发展到一定历史阶段的产物，是资本主义生产方式的产物。它肇始于资本主义的产生和发展时期，最终形成于帝国主义列强把世界瓜分完毕之时。其中世界政治体系与世界经济体系基本上是同步形成的，但以世界经济体系为基础和条件。国际体系自形成之后，迄今为止经历了四个主要时期：

第一，单一的资本主义国际体系时期，从 19 世纪末到 1917 年俄国十月社会主义革命胜利。

第二，两种政治经济体系并存、斗争的时期，从 1917 年俄国十月社会主义革命胜利到 1945 年第二次世界大战结束。

第三，两大社会体系、多种类型的经济制度在一个统一的国际体系中并存、竞争、共处的时期，从 1945 年第二次世界大战结束到 20 世纪 90 年代初期。

第四，冷战后时期。20 世纪 80 年代末 90 年代初，苏联解体、东欧剧变，尤其是进入 21 世纪以来，世界变得更加多元化。

---

① 梁守德、洪银娴：《国际政治学理论》，北京大学出版社，2000，第 103 页。
② 李少军：《国际政治学概论》，上海人民出版社，2008，第 6 页。
③ 陈岳：《国际政治学概论》，中国人民大学出版社，2010，第 46 页。

国际体系自形成之日起就处在不断的运动之中，它形成、变化与发展的动力主要包括以下几个方面。

第一，新科技革命的发展。二战后出现的以核能、电子计算机和空间技术为标志的新科技革命，是人类历史上规模最大、影响最深远的一次革命，席卷了几乎所有发达资本主义国家、某些社会主义国家和新兴工业国家。它使科技成果迅速转化为直接生产力，从而大大提高了劳动生产率，加深了各国生产的国际化，扩大了各国经济联系的规模与范围。它更新了国际分工的内容，加强了世界市场的作用，促进了世界贸易的发展；它加强了各国经济的相互依赖，导致了地区性共同体的建立与壮大，加速了一体化趋势；同时，它也加剧了资本主义经济政治发展的不平衡，拉大了相互之间的差距，使世界产生新的动荡与不安。

第二，社会主义国家的建立与影响。经过两次世界大战，在欧洲、亚洲、拉丁美洲的土地上诞生了众多的社会主义国家。社会主义阵营成为国际舞台上举足轻重的力量以及被压迫民族和人民的热情支持者和鼓舞者，推动殖民地半殖民地被压迫民族解放运动的蓬勃发展。与此同时，资本主义国家仍在努力维持旧的国际体系，社会主义国家同帝国主义国家之间的对抗呈现日益激烈的态势。在相当长的一段时期里，两种经济政治体系的相互斗争成为国际体系运行与发展的主旋律，二者之间的互动为国际社会提供了强劲的运转力。

第三，第三世界的崛起。第三世界是在二战后民族解放运动取得重大胜利基础上形成的，是由亚非拉地区新独立的主权国家组成的联合力量。在对外政策上，它们主张不结盟，公开宣布反对强权政治，维护了国家尊严和主权平等；在国际舞台上，它们利用国家政权为处理和解决国际事务做出了自己的贡献；第三世界的崛起还带动了亚非拉地区新兴民族国家与新兴大国之间的合作。第三世界作为一支新兴力量登上国际舞台，必然会开创世界体系的新局面。

总体而言，人类社会的每一步前进都使得各行为主体之间的相互依存日益加深，相互依存的方式既有合作式的，也有冲突式的，或者二者兼而有之。国际体系的相互联系以及联系过程中的互动，是国际体系形成与发展的最大动力和本质所在。

6. 一战以来的国际体系与格局演变

1918 年 11 月，第一次世界大战宣告结束。1919 年 1 月，胜利的协约国集

团为了解决战争造成的问题以及奠定战后的和平，召开了巴黎和会。1919～
1920年，协约国同德国的盟国奥地利、匈牙利、土耳其、保加利亚签订了
一系列和约，这些和约同《凡尔赛和约》一起确立了凡尔赛体系，确立了
在欧洲、西亚、非洲统治的新秩序，标志着第一次世界大战结束后列强之
间经过激烈的外交斗争，终于在欧洲、西亚和非洲建立了战后资本主义世
界的新秩序。

　　华盛顿会议是凡尔赛会议的继续。1921～1922年，美、英、日、法、
意、荷、比、葡、中九国在美国华盛顿召开会议，签订《四国条约》《五国
条约》《九国公约》，通过本次会议及其条约所形成的华盛顿体系，确立了
战后帝国主义在东亚、太平洋地区的统治秩序。经过华盛顿会议，资本主
义世界在东亚和太平洋地区的秩序得到了安排。它同凡尔赛体系一起，构
成了战后资本主义国际新秩序，即通常所说的"凡尔赛－华盛顿体系"。

　　1939年9月，第二次世界大战全面爆发，凡尔赛体系在欧洲的维持很
快土崩瓦解；1941年太平洋战争爆发，维持亚太地区局势稳定的华盛顿体
系也随之消亡。

　　第二次世界大战后期，美国、英国、苏联三国举行了一系列首脑会议，
其中主要有：德黑兰会议、雅尔塔会议和波茨坦会议。会议达成了以下协
议：打败德国、日本法西斯，并在两国彻底铲除法西斯主义和军国主义，
以防止法西斯主义东山再起；重新绘制战后欧亚地区的政治版图，特别是
重新划定德国、日本、意大利等法西斯国家的疆界及其被占领地区的边界；
建立联合国，作为协调国际争端、维持战后世界和平的机构；联合国的核
心机构安理会的表决程序实行"大国一致原则"，以美、苏、中、英、法五
大国为核心，以联合国为主导，保护中小国家的安全，维护世界和平；对
德、日、意的殖民地以及国际联盟的委任统治地实行托管计划，原则上承
认被压迫民族的独立权利。以上的首脑会议形成一系列影响战后世界秩序
的公报、议定书、协定、声明和备忘录，还形成了以《雅尔塔协定》为主
体的国际关系体系，即雅尔塔体系。[①]

　　1945年8月，第二次世界大战正式结束，欧洲在战争中受到严重削弱，
德国沦为战败国，法国元气大伤，英国实力消耗极大。与之相反，美国的
军事、经济实力空前膨胀，成为资本主义世界头号强国；苏联壮大了自己

---

　　①　徐蓝：《试论雅尔塔体系对战后国际关系的影响》，《历史教学》2002年第5期，第8～15页。

的政治、军事力量，成为世界上唯一能够与美国抗衡的国家，苏美由此展开了长达半个多世纪的冷战。以 1989 年东欧剧变和 1991 年苏联解体为标志，雅尔塔体系最终瓦解。

冷战结束以后，美国成了世界上唯一的超级大国。这种形势下，一方面美国政府主宰世界的欲望更加膨胀，于是加紧推行霸权主义和单边主义的对外政策；另一方面，旧的平衡被打破，新的平衡一时难以建立起来，两极格局解体留下的空间，客观上有利于多极化趋势的发展。

当前的国际格局常常被称为"一超多强"，美国被认为是世界上唯一的超级大国，在世界事务中发挥的作用远远超过其他国家，美国在军事、经济等维度具有全方位的影响力。然而，另一方面，冷战结束以来，欧盟实施《马斯特里赫特条约》，扩充和完善共同市场，建立货币联盟，发行欧元，进而推行共同外交政策和防御计划，进行统一的宪制改革，使欧洲成为国际社会中的重要一极。俄罗斯在经过 20 世纪 90 年代初期的衰退之后，重新成为拥有巨大影响力的世界性强国，亦是世界上最大、最重要的经济体之一。中国近年来经济增长迅速，社会主义建设成就举世瞩目，综合国力显著增强，国际地位有了很大的提高，对世界格局也产生了重大影响。

7. 如何认识并评估国家利益

国家利益是指满足或能够满足国家以生存发展为基础的各方面需要，并且对国家在整体上具有裨益的物质、荣誉或其他表现形式。一个国家的国家利益具有多个层面，首先是国家的生存和安全以及对财富、经济增长与权力的追求。许多国家，特别是现代社会里的许多国家，把保持国家的文化独立性也看得非常重要。

国家利益的概念通常与国际政治理论的现实主义学派有关：在人类历史的早期，国家利益并不是国家最重要的关切点，相对于宗教或道德，它被认为是第二位的；马基雅维利（Niccolò Machiavelli）是公认的第一位倡导国家利益应为国际关系首要关切对象的政治思想家。从马基雅维利开始，国际关系的现实主义学派的学者们，包括雷茵霍尔德·尼布尔（Reinhold Niebuhr）、汉斯·摩根索等大家都纷纷强调要根据国家利益对外交政策进行不断调整。

经过长期的发展，当前人们普遍认为，国家的生存是国家利益中最重要的部分，也是国家的基本利益，更是国家最重要的利益。国家的生存是国家的基础，没有国家的生存，国家的其他利益就无从谈起。

除了生存之外，国家的发展也是当今世界一个国家最为重要的国家利益之一，增进国民的经济和社会福利、提供良好的国民教育、健全法制成为国家存在的重要合法性。也有一些学者认为，国家政治制度的稳定、国家与民族文化的独立也是重要的国家利益。

就对国家利益的内容界定来说，一些国际关系大家对此也有着不同的看法。经典现实主义的主要代表人物汉斯·摩根索认为，国家利益应当包括三个重要的方面：领土完整、国家主权和文化完整，其中最本质的问题就是一个国家的生存问题，其余方面都是次要的问题；结构现实主义学派的代表人物肯尼思·沃尔兹则认为生存是国家的唯一利益，自助是维持国家生存的唯一手段；新自由制度主义学派代表人物罗伯特·基欧汉则主张三种国家利益：生存、独立与经济财富；建构主义学派代表人物亚历山大·温特又在其后加了第四种利益——集体自尊。

国家利益的判断具有客观性和主观性。国家利益是客观的，它时时刻刻以有形和无形的方式在各个方面表现出来，如主权、领土完整、经济福利、文化、价值观念等。因此，国家利益具有客观的判断标准。从时间跨度上来看，国家利益可以分为近期和中长期的利益；从形式上可分为根本性和次要性的利益；从领域上可分为政治、经济、军事、外交、文化等方面的利益。判断国家利益，可以根据各种排列组合，权衡利弊得失。在外交实践中，绝对的利弊很少存在，所以只能综合考虑、有所取舍。人们说的"两利相权取其重"和"两弊相权取其轻"，指的就是这个意思。但是，判断国家利益在一定程度上又是主观的。在涉及国家安全的威胁、国家的主权和尊严、价值观念、文化交流等方面时，往往又同主观臆测相联系。

对国家利益进行判断时，要注意国家利益的内容是动态而不是静态的。国家利益的核心和外延部分会随着内外条件的变化而发生变化。例如，在国家独立初期，发展中国家为了保卫新生国家和政权，必须强调国家的尊严和经济的国有成分；但到了一定的阶段，发展中国家的国家利益就变成了经济发展和福利保障。

经济全球化和世界各国相互依存度的提高，增加了国家利益、他国利益以及全球共同利益的重合部分。从某种意义上说，国家利益已经不同于传统孤立的民族国家自身的利益，也不完全是你赢即我输的"零和"式的争斗，而是逐渐演变成国家之间的共同利益，乃至全球范围内的共同利益。

国家利益的维护和实现主要是依靠国家对外政策的实施。国家对外政策制定的依据就是对国家利益的判断——哪些是国家利益，哪些不是国家利益；哪些是主要的国家利益，哪些是次要的国家利益；在某一具体的国家利益中又有主要方面和次要方面。只有把这些问题都明确，才能制定出切实可行的对外政策，也才能更好地维护和实现国家利益。

8. 如何理解国际政治中的权力

权力是一种广泛存在的社会现象，是国际政治学的核心概念。在国际政治研究中，对权力的定义是多种的，这些定义也都有各自的侧重。

第一，权力作为个人或国家的追求目标。

第二，权力作为影响力与控制力的衡量标准，譬如掌握资源的内容与多寡，使用这些资源的能力与策略等。

第三，权力体现了国际政治行为体之间主宰与被主宰的关系。[①]

作为国际社会中的普遍现象，权力的存在与行使在古代受到了广泛的讨论，修昔底德曾经指出，雅典与斯巴达之间的战争即源自后者对于前者权力扩展的恐惧，这是国际政治中最为久远的有关权力与国家间关系的论述。马基雅维利在《君主论》中也正式提出了权力对于君主的重要性。摩根索在20世纪50年代提出"作为利益的权力"的观念，区分了人口、地理、经济、战略等权力资源，并断言国际政治的本质是对权力的极度追求，这奠定了国际政治，特别是现实主义学派研究的根本起点。

在国际政治中，权力因其定义的不同，在不同场景下也有不同的内容和意义。对古典现实主义者如马基雅维利、摩根索等而言，权力同时是个人与国家追求的目标以及手段，而且目的与手段合二为一。至于权力这一目标又服务于何种目的，古典现实主义者们倾向认为，人性的本质之一就是无止境地追求权力最大化。

对于部分现代政治科学研究者而言，他们倾向于将权力视为是争夺其他资源的"影响力"。此种影响力可以是物质性、有形的影响途径，如经济合作与制裁、军事威胁和同盟，也可以是无形的资源，如理念价值的传播。

国际政治理论的结构现实主义学派为解决上述争议，提出将权力界定为"能力"，即一个国家或其他国际政治行为主体所拥有的权力资源，譬如军事力量、经济总量、人口数量、领土面积、矿藏资源等。

权力不是虚无缥缈的，权力必须要通过行使才能体现出来。在国际政

---

① 中国大百科全书总编辑委员会：《中国大百科全书·政治学》，中国大百科全书出版社，1992，第498页。

治中行使权力的主体必然是国际政治行为体，行使权力的主体可以是个人，也可以是组织团体。在国际政治活动中，存在着大小不同的权力行使单位，包括若干具有跨国力量的组织与团体：各主权国家或国家间组建的联盟，如欧盟；一些具有重大国际影响力的个人，如诺贝尔和平奖获得者、联合国秘书长；官方性的国际组织，如联合国、北约、欧佩克；跨国企业，特别是跨国能源、资源类企业和国际传媒公司；国际非政府组织，如无国界医生等，这些组织和团体都掌握了相当大的权力与资源。

简而言之，权力是国际政治最重要的运行基础，随着时代的发展，追求权力的形式和方式也都发生了很大变化，譬如从传统的军事战争转变为经济竞争和外交合作，从零和博弈转变为共赢互利。但是，国际政治的权力本质却并未发生改变。

9. 如何理解国际政治中的软实力与硬实力

近年来，每当人们谈论起国际政治中的权力时，都常常会提及"软实力"这个概念，作为对应，当然也有"硬实力"。就其诞生而言，软实力是作为一个正式概念被提出的，而硬实力则是软实力概念的伴生品。

软实力的概念是由约瑟夫·奈（Joseph Nye）最早提出的。根据奈的说法，软实力是一国文化与意识形态的吸引力，是通过吸引而非强制的方式达到期望的结果的能力。它通过让他人信服地追随你，或让他人遵循某种将会促其采取你所期望的行为的规范和制度来发挥作用。软实力在很大程度上依赖于信息的说服力。如果一个国家可以使它的立场在其他人眼里具有吸引力，或者一个国家强化那种鼓励其他国家以寻求共存的方式来界定它们的利益的国际制度，那么它就无须扩展那些传统的经济实力或者军事实力。[①] 奈认为，一个国家的软实力主要存在于三种资源当中："文化（在能对他国产生吸引力的地方起作用）、政治价值观（当这个国家在国内外努力实践这些价值观时）及外交政策（当政策需被认为合法且具有道德威信时）"。[②]

与软实力相对应，硬实力是指物化了的力量或物质力量，是国家实力的外在表现形式，一般包括经济、军事、人口、领土、自然资源等因素，它和软实力一起构成国家实力的主要内容。汉斯·摩根索认为国家实力主

① 〔美〕约瑟夫·奈：《软实力：权力，从硬实力到软实力》，马娟娟译，中信出版社，2013，第 3 页。
② 〔美〕约瑟夫·奈：《软实力：权力，从硬实力到软实力》，马娟娟译，中信出版社，2013，第 54 页。

要由九种要素构成：地理、自然资源、工业能力、军事准备、人口、国民特性、国民士气、外交质量和政府质量。[①]

硬实力和软实力是国家实力的两种形式，二者之间既有区别又有联系。从二者的区别来看，主要有以下几个方面。一是在形态上，硬实力是看得见、摸得着的实力，是国家实力的外在表现形式，能够直接产生震慑效果；而软实力是无形的，是国家实力的内在表现形式，通常是一种无形的吸引力和影响力，能够潜移默化地同化别人。二是在行为体方面，硬实力的拥有者主要是国家，国家是军事、经济力量等实力因素的持有者，而软实力的行为体既可以是国家，也可以是非政府组织、跨国公司等。三是在发挥作用的方式上，硬实力通过直接方式发挥作用，带有明显的强制性；软实力多是通过间接的、相对隐蔽的手段发挥作用。

从另一方面来看，硬实力和软实力是实力相互作用和相互加强的两种形式，二者相辅相成、互不可分。

第一，软实力要以硬实力为基础。一般情况下，一个经济落后、军事羸弱的国家永远不可能在国际事务中具备足够、有效的影响力，它的文化、价值观等也难以转化为软实力。

第二，硬实力的增强并不一定会带来软实力的提升。软实力的实现需要以相应的硬实力作为基础，但硬实力的强大并不一定意味着会有同等规模的软实力，即两者的发展并非一定同步。即使一国非常富有，军事技术非常先进，但如果它不注重软实力的培育，或者被国际社会普遍认为是一个不负责任、没有担当或无视国际法的国家，它的软实力仍会很低下。

第三，硬实力是软实力的基础，软实力反过来也可以作用于硬实力，软实力可以通过内在的影响力和吸引力进一步加强硬实力。在21世纪，全球化加速发展，软实力变得日渐重要。一个国家仅仅依靠硬实力难以实现国家的战略目标，还需要辅之以软实力。对一个有远大目标的国家来说，软实力和硬实力更是缺一不可。

总之，软实力与硬实力相互联系、相互影响，两者缺一不可，离开硬实力谈软实力是不现实的，同样，离开软实力谈硬实力也不可取。

10. 如何理解国家属性与主权意识的新变迁

国家主权又称主权，指的是一个国家独立自主地处理自己内外事务，

---

① 〔美〕汉斯·摩根索：《国家间政治：权力斗争与和平》（第7版），徐昕等译，北京大学出版社，2006，第174页。

管理自己国家的最高权力。主权是国家区别于其他社会集团的特殊属性，是国家的固有权力，主权主要包括如下内容。

第一，管辖权，即国家对它领土内的一切人（享有外交豁免权的人除外）、事物以及领土外的本国人实行管辖的权力，有权按照自己的情况确定自己的政治制度和社会经济制度。

第二，独立权，即国家完全自主地行使权力，排除任何外来干涉的权力。

第三，自卫权，即国家为维护政治独立和领土完整而对外来侵略和威胁进行防卫的权力。

第四，平等权，主权国家不论大小、强弱，也不论政治、经济、意识形态和社会制度有何差异，在国际法上的地位一律平等。

从国际法的角度，我们可以说，国家主权的本质属性就是对外独立性，就是要赋予一国采取合理方式排除他国干涉的一种权利。

冷战结束后，国际形势发生了重大变化，国家主权原则也受到了巨大的冲击，围绕国家主权的争论也再度兴起，国际社会出现了许多诸如主权演变论、主权可分论、道德相互依存论、主权弱化论、主权让渡论、人权高于主权论等挑战国家主权的新思潮。这些有关主权问题的新意识，究其产生原因，是和全球化密不可分的。

在经济全球化进程中，世界各国面临的共同问题日益尖锐，能源问题、环境问题、资源短缺问题、粮食问题、债务问题、贸易保护主义问题、极地深海和太空开发中出现的问题、人口问题、难民问题、毒品问题、核扩散问题、国际恐怖主义问题等早已越出国界向世界范围扩散，并在不断地恶化，成为影响全球发展的重大问题。这些问题的解决已经不是一国或几国所能实现的了，必须依靠世界各国的共同努力，相互协作、通力合作才能解决。

从国家行使管理权力的角度看，这必然会威胁到主权国家原有的统治能力。例如，为了保护地球生态环境、处理国际污染和温室效应问题，国家除了采取一些重要的自我约束行为（如限制汽车尾气的排放量、限制发展省时省力的但却消耗能源的原材料以及污染严重的行业等）外，还要对国际性资源进行某种集中掌握，这就使国家的资源主权受到限制。更为重要的是，在全球性问题的解决过程中，一些西方发达国家可能会借解决问题之名行控制发展中国家之实，强迫发展中国家接受本不应接受的解决方案，甚至干涉发展中国家的内政，不正当地介入发展中国家的社会经济规划，这当然更是对发展中国家主权的侵犯。

同时，各国为了解决一些全球性问题寻求合作，还成立了国际组织或建立了一些国际机制。而这些国际组织或国际机制的建立正是主权国家让渡部分国家主权的结果。它们一方面为各国的合作与问题的解决提供了方法、手段和组织保证，另一方面也为超越国家利益去从事打破国家界限的活动创造了条件、提供了可能。此外，全球性问题的出现还促使人们以崭新的思维方式认识当代世界，形成了一种超越民族国家、意识形态等界限，着眼于全人类共同利益的全球意识。这种全球意识也会对传统的国家意识及主权意识产生冲击。

面对国家主权意识不断发生的变迁，我们要充分认识到国家主权是一个历史的概念，其内涵始终是根据不同时代的不同要求发展和变化的。主权内涵的不断扩大，反映了各国、特别是发展中国家越来越意识到全球化正在给自己的政府能力和权威造成严重威胁，也给自身主权的维护带来了更大困难。我们应当用更加实事求是的眼光来对待维护主权和参与经济全球化，并在二者之间做出合理的选择；妥善调适自己的主权观念，抓住全球化带来的机遇。

11. 传统意义上的国际政治行为主体

国际政治理论研究的逻辑起点是国际政治的行为主体，它是指能够独立参与国际事务并发挥影响和作用的一系列实体，包括主权国家以及非国家行为体（国际组织和其他国际政治行为体）。

必须要指出的是，民族国家作为国际社会的最基本单位，是国际政治理论研究的核心内容。民族国家所拥有的国家主权是国家最重要的构成要素，主要表现为对内最高权、对外独立权和防止外来侵犯的自卫权。可以说，民族国家是当今世界最基本的国家形态，是世界体系的基本单元，也是国际关系中最根本、最重要的主体。"到目前为止，民族国家仍然是唯一得到国际承认的政治组织结构。"[①]

民族国家是国际政治中最重要的行为主体，也是构成当代国际社会的最基本的实体单位，这与它的具体特质和所产生的作用是不可分离的。按照国际法的要求，在国际社会中，作为国际政治行为主体的国家，必须同

---

① 〔英〕安东尼·史密斯：《全球化时代的民族与民族主义》，龚维斌译，中央编译出版社，2002，第97页。

时具备四个方面的基本要素：固定的领土、定居的居民、统一的政权机构、国家主权。具备了上述四项要素，主权国家的行动在国际政治中才有意义。原因在于，第一，主权国家能够控制和最大限度地调动、支配、运用一切资源，形成国际社会强大的行为主体、实体；第二，主权国家是人类社会生活诸共同体的唯一合法总代表；第三，国家之间的政治关系决定着国际政治的现实状况和发展趋向。

要充分认识到，民族国家成为国际政治活动中最重要的行为主体并非是一蹴而就的，而是一个长期的过程。

民族国家是欧洲国家形态演进的产物，但它出现以后就迅速成为一种具有典型性和示范性的国家形态，成为其他国家发展和演变过程中的目标形态，逐步扩大到全世界，成为具有世界意义的国家形态。①

中世纪以前的西欧，由于罗马帝国的扩张、蛮族的入侵以及普遍信仰基督教等诸多的原因，传统的民族早就被彻底解构，甚至是荡然无存了。在中世纪前期，封建主义成为西欧最主要的政治制度。然而，随着资本主义经济在西欧的萌芽和逐步发展以及市民阶级的逐步形成，在一个国家内形成统一的市场和制度的要求日趋强烈。在这样的条件下，已经长期被虚置的君主们乘机巩固和加强了自己的权力，最终建立了以民族为基础的君主国。

三十年战争结束后，欧洲各君主国签署了《威斯特伐利亚和约》，"威斯特伐利亚体系"是国际社会历史上第一个现代国家体系，这个体系的特征是势力平衡，它明确规定由中央控制的、独立的国家之间需要相互尊重主权和领土完整。

资本主义生产方式的形成、确立和发展，为现代民族国家的建立奠定了基础。资本主义民族国家的形成又为资本主义在全世界的拓展提供了强大的动力和支持，由此实现了国际分工的发展和世界市场的形成，把世界各国从经济上联结成为一个整体，使得彼此间的联系日益密切，相互之间的依存关系不断加深，从而出现了现代意义上的国际政治，构成了当今世界的国际政治社会，民族国家作为一种政治体制形式也随之扩展到了全世界。

在20世纪后期，由于经济全球化的发展，人员、资本流动性剧增，许多国际机构的崛起，使得民族国家在国际政治中的主体作用受到了一些质

① 周平：《民族政治学》（第二版），高等教育出版社，2007，第201页。

疑。但是当前绝大多数国家依然拥有着基础的主权职能，主权国家作为国际政治最重要的行为主体的现实在短期内并不会发生改变。

12. 如何理解个人因素对国际政治的影响

长期以来，国际政治的传统理论一般不将个人视为国际社会的行为主体，这主要是因为个人在国际舞台上是国家利益的代理人和代表者而不具备自身的特殊利益。然而，个人在当今国际社会的作用日益突出，个人在国际政治中事实上已经具备了一定意义上的行为能力，积极参与国际政治的各项事务，并发挥了一定的作用，因而可以将某些特定的个人因素视为国际政治的特殊行为者。因此，研究国际政治中的个人因素、分析个人因素对国际政治的制约和影响已成为国际政治的内容之一。

国际政治舞台上的关键性人物，其个人的影响能够加速或延缓历史的发展进程，对重大历史事件甚至起着决定性的作用。个人的主要作用表现如下。第一，历史人物往往是重大历史事件的直接参与者、策划者和指挥者，因而能对历史事件产生直接和深刻的影响，甚至起决定作用。第二，杰出人物是历史任务的发起者。第三，历史人物是历史进程的影响者，他们能够加速或延缓历史的发展进程，对历史发展的进程起到一定的推动或阻碍作用。

个人作为国际政治体系的特殊行为者，已经直接参与了国际政治体系的内部运动，因而对国际政治的影响是十分明显和直接的。这种影响力主要表现在以下两方面。

第一，政府首脑及高级官员的素质影响着国家在国际政治体系中的整体地位。国家行为主体在国际政治中的地位是由其实力的大小而决定的。国家实力的精神因素，如国民士气、民族凝聚力、社会融合程度和政治稳定等，不仅同政治制度和文化传统有着直接的关系，而且同领袖人物的个人素质也密切相关。领袖人物由于高瞻远瞩，能够发现并指明社会历史的发展方向，同时运用自己的领导艺术、组织能力、个人威信以及在人民群众中的地位等，担当起社会运动的组织者和指挥者的责任。他们通过社会影响使自己的思想体系化为社会流行的群众心理，变成大众的行动。这样就对社会结合程度、政治稳定、民族的凝聚力与国民士气等因素起到相当大的制约作用，从而对国家在国际政治中的地位产生重大影响。

第二，国际政治活动中的政治家、社会活动家乃至一些名流人士都会直接影响国际政治活动的议题与内容。国际政治中一些特殊的个人因素则往往能够起到调解纠纷、平息事端、沟通联系、促进合作的特殊作用。这些个人具备强大的影响力和超越当事国利益的名义或身份，包括以非官方的私人身份活动的当事国领导人、已经下野的著名领导人和政治家、民间团体的领导人、与双方均有良好关系的第三国领导人以及一些重要国际组织的领导人，等等。特别值得一提的是历任联合国秘书长，因为联合国组织本身的超国家性质和该职位的影响力，他们为解决世界各国之间的矛盾与冲突进行着调停、斡旋等积极的活动，对于控制冲突规模、促使停火和平息事端等都曾做出过卓有成效的努力。

总体而言，个人在国际舞台上的活动虽然不能从根本上改变国际政治的发展趋势与发展方向，但却可以推动或阻碍其发展，对于某些具体事件的结局则可能起到决定性的作用。

13. 如何认识非政府组织对国际政治的重大作用

全球化是当今世界最重要的国际现象，它对国际关系的形式和内容都产生了巨大的冲击。在全球化的推动下，政府不再是国际体系中唯一的行为主体，国际关系行为主体呈多元化发展，非政府组织作为新兴的角色开始走上国际舞台，对国际事务发挥着越来越重要的作用。

非政府组织是各国的民间团体、联盟或个人，为了促进在政治、经济、科学技术、文化、宗教、人道主义及其他人类活动领域的国际合作而建立的一种非官方的国际联合体。其数目由 20 世纪初的一百多个发展到现在的数万个。可以讲，非政府组织在国际关系中的重要性越来越突出。

非政府组织在国际政治中的作用日益重要是和全球化的时代大背景密切相关的。全球化的重大影响之一就是全球性问题的兴起，所谓全球性问题，是指当代国际社会面临的一系列超越国家和地区界限，关系到整个人类生存与发展的严峻问题。人类社会在这些问题上具有共同利益，譬如战争、地雷、难民、恐怖主义、环境污染等问题已成为困扰全世界各国的难题。由于全球性问题的危害性十分广泛，单靠一个人或一个国家无法对付解决，所以要求国际社会联合起来共同应对。而非政府组织凭借丰富的人力资源，在环境保护、保护妇女儿童、救助难民、防治艾滋病等非政治领域发挥了重要作用。在现实的国际政治生活中，以解决和缓减环境污染等问题为己任的非政府组织越来越多地介入国际事务，成为重要的国际行为主体。

随着现代科技的发展，国家间的交流越来越频繁，国际关系涉及的领域越来越广。再加上信息技术革命的支持以及经济全球化，民间社会的人员和组织的跨国往来迅速发展。一些重大问题，如人口、教育、扶贫、卫生保健、妇女儿童保护、环境保护、难民救援、人权、裁军等，过去由政府主导解决，现在非政府组织也参与其中，甚至在某些问题上起着近乎主导的作用。因为传统的以各国政府为主体的全球治理体制在迎接这些挑战和解决这些问题时显得力度不够，或者力不从心，所以表现出很大的局限性。譬如，自20世纪80年代中期开始，许多发展中国家面临严重的预算危机。为了克服危机，这些国家实施了结构调整和部门调整，削减公共部门的预算。这样一来，伴随着国家财政的困难，国家原来提供的服务萎缩，由此导致的空缺不得不由非政府组织来填补。①

长期来看，非政府组织在国际政治中的作用将会进一步强化，其原因在于以下三个方面。

第一，从其宗旨来看，大多数非政府组织是以保护环境、维护人的尊严和生存权利、寻求可持续发展为活动宗旨的，这些内容同各国人民的切身利益有着直接的联系，也能引起大多数中小国家政府的共鸣。大多数非政府组织是各国民众自发组织起来的，是各阶层的有识之士为了一个共同的目标而自觉自愿投身其中的组织。从其活动形式来看，大多数非政府组织主要通过和平请愿、示威集会等形式展开活动。非政府组织特有的非官方立场是其参与国际事务的巨大优势。同主权国家和政府间国际组织相比，非政府组织不拥有任何强力机构和强制手段，但这反而使得它们在国际上拥有广泛的号召力和巨大影响力。

第二，各国民众对非政府组织的认同程度越来越高，非政府组织在很大程度上已经成为公众利益的代言人，特别是它们注重表达边缘状态群体的利益，对政府和社会起到拾遗补缺的作用，因而受到民众越来越广泛的支持。

第三，随着非政府组织对国际事务的参与日益深入，许多国家政府和国际组织都开始重视与非政府组织的对话与合作。非政府组织在某些具体事务上的专业技能和掌握信息的能力，也使得各国政府和官方国际组织欢迎非政府组织提供信息，或是给予专业上的帮助，以便有效处理相关问题。

14. 如何看待冷战结束后的联合国及其维和行动的作用

冷战结束以来，在大国之间无战争、国际局势总体和平稳定的背景下，

---

①　张军、夏敬革：《非政府组织》，《世界知识》1995年第22期，第18页。

局部地区动荡不断加剧，因美苏争霸而长期遭到压制的种族、民族、领土等矛盾逐步释放出来，国际局势在某种意义上要比冷战时代更加混乱。

总的来说，一方面，在这一时期里，面对更为严峻与混乱的国际局势，联合国作为当今世界最重要的国际组织，充分发挥自身的优势，更为积极主动地维持国际和平与安全；另一方面，由于受限于主权独立国家仍为国际舞台上最主要行为者的现实环境，联合国仍无力约束强国的行为，在一些与强国利益不直接相关的事务上，也难以动员各国参与落实联合国的决议。[1]

联合国维和行动的历史可以追溯到 1948 年首批联合国维和部队——联合国停战监督组织（停战监督组织）和联合国驻印度和巴基斯坦军事观察组（印巴观察组）——创建之时。直到 20 世纪 80 年代晚期，维和行动一直是通过特别政治事务厅运作的。维和部队是在 1992 年布特罗斯·布特罗斯 - 加利就任秘书长后正式组建的。从 1989 年至今，联合国部署的维和行动数量与之前四十余年相比，增长了三倍多。仅仅在冷战结束五年之内，安全理事会就授权开展了 20 次维和行动，维和人员从 11000 人猛增至 75000 人。[2] 根据《联合国宪章》，联合国可以通过下列两种方式制止国际冲突：一是纯外交方式，即通过斡旋、调解来解决争端；二是强制方式，通过封锁、禁运、经济制裁乃至派联合国军等强制措施阻止冲突。维和行动就是在联合国调解和解决地区冲突的实践中出现的、介于外交方式和强制方式之间的所谓"第三种方式"。《联合国宪章》将维护国际和平与安全的主要责任赋予联合国安理会，但宪章并没有具体提及维和行动，只是在第六章和第七章中分别赋予安理会以和平方式或强制手段解决国际争端的权力。关于联合国的维和行动，《联合国宪章》第七章规定，安理会为了维护和恢复国际和平与安全，可以授权使用武力。根据二战后联合国维和事业逐渐兴起的新情况，联合国第二任秘书长哈马舍尔德曾创造性地将维和行动解释为宪章的"第六章半"，即介于和平与强制手段之间的一种干涉形式。

冷战后联合国在世界范围内的维和行动硕果累累，在东帝汶、柬埔寨、海地等国家及地区的维和行动都为恢复当地秩序、救济民众、维护和平做

---

[1]　庞森：《走进联合国》，四川人民出版社，2005，第 146~149 页。

[2]　聂军：《冲突中的守望：联合国维和行动成功的条件研究》，世界知识出版社，2011，第 60~73 页。

出了重大贡献，取得了不可忽视的成绩。但是不能否认的是，联合国在冷战后的若干维和行动中存在着严重的失误乃至彻底的失败，对此联合国自身也并不否认。①

近年来，要求改革联合国的呼声日益高涨，但是改革的具体内容依然没有获得共识。无论是那些希望联合国发挥更大作用的人，还是希望联合国只提供人道援助的人，都宣称联合国应当改革，但是各方所希望看到的改革实质却很不相同。联合国机构改革中最常被提到的就是增设安理会常任理事国的席位。② 英国、俄罗斯（苏联）、法国、美国、中国的安理会常任理事国席位是 1945 年联合国成立之初时设立的。有声音认为，这种安排反映的是二战的胜负结果以及战后不久的世界权力格局，与今日的世界局势已有一定差异。日本、德国、印度和巴西等国家明确表态要共同寻求成为安理会常任理事国，但由于各自面临来自不同方面的反对声音，因此未能如愿，后来上述各国遂恢复独立争取"入常"的策略。

在寻求改革联合国的各国中，有的国家认为应通过扩大成员国集团来改善安理会的代表性，有的国家则要求调整常任理事国的结构以反映今日的国际政治经济实力。然而，由于安理会改革涉及错综复杂的国际关系，并且极可能冲击现有常任理事国的利益分配模式，因此无论何种方案均有相当程度的反对意见以及难以实施之处，预计未来很长一段时间内难以形成改革方案。③

15. 如何看待作为国际政治变迁动力的自然环境要素

自然环境通常是指环绕人类社会的自然界，其中包括作为生产资料和劳动对象的各种自然条件。它是人类社会存在和发展的自然基础，是社会物质生活必要的条件。它包括一个国家所处的地理位置、幅员大小、地形地貌、土地与资源状况、气候条件、人口数量和质量与人口结构等内容。④

自然环境不仅与国家的力量、地位、外交政策以及国家间关系密切相

---

① 〔英〕亚当·罗伯茨、〔新西兰〕本尼迪克特·金斯伯里：《1945 年以来联合国在国际社会中的角色》，载《全球治理：分裂世界中的联合国》，吴志成等译，中央编译出版社，2010，第 35 页。

② 〔英〕布莱恩·厄立特：《冷战后的联合国与国际安全》，载〔英〕亚当·罗伯茨、〔新西兰〕本尼迪克特·金斯伯里主编《全球治理：分裂世界中的联合国》，吴志成等译，中央编译出版社，2010，第 99~109 页。

③ 〔英〕保罗·肯尼迪：《联合国过去与未来》，卿劼译，海南出版社，2008，第 85~99 页。

④ 李义虎：《地缘政治学：二分论及其超越》，北京大学出版社，2007，自序第 1 页。

关，而且对整个国际关系体系的运行有重大影响。从宏观角度来看，自然环境因素既是综合国力的构成要素，又是国际关系的重要内容之一，因此自然环境在全世界范围内的分布及其发展趋势，一方面必然制约国家国力和国际力量对比，对国家对外行为产生重大影响，另一方面也会给国家间的相互关系带来重大影响。

第一，自然环境作为一种有形的物质存在，对国家综合国力的构成产生着直接的甚至是巨大的影响。

从地理因素方面来看，地理位置优越、幅员辽阔、土地肥沃、自然资源丰富的国家比较容易发展成大国和强国。与之相反，较差的自然环境条件会给一个国家发展成为力量强大的国家造成障碍。一些控制世界战略要地的国家，也会因此提高国际地位。

人口是从事经济生产和战争必不可少的因素之一，一定数量的人口是一国成为大国的先决条件之一。在其他条件相同的情况下，人口的多寡和人口素质的高低往往成为影响国家实力的决定性因素。人口众多的国家，更易于发展大规模的经济，为军队提供充足的兵员，国家整体力量因而更加强大。

从自然资源方面看，丰富的自然资源，奠定了一个国家成为政治、经济强国的基础。当今国际政治中的强国往往都拥有丰富的自然资源，因为自然资源是大工业发展必不可少的原材料，而只有拥有强大工业基础的国家才能够成为经济大国和军事大国，进而在国际政治中取得与之相适应的地位。同时，一些控制重要战略资源的国家如中东产油国等在国际舞台上也因此备受重视。

第二，自然环境对一个国家的对外决策和对外行为具有制约作用。这是因为，一国所处的自然环境在一定时期内是相对稳定的，它并不以人的意志为转移。自然环境不仅直接影响本国在国际舞台上的实力地位，还对一国面临的外部世界的客观环境产生决定性影响，因而也就限制了其国家利益的具体内容和实现手段，同时也深刻地影响着国家对外目标的选择和对外行为的特点，所有这些都直接影响着对外决策全过程的各个环节。因而，自然环境对一国对外决策的制定和实施都产生着重要的制约作用。

从历史上来看，彼此相邻的大国，或敌或友，相互关系和相互影响总是表现得更为直接；小国与大国为邻，易受大国的控制与影响；而处于两强或多强之间的小国，往往只能选择中立和不结盟的政策。

从自然资源来看，一个拥有丰富而全面自然资源的国家在对外政策上就不至于特别恐惧国际上的孤立与制裁，其独立性更为明显，外交上的选择范围也因此扩大。

第三，由于自然环境对一国综合国力的影响，自然环境在全球范围内分布的基本状况也就影响了一定时期内各国之间的实力对比关系，从而对整个世界格局的发展与演变产生制约作用。地球上陆地、海洋、岛屿以及人口与资源等因素在各主权国家的分布情况，对一定时期国际关系的内在结构产生着相对稳定和持续的影响。譬如，战后东欧因地处东西方两大阵营的前沿以及所谓心脏地区的边缘而成为美苏激烈争夺的对象。此外，中东地区、中美洲地区、东南亚地区等也因处于重要的海上战略通道而与大国的战略利益密切相关，成为战后长期动荡和多事的地区。

我们必须承认的是，自然环境对一国的综合国力、对外决策的制定与实施以及国家间的相互关系等方面均具有重要的制约作用。但是，自然环境的这些影响与作用并不是孤立的和绝对的，而是在与其他因素相互结合时才能充分体现出来。同时，自然环境并不是静止不变的固定因素，它往往因科学技术和经济发展的影响而发生变化。

16. 国际冲突的根源分析——基于不同理论的不同视角

国际冲突是指国际行为主体之间为实现各自的利益和目标而进行的对抗性或敌对性活动或相互作用，是各行为主体由于所追求的利益和目标不同而处于自觉的对立之中的相互活动。作为一种以对抗性或敌对性为主要特征的国际相互作用形式，国际冲突在不同的环境中既可以是暴力的也可以是非暴力的，既可以是显性的也可以是隐性的，既可以是可控制的也可以是不可控制的，因此具有多种多样的表现形式。

在国际关系学界，冲突理论是相当重要的内容，各派学者均对冲突及其根源做过大量的论述。肯尼思·沃尔兹在其名著《人、国家与战争》一书中对冲突起源的三种基本概念进行了区分：第一种概念是"人性与国际冲突"，根据这种基本概念，战争源于人类的本性和行为；第二种概念是"国家与国际冲突"，即从国家的内部结构中去寻找冲突的根源；第三种概念是"国际体系与国际冲突"，即国际无政府状态是导致国际冲突的原因。①

---

① 〔美〕肯尼思·沃尔兹：《人、国家与战争：一种理论分析》，倪世雄、林至敏、王建伟译，上海译文出版社，1991，第一章。

早期的学者往往从人性的角度来阐述冲突起源的第一种概念。他们通常认为，人类本性是恶的，恶的本性决定人类必然要发动战争。以汉斯·摩根索为代表的经典现实主义者认为，要理解国际政治，首先必须理解"社会赖以生存的法则"。汉斯·摩根索指出："政治法则的根源是人性，而从中国、印度和希腊的古典哲学努力发现这些法则以来，人性没有发生变化。"①按照对于人性的这种理解，无论国际环境中发生怎样的变化，由于人性具有上述不可避免的缺陷，国际冲突都无法消除。

从国家的内部结构入手分析国际冲突的根源，也是一种历史悠久的研究方法。马克思主义也秉持类似的分析思路，提出私有制是国际社会中民族压迫的根源②。

以沃尔兹为代表的新现实主义学者将国际冲突的根源归结于国际体系。新现实主义提出，在无政府状态的国际社会里，缺乏健全的、真正有约束力的国际规范和法律体系，不存在一个凌驾于主权国家之上的世界政府或国际机构来协调国家之间的利益冲突。即使有某种国际机构，也缺乏强制性的力量和措施来保障国际规范和法律的执行。无政府状态这一国际政治体系的基本特征导致了"安全困境"的产生，从而使国际冲突难以避免。③

另外还有一些学者从国际体系变革的角度来讨论国际冲突的根源。罗伯特·吉尔平（Robert Gilpin）在《世界政治中的战争与变革》一书中指出，国际政治的变革在历史上主要表现为居支配地位的大国的衰落与新兴大国的崛起。对于居支配地位的大国的衰落来说，最有吸引力的反应是消除产生这个问题的根源。解决国际体系结构与权力分配之间不平衡的主要手段是战争，尤其是霸权战争。奥根斯基（A. F. K. Organski）所提出的权力转移理论也同样强调权力分配的变化会增加战争爆发的危险。奥根斯基认为，当权力差距缩小时，尤其是一个敌对的力图改变现状的挑战者与曾经较为强大的现状维持者之间实力接近时，战争爆发的可能性就会增加。换言之，战争源于大国间实力增长速度的不同，特别是当主导国与挑战者增长速度的不同使后者能够超越前者时更是如此。

---

① 〔美〕汉斯·摩根索：《国家间政治：权力斗争与和平》（第七版），徐昕等译，北京大学出版社，2005，第28~41页。
② 〔美〕肯尼思·沃尔兹：《人、国家与战争：一种理论分析》，信强译，上海人民出版社，2012，第108页。
③ 〔美〕肯尼思·沃尔兹：《国际政治理论》，信强译，上海人民出版社，2008，第98页。

17. 国际机制对于保障国际安全的作用

无政府状态是沃尔兹新现实主义关于国际社会状态的战略性概括，指当下存在如威斯特伐利亚体系一样的状况——缺乏权威的、高于国家层面的"超级政府"。同时正是在这一背景下，导致了各国政府自发的对于秩序的渴望，强烈的不安全感使得各国迫切期待一种能够聊以自慰的方式，或者是自助、或者是共同合作，而后者则恰恰导致了一系列国际法的形成。但是，自由主义者，特别是新自由制度主义者坚持认为，自助行为不可能永远占据着每一个国际交往的场合，更多的时候，在面对正常的跨国界的人员、产品、资本和技术的交往时，武力除了起破坏作用以外，起不到任何积极的、符合国家利益的作用，约定俗成的各类国际体制和国际法才是最合适的角色。

新自由制度主义者希望证明无政府状态的国际结构和包含国际体制与国际法在内的秩序建设进程之间存在着几乎是天然要求的关系。以安全困境为例，安全是国际社会成员间最关心的问题，而安全困境是相对安全态势的改变以及由此引发的实际或者臆想的对于自身安全的恐惧。在囚徒困境博弈中，双方由于信息沟通的不畅而导致的相互背叛的最差境况，等同于国际体系中无政府状态给当事国家带来的交流不畅。国际法则减轻了无政府状态的不利影响。在无政府状态的前提下，也就是在缺乏超国家中央权威的背景下，民族国家由于沟通的不畅或信息扭曲，很难形成互信。对此困境的解决办法是求助于第三方进行调解和参与集体行动，或是求助于相关国际机构。虽然这些措施或机构都不能以超国家中央权威的角色对当事国做出义务性要求，但是至少可以在解决信息不畅或失灵问题上起到巨大的改善作用，并提供一定程度的外部保障，从而极有可能会改变相关当事国的本来策略而代之以合作。事实也证明，这种作用和可能性是完全存在的。

为了证明国际机制对于缓解冲突的作用，新自由主义制度者引入了"体系价值力量"与"制度学习"的概念——它们是起源于一些国内或国际因素，但被足够数量的国家（包括主要的强国）所接受的观念或理想，在国际关系中发挥了重要作用。它们本身作为一种道德的力量出现，但是一旦为世人所公认，那就具有了衡量国际社会中各国行为的能力。比如说，当无论大小国家一律平等的理念深入人心之后，任何一个国家在任何场合公然宣布他国并不拥有类似权利或附属于本国时，毫无疑问它要面临来自国际社会全体成员的声讨，这将对一国产生巨大的国际压力。同样，一旦国家领导者因为某种自我中心主义的理念而导致国家遭受损失时，他们会主动或被动地进行学习。①

新自由制度主义者对于国际机制如何保证安全的逻辑推理过程基本如下：国际法促进了国际沟通，其中包括外交活动，外交活动（政治关系与国家实践）产生出协定和合乎习俗的规范，这些规范又变成新的国际法，国际法和外交活动一起又创建了各种国际组织，而国际组织又推动了更多外交活动的开展以及更多国际法律的维持。

然而，在现实政治中，国际法或者国际机制要想起到应有的作用，在更多的情况下需要依靠强国的支持、当事国的态度以及国际组织的执行能力。伊拉克战争前后的事态发展充分证明了单边主义依然是强国在特殊时期的必然选择，国家利益至上依然是国际社会中的首要原则；同时，当事国一旦对于国际法或国际组织本身的合法性产生怀疑或强烈的不认同，那么国际法就面临着连最基本的适用对象都无法明确的尴尬局面；更重要的是，国际机构的特殊地位（有国际主体性和国际法赋予的合法地位，却缺乏国家主体那样的领土、人口和常备武装）使得其在国际法执行过程中面临着执行力低下乃至缺失的严峻问题。这些问题是各国政府和国际社会在无政府状态下渴求世界秩序的过程中必须要面对的，当下的现实在一定程度上依然是国家自助占主导地位的。因此，新自由制度主义对国际机制的作用和前景未免有过于乐观之嫌。

18. 21 世纪以来，国际安全局势是趋于缓和，还是趋于紧张？试分析之

进入 21 世纪以来，特别是美国"9·11"恐怖袭击事件之后，国际安全形势越来越受到世人的关注。总体和平、局部战争，总体缓和、局部紧张，总体稳定、局部动荡，是当前和今后一个时期国际形势发展的基本态势。

"9·11"事件对国际安全形势产生了重大影响，世界局势正在发生自冷战结束以来最为深刻的变化。"9·11"事件后，美国先后发起了两场对外战争，其他一些大国调整军事战略的力度也在加大。日本、德国借反恐加快向海外派兵的步伐，两国海军已进入印度洋，实现了冷战以来的重大突破。一些大国增加军费、强化军事同盟的举措引人关注，双边或多边军

---

① 〔美〕熊玠：《无政府状态与世界秩序》，余逊达、张铁军译，浙江人民出版社，2001，第135页。

事演习频繁举行。

军事同盟与地区防务一体化的加强，也对国际安全形势产生重要影响。随着国际形势的演变，北约和美日两大军事同盟在范围、任务和性质上均发生了新的变化。北约东扩步伐不断加快，美日同盟试图突破原有的范围，同盟的性质正由防御性组织向进攻性组织转变。一些地区的防务一体化进程也有不同程度的发展，以东亚地区最为典型，该地区的军备竞赛有加剧之势，核扩散和军控进程出现了较大倒退。

国际安全问题更加趋向多元化，传统安全因素与非传统安全因素相互交织，恐怖主义、贩毒等非传统安全问题的危害在加剧。恐怖主义活动范围已从传统热点地区向全球各地区和国家蔓延，全球各地都遭遇了不同程度和规模的恐怖主义危害。恐怖组织的袭击目标扩大化，破坏目标已由外交、军事、政府扩展到商业、一般平民和公共设施。

与此同时，一直影响和危及地区或国际安全的极端民族主义、种族主义出现了新的情况。因民族、种族、宗教等问题引发的冲突，一波未平一波又起。与以往的民族主义浪潮不同，这轮极端民族主义活动以民族分裂主义为基本特征。北爱尔兰问题、车臣战争及马其顿冲突等，无不与分裂势力诉诸战争有关。

尽管我们认为 21 世纪以来国际安全形势日趋严峻，但是也要看到，总体而言，国际的大格局和大趋势并未改变，世界制约战争的因素也在增强，和平与发展仍是时代的主题，一些有利于和平的积极因素也在发展当中。

第一，反恐斗争迫使大国关系进一步调整。由于眼下反恐求稳成为国际关系调整的重要内容和各国安全利益所在，大国间就战略与安全问题积极磋商。"9·11"事件发生后，美国改善了与一些大国的关系，主动与之进行磋商和协调，也得到了积极回应。大国之间磋商与协调的加强，对国际关系的构架起到了稳定的作用。

第二，国际社会和联合国维护和平的作用在增强。在和平与发展的主题下，国际社会越来越重视用政治手段消除战争热点。联合国在国际安全方面发挥了越来越大的作用，维和部队的作用在进一步增强。

第三，由于世界经济的下滑和经济全球化浪潮的兴起，加之 2008 年全球金融危机的沉重打击，各国把主要精力用在发展本国经济上来，客观上也有利于国际安全形势的稳定。

总体来看，21 世纪以来，国际整体安全局势尚属稳定，但反恐压力骤增，部分热点地区的形势也有动荡加剧的势头，不确定因素有增无减，局部动荡难以完全避免，国际安全形势仍然面临新的挑战。

19. 美国的气候变化政策与中美关系

20 世纪 90 年代以来，由于人类科学对气候变化所带来的风险研究认识日益深化以及现实生活中气候变化问题已经给人类社会带来了巨大影响，人类社会对于这一问题日益重视，并逐渐将其提高到前所未有的高级别地位。最为典型的证据便是 1992 年联合国开始着手并在之后大力推行的《联合国气候变化框架公约》[①]（United Nations Framework Convention on Climate Change，UNFCCC，以下简称《公约》）。

由于气候变化问题的特殊性，气候变化所造成的影响范围广，其威胁具有全球性，应对难度大，跨国、跨区域特征明显，因此它已经成为全球公共事务的最重要议题之一，得到包括各国政府、政府间国际组织、非政府组织以及国际政要名流在内的国际社会的广泛关注，并且，在全球范围内达成若干项协议以期实现国际政治经济行为体之间的协调和合作。共同应对气候变化问题带来的危害，已经成为国际社会普遍的共识和努力方向。在这一进程中，美国的角色最为引人注目。一方面，美国作为冷战后唯一的全球性超级大国，它对于气候变化问题的态度和行动将直接影响全体国际社会成员的相应态度和行为，甚至可以说将直接影响这一全球性公共问题的解决进程；另一方面，美国又是经济大国和温室气体排放大国，在应对气候变化问题上，本身就担有重要的责任。

然而，在全球合作应对气候变化危机的过程中，美国扮演了一个行为复杂多变、态度转变剧烈的角色。冷战结束以来，老布什政府在执政末期，在一定程度上开始重视气候变化问题，并且这一趋势在克林顿政府前半期内得到了坚持和发展。克林顿政府较为积极地参与了国际社会合作应对气候变化问题的进程，但从 20 世纪 90 年代末期开始，美国对这一问题的态度开始日渐走向消极，克林顿政府在执政后期将应对气候变化问题边缘化。小布什政府上台后开始大幅度"开倒车"，公开对"全球变暖"概念提出质疑，并且以此为重要理由拒绝加入《京都议定书》等机制。[②] 奥巴马当选美

---

① 关于创立《公约》的国际背景和《公约》的相关目标宣言，可以参阅其官方网站上提供的资料：http://unfccc.int/essential_background/feeling_the_heat/items/2917.php。

② George W. Bush, "Bush Speech on Global Climate Change," June 11th, 2001, http://usinfo.org/wf-archive/2001/010611/epf103.htm.

国总统之后，气候变化问题再一次成为美国政治中的重要话题，奥巴马在选前和就任后不断强调调整政策、实现国际合作以应对气候变化问题的紧迫性和重要性。

这种前后不一、复杂多变的态度和行为不但与国际社会对其的期望大相径庭，而且在客观上给全球社会的努力产生了阻碍性的"恶性榜样"作用，导致各国政府对合作应对气候变化问题的主观能动性和客观可能性都大大降低。

美国复杂多变的气候变化政策对中美在该领域的对话产生了极大的不确定影响，也间接影响了中美关系。目前中国已经是世界上最大的温室气体排放国，也正源于此，以美国为首的欧美发达国家对中国的气候变化政策施加了巨大的压力。中国在应对气候变化的根本立场和基本主张是要坚持《联合国气候变化框架公约》和《京都议定书》，坚持"共同但有区别的责任"的原则，坚持"巴厘路线图"的授权。2009年11月，时任国家主席胡锦涛同访华的美国总统奥巴马举行会谈时表示，哥本哈根大会达成的成果文件，应该坚持《联合国气候变化框架公约》及《京都议定书》的基本原则，尤其是"共同但有区别的责任"原则，坚持"巴厘路线图"为国际社会合作应对气候变化指明的方向，反映当前谈判进展和原则共识，并为下一步谈判提供正确的政治指导。

然而，美国一方面频繁更迭自身的气候变化政策，另一方面又对中国所坚持的原则施加了巨大压力。美国一直坚持强调中国作为主要排放国，其自愿减排的措施必须置于国际整体减排框架下，中国等主要发展中经济体的减排行动，需要得到国际社会的核查，在约束下进行。在中国政府看来，美国这样的要求挑战了发展中国家的底线，中国反复强调自己提出的碳强度减排目标只是对内的自愿性目标，并非强制性的国际承诺，因此不会接受任何国际核查。中美双方由此产生了巨大分歧，在某些场合甚至发生了直接冲突。2009年亚太经济合作组织峰会召开前，美国联合日本希望推行主要工业国的策略，即在2050年前发达国家减排80%、全球减排50%，中国与印度等发展中大国要与发达国家分担减排责任。美国的计划遭到了中国的强烈反对，中国联合印度等国要求，享受了工业化成果的发达国家应在减排问题上承担较大责任。

最近一段时间以来，尽管中美两国在温室气体减排的核实问题上显著缩小了分歧，中国和美国对温室气体减排核实的态度都有所缓和，极大地改善了谈判的气氛，但美国复杂多变的气候政策和态度仍然使得中美两国在该领域的对话充满了不确定性。

20. 地缘政治学与地缘政治经济学

地缘政治学是以国家和其他各种国际行为体为基本单位，以其所处的地理位置和与此相应的各种自然因素以及社会人文因素为基本视角，研究大国关系中的实力对比以及国际关系发展变化规律的学科。

首先，地缘政治学研究的基本单位是国家和各种国际行为体，而不对一国的国内区域地理因素进行过多分析。也就是说，尽管地缘政治学也研究一国的地理因素，但这种研究是放在国际社会的层面上，与之形成对应的是国家行为体。因而，地缘政治学不关注国内政治，而是将研究的范畴放在国际政治上。

其次，地缘政治学以地理因素为基本视角。地理因素是构成国家的必不可少的条件，一定的政治、经济、文化活动都是在特定的地理条件下展开的。"地理"这个概念含义丰富，传统的、狭义的"地理"是研究地球表层的状况，而随着社会的发展，人类活动与地理环境的相互作用逐渐成为地理研究中不可缺少的一部分。与此相对应，在以地理为基本依托的基础上，地缘政治学的研究中同样融合了经济、文化等综合因素。随着地缘政治学的发展，地缘政治学将更多的关注目光投到经济、文化等因素上来。

最后，地缘政治学的研究对象主要是大国关系中的实力对比以及以地缘为基础的国际关系发展变化规律。综合分析各种地缘因素，其目的是据此探讨大国关系中的实力对比，并以此研究国际政治发展的规律。就研究对象而言，其总体可以归结为两个方面：一是国际上各种力量的地理分布结构及地缘实力对比；二是地缘政治格局中各元素的互动及其发展变化规律。[①] 与其他国际关系理论不同，地缘政治学以地理的差异为基本切入点，提供了观察国际关系和国家行为的独特理论、知识和方法。

一般认为，地缘政治学始于德国地理学家弗里德里希·拉策尔（Friedrich Ratzel），拉策尔运用其自然科学知识来认识和解释人类的活动。他以当时盛行的社会达尔文主义为思想基础，把进化理论运用于对国家的解释，在1897 年发表的《政治地理学》中提出了"国家有机体"的学说。[②] 瑞典政治学家、地政学家约翰·鲁道夫·契伦（Johan Rudolf Kjellen）继承了拉策

---

① 刘从德：《地缘政治学导论》，中国人民大学出版社，2010，第 8 页。
② 〔英〕罗伯特·迪金森：《近代地理学创建人》，葛以德译，商务印书馆，1980，第 82 页。

尔的思想。他赞同拉策尔的国家有机体理论，认为其思想是一个全新的认识，并创建了"地缘政治学"（Geopolitik）这一术语。他对地缘政治学的定义是"把国家作为地理的有机体或一个空间现象来认识的科学"。① 之后，经过长期的发展，"海权论"② "陆权论"③ 和"空权论"④ 构成了整个传统地缘政治学的基本框架。

20 世纪 90 年代后，随着苏联解体和两极格局的结束，国际形势发生了重大变化。在地缘政治学领域出现了显著进展，地缘政治经济学开始进入人们的视野。一方面，新理论继承了传统地缘政治学的一些基本视角，丰富和发展了传统地缘政治学的理论；另一方面，地缘政治经济学以新的视角关注国际政治的现实问题，并试图解释和解决这些问题，从而赋予了地缘政治学新的内涵。

区域经济一体化和区域经济集团化是地缘政治经济学的最突出表现。区域经济一体化表现为邻近的两个或两个以上国家获取区域内国家经济的聚集效应和互补效应，为促使产品和生产要素在一定区域内自由流动和有效配置而建立的跨国性区域经济联盟。地缘经济是促成区域集团化现象产生的内在原因。在一定区域内相邻的国家之间，由于自然条件较为相似，在历史上政治和经济的联系较为频繁，出于共同发展的需要，较为容易结成区域性的经济联盟。区域经济集团的形成有利于消除区域贸易壁垒、相互开放市场、互补资源优势、增强在国际市场的竞争力。区域经济一体化最根本的出发点是维护国家自身利益，区域国家之所以能在一起合作，也主要是因为一种地缘上的优势，即地缘上的相似性和邻近性。

地缘政治学的新发展，很重要的一点就是对"地缘"这个因素做了泛化的、更为宽松的界定。尽管现今也有学者将"地缘政治学"与"地缘政治经济学"作为平行的两门学科，但是，无论是从基本的"地缘"这个概念，还是从学科内容的基本构架上来看，地缘政治经济学都离不开地缘政治学这个总的范围，地缘政治经济学的基本理论切入点仍然是地理因素的差异。

---

① 〔英〕杰弗里·帕克：《二十世纪的西方地理政治思想》，李亦鸣译，解放军出版社，1992，第 57 页。
② 〔美〕阿尔弗雷德·塞耶·马汉：《海权论》，范利鸿译，陕西师范大学出版社，2007。
③ 〔英〕哈罗德·麦金德：《历史的地理枢纽》，林尔蔚、陈江译，商务印书馆，2010。
④ 〔意〕朱里奥·杜黑：《制空权》，曹毅风、华人杰译，解放军出版社，2005。

21. 如何看待21世纪以来的恐怖主义

《简明不列颠百科全书》对恐怖主义的解释是：恐怖主义是对各国政府、公众或个人使用令人莫测的暴力、讹诈或威胁，以达到某种特定目的的政治手段。各种政治组织、民族团体、宗教狂热者、革命者和追求社会正义者，以及军队和秘密警察都可以利用恐怖主义。[①] 这个定义，指出了恐怖主义的三个特征。第一，恐怖主义是达到某种特定目的的政治手段，这种手段主要是使用令人莫测的暴力、讹诈或威胁。在暴力前面加上"令人莫测"的形容词是非常恰当的，恐怖主义的暴力具有很大的隐蔽性、突发性，恐怖主义总是在人们意想不到的时间和地点，发动突然的袭击。第二，恐怖主义的袭击目标是各国政府、公众或个人。第三，恐怖主义的主体是各种政治组织、民族团体、宗教狂热者、革命者和追求社会正义者。

现代国际社会中的恐怖主义大约成型于20世纪60年代末，当时爱尔兰、西班牙以及法国国内出现了一些国家分裂势力，它们为达到分裂目的开始采取恐怖主义手段。苏联入侵阿富汗之后，"基地组织"正式成立，这是全球范围内第一个真正意义上的全球化恐怖组织。

冷战结束后到20世纪90年代末，随着一些热点地区冲突的缓和，一些曾经猖獗的恐怖主义活动开始逐步平息；然而，进入21世纪以来，以"9·11"恐怖袭击为标志，恐怖主义活动强势反扑。恐怖主义活动出现了一些新的特点。

首先，恐怖主义活动范围已从传统热点地区向全球各地区和国家蔓延。21世纪以前，国际恐怖活动的三大热点地区分别是西欧、中东、拉美，当时发生在东亚国家的恐怖活动的数量较少，但到了21世纪，全球各地都遭遇了不同程度和规模的恐怖主义危害。

其次，恐怖组织的打击目标扩大，破坏目标已由外交、军事、政府扩展到商业、一般平民和公共设施。尤其是"9·11"事件之后，一些伊斯兰极端组织反美情绪高涨，针对欧美普通公民的恐怖袭击事件不断增多。

再次，恐怖手段呈现多样化，由传统的绑架、劫持人质与暗杀等方式到使用爆炸、袭击、劫持以及生化武器和网络恐怖主义等。此外，当前恐怖主义的活动策略也在不断变化，手法越来越野蛮、残暴。

最后，各种恐怖主义与极端主义交织融合，恐怖主义、民族分裂主义、

---

① 美国不列颠百科全书公司编《简明不列颠百科全书》（第4卷），中国大百科全书出版社译，中国大百科全书出版社，1985，第817页。

宗教极端主义、无政府主义等极端主义势力相互重叠，集中表现为国际恐怖主义。其具体活动是反社会、反人类，以绑架、暗杀、爆炸等极其残忍的手段制造大规模的恐慌。同时，还与毒品买卖、武器走私、贩卖人口等跨国的有组织犯罪相联系。

进入 21 世纪以来，恐怖主义活动日益严重的原因是多方面的，但主要与美国存有偏差的反恐战略有很大的关系。"9·11"事件之后，美国出于反恐的战略需要，强烈要求广大伊斯兰国家实行西式民主制度，这与伊斯兰国家长期信奉的宗教理想格格不入，尤其是不符合宗教激进主义者的信念，因此他们直接选择了以激烈、暴力的手段进行反抗。与此同时，美国实行先发制人战略，在全球范围内发动反恐战争。2001 年 10 月美国对庇护本·拉登的阿富汗塔利班政权发动大规模军事打击，在不到两个月的时间内，推翻了塔利班政权；2003 年 3 月，美国又发动伊拉克战争，推翻了萨达姆政权。两场战争造成大量阿富汗人与伊拉克人伤亡，进一步加剧了伊斯兰世界对美国及其西方盟国的仇恨。

可以看出，恐怖活动在今后相当长的时间里仍是国际社会的一个主要威胁。从目前国际恐怖主义的一些特点规律来看，短期内其活动趋势主要有以下几个特点：一是借助北高加索、中亚、南亚、东南亚、中东等地区的客观环境与条件生存发展，这些地区将成为今后相当长时期内恐怖活动的高发地区。二是恐怖分子仍把以美国为首的西方国家作为首要打击目标，仍有办法和意愿在一定时候发动恐怖袭击。三是自杀性恐怖袭击仍将是今后恐怖组织使用的主要手段。四是恐怖分子可能借助跨国有组织犯罪的种种非法手段，进一步扩大其活动能力与空间。

22. 网络与民主化浪潮

2010 年底开始于突尼斯的动荡以迅雷不及掩耳之势扩散至整个中东，各种形式的抗议行动及其引发的冲突流血事件在中东许多地区蔓延开来，事件的影响范围甚至超出了中东。这场剧变改变了西亚北非地区的政治版图，统治突尼斯和埃及多年的本·阿里和穆巴拉克最先被迫下台，铁腕人物卡扎菲在随后爆发的利比亚内战中兵败身亡，随后，也门总统萨利赫也在强大的国内外压力下移交了权力，而叙利亚至今仍处于巴沙尔·阿萨德政府和反对派的对峙中。几乎所有的中东国家都爆发了规模不一的民众示威游行、集会或者起义行动，大部分国家的政府或者执政者都被迫做出了一些政治妥协。

　　这场被称为"茉莉花革命"的事件为何会在西亚北非地区迅速传播？其中一个关键的原因在于，现代网络信息传播技术带来了"示范效应"，早期动乱取得的积极成果促进了效仿者在合法性和可行性上达成了一种心理共识。

　　社会心理学，即从社会心理的角度来解释集体行动或者社会运动发生的原因。社会心理学的开创者、法国学者勒庞（Gustave Le Bon）认为个体人是理性、有文化、有教养的，但是随着人数密度的提高，处于集体中的人会变得不理性和野蛮，由此促进了集体行动的发生。作为早期集体行动的研究者，勒庞对于集体行动或者社会运动的定义是消极的。20世纪初美国社会学者，符号互动论的支持者赫伯特·布鲁默（Herbert Blumer）将更多的社会学因素引入勒庞的社会心理体系之中，但他的"循环反应"理论的核心和本质仍然是一种社会心理学的解释——从谣言散播到人与人之间的相互感染，最后到集体行动的爆发。20世纪后期美国学者泰德·格尔（Ted Gurr）尽管在其名著《人们为什么造反》中引入了许多社会结构因素来解释社会运动和革命的爆发原因，但是他的解释体系中关于"社会剥夺感"的阐述，可以让我们把他的解释理论归为社会心理学。另外，奈尔·斯梅尔塞（Neil Smelser）在"价值理论"中强调结构化怨恨在转化为集体行动之前必须成为"一般化信念"的观点也充满了社会心理论的色彩。学界近来颇为兴盛的"文化论""意识形态论"在某种程度上也可以归为心理学派别。

　　示范效应描述的是一种现象：在示范效应中，学习者对示范者的学习，导致二者在某一方面的趋同。示范效应的本质是一种"示范和学习"，是行为体间的模仿。示范效应的过程通常包括信息传递、心理达成以及行为展示三个阶段。信息传递包括人际交往和大众传媒两种方式，在"茉莉花革命"中，电子通信和网络技术发挥了尤为关键的作用。

　　在中东动乱中，信息技术提供的便利、西方国家的干涉以及早期动乱取得的积极成果促进了学习者在合法性和可行性上的心理达成。此外，中东国家在地理空间上的相近，主要抗议行动者在社会特征上的高度一致性，各国面临的相似的经济、政治、文化环境缩小了示范者和学习者之间的"心理距离"，这也有利于学习者的心理达成。正是在信息传递以及心理达成上的成功使得抗议活动得以在中东地区快速和大范围地扩散开来。

　　以报纸、电视广播和互联网为代表的信息技术和大众传媒在这次事件中发挥了关键性作用。关于中东各国的实时情况总是通过报纸、电视和互联网传递到世界各地。以推特（Twitter）、脸书（Facebook）、YouTube 为代表的网络社群在本次示范效应中起到了尤为重要的作用。据统计，埃及网民占全国总人口的 20% 以上，脸书用户数量在阿拉伯国家中排第三位。在突尼斯 1100 万人口中，脸书用户达到了 200 万。① 动乱的许多国家都是通过这些网络平台呼吁和召集民众开展集体行动。现代通信和交流技术，特别是网络技术的发展为中东各国民众了解世界提供了新的渠道和路径，从长远的角度看则增加了民众特别是青少年对自身现状的失落和对当局的不满；网络空间在本次动乱中成为民众达成共识的会场和组织行动的发令台。

大众传媒对现代政治的影响是一个引人关注的研究领域，一般来说，它具有传播信息、影响舆论、设置议程、促进政治社会化以及监督政府等多种功能。② 在"茉莉花革命"中，它则通过信息传递和网络互动等方式促进了效仿者合法性和可行性的心理达成。

在合法性方面，从长远的角度看，现代网络信息传递技术为各国民众打开了认识外部世界的大门，从而使他们在对比中产生和增加了对当局的不满情绪；西方世界的价值观和世界观则通过各种渠道渗透到各国民众特别是青少年心理中，为他们提供了"自由、民主和人权"的"合法武器"去对抗当权者。而在事件进行中，西方媒体的实时报道和聚焦对学习者则起到了激励的作用。

在可行性方面，电子信息和网络社群为一次没有"领导者"的自下而上的社会运动提供了达成共识和组织行动的平台。克莱·舍基（Clay Shirky）指出，各种大众传媒功能的发挥不在于信息的自由获取，而在于相互交流后所可能达成的"共识"，也就是说单纯的信息获取并不能发挥重大作用，通过互动达成的共识才真正具备强大的社会力量。③ 在本次事件中，脸书和 YouTube 等网络社交媒体的最大功能也在于此——通过平台的信息共享和意见交流促进了共识的达成，并为组织集体行动提供了"发号施令"的平台，使行动具备了可行性。如果没有现代电子信息技术和网络社交媒体，我们很难想象在一个受到严格控制的社会里人们如何能够组织和执行

① 王联：《论当前中东剧变的国内因素及其国际影响》，《阿拉伯世界研究》2011 年第 4 期，第 17~25 页。
② 杨光斌：《政治学导论》，中国人民大学出版社，2007，第 222~226 页。
③ Clay Shirky, "The Political Power of Social Media: Technology, the Public Sphere, and the Political Change," *Foreign Affairs*, January/February 2011, pp. 28-41.

集体行动。

不得不说，在这次由"茉莉花革命"所引起的中东政局动荡过程中，除了社会、经济、文化因素之外，现代信息传播是一个凸显的新因素以及扩大影响的推动力。从技术角度来看，通过严格控制人员交际往来和信息封锁似乎可以消除相互效仿的发生，减小示范效应，但是，一来当权者必须有足够的力量去完成封锁，二来在人际交往颇为频繁以及高度依赖信息电子化的今天，进行信息封锁特别是网络封锁将造成严重的社会经济生活损害，并有可能使原本存在的矛盾进一步加深。更重要的一点是，信息封锁和严格控制有可能反而不利于统治的稳固。专制社会中对民众信息封锁和控制的直接结果之一是一国信息的高度统一，结果反而会弱化民众的判断能力和心理承受能力。民众一旦面对来自外部的信息冲击，很容易受到影响，甚至轻信虚假信息和谣言。此时一点小的变故就可以成为破坏稳定的导火线。① 从这个角度看，通过控制和封锁信息传播来防止示范效应的产生并不妥当。

23. 如何看待中国崛起及国际社会的反应？以南海争端问题为例

战略位置、潜在的海洋和海底资源使得本属中国权益的南海海域逐渐成为若干东南亚国家竞相侵占、开发的对象。② 可以说，目前的南海争端是世界上涉及国家和地区最多、情况最复杂的海洋权益争端之一。其中，直接卷入争端的就包括中国、中国台湾、越南、菲律宾、马来西亚、文莱、印度尼西亚六国七方，各方均对南海海疆的部分或全部提出了主权要求。中国所面临的南海形势日趋严峻，固有的海洋权益严重流失，战略环境受到威胁，国家威望遭受损失。③

尤其需要注意的是，近些年来，南海局势发生了重大变化，基于不同的战略动机，域外大国纷纷介入南海争端。南海问题遂有向多边化、尖锐化、复杂化演变之势。④ 域外大国在南海问题上的一系列政策宣示和具体行为表明，它们介入南海争端的战略目标是阻挡中国的崛起进程。它们试图通过深度介入和利用长期存在的南海争端，恶化中国的周边国际环境，扰乱中国有序的崛起节奏，增加防范和制衡中国的战略筹码，在中国的南部

---

① 刘华荣：《大众传媒与政治》，北京大学出版社，2001，第212页。

② 张植荣：《中国边疆与民族问题》，北京大学出版社，2005，第176页。

③ 吴士存：《南沙争端的起源和发展》，中国经济出版社，2010，第43页。

④ 吴士存、朱华友：《聚焦南海——地缘政治、资源、航道》，中国经济出版社，2009，第5页。

海疆构建起遏制中国的"桥头堡",从而达到强化与巩固自身战略地位之目的。南海似乎正在成为大国竞相博弈的战略舞台。南海问题正在演绎为"中国崛起"与"遏制中国"两个战略思维之间的博弈。

在这种背景下,"中国威胁论"再次甚嚣尘上。"中国威胁论"这个似是而非的错误论调一直伴随着中国改革开放的历史进程,它也成了某些外部势力攻击中国外交政策的程式化逻辑。中国在南海的任何合法合理的政策行为,都无一例外被解读为"威胁"。"中国威胁论"是这些外部势力应对中国南海政策与行为的常用工具。

处理好中国崛起与域外大国的关系,是解决南海问题的话语与行动前提。之前南海战略存在的问题使得中国没能较好地维护主权与海洋权益,外交上的宽容大度反而纵容了南海若干国家对中国海洋权益的大肆蚕食。要真正打破南海问题困局,突破"中国威胁论"的禁锢,首先要做好的就是外交思路和外交原则的调整。

要清楚地认识到,不管中国的主观意愿如何,实力的不断壮大都将导致外界对中国的认知发生变化。必须承认,一个越来越强大的中国将面临更多的外部不确定性,由于国家利益在全球范围内的不断扩展,中国面临的国际矛盾和斗争会显著增多,外部世界和中国之间需要一个长期的相互适应过程,中国崛起已进入复杂多变的"磨合期"。可以说,中国一旦开始采取行动维护自己的海洋合法权益,哪怕是再正当、再合理合法的请求,都会受到周边有关国家和域外大国的反击。原因在于,首先,长期以来南海周边一些国家通过侵蚀中国的利益获取了大量利益,中国的维权行动会让它们的既得利益受损;其次,有关大国不会坐视中国的崛起而无动于衷。而外部世界,特别是周边国家和有关大国对中国的不满与挑衅必然进一步增加。

然而,上述这些风险都是中国崛起和维护国家权益过程中不可回避的现实,我们不能抱有"息事宁人"的逃避心态,而要有理有据地进行外交斗争。在新的形势下,中国南海新战略的根本目标是在国家整体战略框架内有效维护南海权益,为宏观的国家政治经济发展服务,为国家崛起的战略大计服务。南海战略的制定必须服从于国家整体发展的政治大局。一方面,必须清醒地认识到,中国的崛起是一个长期的历史进程,在未来相当长的时间里,和平发展仍旧是中国国家战略的核心,为此仍须努力营造相对和平稳定的周边国际环境,争取尽可能长久的"战略机遇期"。另一方面，必须扭转在南海问题上业已形成的不利与被动态势，破解因域外大国介入而产生的战略难题，敢于和"中国威胁论"的质疑做正面斗争，捍卫在南海的传统合法权益，为中国的可持续经济发展和战略环境的优化创造条件。

参考文献

Avery Goldstein, "An Emerging China's Emerging Grand Strategy: A Neo-Bismarckian Turn?" In G. John Ikenberry and Michael Mastanduno, eds. , *International Relations Theory and the Asia-Pacific* (New York: Columbia University Press, 2003), pp. 57 – 106.

Robert B. McCalla, "NATO's Persistence after the Cold War," *International Organization*, Vol. 50, No. 3, 1996, pp. 445 – 475.

Robert Keohane, "International Institutions: Two Approaches," *International Studies Quarterly*, Vol. 32, No. 4, 1988, pp. 379 – 396.

Stanley Hoffman, "An American Social Science: International Relations," *Daedalus*, Vol. 106, 1977, pp. 41 – 60. Reprinted in James Der Derian, ed. , *International Theory: Critical Investigations* (New York: New York University Press, 1995), pp. 212 – 241.

Stephen M. Walt, *Origins of Alliance* (Ithaca: Cornell University Press, 1987), pp. 1 – 49, 147 – 180.

〔美〕阿尔弗雷德·塞耶·马汉：《海权论》，范利鸿译，陕西师范大学出版社，2007。

〔美〕阿诺德·沃尔弗斯：《纷争与协作——国际政治论集》，于铁军译，世界知识出版社，2006。

〔美〕彼得·卡赞斯坦等主编《世界政治理论的探索与争鸣》，秦亚青等译，上海人民出版社，2006。

〔美〕汉斯·摩根索：《国家间政治：权力斗争与和平》（第7版），徐昕等译，北京大学出版社，2006。

〔美〕杰克·斯奈德：《帝国的迷思——国内政治与对外扩张》，于铁军等译，北京大学出版社，2007。

〔美〕罗伯特·基欧汉：《霸权之后——世界政治经济中的合作与纷争》，苏长和等译，上海人民出版社，2001。

〔美〕罗伯特·基欧汉主编《新现实主义及其批判》，郭树勇译，北京大学出版社，2002。

〔美〕罗伯特·杰维斯：《国际政治中的知觉与错误知觉》，秦亚青译，世界知识出版社，2003。

〔美〕威廉·H．麦尼尔：《竞逐富强——西方军事的现代化历程》，倪大昕、杨润殷译，学林出版社，1996。

〔美〕熊玠：《无政府状态与世界秩序》，余逊达、张铁军译，浙江人民出版社，2001。

〔美〕亚历山大·温特：《国际政治的社会理论》，秦亚青译，上海人民出版社，2000。

〔美〕约翰·米尔斯海默：《大国政治的悲剧》，王义桅、唐小松译，上海人民出版社，2003。

〔美〕约瑟夫·奈：《软实力：权力，从硬实力到软实力》，马娟娟译，中信出版社，2013。

〔美〕朱迪斯·戈尔兹坦、〔美〕罗伯特·基欧汉主编《观念与外交政策：信念、制度与政治变迁》，刘东国、于军译，北京大学出版社，2005。

〔意〕朱里奥·杜黑：《制空权》，曹毅风、华人杰译，解放军出版社，2005。

〔英〕爱德华·卡尔：《20年危机（1919—1939）：国际关系研究导论》，秦亚青译，世界知识出版社，2005。

〔英〕安东尼·史密斯：《全球化时代的民族与民族主义》，龚维斌译，中央编译出版社，2002。

〔英〕哈罗德·麦金德：《历史的地理枢纽》，林尔蔚、陈江译，商务印书馆，2010。

〔英〕赫德利·布尔：《无政府社会：世界政治秩序研究》，张小明译，世界知识出版社，2003。

〔英〕肯尼思·华尔兹：《国际政治理论》，信强译，上海人民出版社，2003。

〔英〕肯尼思·沃尔兹：《人、国家与战争》，倪世雄等译，上海人民出版社，1991。

〔英〕亚当·罗伯茨、〔新西兰〕本尼迪克特·金斯伯里主编《全球治理：分裂世界中的联合国》，吴志成等译，中央编译出版社，2010。

陈岳：《国际政治学概论》（第三版），中国人民大学出版社，2010。

李少军：《国际政治学概论》，上海人民出版社，2008。

李义虎：《地缘政治学：二分论及其超越》，北京大学出版社，2007。

刘华荣：《大众传媒与政治》，北京大学出版社，2001。

秦亚青：《权力·制度·文化：国际关系理论与方法论研究文集》，北京大学出版社，2005。

时殷弘：《现当代国际政治史》，中国人民大学出版社，2006。

王缉思：《国际政治的理性思考》，北京大学出版社，2006。

王逸舟：《试析国际政治学的美国重心》，《美国研究》1998年第1期。

王正毅：《国际政治经济学通论》，北京大学出版社，2010。

吴士存：《南沙争端的起源和发展》，中国经济出版社，2010。

杨光斌：《政治学导论》，中国人民大学出版社，2007。

张植荣：《中国边疆与民族问题》，北京大学出版社，2005。

周平：《民族政治学》（第二版），高等教育出版社，2007。

朱锋、〔美〕罗伯特·罗斯主编《中国崛起：理论与政策的视角》，上海人民出版社，2008。

朱锋、朱宰佑：《"民主和平论"在西方的兴起与发展》，《欧洲》1998年第3期。

第九章　国际关系理论[*]

（一）　导言

国际关系理论（international relations theory）^① 在国际关系学的整个学科发展史中是一门相对较新的学问。按照现实主义大师肯尼思·沃尔兹（Kenneth Waltz）在其经典著作《国际政治理论》中的定义，理论并不是关于某一特定行为或现象的规律的集合或系列，而是对规律的解释。^② 1919年，在第一次世界大战结束之后和平主义大行其道的大背景下，英国威尔士大学设立了世界上第一个国际关系学的讲席，之后一大批涉及国际关系理论的著作相继问世。这一阶段的国际关系研究也笼罩在一片强烈的理想主义（idealism）的乐观气氛中。以美国历史上唯一的学者总统伍德罗·威尔逊（Woodrow Wilson）为代表的理想主义者，不仅在学说上推崇理想主义，在具体实践中也身体力行，一直努力推动一战后新国际秩序的建立。威尔逊提出了实现战后和平的"十四点纲领"的倡议，其中最为重要的一点是通过特定的公约建立一个不分大小强弱的国家联合体即国际联盟。但是在这种和平呼声越来越高的情况下，一些学者也敏锐洞察到了世界大战再度爆发的可能性。英国学者爱德华·卡尔（Edward Carr）在其1939年出

---

* 本章由国际关系学院《国际安全研究》编辑部助理研究员谢磊博士负责撰写。

① 一般情况下，我们所说的"国际关系理论"和"国际政治理论"是等同的——尽管"国际政治理论"更加强调"政治"这个概念。随着全球化的不断深入，单纯用"政治"来解释国际社会的现实往往存在很大的局限，并且因为"国际关系理论"的外延更广，所以目前一般称这个学科为"国际关系理论"。

② 〔美〕肯尼思·华尔兹：《国际政治理论》，信强译，苏长和校，上海人民出版社，2008，第1～14页。

版的著作《二十年危机》中就指出，一战后的情形证明，这段所谓的"和平"只是一个"二十年的休战期"。① 国际关系的发展现实也证明了卡尔的观点，第二次世界大战刚好在一战结束后的第二十年爆发。二战所造成的巨大损失，使得学者们更加冷静地思考国际关系的现实，因此二战结束后的国际关系理论开始转向以现实主义（realism）为主导的研究范式。

与理想主义不同的是，现实主义更加强调权力、利益在国际关系中的地位和作用。二战结束早期的一批现实主义者，例如后加入美国国籍的德国犹太裔学者汉斯·摩根索（Hans Morgenthau），就继承了古典政治哲学家马基雅维利和霍布斯等人"人性本恶"的观点，他们的学说往往被称为是"古典现实主义"（classic realism），认为国家时时刻刻都在"保持、增加和显示权力"。② 摩根索提出了"政治现实主义的六原则"，这六原则也集中体现了古典现实主义的人性观、权力观、利益观和道德观，成为现实主义学派的重要研究基础。而现实主义与理想主义之间的争论也成为国际关系理论发展史上的第一次"大论战"。

从 20 世纪 50 年代起，由于更多借鉴了自然科学以及较为发达的社会科学（如经济学）的研究方法，建构真正科学的国际关系理论成为众多学者的重要目标。肯尼思·沃尔兹在 1979 年出版的《国际政治理论》一书则是这种努力的扛鼎之作。在该书中，沃尔兹提出，国际政治的第一驱动不是人性，而是无政府性（anarchy）。③ 他的主要观点是，国际体系结构是无政府性的，各个行为体或单元（国家）的功能是相似的，因此推动结构形成和变迁的主要因素就是单元间能力的分配。④ 相对以往的研究，沃尔兹的最大贡献是推动了国际关系的真正理论化研究，因此中国学者张睿壮将沃尔兹称为"一代巨擘"，他的重要贡献是"单枪匹马地改变了国际关系学科的面貌，却又坚决反对科学实证主义"。⑤ 沃尔兹的这种现实主义学说往往被称

---

① 〔英〕爱德华·卡尔：《20 年危机（1919—1939）：国际关系研究导论》，秦亚青译，世界知识出版社，2005。

② 〔美〕汉斯·摩根索：《国家间政治：权力斗争与和平》（第七版），徐昕等译，北京大学出版社，2006，第三章。

③ Anarchy 是国际关系理论中一个非常重要的概念，常常被翻译为"无政府性"或"无政府状态"。Anarchy 并不是指"没有政府"，而是指国际社会中没有一个类似国内政治领域里中央政府那样的权威组织。

④ 〔美〕肯尼思·华尔兹：《国际政治理论》，信强译，苏长和校，上海人民出版社，2008，第五章。

⑤ 张睿壮：《一代巨擘褒与贬》，《世界经济与政治》2012 年第 5 期，第 143～154 页。

作"新现实主义"（neorealism）或"结构现实主义"（structural realism）。

新现实主义可以分为两派。以沃尔兹、罗伯特·杰维斯（Robert Jervis）、斯蒂芬·埃弗拉（Stephen Van Evera）和斯蒂芬·沃尔特（Stephen Walt）等人为代表的学者更强调安全在国际关系中的核心地位，因此他们的学说也被称为"防御性现实主义"（defensive realism）①；另一派以约翰·米尔斯海默（John Mearsheimer）等人为代表，这一派更加强调国家在国际关系中谋求权力的最大化，因此他们的学说也被称为"进攻性现实主义"（offensive realism）。

冷战后，随着国际形势风云变幻，一批学者提出，应该结合古典现实主义和新现实主义的理论硬核，既从国家间的权力分配状况（系统变量），也从一个国家的制度、上层精英和其他社会行为体（单位变量）的角度综合考虑，只有这样才能对国际关系的现实做出更好的解释。这一派的代表人物主要有威廉·沃尔夫斯（William Wohlforth）、柯庆生（Thomas Christensen）、兰德尔·施韦勒（Randall Schweller）以及法瑞德·扎卡里亚（Fareed Zakaria）等人。

与新现实主义分庭抗礼的主要理论学派是新自由主义（neoliberalism）。新自由主义继承了理想主义的思想传统，但在理论建构中的理想化色彩不再那么浓重。与华尔兹提出理论的时间相近，1977 年罗伯特·基欧汉（Robert Keohane）和约瑟夫·奈（Joseph Nye）合作出版了《权力与相互依赖》一书。在该书中，两位学者敏锐地观察到了世界政治中的一个重要发展趋势，即"随着多国公司、跨国社会运动和国际组织等非领土行为体的出现，领土国家的作用在减弱"。② 两位学者提出了"复合性相互依赖"的概念，根据这个理论框架对国际机制（international regime）如何以及为什么发生变迁进行了详细分析。1984 年，基欧汉出版了《霸权之后：世界政治经济中的合作与纷争》一书，在书中他大量借鉴了制度经济学的相关概念，提出了国际制度的"需求说"。基欧汉指出，国际制度具有降低交易成本以及减少不确定性的作用，因此美国霸权衰落以后，它主导建立的各种国际制度依然是可以继续维持的。③ 由于这一派学者更多强调的是国际机

① 〔美〕约翰·米尔斯海默：《大国政治的悲剧》，王义桅、唐小松译，上海人民出版社，2008，第 15 页。
② 〔美〕罗伯特·基欧汉、〔美〕约瑟夫·奈：《权力与相互依赖》（第三版），门洪华译，北京大学出版社，2002，第 3 页。
③ 〔美〕罗伯特·基欧汉：《霸权之后：世界政治经济中的合作与纷争》（修订版），苏长和等译，上海人民出版社，2011。

制、国际制度和国际组织在世界政治中所发挥的重要作用，因此基欧汉、斯蒂芬·克拉斯纳（Stephen Krasner）、奥兰·扬（Oran Young）、海伦·米尔纳（Helen Milner）以及丽莎·马丁（Lisa Martin）等人的学说也被称为"新自由制度主义"（neoliberal institutionalism）。

新自由主义的其他分支包括强调国家间的紧密商业关系会带来世界和平的"商业和平论"[①]、民主国家之间很少或从不打仗的"民主和平论"[②]等。还有一部分学者认为，传统的政府管理已经不适应全球各国相互依赖程度加深、全球化迅速发展、各种跨国性和全球性议题不断增多的趋势，因此不能仅靠国家，也需要各种国际组织、非政府组织和跨国公司积极加入其中，从而实现有效的治理（governance）。[③]

国际关系理论研究中的第三个重要理论流派是"建构主义"（constructivism）。与新现实主义和新自由主义强调物质力量（权力、制度）不同的是，这一流派更加强调的是观念性力量（如知识、认同、语言等）在国际关系中的实践作用。建构主义作为一个宏大的理论谱系，其主要代表人物有亚历山大·温特（Alexander Wendt）、尼古拉斯·奥努弗（Nicholas Onuf）、弗雷德里希·克拉托赫维尔（Friedrich Kratochwil）、彼得·卡赞斯坦（Peter J. Katzenstein）、约翰·鲁杰（John Ruggie）、迈克尔·巴勒特（Michael Barnett）、江忆恩（Alastair Iain Johnston）、伊曼纽尔·阿德勒（Emanuel Adler）以及玛莎·芬尼莫尔（Martha Finnemore）等人。建构主义最为重要的代表人物是目前执教于俄亥俄州立大学的亚历山大·温特。他在20世纪80年代末期、90年代初期的几篇重要论文以及1999年出版的《国际政治的社会理论》一书中批判了华尔兹坚持的"无政府性是先验给定"的主张，认为施动者（agency）之间的互动可能会产生不同的共

① Richard Rosecrance, *The Rise of Trading State: Commerce and Conquest in the Modern World* (New York: Basic Books, 1986); John Oneal and Bruce Russett, "Assessing the Liberal Peace with Alternative Specifications: Trade Still Reduces Conflict," *Journal of Peace Research*, Vol. 36, No. 4, 1999, pp. 423 – 442; John Oneal and Bruce Russet, "Clean and Clear: the Fixed Effects of the Liberal Peace," *International Organization*, Vol. 55, No. 2, 2001, pp. 469 – 485.

② Melvin Small and David Singer, "The War Proneness of Democratic Regimes, 1816 – 1965," *Jerusalem Journal of International Relations*, Vol. 1, No. 1, 1976, pp. 50 – 69; Michael Doyle, "Kant, Liberal Legacies, and Foreign Affairs," *Philosophy and Public Affairs*, Vol. 12, No. 3, 1983, pp. 205 – 235; Bruce Russett and John Oneal, *Triangulating Peace: Democracy, Interdependence, and International Organizations* (New York: W. W. Norton & Company, 2001).

③ 〔美〕詹姆斯·罗斯瑙：《没有政府的治理》，张胜军、刘小林译，江西人民出版社，2001。

有知识结构（structures of shared knowledge）。而这些不同的共有知识结构会产生不同的无政府体系文化。因此，国家间的关系可能会出现"你死我活"的霍布斯文化，也可能是互为竞争对手的洛克文化，当国家间关系进化到一定程度的时候，甚至会出现"我为人人，人人为我"的康德文化。①

　　新现实主义、新自由主义以及建构主义构成了目前国际关系研究中的三大主流理论谱系，而这三大主流理论的主要代表人物目前大多活跃在美国。这种情况，主要是因为二战结束后美国成为世界上最强大的国家，在各种国际组织和国际事务中也处于主导地位。作为一门与一国综合国力密切相关的学科，国际关系理论研究因此也呈现出严重的美国中心论倾向，斯坦利·霍夫曼（Stanley Hoffmann）甚至认为，国际关系就是一门美国的社会科学。②但就在这种强烈的美国重心的大背景下，一些国家和地区的学者也在努力构建自己本国和地区性的国际关系理论体系。例如强调国际社会研究的英国学派（the English School），强调政治、经济、军事、社会、文化"安全复合体"概念的哥本哈根学派（the Copenhagen School），强调世界经济领域分为中心国家（发达国家）和外围国家（发展中国家）、外围国家依附于中心国家发展经济的各种版本的"依附理论"。中国学者也在努力构建自己的国际关系理论体系，例如阎学通、秦亚青等学者试图从中国视角、中国传统文化构建"中国学派"所做的重要努力。③总之，作为国际关系研究的重要组成部分，国际关系理论的重要意义不仅是描述国际关系的客观现实，还是回答和解释国际关系为什么会产生这样的现实，甚至是预测国际关系未来的发展趋势，这集中体现了国际关系研究者尝试使自己的学科高度科学化的一种努力。

---

① Alexander Wendt, "The Agent – structure Problem in International Relations Theory," *International Organization*, Vol. 41, No. 3, 1987, pp. 335 – 370; Alexander Wendt, "Anarchy is What States Make of It: the Social Construction of Power Politics," *International Organization*, Vol. 46, No. 2, 1992, pp. 391 – 425; Alexander Wendt, "Collective Identity Formation and the International State," *American Political Science Review*, Vol. 88, No. 2, 1994, pp. 384 – 396; Alexander Wendt, "Constructing International Politics," *International Security*, Vol. 20, No. 1, 1995, pp. 71 – 81; 〔美〕亚历山大·温特：《国际政治的社会理论》，秦亚青译，上海人民出版社，2008。

② Stanley Hoffmann, "An American Social Science: International Relations," *Daedalus*, Vol. 106, No. 3, 1977, pp. 41 – 60.

③ 阎学通、徐进：《王霸天下思想及启迪》，世界知识出版社，2009；秦亚青：《关系与过程：中国国际关系理论的文化建构》，上海人民出版社，2012。

（二）现实主义专题解析

1. 论述现实主义理论思想的发展脉络

现实主义是国际关系理论中最有生命力、占据国际关系研究主导地位的理论流派。现实主义的核心理论硬核包括权力、利益、安全等。

现实主义的第一个重要流派——古典现实主义（人性现实主义）是在20世纪三四十年代批判理想主义的过程中发展起来的。莱茵霍尔德·尼布尔（Reinhold Niebuhr）、爱德华·卡尔、汉斯·摩根索、乔治·凯南（George Kennan）、亨利·基辛格（Henry Kissinger）、约翰·赫兹（John Herz）、雷蒙·阿隆（Raymond Aron）、尼古拉斯·斯皮克曼（Nicholas Spykman）等著名学者都是这一学派的重要代表人物。古典现实主义主要继承了修昔底德、马基雅维利、霍布斯和黑格尔等古典哲学家的思想，认为国际政治受到"人性"和"自然状态"法则的支配。但不同于理想主义"人性本善"或是通过教育可以改善的观点，古典现实主义对人性持一种相对悲观的看法，认为"人性本恶"。而政治"受来源于人性的客观规律的支配"，[①]国家在对外行为中不可避免会出现谋求权力的倾向，因此国际关系无时无刻不处于冲突之中。

古典现实主义主要从政治哲学的角度对国际关系现实进行了解释，但科学化程度相对不高。1979年，沃尔兹在《国际政治理论》一书中提出要建立一种真正"科学"的国际政治理论，由于他的这种理论强调"结构"的作用，因此也往往被称为"结构现实主义"；罗伯特·基欧汉在其于1986年主编的《新现实主义及其批判》一书中，将以沃尔兹为代表的这一派学者称为"新现实主义者"（neorealists）。[②]新现实主义放弃了人性是国际政治第一推动的主张，转而认为"无政府性"才是国际政治的第一推动。沃尔兹主要从三个方面阐述了自己的结构理论。他指出，结构变化的原因主要有三点：体系的排列原则、单位的特征以及能力的分配状况。但是前两点在国际政治中都是常量，所以只能从能力的分配状况角度解释国际政治的现实，而决定结构的主要因素是体系内的大国实力分配状况。沃尔兹的学说还强调，在无政府状态下，一个国家只能通过自助的方式获得安全，

---

① 〔美〕汉斯·摩根索：《国家间政治：权力斗争与和平》（第七版），徐昕等译，北京大学出版社，2006，第16页。

② 〔美〕罗伯特·基欧汉编《新现实主义及其批判》，郭树勇译，秦亚青校，北京大学出版社，2002。

因此追求安全，而非权力，是一个国家的优先目标，国家对于权力坚持的是适度原则，所以这一派学者也被称为防御性现实主义者。而以约翰·米尔斯海默为代表的另一派学者则强调，无政府状态决定了国际体系中的安全是极其稀缺的，谋求安全的最佳方式是寻求本国权力的最大化，这一派学者因此也被称为是进攻性现实主义者。

冷战结束后，一批学者认为，结构现实主义已经不能解释国际关系的发展现实，因此主张将国内因素再度引入国际关系的研究之中。这种将体系变量（国家间的能力分配）、认知变量（例如对于体系压力的认知和错误认知、其他国家的意图或者威胁）以及国内变量（如决策者的判断与认知、政府力量的强弱）等相结合，以分析一个国家具体外交政策制定过程的学派被称为"新古典现实主义"。兰德尔·施韦勒和法瑞德·扎卡里亚等人认为，虽然国际关系中的权力分配状况是影响一个国家对外政策的最主要因素，但是国内层次，例如政府力量的强弱、决策者的判断与认知，一个国家的政府结构作为干预变量，对于一个国家外交政策的制定也起着关键作用。与新现实主义更加强调国际体系的结构层次分析不同的是，新古典现实主义虽然也承认体系层次的重要性，但更强调体系层次的变量必须要通过单元层次变量才能发挥作用，要通过运用国家的内部因素来解释一个国家的对外行为和外交政策。新古典现实主义在某种意义上反映了冷战结束后现实主义研究"从国际结构到国内根源"的层次回落①，是对沃尔兹理论的重要修正和发展。

2. 试分析以汉斯·摩根索为代表的古典现实主义的基本原则和主张

古典现实主义是国际关系现实主义的第一个重要理论流派，而汉斯·摩根索则是该学派最为重要的代表人物。他博大精深的理论体系集中体现在其于1948年出版的《国家间政治——权力斗争与和平》一书，这本书已经修订过多次，是国际关系学界长盛不衰的经典著作之一。

摩根索是出生在德国的犹太人，曾目睹了二战带给欧洲文明的毁灭性打击。他从古典哲学家的论述中吸收了现实主义的思想，认为人是自然产物，追求利益是人的本能，因此，国家追求权力和利益也是人性私欲上升到国家层面的表现。一个国家的权力越大，能获得的利益就越大。但是权力具有零和性质，必然会导致国家间的冲突，而解决冲突的最好方式是实

---

① 李巍、王勇：《国际关系研究层次的回落》，《国际政治科学》2006年第3期，第123~124页。

现国家间的均势。

　　摩根索在《国家间政治》一书中提出了著名的政治现实主义六原则。第一，政治受到根植于人性的客观规律的制约。由于这些规律是客观的，所以现实主义倾向于认为，可以创立一种符合理性的理论，以反映这些客观政治规律。第二，一个国家的国家利益是通过权力进行界定的。因此考虑一个国家政治家对外政策的出发点主要是从以权力界定利益的角度进行的，而并不需要考虑单个政治家的动机。第三，虽然现实主义认为以权力界定国家利益是客观和普遍存在的，不受时间和空间条件的影响，但与此同时，不同历史时期的利益内容却不是一成不变的，要视制定对外政策时所处的政治和文化环境而定。第四，政治现实主义了解政治行动的道德含义，但是道德标准与政治行动存在矛盾，因此普遍的道德原则并不能简单运用在国家行动中，而"必须经过时间、地点等具体条件的过滤"。谨慎——对各种政治行动的后果的考虑——是政治中的最高美德。第五，政治现实主义拒绝把某一国家的道德与普遍的道德规范等同起来。所有国家都试图用普世性的道德原则掩盖它们特殊的期望与行动，但只有从以权力界定利益的角度，才能对国家的行为做出判断。第六，政治现实主义强调政治学的独立性。政治现实主义将"政治领域"作为自身的研究领域，维护其政治领域自立学科的立场，这也是政治现实主义的目的。[①]

　　摩根索的六原则集中体现了古典现实主义的人性观、权力观、利益观、道德观，并力图把国际关系发展成为一门独立的学科，这是这六条原则的重要贡献。之后，摩根索围绕这些基本概念，对古典现实主义展开了系统的阐述，而其中最为重要的是"权力政治"（realpolitik）的思想。摩根索认为，一切政治现象都可以归结为三种基本类型，即国家总是试图保持权力、扩大权力和显示权力。而三种政治现象类型对应的政策分别是维持现状政策、帝国主义政策和威信政策。维持现状政策通常表现为维持现有的权力分配状况；凡是意图推翻现状的政策都是帝国主义政策；威信政策往往是为了实现维护现状政策和帝国主义政策的工具。

　　摩根索还对限制权力的方式进行了阐述，权力均衡、国际道德、国际舆论、国际法和外交都是维持国际和平的重要手段。摩根索尤其重视国家间的权力均衡在限制权力中的作用，摩根索认为通过分而治之、补偿、军

---

　　① 摩根索对这六原则的具体论述，可参见〔美〕汉斯·摩根索《国家间政治：权力斗争与和平》（第七版），徐昕等译，北京大学出版社，2006，第16~31页。

备和联盟等手段可以更好地维护国家间的均势状态。

事实上，正是以摩根索、卡尔和尼布尔等为代表的学者的共同努力，奠定了二战后国际关系研究的重要基础，并使国际关系学真正从其他学科中分离出来，成为一门有自己研究硬核的独立学科。但古典现实主义的重大缺陷是，过分强调"恶"的人性在国际关系中发挥的作用，而人性却无法通过科学指标进行客观测量；"一切为了权力"的主张使古典现实主义陷入循环论的桎梏之中，却看不到国际关系中进步的一面，这种研究存在严重的悲观立场。

3. 肯尼思·沃尔兹最为重要的贡献是提出了真正"科学"的国际政治理论。他的"结构现实主义"也被认为是现实主义理论的顶峰，请简述沃尔兹的主要理论主张

20 世纪 70 年代，行为主义支配着整个美国国际关系学界。一大批深受行为主义影响的学者试图建构一种真正科学、严谨的国际政治理论，其中做出最大贡献的即是肯尼思·沃尔兹。

早在 1959 年，沃尔兹以自己博士论文为基础出版的《人、国家与战争：一种理论分析》一书就分别从人类行为、国家内部结构以及国际体系三个层面分析了战争发生的原因。[1] 虽然这部著作并没有突破古典现实主义的局限，但他从个人、国家和国家体系三个层面进行分析的"层次分析法"却对之后的国际关系研究产生了重大影响。在他二十年后出版的扛鼎之作《国际政治理论》中，就对这三个层次进行了详细区分。沃尔兹认为，关注个人和国家层次原因的分析是还原主义的，主要讨论的是一个国家的外交政策；只有原因存在于国际层次的分析才是系统理论[2]，而只有国际层次的理论才是国际关系研究。[3]

沃尔兹从三方面考察了自己的系统理论。系统由结构和互动的单元（interacting units）构成，只有系统内单元排列方式的改变才是结构的改变。沃尔兹从国内政治结构入手，认为结构首先是根据各部分的组织和排列原则，其次是各单元间的差异及其功能规定，最后是各单元间能力的分配状况做出的。

---

① 〔美〕肯尼思·沃尔兹：《人、国家与战争：一种理论分析》，信强译，上海人民出版社，2012。

② "系统"（system）一词在中文中也经常被翻译成"体系"。

③ 〔美〕肯尼思·沃尔兹：《国际政治理论》，信强译，苏长和校，上海人民出版社，2008，第 19 页。

沃尔兹对这三个方面进行了具体分析。第一，国际体系与微观经济学中的市场理论极其类似。市场理论认为，企业的逐利本能造就了一个市场结构，但是市场结构形成以后，就会对企业的选择进行限制。国家正如企业，而国家对权力的争夺导致了国际体系的形成，国际体系形成后，会对体系内各个国家的安排产生作用，而无政府状态是国际政治的本质特征。第二，国家并不是唯一的国际行为体，但国家是国际体系中最为重要的行为体，各个国家都是拥有主权的政治实体，功能上具有极高的相似性，它们都是这个结构中的"同类单元"（like units）。第三，由于前两者都是常量，因此考察国际结构变化的重要因素就是单元间的能力分配状况。互动单元的能力变化会导致整个国际政治体系的变化。由于大国是国际体系中最为重要的行为体，因此国家间的能力分配主要就是大国间的能力分配。①这种能力分配的变化，进而会引发国家间的冲突抑或和平。

相对以往的国际关系研究，沃尔兹最为重要的贡献是提出了一种真正"科学"的国际政治理论。沃尔兹提出，创立理论需要通过分离、提取、归并和理想化四个步骤，同时他强调，一个好的国际关系理论必须是系统理论。从他在《国际政治理论》中所做的工作来看，其基本实现了这一既定目标，同时也被学术界广为接受。无论是现实主义在之后的发展，还是其他的主流理论如新自由主义和建构主义的发展，都是建立在体系理论的基础上。但是，他的这一理论也存在一定缺陷。例如，过于强调"结构"，而忽视了国际体系中的进程因素，忽视了国际政治进步的可能性；过于重视国家在国际体系中扮演的角色，但是忽视了各种政府间组织和非政府组织、跨国公司在国际体系中发挥越来越重要作用的现实；强调物质力量，却对观念性的社会力量研究不够，对冷战后的国际现实解释力不够，等等。② 尽管如此，新现实主义依然是国际关系研究中最权威的学说之一，对国际关系整个学科的发展起到了其他学派难以企及的指引作用。

4. 请分析和比较进攻性现实主义、防御性现实主义以及新古典现实主义

进攻性现实主义和防御性现实主义都是结构现实主义，继承了沃尔兹结构现实主义的基本主张。但两者对于国际体系中安全的认知存在很大区

---

① 〔美〕肯尼思·沃尔兹：《国际政治理论》，信强译，苏长和校，上海人民出版社，2008，第 93～105 页。

② 对沃尔兹理论的评判，可参见〔美〕罗伯特·基欧汉编《新现实主义及其批判》，郭树勇译，秦亚青校，北京大学出版社，2002。

别，这也是两者相互区分的重要标志。

防御性现实主义倾向认为，国际体系中的安全是充足的，因此体系内国家获得安全最好的办法就是维持现状，或者是采取防御性的政策。历史上的大国扩张行为，往往会因为其他国家的制衡而遭受失败。因此理性的国家行为体会汲取这些失败的教训，在国际体系中更加审慎地行事，所以无政府状态下的国际体系往往是安全的。但有防御性现实主义者也指出，在某些特定的条件下，例如当"进攻－防御"平衡有利于进攻一方的时候，即便是同样信奉安全至上原则的国家之间也可能会因为安全困境的加剧而发生冲突。现代欧洲的历史就证明，大部分的战争都是由于安全驱动的扩张主义引起的。①

约翰·米尔斯海默是进攻性现实主义最为重要的代表人物。米尔斯海默认为，由于国家的行为往往是相似的，所以考察和理解一个国家的对外政策要从体系结构因素入手。但是，由于国际体系中广泛存在的霍布斯主义性质，国际体系中的安全往往是稀缺的，因此体系内的大国往往会持有修正主义的意图，而大国获得安全的最佳途径就是实现本国权力的最大化——最理想的结果就是成为体系中的唯一霸权国。但是，由于任何国家都不可能成为全球性霸权，所以国际体系中充满了大国的不断冲突和竞争，这就是所谓的"大国政治的悲剧"。②

与进攻性现实主义和防御性现实主义不同的是，新古典现实主义并不解释整个国际体系变迁的原因，而主要是解释单个国家的对外行为。新古典现实主义对古典现实主义以及新现实主义的主要观点进行了吸收和批判，并形成了自己的理论特色。首先，新古典现实主义承认，一国对外政策的首要决定因素是国家在国际体系中所处的位置。具体来说，一国对外政策受到国家相对物质力量的驱使。但是，体系压力必须要通过单位层面的干预变量（国内因素）加以转化。国际体系中的安全，并不如进攻性现实主义者所认为的是霍布斯主义式的，也不是防御性现实主义所说的是相当充分的，而是非常模糊的，处于这个体系中的国家必须通过自己的主观经验进行判断。国内因素的重要性主要表现在两个方面。第一，国家决策者对于权力的认知。由于一个国家的对外政策主要是由国家领导人制定的，因

---

① 〔美〕斯蒂芬·范·埃弗拉：《战争的原因》，何曜译，上海人民出版社，2007，第147页。

② 〔美〕约翰·米尔斯海默：《大国政治的悲剧》，王义桅、唐小松译，上海人民出版社，2008，第2页。

此他们对于相对权力的认知，在一个国家的对外行为发挥着重要作用；第二，国家能力以及与周围社会的关系。新古典现实主义者认为，现实主义的一个重要局限在于它只是简单评估国家权力对国家外交行为的影响，而没有考虑到国家能力（state power）的制约性。所谓国家能力，是指政府决策者从国家权力中提取来达到其外交政策目标的那部分国家资源。外交政策总体上来说不是由国家权力而是由国家能力决定的，因此对权力进行分析时必须考察政府领导人对社会资源的支配和调控能力。①

防御性现实主义、进攻性现实主义和新古典现实主义的区分可以详见表9-1。

表9-1 防御性现实主义、进攻性现实主义和新古典现实主义的主要理论主张

	防御性现实主义	进攻性现实主义	新古典现实主义
无政府状态下的安全性质	充足	稀缺	模糊
国家的权力目标	权力适度，维持自己的安全	权力最大化	取决于决策者的认知及对对外资源的掌控能力
国家扩张的动力	来自国内层面	来自体系结构	来自体系结构和国内层面，主要是国内层面

> ※ **均势**
>
> 权力均衡（balance of power）是指国家或国家集团之间权力大体相当，任何一方都不能在体系中占据支配性地位的情形。均势理论强调，如果一个国家或国家集团获得相对于对方的优势，那么将会发动对对方的进攻，这将威胁到整个体系的稳定和体系中国家的安全。因此，只有当主要大国的权力大体均衡时，国际体系的安全才能得到保障。均势的形成方式可以是内部的（即国家通过增强自身力量的方式达到制衡对方的目的），也可以是外部的（例如结盟）。但以约翰·米尔斯海默为代表的一些学者倾向于认为，当一个国家受到安全威胁的时候，更倾向于选择跟随强者的追随战略（bandwagon），或是采取推卸责任（buck-passing）、坐山观虎斗（bloodletting）等方式而非均势策略为自己赢得生存空间。斯蒂芬·沃尔特则提出了"威胁平衡论"（balance of threat）的观点，认为国家主要是平衡威胁，而非权力。

---

① 唐小松：《论现实主义的发展及其命运》，《世界经济与政治》2004年第7期，第9页。

5. 请简要评述霸权稳定论

"霸权"（hegemony）是国际关系学研究的一个重要概念，意指国际体系中一个国家相对于其他国家在政治、经济、军事等方面的一种绝对优势和支配地位。这个概念最早由美国经济学家查尔斯·金德尔伯格（Charles Kindleberger）提出，[①]之后经罗伯特·吉尔平（Robert Gilpin）、[②]斯蒂芬·克拉斯纳等人进一步完善，成为现实主义最为重要的理论主张之一。

霸权稳定论认为，在无政府的国际体系中，一个处于主导地位的霸权国家，既有能力，也有意愿维护世界政治、经济的稳定。这种稳定状态的维系，不仅仅取决于霸权国家的客观物质力量，同时也在于霸权国家愿意为国际体系提供各种公共物品，具体表现为霸权国家创建的一系列有利于开放自由经济的国际机制。霸权国家既是这些国际机制和国际规则的制定者，同时也是规则的维护者——对于霸权国来说，这实际上是一种"自我限制"，因为霸权国也受到这些规则的约束；而小国则享受到这些国际制度所带来的好处，具体表现为一种"搭便车"（free riding）行为。因此，在有霸权国家提供公共产品的情况下，国家间的合作是可能实现的。反之，当体系中并不存在这样的霸权国家，或者是霸权国家的力量处于衰落的时候，这样的国际体系容易处于混乱和无序的状态。

国际关系的现实表明，国际体系中的霸权不可能永恒存在，因此，与霸权稳定论紧密相关的是各种版本的"霸权周期理论"。霸权国有自己的力量兴起、发展、强盛和衰落时期。例如，保罗·肯尼迪（Paul Kennedy）对于公元1500~2000年大国兴衰历史的考察。[③]乔治·莫德尔斯基（George Modelski）指出，从1494~1973年，大概以每一百年为一个界限，国际体系经历了五个"长周期"，分别是葡萄牙、荷兰、英国（Ⅰ）、英国（Ⅱ）以及美国周期。每个周期都包含了四个阶段，即全球战争、世界霸主的出现和被承认，霸权国合法性的丧失以及权力的逐渐分散化，国际政治就在这样的长周期中不断循环反复。成为一个霸权国家所必备的四种条件是：优越的地理位置，最好是一个岛屿或半岛国家；凝聚力强、开放性和协调

① Charles Kindleberger, *The World in Depression, 1929 – 1939* (Berkeley: University of California Press, 1973).
② 〔美〕罗伯特·吉尔平：《世界政治中的战争与变革》，武军、杜建平、松宁译，邓正来校，中国人民大学出版社，1994。
③ 〔英〕保罗·肯尼迪：《大国的兴衰：1500—2000年的经济变迁与军事冲突》，陈景彪等译，国际文化出版公司，2006。

性强的社会；主导经济（经济上的领先地位）以及能够扩展到全球范围的政治 – 战略组织。① 中国学者时殷弘根据莫德尔斯基的长周期理论，总结出近现代世界政治中的三个重要规律：近五百年来的"挑战者"国家统统失败；成为新"世界领导者"的国家，统统是先前"世界领导者"的重要伙伴；"挑战者"的合作者往往会随着"挑战者"的失败而遭受厄运。②

对于霸权稳定论，一些学者提出了质疑和批判，尤为重要的是罗伯特·基欧汉对于这个问题的理论贡献。霸权稳定论强调，国际机制主要是由霸权国建立的，一旦霸权国出现衰退，当它无力再为维护国际体系的稳定提供公共产品时，那么它所建立的国际机制将会随之瓦解，这实际上反映的是国际机制的一种"供给"学说。但是基欧汉强调，由于国际制度具有减少交易成本、提供交易信息、改变行为者偏好以及降低不确定性等作用，所以霸权国衰落以后它所建立的国际机制依然可能会继续存在，国家间的合作关系是可以持续下去的。基欧汉的这种主张，也被称为是国际机制的需求理论。以此为基础，基欧汉开创了国际政治学的新自由制度主义研究，这也成为对抗新现实主义最为重要的理论流派之一。③

6. 试结合权力转移理论，评判中美关系的未来

权力转移理论（power transition theory）最早由美国密歇根大学教授 A. F. K. 奥根斯基（A. F. K. Organski）在其于 1958 年出版的《世界政治》④ 一书中提出。奥根斯基教授针对当时盛行的权力均衡理论提出质疑，认为体系中发生战争的原因并不是因为权力分配状况的严重失衡，而是因为大国间彼此权力的接近。尤其是大国间的权力分配状况出现"持平"（parity）趋势，同时崛起国家对于现存的国际体系持"不满立场"时，大国间的战争最容易发生。

奥根斯基等人将权力定义为财富、人口、资源和军事力量等，权力不仅是一个名词，也有动词（powerize）的含义。国家间关系也是权力的一个重要

① George Modelski, *The Long Cycle in World Politics* (Seattle and London: University of Washington Press, 1987), p. 40.

② 时殷弘：《国际政治的世纪性规律及其对中国的启示》，《战略与管理》1995 年第 5 期，第 1~3 页。

③ Robert Keohane, "The Demand for International Regimes," *International Organization*, Vol. 36, No. 2, 1982, pp. 141–171；〔美〕罗伯特·基欧汉：《局部全球化世界中的自由主义、权力与治理》，门洪华译，北京大学出版社，2004，第 133~164 页；〔美〕罗伯特·基欧汉：《霸权之后：世界政治经济中的合作与纷争》（修订版），苏长和等译，上海人民出版社，2011。

④ A. F. K. Organski, *World Politics* (New York: Alfred A. Knopf), 1958.

组成部分。① 奥根斯基尤其看重一个国家的经济力量在权力构成中的重要角色。他认为，权力转移最重要的动力是"内部因素"，即"工业化"使得不同国家出现了增长差异，从而决定了大国间实力的再分配，而不再受军事结盟这样的外在因素驱动。② 当主导国家和次要国家存在巨大的权力差距的时候，体系中的稳定和安全是可以维持的，但是一旦次要国家崛起，而这个崛起的国家对国际体系"不满"，那么崛起国家往往会发动针对霸权国家的战争。

权力转移理论将体系内的国家结构视为是等级制的（金字塔形的），自上到下依次为主导国家（霸权国家）、大国、中等国家和小国。霸权国家以及它的追随者是维持现状国家，而挑战者往往是修正主义强国。它们之间的战争往往被称为"霸权战争"，而根据战争结果所确定的新的权力分配状况改变了体系的状况。罗纳德·塔门（Ronald Tammen）等人认为，当一个不满意的挑战国觉察到有机会夺取支配性的国际领导者地位时，世界性的战争就将爆发；而在权力分配均匀的条件下，和平与一体化将会出现，但这需要主要的世界大国都接受支配世界政治的那一套规范和规则。③ "不满"的定义方式有三种，即这种不满的程度是否很高、不满的国家是否是国际体系中的大国、不满的国家是否已经具备超过了霸权国家的实力。④ 如果用量化手段界定过渡期，那么修正主义强国和霸权国家的力量对比在4∶5到6∶5之间的时候，双方发生战争的可能性最大。⑤

由于中国的崛起非常符合权力转移理论描述的现象，因此很多学者都使用权力转移理论来分析中美之间发生战争的可能性。⑥ 从西方学者的角度

① 李小华：《"权力转移"与国际体系的稳定——兼析"中国威胁论"》，《世界经济与政治》1999 年第 5 期，第 41 页。

② A. F. K. Organski, *World Politics* (2nd Edition), (New York: Alfred A. Knopf, 1968), pp. 345 – 346, 转引自朱锋《"权力转移"理论：霸权性现实主义?》，《国际政治科学》2006 年第 3 期，第 27 页。

③ 〔美〕罗纳德·塔门、〔美〕亚采克·库格勒：《权力转移与中美冲突》，陈琪、吴文成译，《国际政治科学》，2005 年第 3 期，第 4 页。

④ David Rapkin and William Thompson, "Power Transition, Challenge and the (Re) Emergence of China," *International Interactions*, Vol. 29, No. 4, 2003, pp. 317 – 318.

⑤ Ronald Tammen, Jacek Kugler, Douglas Lemke and Carole Alsharabari, *Power Transitions: Strategies for the 21st Century* (New York: CQ Press, 2000), p. 31.

⑥ David Rapkin and William Thompson, "Power Transition, Challenge and the (Re) Emergence of China," *International Interactions*, Vol. 29, No. 4, 2003, pp. 315 – 342; Steve Chan, *China, the US, and the Power-Transition Theory: A Critique* (London and New York: Routledge), 2008; 〔美〕罗纳德·塔门、〔美〕亚采克·库格勒：《权力转移与中美冲突》，陈琪、吴文成译，《国际政治科学》2005 年第 3 期，第 1 ~ 20 页。

来看，他们对于中美之间的权力转移往往持一种相对悲观的态度，但是他们也认为，使中国融入国际社会是避免中美之间发生战争的重要因素①；或者认为，中国并没有获得可以与美国匹敌的实力，会在国际关系中保持一种较低的姿态，避免与美国发生直接冲突；同时，美国虽然是一个对现状满意的国家，但同样支持体系转型。② 而中国学者则普遍认为，从中国目前的发展来看，中国仍然是世界上最大的发展中国家，从中国建设"和谐世界"的主张以及中国积极融入现有的国际制度的实践经验来看，中国是现有国际制度的满意者和维护者，而非挑战者和颠覆者。③ 因此，即使中国实力发展到足以匹敌美国的程度，也不可能与美国发生"霸权战争"，所以中国的和平崛起是完全可能的。

（三）自由主义专题解析

1. 请简述自由主义的两个重要分支：民主和平论和商业和平论

根据不同的方式，可以将自由主义划分为几个不同的理论分支，例如功能主义、跨国主义、相互依存理论等。相对现实主义主要讨论的是冲突问题而言，自由主义更加强调合作与和平在国际关系中的可能性。具体而言，可以将自由主义大体划分为民主和平论、商业和平论和制度和平论。

民主和平论主要强调的是一个国家的国内政体以及国内政治对于维持国际体系稳定的作用。当代的国际关系学者，如迈克尔·多伊尔（Michael Doyle）、布鲁斯·鲁塞特（Bruce Russett）、梅尔文·斯莫尔（Melvin Small）等人在继承康德于 1795 年出版的《永久和平论》中的论点——自由国家组成的联盟是实现永久和平的关键基础之上，考察了国际关系中的一种历史现实，进而提出民主国家之间从不（或很少）发生战争的观点。持这种观点的学者强调，即使民主国家之间发生冲突，它们也更多地通过谈判的手

---

① 〔美〕罗纳德·塔门、〔美〕亚采克·库格勒：《权力转移与中美冲突》，陈琪、吴文成译，《国际政治科学》2005 年第 3 期，第 11～19 页。

② Steve Chan, *China, the US, and the Power-Transition Theory: A Critique* (London and New York: Routledge), 2008.

③ 李小华：《"权力转移"与国际体系的稳定——兼析"中国威胁论"》，《世界经济与政治》1999 年第 5 期，第 41～45 页；张春：《权势和平转移与中国对美战略选择》，《教学与研究》2007 年第 3 期，第 65～72 页；罗小军：《"同舟共济"与适应性变革：经济增长、权力转移及中美关系》，《当代亚太》2009 年第 4 期，第 31～35 页；沈丁立：《全球与区域阶层的权力转移：兼论中国的和平崛起》，《复旦学报》（社会科学版）2009 年第 5 期，第 1～9 页。

段解决冲突；同时，由于民主国家的领导人都是通过选举产生，他们在进行外交行为的时候需要考虑民意的影响，而民众往往对战争更加敏感并通常持反对立场。此外，民主国家都更加认同自由主义的规范，而当这些规范外延到国际行为中时，会使得民主国家在做出战争行为前更加慎重。相反的是，专制国家之间，或是专制国家与民主国家之间，往往会因为专制国家的鲁莽行事发生战争。

民主和平论通过数理统计，得出的以上结论似乎较有说服力。但该理论存在的重要缺陷是，仅仅将民主国家限定为西方意义上的代议制民主国家，研究范围受到很大限制；历史经验也表明，一些战争是由所谓的民主国家率先发动的（如 1898 年的美西战争最先是因为受到国内汹涌的民意影响，而由美国率先发起），因此在民主和平论提出以后，这一理论就受到学界以及第三世界国家的广泛批判。

商业（贸易）和平论则倾向于认为，在当今全球化趋势加强的情况下，国家间的自由贸易可以维护国际体系的和平。罗伯特·基欧汉和约瑟夫·奈在《权力与相互依赖》一书中强调，在全球化不断加深的情况下，复合相互依赖理论比现实主义更加符合国际关系的现实。在这种情况下，决定国家间关系最为重要的因素不再是军事、安全等高级政治因素，而主要是经济、环境等低级政治因素，包括国际组织、跨国公司等都在世界政治中扮演着更为重要的作用。理查德·罗斯克兰斯（Richard Rosecrance）考察了二战后联邦德国和日本的复苏，认为历史上的国家寻求权力的最佳方式是通过军事手段进行领土扩张，但 20 世纪 50 年代以来，随着一批高度工业化的国家崛起，这些国家获得权力的更好方式是实行经济发展和对外贸易，而以往通过武力获得权力的收益变得越来越小。在过去，一个国家强大的关键在于领土和资源，在今天则是高素质的劳动力以及对于信息的获取。[①]从实证的角度来看，由于国家间的相互贸易对于国家而言是十分有利的，因此在经济高度相互依赖的国家之间，发生战争的可能性变得越来越小，尤其地理邻近的国家来说更是如此。由于地理相邻国家之间的互动更为频繁，如果它们没有较为密切的贸易关系，那么这些国家很可能会因为政治上的争端（尤其是领土冲突）出现敌意螺旋式的上升，甚至引发严重的军

---

① Richard Rosecrance, *The Rise of Trading State: Commerce and Conquest in the Modern World* (New York: Basic Books), 1986.

事冲突。①

2. 约瑟夫·奈是一位横跨政学两个领域的重要学者，请对他的主要理论贡献进行阐述

约瑟夫·奈是新自由主义学派的重要代表人物，作为官员，他曾经出任卡特政府的助理国务卿帮办以及克林顿政府助理国防部长。作为学者，他曾经担任过哈佛大学肯尼迪政府学院院长，目前是该学院的杰出贡献教授（Distinguished Service Professor）。此外，他还是美国人文与科学院院士。

作为学者的约瑟夫·奈对于学术界的贡献主要体现在如下方面。

第一，和罗伯特·基欧汉一道，提出"复合相互依赖"的概念。在1977年的重要著作《权力与相互依赖》中，他和基欧汉指出复合相互依赖更加符合国际关系的现实，具体表现为各个社会之间的多渠道联系、国家间关系的问题没有等级之分，在复合相互依赖存在的情况下，一个国家不会对其他国家动用武力。② 两人的重要贡献是，否定了现实主义的一些基本假设，指出国际社会中非国家行为体日趋活跃以及高级政治和低级政治相互交错的现实，解释了国际机制变迁的原因，为之后基欧汉提出新自由制度主义学说奠定了基础。

第二，提出"软实力"的理论主张。1990年，在《注定领导：变迁中的美国权力性质》一书中，奈第一次提出了"软实力"的概念。奈指出，权力可以分为通过威胁或奖励他人实现自身目的的硬性权力，以及通过吸引和拉拢他人以实现自身目的的软性权力。③ 硬权力主要通过军事和经济力量衡量，而软实力主要表现为文化、意识形态和制度等同化权力。④ 在《权力的未来》一书中，奈强调软实力更多是一个描述性而非规范性的概念，

① Beth Simmons, "Rules over Real Estate: Trade, Territorial Conflict, and International Borders as Institution," *Journal of Conflict Resolution*, Vol. 49, No. 6, 2005, pp. 823 – 848; John Robst, Solomon Polachek and Yuan-Ching Chang, "Geographic Proximity, Trade and International Conflict/Cooperation," IZA Discussion Papers, No. 1988, Institute for the Study of Labor (IZA), Bonn, Germany, 2006, pp. 1 – 30. 例如，阿拉伯国家与以色列之间自二战结束以来时日已久的持续性严重争端，以及印度与巴基斯坦之间发生的几次战争就是两个极好的例子。

② 〔美〕罗伯特·基欧汉、〔美〕约瑟夫·奈：《权力与相互依赖》（第三版），门洪华译，北京大学出版社，2002，第25~26页。

③ Joseph Nye, Jr., *Soft Power: The Means to Success in World Politics* (New York: Public Affairs, 2004), p. 2.

④ 〔美〕约瑟夫·奈：《硬实力与软实力》，门洪华译，北京大学出版社，2005，第106~107页。

仅仅是权力的一种形式，目的是为了获取期望的结果。①

奈强调，软实力主要由文化上的吸引力，政治或意识形态上的吸引力，塑造国际规则和决定政治议题的能力三部分构成。根据这个理论，奈对 20 世纪 80 年代广泛流行的"国际政治即将进入日本时代"的观点进行了批驳。奈指出，虽然国际政治的现实表明一些权力变化是有利于日本的，但从软性同化实力的角度来看，这些变化是更加有利于美国的。美国的文化（好莱坞、CNN 和流行音乐等）在世界各国都深受普通大众欢迎，美国的民主、人权思想也是美国软实力的重要来源，而在国际规范的议题塑造上，美国也具有无与伦比的优势。因此从软实力的角度来看，美国的优势是在扩大而并不是缩小的。

"软实力"延伸出的另一个概念是"巧实力"（smart power）。2004 年，美国资深外交官苏珊娜·诺索尔（Suzanne Nossel）首次提出了"巧实力"的概念。② 巧实力理论强调，在美国的对外行动中，不仅要强调美国的军事力量，同时也要充分发挥联盟、伙伴关系和国际制度的作用，以加强美国行动的合法性。而几乎在同一时期，奈也提出了与巧实力类似的说法。2006 年，奈与美国前副国务卿理查德·阿米蒂奇（Richard Armitage）在美国战略与国际问题研究中心（Center for Strategic and International Studies，CSIS）组建了"巧实力委员会"。奥巴马于 2009 年当选美国总统后，将巧实力作为其外交政策中的一个核心原则。例如，在奥巴马 2011 年针对西亚北非地区的五月讲话中，他就指出，巧实力战略、融入性发展，国防与外交，是他外交政策的三根重要支柱。③

软实力概念一经提出，就在国际上就产生了很大的影响，中国政府也在各种文件和官方表态中不断强调要"提高国家的文化软实力"。但是，这个概念也存在很大的争议，例如，硬实力和软实力之间到底是什么样的关系，软实力的有效性问题，软实力的衡量方法，软实力是否可以表现为一种强制权力，软实力与规范性权力的关系，等等。

---

① Joseph Nye, Jr. , *The Future of Power* (New York: Public Affairs, 2011), p. 61.

② Suzanne Nossel, "Smart Power: Reclaiming Liberal Internationalism," *Foreign Affairs*, Vol. 83, No. 2, 2004, pp. 131 – 142.

③ "Remarks by the President on the Middle East and North Africa," State Department, Washington DC, May 19, 2011, http://www. whitehouse. gov/the-press-office/2011/05/19/remarks-president-middle-east-and-north-africa.

3. 罗伯特·基欧汉作为新自由主义最为重要的代表人物，他提出的自由制度主义也是自由主义学说中最重要的一个流派。请简单介绍基欧汉的理论贡献

罗伯特·基欧汉的主要思想集中体现在 1984 年的《霸权之后》一书中，目前他在普林斯顿大学伍德罗·威尔逊学院任教授。

基欧汉的理论贡献包括以下几点。

第一，与约瑟夫·奈一道，提出了"复合相互依赖"的主张。

第二，提出了机制维持的需求学说。"国际机制"（international regime）最早由约翰·鲁杰在 1975 年引入国际关系研究之中，其最经典的定义是指，在某一特定的国际关系领域中，汇聚各个行为主体期望的一系列明确的或暗含的原则（principles）、规范（norms）、规则（rules）和决策程序（decision-making procedures），[1] 而对这个概念进行理论化研究最为成功的学者就是基欧汉。在《霸权之后》中，他大量借鉴理性决策理论和制度经济学的有关概念，将国际机制作为一个独立的变量，提出了国际机制的功能学说。

基欧汉放弃了《权力与相互依赖》一书中所提出的多种行为体共存于国际社会的观点，而继承了现实主义"国家依然是国际体系中最为重要的行为体"的主张。他承认霸权稳定论的主要观点，即在一个由个体组成的世界中，由于个体是自私的，因此个体的理性行动往往会导致集体的非理性结果。为避免这种类似"市场失灵"的后果，体系中的霸权国家会向国际体系提供公共物品，而这种公共物品最为重要的形式就是各种国际机制（例如美国在二战后主导建立的各种国际组织），霸权国家容忍其他国家"搭便车"的行为。但是基欧汉反对霸权衰落之后这些机制也会随之崩溃的观点，认为由于国际机制有汇聚行为体预期、降低交易成本、减少市场失灵中信息和质量的不确定性、规范交易行为、为成员提供信息等功能，因此霸权衰落后，其依然能够存在下去。[2] 与现实主义的一个重要区别是，新现实主义更加强调"相对收益"的重要性，即要求自身的收益必须大于他

---

[1] Stephen Krasner, et al. , *International Regime* (Ithaca: Cornell University Press, 1983), p. 2.

[2] 〔美〕罗伯特·基欧汉：《霸权之后：世界政治经济中的合作与纷争》（修订版），苏长和等译，上海人民出版社，2011，第 86~98 页。在 1989 年出版的《国际制度与国家权力》一书中，基欧汉认为，国际制度（institution）包括正式的政府间国际组织和非政府组织、国际机制（即政府之间协商同意并达成的涉及某一问题领域的明确规则，如国际海洋法和国际货币体系等）和国际惯例。参见 Robert Keohane, *International Institutions and State Power* (Boulder: Westview Press, 1989), p. 3。

者的收益；而新自由制度主义则更强调"绝对收益"，认为国家并不关心他国的收益问题。由于国际机制自身拥有诸多好处，同时国际机制具有很强的惯性作用，建立新的国际机制需要花费大量成本，而改造已有的国际机制相对来说成本较低，因此霸权衰落之后的国际机制也有可能继续维持下去，国家间的合作也是可以实现的。

第三，研究了局部全球化中的治理问题。随着冷战的结束，全球化进程的加快，以及各国相互依赖程度的不断加深，基欧汉的学术兴趣开始向国内政治与国际关系的双向互动关系、[①] 局部全球化中的治理等问题转移。基欧汉认为，全球化并没有完全实现，而全球化的发展有赖于有效的治理进程。面对各种治理的困境，功能化的国际制度并不完全奏效，更有效的方式是提供一种"信念"，并将信念与制度设计相结合。[②]

基欧汉的新自由制度主义，是继华尔兹结构现实主义之后国际关系理论中的一个重要里程碑。当然，这样的理论主张也并非完美无缺，他的学说也受到了相当多的批评：例如，现存的国际机制主要是在西方的主导作用下建立起来的，因此不可避免地主要反映的是西方的文化、规范以及理念，其正义性以及合法性受到一些非西方国家的质疑；美国的霸权并没有完全衰落，现有的许多国际机制依然是维护美国霸权的一种工具，归根结底反映的还是现有国际体系的一种权力分配状况；过分迷信国际机制带来的合作收益，但是在很多情况下，国际机制框架内的合作难以达成。因此，新自由制度主义者所坚持的"只有国际机制才能起作用"的观点并不是一种万能的良方，受到各种主观和客观条件的制约。

> **※ 软制衡（soft balancing）**
>
> 是指几个相对弱势的国家采用非军事进攻的手段对处于军事优势地位的国家进行的一种制衡行为。由于这些较弱的国家和处于优势地位国家之间的军事差距非常大，所以即便采取传统的硬制衡（军事制衡）的方式对抗优势地位国家也收效甚微甚至会遭到失败，因此这几个弱国往往会联合起来，采取经济、外交或是制度（institutional）的方

---

① 〔美〕罗伯特·基欧汉、〔美〕海伦·米尔纳编《国际化与国内政治》，姜鹏、董素华译，门洪华校，北京大学出版社，2003。

② 〔美〕罗伯特·基欧汉：《局部全球化世界中的自由主义、权力与治理》，门洪华译，北京大学出版社，2004，第279~307页。

式以制衡处于军事优势地位的国家。这种制衡并不会改变权力的分配状况，但会削弱、阻碍优势国家，并增加其进行单边行动的成本。芝加哥大学的罗伯特·佩普（Robert Pape）教授对于软制衡概念进行了较为系统的阐述。软制衡最为明显的例子即是2003年，几个主要大国通过联合国平台反对美国单方面发动伊拉克战争。

4. 请结合实际案例，分析博弈论在新自由制度主义研究中的具体作用

博弈论（game theory）又称"对策论"，最早是应用数学的一个分支，后来被广泛运用到经济学研究中。在行为主义革命兴起以后，一批从事国际关系研究的学者开始使用博弈论工具对国际问题进行相关的研究。[①]

每一种博弈都具备以下几种基本要素：参与者、参与者可获得的利益、基本规则、信息、策略、博弈的总体环境与竞争行动的互动等。[②]

博弈主要包括零和博弈（我方所失就是彼方所得）以及非零和博弈两种。新自由制度主义主要讨论的是非零和博弈，关注的是国家合作的可能性。而最常见的零和博弈是囚徒困境博弈（Prisoner's Dilemma），其基本模型可参见表9-2。

表9-2 囚徒困境博弈

	B认罪（B1）	B不认罪（B2）
A认罪（A1）	-5，-5	0，-10
A不认罪（A2）	-10，0	-1，-1

假设警察抓住了A、B两个嫌疑犯，对他们进行单独隔离审查。对于A、B两人来说，最好的结果是两人都不承认犯罪的事实（两人进行合作），那么两人都会因为犯罪证据不足而被轻判（A2B2），但在信息不对称的情况下，如果自己拒不认罪，而同伴认罪（即自己进行单方面的合作，同伴却欺骗自己，那么同伴会被无罪释放，自己却会遭到重判，其结果是A1B2或

---

① Robert Jervis, "Cooperation under Security Dilemma," *World Politics*, Vol. 30, No. 2, 1978, pp. 167-214；〔美〕阿瑟·斯坦：《协调与合作：无政府世界中的制度》，载〔美〕大卫·鲍德温编《新现实主义和新自由主义》，肖欢容译，浙江人民出版社，2001，第29~51页；〔美〕托马斯·谢林：《冲突的战略》，郑志刚、王勇、赵华等译，华夏出版社，2011。

② 〔美〕詹姆斯·多尔蒂、〔美〕小罗伯特·普法尔茨格拉夫：《争论中的国际关系理论》（第五版），阎学通、陈寒溪等译，世界知识出版社，2002，第604页。

B1A2），自己将受重罚。所以在缺乏信息的条件下，双方都会对犯罪事实进行坦白（即不与同伴合作，而是进行欺骗），最终的结果是，两人都会遭到较为严厉的惩罚（A1B1）。①

这一模型的意义是展示了个体理性导致了集体行动的非理性。尽管每个行为体都知道合作对于双方都是重要的，但是各方在相互交往过程中的欺骗行为以及对欺骗行为的担心，使得合作变得困难。具体来说，这种欺骗产生的原因有三个：第一是博弈的效用结构。由于行为体在交往中总是考虑自身收益的最大化，所以囚徒困境的效用结构为 DC > CC > DD > CD，即最优的结果是自己欺骗（D），而对手合作（C）。第二是未来影响效用的不足。如果博弈只是一次性的，那么行为体更容易倾向于不合作，行为体对于未来的重视程度越低，就越倾向于欺骗。第三是在国际交往中容易出现非互惠性的单方合作行为。即一方采取合作很可能没有任何回报，但这种不予以回报很难被及时发现。②

囚徒困境最典型的案例就是冷战时期美苏的军备竞赛。由于美苏对于对方都极不信任，都担心对方选择欺骗但自己选择合作，所以双方都选择不合作（A1B1），直到冷战后期，双方才逐步意识到合作的重要性，通过对话和协商，开始削减本国的核武器数量（A2B2）。

罗伯特·阿克塞尔罗德（Robert Axelrod）的研究表明，当两个博弈者都采取"一报还一报"（tit for tat，即对手采取什么样的策略，我也采取同样的策略）的战略时，彼此间就有可能出现彻底的合作。③ 这也是解决集体行动困境的重要方法。④ 新自由制度主义就认为，国际制度可以降低国家间

---

① A1B1 的结果也就是著名的"纳什均衡"（Nash Equilibrium）。"纳什均衡"是指在某一特定结果下，没有哪一位行动者有意单方面改变其策略（strategy），这个结果就是"纳什均衡"。参见谢复生《实证政治理论》，中国人民大学出版社，2011，第 36 ~ 42 页。以"囚徒困境"为例，对于 A 而言，在不知道 B 策略的情况下，选择认罪的结果要好于不认罪的结果，对于 B 来说也同样如此。因此选择认罪也是 A 和 B 的"占优战略"（dominate strategy）。

② 秦亚青：《权力·制度·文化：国际关系理论与方法研究文集》，北京大学出版社，2005，第 99 ~ 100 页。

③ 〔美〕罗伯特·阿克塞尔罗德：《合作的进化》（修订版），吴坚忠译，上海人民出版社，2007。

④ "集体行动的困境"是指在一个组织中，每个小集团都有自身的利益。由于小集团可以享受大集团免费提供的公共物品带来的好处却不用付出任何代价，因此这样的组织中存在着严重的"搭便车"现象，即每个行为体都希望其他个体提供公共物品而自己坐享其成。但是一旦所有行为体都抱有这样的心态，那么组织会因为无法提供公共物品而难以维持下去，这就是"集体行动的困境"。参见〔美〕曼瑟尔·奥尔森《集体行动的逻辑》，陈郁、郭宇峰、李崇新译，上海人民出版社，2011。

的交易成本、提供可靠信息、调整博弈的效用结构、提供互惠、加强国家对未来的重视以及提供反复博弈的场所，从而确保国家间的合作关系。此外，新自由制度主义还强调，国际制度具有权威性、制约性和关联性等特征，因此也可以解决囚徒困境中的主要问题，成为保障国际合作的重要基础。①

※ 双重博弈（two-levels game）

最早由美国著名政治学家罗伯特·普特南（Robert Putnam）在其于 1988 年发表在《国际组织》的一篇重要论文中提出。双重博弈理论强调，国家间的谈判实际上是由国际和国内两个层面共同构成的，体现的是这两个层面的互动关系。在国际层面上，政治家在与他国政府进行谈判时会达成试探性的协议（层次Ⅰ），接着国内层面各个利益集团会进行讨价还价，讨论是否批准这个协议（层次Ⅱ）。双重博弈一个重要的概念是"赢集"（win-sets），即层次Ⅱ在对层次Ⅰ进行表决时所得到的支持者的集合。当各种条件不变的时候，赢集越大，各方之间的赢集交集（overlap）也越大，那么层次Ⅰ协议达成的可能性越大；而谈判各方赢集的相对大小将会影响国际谈判共同利益的分配。一个国家赢集越小，在谈判中的优势反而会越大，因为它可以让赢集较大的对手认识到它在国际谈判中可能作出的妥协会较小。

---

5. 请简要评述冷战后的全球治理思想

随着冷战的结束，以及全球化的不断深入，人类社会日益成为一个联系紧密的共同体。面对各种层出不穷的全球性问题时，由于这些问题具有跨国性的重要特征，仅靠单个国家无法加以应对，因此传统的以国家为中心的统治学说越来越不适应现实的发展情形。一批学者认为，只有通过国家、国际组织、跨国公司乃至全球公民社会的通力合作，共同应对这些问题，才能够实现整个世界的繁荣与发展。全球治理思想的主要代表人物有詹姆斯·罗斯瑙（James Rosenau）、奥兰·扬（Oran Young）、戴维·赫尔德（David Held）等人。

中国学者俞可平认为全球治理是"通过具有约束力的国际规制（机制）（regimes）解决全球性的冲突、生态、人权、移民、毒品、走私、传染病等

---

① 秦亚青：《权力·制度·文化：国际关系理论与方法研究文集》，北京大学出版社，2005，第 101~102 页。

问题，以维持正常的国际政治经济秩序"。① 全球治理的核心概念是治理
（governance）而非政府管理（government）。②

　　全球治理理论认为，各种全球性问题的不断涌现以及这些问题的跨国
性、扩散性、根治的极端困难性等特征，使得传统的国家中心模式难以解
决这些问题。冷战结束后的一个现实情形是，国际关系呈现出越来越明显
的权威转移特征，除了正式的国家行为体外，越来越多的国际性组织，包
括非正式的全球性公民社会组织（如各类非政府性的环保组织）也在某一
专业领域具有了相当的权威，不同于国家的权威往往是通过权力获得，这
种权威主要来源于民众对于这些组织的服从与认可。组织的专业性也可以
为这些问题的解决提供有利条件。

　　全球治理主要是通过各种国际机制实现的。制度不仅包括涉及某一具
体问题领域的专门性的具体制度，也包括这些具体制度所组成的制度丛
（institutional complexes）。"嵌入性"（embeddedness）表明，具体问题的体
制很大程度上深深地陷入整体的制度安排之中，这些原则和惯例构成了国
际社会整体的深层结构。③ 治理体现了制度的互动关系。除此之外，治理
的实现还依赖于共同的价值体系、社会规范和文化实践，以及社会团结的
观念。④ 制度的有效性很大程度上取决于各个行为主体之间一致的价值观。
按照建构主义的理解，共有知识是行为体之间就某个事实形成共同理解的
知识，它帮助行为体形成共识，保证行为体采取自发集体行动。⑤

　　全球治理的对象或客体是各种跨国性的安全问题。这些问题主要包括
以下两类。第一类是全球性的传统安全问题，包括国家间或区域性的武装
冲突、各种大规模杀伤性武器的生产和交易。但相对而言，全球治理研究
的重点主要侧重于第三类，即非传统安全问题，例如生态环境保护、全球
性的经济和金融安全、跨国性的犯罪问题、国际恐怖活动、基本人权的保

---

① 俞可平：《和谐世界与全球治理》，《中共天津市委党校学报》2007 年第 2 期，第 8 页。
② Government 一词主要强调了国家的控制和权威色彩。参见〔美〕詹姆斯·罗斯瑙主编《没
　　有政府的治理》，张胜军等译，江西人民出版社，2001；〔美〕奥兰·扬《世界事务中的治
　　理》，陈玉刚、薄燕译，上海人民出版社，2007，第 2 页。
③ 〔美〕奥兰·扬：《世界事务中的治理》，陈玉刚、薄燕译，上海人民出版社，2007，第 156~
　　157 页、第 162 页。
④ 〔美〕奥兰·扬：《世界事务中的治理》，陈玉刚、薄燕译，上海人民出版社，2007，中文
　　版前言，第 Ⅱ 页。
⑤ 苏长和：《中国与全球治理：进程、行为、结构与知识》，《国际政治研究》2011 年第 1 期，
　　第 43 页。

护以及教科文卫的国际合作等方面。

全球治理更多体现了一种规范性理念。在全球治理研究者看来，这些价值应当是超越国家、种族、宗教信仰、意识形态、经济发展之上的全人类所共享的共有价值。例如，赫尔德就认为，全球性治理的重要目标是要实现"世界主义的民主共同体"。[①]减少国际体系中的不平等和不公正，创建持久和平，为世界的稳定发展提供基础，是全球治理的重要目标。

传统的国际制度理论将国家作为主要的研究主体，而将某一领域的议题作为研究客体。与之不同的是，全球治理将不同的行为主体都纳入分析框架中，同时也强调各种议题的网状效应和交错性。因此，从某种意义上来看，全球治理是国际制度理论在新时期的进一步延续和深化。

（四）建构主义专题解析

1. 请简要叙述建构主义的理论渊源、理论特征以及理论分支

一般认为，建构主义是与现实主义、自由主义并列的三大主流理论之一，但与前两者不同的是，建构主义兴起的时间并不太长，直到1989年，尼古拉斯·奥努弗才首次提出"建构主义"（constructivism）的说法。[②]虽然成为一个系统的理论流派的时间较短，但是建构主义却有着悠久的思想渊源，最为重要的理论基础来源于社会学，尤其是涂尔干（Emile Durkheim）、马克斯·韦伯（Max Weber）以及安东尼·吉登斯（Anthony Giddens）等社会学大师的学说。涂尔干认为，社会世界的核心概念是观念。社会事实是人通过实践活动创造的社会性建构，强调社会规则的重要作用。韦伯提出，社会事实是社会实践的产物，因此社会科学不仅仅是"说明"客观事实，还必然需要对其进行"理解"；吉登斯的结构化理论则认为，结构和施动者（agency）之间是一种相互构成的关系。此外，乔治·米德（George Mead）等人的"符号互动论"指出，自我与他者之间的有意义互动（符号互动）造就了自我的身份和利益。[③]语言哲学则是建构主义的第二个重要理论来源。语言不仅描述社会事实，还能够对社会事实进行建构。例如，路德维希·维特根斯坦（Ludwig Wittgenstein）指出，语言是一种运用符号的工具，语言的意义在使用

① 〔英〕戴维·赫尔德：《民主与全球秩序：从现代国家到世界主义治理》，胡伟等译，上海人民出版社，2003。
② Nicholas Onuf, *World of Our Making* (South Carolina: University of South Carolina Press, 1989).
③ 秦亚青：《建构主义：思想渊源、理论流派与学术理念》，《国际政治研究》2006年第3期，第3~6页。

的过程中产生，从而将语言的意义、参与者和规则三者紧密联系起来。①

在发展过程中，在本体论、认识论和方法论上，建构主义都形成了自己独特的理论特征。

第一，坚持社会本体论。这种社会本体论集中体现在其对结构的定义上。传统的主流理论坚持物质本体论，认为体系结构是一种实力的分配。而主流的建构主义虽然承认客观物质力量的重要性，但认为物质力量的社会意义是有限的。我们所处的世界是一种实践的产物，是一种观念的建构，因此结构也是一种社会性产物，是一种观念分配，是施动者的共有知识。

第二，物质主义首先考虑因果关系，但是理念主义（idealism）② 更强调施动者与结构之间的互构关系。社会结构是由施动者之间的互动建构起来的，但社会结构又同时对施动者产生建构作用。也就是说 X 和 Y 互为必然，没有时间上的先后顺序。比如奴隶制、奴隶主和奴隶体现的就是一种互构关系。③

第三，在认识论上坚持科学实证主义。④ 现实主义和自由主义都反对任何形式的诠释性理论，而认为客观世界可以被解释（至少是部分解释）。尽管一部分后现代主义倾向严重的建构主义者认为，我们的世界只能通过诠释的方法加以研究，但主流的建构主义认为通过建立科学的研究议程，提出可证伪⑤的理论命题是可能的。

第四，在方法论上坚持整体主义。个体主义（individualism）认为，社会科学解释能够还原到研究独立存在的个体属性或互动层面上；而整体主义（holism）强调，研究社会结构时不能仅仅考虑独立存在的施动者和它们

---

① 白云真、李开盛：《国际关系理论流派概论》，浙江人民出版社，2009，第 224 页。

② 在国际关系研究中，如果 idealism 指的是一门学派，那么就是指"理想主义"；如果是强调本体论，那么就是指"理念主义"。

③ 〔美〕亚历山大·温特：《国际政治的社会理论》，秦亚青译，上海人民出版社，2008，第 23~24 页。

④ 实证主义（positivism）是指事实只能来源于逻辑/数学方法推理以及感观经验，通过对现象的归纳就可以得出科学定律。实证主义的目的是建立知识的客观性。

⑤ 可证伪性（falsifiability）由著名的科学哲学家卡尔·波普尔（Karl Popper）提出。波普尔认为，判断一个理论（命题）是否科学的标准在于它是不是能够被证伪。这一标准后来被包括国际关系学在内的很多学科接受，成为评判一个科学理论的重要标准。一个很简单的例子是，如果我们提出一个命题——"明天可能下雨也可能不下雨"，因为这个命题肯定为真，所以并不是一个科学的命题。而"明天肯定会下雨"则可以通过检验进行证伪，所以这样的命题才是一个科学的命题。参见〔英〕卡尔·波普尔《猜想与反驳：科学知识的增长》，傅季重、纪树立、周昌忠、蒋弋为译，上海译文出版社，2005。

之间的互动关系，还要考虑施动者在因果关系及构成性关系中的建构。也就是说，要通过整体的性质来解释个体的行为，这也是社会学中常见的方法。①

　　经过二十多年的发展，建构主义已经形成了较为成熟的理论体系，在这个浩大的理论体系下包括了不同的理论分支，不同的学者也对这些分支进行了不同的区分，但一般看来，主要都是围绕本体论、认识论和方法论三个层面展开的。在这里我们使用的是秦亚青首先提出、并由李开盛进行修正的理论流派划分方法（如图 9 - 1 所示）。

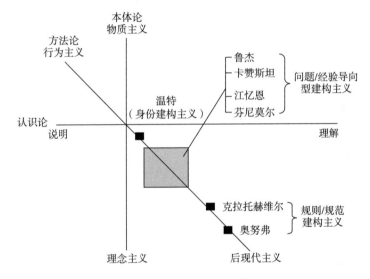

图 9 - 1　建构主义的理论谱系②

资料来源：秦亚青：《建构主义：思想渊源、理论流派与学术理念》，《国际政治研究》2006 年第 3 期，第 14 页。李开盛在此基础上的改进参见白云真、李开盛《国际关系理论流派概论》，浙江人民出版社，2009，第 228 页。

　　2. 亚历山大·温特是建构主义的集大成者，由于他的理论贡献，建构主义成为与其他主流理论分庭抗礼的一个主要流派，请简述温特的主要思想

　　亚历山大·温特原籍德国，1989 年在美国明尼苏达大学获得博士学位。1989～2004 年他曾经执教于耶鲁大学、达特茅斯（Dartmouth）学院以及芝

①　Alexander Wendt, *Social Theory of International Politics*, Cambridge：Cambridge University Press, 1999, p. 26.

②　原图参见秦亚青《建构主义：思想渊源、理论流派与学术理念》，《国际政治研究》2006 年第 3 期，第 14 页。

加哥大学，目前他任俄亥俄州立大学 Ralph D. Mershon 国际安全讲席教授一职。

1987 年温特在其于《国际组织》发表的文章中提出了结构与施动者互构的观点，1992 年发表的《无政府状态是国家造就的》一文更是挑战了主流国际关系理论认为无政府性是先验存在的主张，提出无政府状态实际上是由国家之间的互动造就的。① 在几篇文章的基础上，1999 年温特出版了20 世纪国际政治研究最后一本重要的著作——《国际政治的社会理论》，对建构主义进行了一个全面的理论阐述。

温特的学说与 20 世纪 80 年代后期国际关系领域的第三次大辩论——理性主义与反思主义之争紧密相关。传统的主流理论都是因果解释的理性主义理论，而当时兴起的各种反思主义（如批判理论、后现代主义、规范理论）则认为理论不仅是解释性的，也是诠释性的，我们使用的概念对于这个世界产生了建构作用。温特的理论，力求把理性主义与反思主义互不相容的本体论和认识论融合起来，寻找一条中间道路（via media）即社会建构主义。②

温特将自己的理论归入整体主义/理念主义理论的范畴，其理论要点主要包括以下几点。

第一，主流国际关系理论强调体系结构是国家物质力量的分配，但温特认为，体系结构是社会意义的结构，是观念的分配。这种社会结构包括社会共有知识（shared ideas）或"文化"。在温特看来，共有知识是决定行为体利益和身份（或"认同"，identity）的主要因素，而不同利益和认同会导致不同的国家行为。例如安全困境就是行为体互构出一种"敌人"的共有知识造成的。

第二，温特承认物质力量的重要性，但是强调物质性因素本身是没有作用的，必须要通过社会性因素才会产生意义。例如，朝鲜的一枚核弹头

---

① Alexander Wendt, "The Agent-structure Problem in International Relations Theory," *International Organization*, Vol. 41, No. 3, 1987, pp. 335 – 370; Alexander Wendt, "Anarchy is What States Make of It: the Social Construction of Power Politics," *International Organization*, Vol. 46, No. 2, 1992, pp. 391 – 425. 另两篇重要论文是：Alexander Wendt, "Collective Identity Formation and the International State," *American Political Science Review*, Vol. 88, No. 2, 1994, pp. 384 – 396; Alexander Wendt, "Constructing International Politics," *International Security*, Vol. 20, No. 1, 1995, pp. 71 –81。

② 〔美〕亚历山大·温特：《国际政治的社会理论》，秦亚青译，上海人民出版社，2008，第 35～37 页。

比英国的一百枚核弹头对美国的威胁更大，因为美英互为朋友关系，而美朝之间则建构为一种敌人关系。

第三，社会结构的形成和变迁是行为体互动的社会实践结果，是一种动态的结构。温特认为，由于结构现实主义的结构体现的是国家间的实力分配状况，因此是一种静态结构，而建构主义的结构由于是观念性的，国家间的观念可能不同，所以是动态性的——行为体可以建构出一种结构，也可以建构起另外一种结构。因此，国家间不仅仅存在一种无政府文化，而是可能会建构出"你死我活"的霍布斯文化，"承认和尊重相互主权"的洛克文化，以及"人人为我，我为人人"的康德文化。

第四，国际关系的进化理论。温特认为，共有观念越得以内化，那么形成的体系结构就越稳固。霍布斯文化体现的是过去的国际关系现实，而威斯特伐利亚体系建立以后的体系结构则是洛克文化占据主导的，虽然有时会出现霍布斯文化的反复，但每次都会被维持现状的国家压制下去。从国际关系的发展来看，人类社会必定会进入康德文化结构之中。在 2003 年的一篇论文中，温特认为，无论从微观层次上个人和集体为争取自我主动性的斗争，还是从宏观层次上无政府逻辑的发展看，世界国家的出现都将是历史发展的必然结果，而其形成的过程依次会经历国际体系、国际社会、世界社会、集体安全、世界国家这五个阶段。[①]

3. 简要评述建构主义与新现实主义和新自由主义（理性主义）的区别与联系

20 世纪 80 年代，国际关系学界出现了理性主义与反思主义的辩论。反思主义是一个很大的理论体系，包括的学派有后现代主义、批判理论、女性主义国际关系理论以及各种形式的规范理论等。这些理论都强调价值观、规范与规则在国际关系学中的运用，认为我们不仅能够认识客观世界，还可以对客观世界进行"理解"和"诠释"。第三次论战不仅丰富了国际关系理论的研究视角，还为建构主义成为国际关系理论的主流范式打下了基础，同时也为国际关系学中的第四次大论战——建构主义与理性主义之争——埋下了伏笔。[②]

---

① 〔美〕亚历山大·温特：《世界国家的出现是历史的必然——目的论与无政府逻辑》，秦亚青译，《世界经济与政治》2003 年第 11 期，第 57～62 页。

② 〔美〕彼得·卡赞斯坦、〔美〕罗伯特·基欧汉、〔美〕斯蒂芬·克拉斯纳编《世界政治理论的探索与争鸣》，秦亚青、苏长和、门洪华、魏玲译，上海人民出版社，2006。

从本体论、认识论和方法论来看，建构主义和主流理性主义的区别主要体现为以下几点。

第一，在本体论上，新现实主义和新自由主义都坚持物质本体论。新现实主义作为强物质主义，否认观念在国际关系中发挥的作用，在其基本概念——体系结构的界定上，认为体系结构单纯就是一种实力的分配状况，观念不起任何作用；新自由主义的"制度"则主要是指具体的国际制度，主要强调国际机制以及正式的国际组织的作用。① 尽管20世纪90年代之后，一批新自由主义者也开始承认观念在国际关系中发挥了一定作用，但是依然认为其不能取代物质因素成为独立变量。② 而一批后现代倾向严重的建构主义者更是完全否定物质因素的作用。虽然主流建构主义也承认物质力量的重要性，但也认为，如果脱离了社会实践，这种物质力量的作用是极为有限的。因此，国际体系的结构是一种社会性产物，是一种观念分配，这样的本体论是一种理念主义的本体论。

第二，在认识论上，新现实主义和新自由主义都坚持科学实证主义，反对任何形式的诠释性理论，认为通过解释的方法，通过因果性逻辑，我们能够发现客观规律，可以对客观世界有一个全面的认识。而建构主义则认为，理论无法脱离价值、权力与实践，因此也不存在客观性和科学判断的基础。③

第三，在方法论上，新现实主义和新自由主义都是个体主义。个体主义是经济学等学科常用的方法。但这种"个体主义"并不是指从国家或国家属性的角度对国际体系进行研究，而是认为个体是（有限）理性的，环境是个体选择的背景因素，个体选择会产生集体（理性/非理性）的结果。④ 建构主义采取的是整体主义方法论，这也是社会学中常用的一种研究方法，也就是说，通过整体的性质来解释个体的行为。

无论是从本体论、认识论和方法论的角度来看，建构主义与主流的理

---

① Robert Keohane, "International Institutions: Two Approaches," *International Studies Quarterly*, Vol. 32, No. 4, 1988, p. 386.

② Judith Goldstein and Robert Keohane, et al., *Ideas and Foreign Policy* (Ithaca: Cornell University Press), 1993.

③ 苏长和：《理性主义、建构主义与世界政治研究——兼评〈世界政治理论的探索与争鸣〉》，《国际政治研究》2006年第2期，第54页。

④ 苏长和：《理性主义、建构主义与世界政治研究——兼评〈世界政治理论的探索与争鸣〉》，《国际政治研究》2006年第2期，第55页。

性主义之间的区别都是明显的。这种区分使建构主义形成了自己的理论特色，但同时也在某种程度上失去了与主流理论平等对话的平台。因此，以温特为代表的主流建构主义者力图在理性主义和反思主义之间寻求一条中间道路。主流建构主义理论的一个重要特色是，无论是在本体论、认识论和方法论层面，都既保持了建构主义理论的基本主张，但也与主流的新现实主义和新自由主义趋同。例如，在强调观念处于第一位的基础上也承认物质力量的客观存在，在体系文化与单位身份互动的基础上，更加强调体系文化对国家身份的单向建构。① 但是这样的"倒退"并没有使建构主义与其他的主流理论混为一谈，反而使建构主义进一步强化了自己的理论学说，成为一个可以与新现实主义和新自由主义抗衡的主流学派。

（五）其他理论专题解析

1. 试析英国学派国际关系理论的主要理论主张和基本概念

英国学派②是在美国国际关系理论研究之外，历史悠久且在学术界影响力很大的一个流派。"英国学派"正如它的名称所显示的那样，主要的研究者集中在英国，但也有部分分布在南非、澳大利亚等英联邦国家。英国学派重要的代表人物有爱德华·卡尔、赫伯特·巴特菲尔德（Herbert Butterfield）、马丁·怀特（Martin Wight）、赫德利·布尔（Hedley Bull）、查尔斯·曼宁（Charles Manning）、约翰·文森特（John Vincent）以及巴里·布赞（Barry Buzan）等人。

当然，英国学派并不完全等同于英国或英格兰的国际关系研究，其有自己的理论研究主题。例如，英国学派反对美国学派强烈的行为主义倾向，而重视规范和历史等传统的研究方法。英国学派早期的代表人物马丁·怀

---

① 秦亚青：《权力·制度·文化：国际关系理论与方法研究文集》，北京大学出版社，2005，第 22 页。

② 中国学者张小明认为，将 English School 翻译成"英国学派"并不准确，而正确的译法应该是"英格兰学派"。English School 最早由 Roy Jones 教授在 1981 年发表的一篇论文中提出，主要用于表述当时一个以伦敦经济学院为共同学术发源地、从事国际关系研究的学者群体，这个群体被认为属于国际关系英国学派或不列颠学派（British School）的一个分支。参见张小明《英国学派还是英格兰学派？》，《世界经济与政治》2008 年第 5 期，第 78 页。Roy Jones 的文章可参见 Roy Jones, "The English School of International Relations: A Case for Closure," *Review of International Studies*, Vol. 17, No. 1, 1981, pp. 1 – 13。一般认为，1959 年赫伯特·巴特菲尔德在美国政治学家肯尼思·汤普森（Kenneth Thompson）和洛克菲勒基金会共同支持下成立的英国国际政治理论委员会是英国学派诞生的标志。

特指出，国际关系中存在三种传统（3R 传统）——现实主义（realism，马基雅维利主义）、理性主义（rationalism，格劳秀斯主义）以及革命主义（revolutionism，康德主义）——之争，但这三大传统并非是平行的，而是相互联系和渗透的，因此对于国际关系的研究必须要将这三种传统结合起来进行综合考察。① 英国学派主要坚持以格劳秀斯主义为基础的多元主义的研究立场，同时亦是格劳秀斯学说的"修正派"。一方面，英国学派继承了格劳秀斯学说中理性主义、国际社会的一般观点以及温和、中庸的特征，另一方面又对格劳秀斯学说进行了若干修正和补充。②

国际社会（international society）是英国学派最为重要的概念。布尔认为，国际体系出现的条件是两个或两个以上的国家之间有足够的交往，并且一个国家可以对其他国家决策产生足够的影响，从而促成某种行为；国际社会则是一组国家不仅形成了一个国际体系，并且意识到它们之间具有共同利益和价值观，它们之间的关系受到一套共同规则的约束，并且分享一整套共同机制（均势、国际法、外交、大国协调、战争）的约束。③ 巴里·布赞则根据德国社会学家斐迪南·滕尼斯（Ferdinand Tönnies）的观点，将国际社会的发展划分为两种不同模式：第一种强调文化的同质性（共同体，gemeinschaft），第二种则强调功能性发展（社会，gesellschaft）。欧洲历史中出现的国际社会以第一种为甚，但是在后殖民地时代，全球性的国际社会必然包含多元文化，会出现大量的功能主义元素。④ 布赞还对世界社会展开了进一步讨论。他认为，国际社会关注国家之间的关系，而世界社会将个人、非国家组织甚至全人类作为全球社会认同与安排的重点。国际社会和世界社会并不是矛盾的，而是共生的。国际社会提供了一种政治框架，避免世界社会面临的原初性无政府状态（primal anarchy）危险，而世界社会提供了文化上的支持，避免国际社会仅仅局限于最基本的层面。⑤

---

① Martin Wight, *International Theory：The Three Traditions*（Leicester：Leicester University Press），1991.

② 石斌：《权力·秩序·正义："英国学派"国际关系理论的伦理取向》，《欧洲研究》2004年第 5 期，第 5~8 页。

③ Hedley Bull, *The Anarchical Society：A Study of Order in World Politics*（Third Edition），（Basingstoke，Hampshire and New York：Palgrave），2003，pp. 13 – 19。

④ Barry Buzan, "From International System to International Society：Structural Realism and Regime Theory Meet the English School," *International Organization*, Vol. 47, No. 3, 1993, p. 336.

⑤ Barry Buzan, "From International System to International Society：Structural Realism and Regime Theory Meet the English School," *International Organization*, Vol. 47, No. 3, 1993, p. 351.

从多元主义（pluralist）到社会连带主义（solidarist）的发展，这集中反映在英国学派对主权和人权关系的讨论上。布尔将世界政治中的秩序分为社会生活秩序、国际秩序和世界秩序三种，国际秩序追求的是国际社会最基本的目标，包括维持国际社会本身的生存、拥护成员国独立、维护和平以及帮助保护所有社会生活的规范基础，主要通过管理大国关系的方式实现。而世界政治中的正义包括个人正义、国际正义和世界正义，强调主权平等和民族自决原则的国际正义处于主导地位。早期的英国学派学者主要持多元主义的立场，认为虽然正义非常重要，但主权和不干涉原则是排第一位的，国家无权因为人权理由干涉他国。布尔和文森特的思想出现了从多元主义向社会连带主义的转向，后期的英国学派学者，如尼古拉斯·惠勒（Nicholas Wheeler），其学说更多包含了"浓厚"道德观的立场。惠勒认为，社会连带主义、人道主义干涉理论的核心是维护"陌生人"（他国公民）的人权。[1]

2. 请简要叙述哥本哈根学派对于冷战后国际关系安全研究的重要理论贡献

哥本哈根学派是冷战结束后国际关系研究中异军突起的一个以安全研究为特色的理论流派。该学派的兴起与哥本哈根和平研究所（Copenhagen Peace Research Institute，COPRI）的发展密切相关。和平研究所成立于1985年，奥利·维夫（Ole Wæver）是其主要创始人之一，1988年巴里·布赞加入该研究所，并迅速成为哥本哈根学派的领军人物。除了这两位重要学者外，其他重要的学者还包括德·怀尔德（De Wilde）、斯特法诺·古兹尼（Stefano Guzzini）、莫顿·凯尔斯特拉普（Morten Kelstrup）等人。

与美国国际关系理论安全研究以现实主义为主要范式，强调国家中心主义，主要围绕政治和军事安全进行研究不同的是，哥本哈根学派安全研究的鲜明特色反映在安全概念的社会化方面。例如，于1983年初版、1991年再版的布赞的著作《人民、国家和恐惧》[2]，布赞、维夫和怀尔德合著的《安全：一个新的分析框架》[3]以及布赞和维夫合著的《地区与强权：国际

① Nicholas Wheeler, *Saving Strangers*: *Humanitarian Intervention in International Society* (Oxford: Oxford University Press, 2000), esp. Chapter 1.
② Barry Buzan, *People, States, and Fear*: *The National Security Problem in International Relations* (Brighton: Wheatsheaf, 1983); Barry Buzan, *People, States, and Fear*: *An Agenda for International Security Studies in the Post-Cold War Era* (2nd edition), (Hemel Hempstead: Harvester Wheatsheaf, 1991).
③ Barry Buzan, Ole Wæver and De Wilde, *Security*: *A New Framework for Analysis*, Boulder (CO: Lynne Rienner, 1998). 本书中译本为《新安全论》，朱宁译，浙江人民出版社，2003。

安全的结构》① 等，集中反映了哥本哈根安全研究的重要思想。

布赞等人认为，安全是一种自我指涉的实践（self-referential practice），正是通过这种实践，即使不存在真实的威胁，一个问题也可能被认为是安全问题。② 安全的研究范围不仅仅限于传统的军事和政治领域，也应包括社会、经济与环境等方面。③ 地区复合安全理论坚信，安全问题最容易在地理毗邻的国家之间出现，与地理临近性（proximity）紧密相关。两个国家的距离越近，那么双方感觉到的来自对方的威胁也越大，所以在区域内时常会存在高度的安全相互依赖关系。而安全实际是一种言语行为（speech act），是社会建构的事实。借鉴建构主义的研究框架，哥本哈根学派提出了"安全化"（securitization）的概念，强调安全的主体间理解，安全化能否实现主要依赖于受众是否能被说服和接受某一特定的安全化议题是真正的安全威胁的观点。既然议题能够被"安全化"，因此"去安全化"（desecuritization）也是可能的。

哥本哈根学派提出了地区复合安全理论（regional security complex theory, RSCT）。复合安全理论是在安全复合体理论基础上发展起来的，力求建立一种地区层次上的由多个国家参与的，包括广泛议题领域和范围的安全分析框架。其主要的内核结构包括地理上的边界（将地区复合安全体与其他地理实体分隔开来）、无政府结构（两个以上的国家）、极性（涉及单位之间的权力分配）、社会建构（涉及单位间的友好或敌对模式）这四个变量。④

安全复合体包括四种主要类型：一是标准地区安全复合体（包括两个以上的国家，最主要的是军事 - 政治安全议题）；二是中心化地区安全复合体，包括四种形式，即超级大国、大国、地区大国和制度安全复合体；三是大国地区安全复合体，即全球和地区层次的混合体；四是超级安全复合体，是一种强有力的地区间层次安全态势。⑤ 这四种类型都可以在国际关系

---

① Barry Buzan and Ole Wæver, *Regions and Powers: the Structure of International Security* (Cambridge: Cambridge University Press, 2003). 本书中译本为《地区安全复合体与国际安全结构》，潘忠岐、孙霞、胡勇、郑力译，上海人民出版社，2010。

② 崔顺姬：《人民、国家与恐惧：布赞及其对国际关系理论的贡献》，《世界经济与政治》2006 年第 5 期，第 63 页；崔顺姬：《区域安全复合体理论——基于"传统安全"与"人的安全"视角的分析》，《浙江大学学报》（人文社会科学版）2008 年第 1 期，第 18 页。

③ 〔英〕巴里·布赞：《人、国家与恐惧：后冷战时代的国际安全研究议程》，闫健、李剑译，中央编译出版社，2009，第 119 ~ 136 页。

④ 〔英〕巴里·布赞、〔丹〕奥利·维夫：《地区安全复合体与国际安全结构》，潘忠岐、孙霞、胡勇、郑力译，上海人民出版社，2010，第 50 ~ 52 页。

⑤ 〔英〕巴里·布赞、〔丹〕奥利·维夫：《地区安全复合体与国际安全结构》，潘忠岐、孙霞、胡勇、郑力译，上海人民出版社，2010，第 53 ~ 60 页。

的历史和现实中找到具体实例。

地区安全复合体理论包括国内、地区内、地区间以及全球四个层次，这四个层次也构成了地区安全研究的集群（security constellation）。① 对于地区复合安全理论构成而言，存在三种可能的演变：一是维持现状（其内核结构没有发生重大变革）；二是内在变革（内核结构的变革发生在现有外围边界范围之内）；三是外在变革（外围边界发生了扩张或收缩，改变了地区安全复合体的成员情况，并且最有可能以其他方式改变其内核结构）。②

3. 试简要评析罗伯特·杰维斯对国际政治心理学的主要理论贡献

罗伯特·杰维斯（Robert Jervis）出生于 1940 年，目前任哥伦比亚大学 Adlai E. Stevenson 国际事务教授，同时他也是在学术界享有盛誉的康奈尔大学安全事务研究系列丛书以及多本重要学术期刊的编委之一。作为学者的杰维斯，研究旨趣极为广泛，而他最为重要的贡献是从微观层面阐述了自己的国际政治心理学理论体系，这主要反映在他 1976 年出版的《国际政治中的知觉和错误知觉》一书中。③

---

① 〔英〕巴里·布赞、〔丹〕奥利·维夫：《地区安全复合体与国际安全结构》，潘忠岐、孙霞、胡勇、郑力译，上海人民出版社，2010，第 50 页。

② 〔英〕巴里·布赞、〔丹〕奥利·维夫：《地区安全复合体与国际安全结构》，潘忠岐、孙霞、胡勇、郑力译，上海人民出版社，2010，第 52 页。

③ Robert Jervis, *Perception and Misperception in International Politics* (Princeton：Princeton University Press, 1976). 除了国际政治心理学研究外，杰维斯的重要理论贡献至少还包括两方面。第一，也是他在国际关系学界引用率最高的一篇论文，是他 1978 年发表在《世界政治》杂志上的《安全困境下的合作》。在该文中，杰维斯用猎鹿博弈（stag hunt）和囚徒困境模型解释了同为维持现状国家间出现安全困境的原因，并提出缓解安全困境的两种可能方式：将进攻型武器和防御型武器、进攻性意图和防御性意图显著地区分开来，或是使防御比进攻更占优势，参见 Robert Jervis, "Cooperation under the Security Dilemma," *World Politics*, Vol. 30, No. 2, 1978, pp. 167 - 214。第二，他自认为自己"最有趣和最重要"的著作是 1997 年出版的《系统效应》一书。在该书中，他大量借鉴自然科学研究中系统论的观点，认为在相互联系（interconnectedness）的复杂系统中，因果关系往往是非线性的，系统效应主要包括非直接效应、非直接互动效应和多元战略性互动效应三种。由于这三种效应的存在，任何行动都会产生无数种后果，有些在预料之中，有些则无法预料。行为体之间的互动越频繁，系统效应就越难以预料。杰维斯认为，反馈是系统运行方式的核心。反馈分为正反馈（positive feedback）和负反馈（negative feedback）两种。正反馈是同一方向的进一步变化，负反馈是变化激发的作用力抵消了最初的变化，并将系统推回到类似于原初位置的某种状态，没有负反馈，系统就不可能存在稳定。参见 Robert Jervis, *System Effects：Complexity in Political and Social Life* (Princeton：Princeton University Press, 1997)。本书中译本为《系统效应：政治与社会生活中的复杂性》，李少军、杨少华、官志雄译，上海人民出版社，2008。另见秦亚青《权力·制度·文化：国际关系理论与方法研究文集》，北京大学出版社，2005，第 203 ~ 205 页。

杰维斯在该书中想要回答的问题是，为什么在行为体都不想发生冲突，甚至是希望合作的情况下，国家间的冲突和战争依然是国际社会中的一种常态。虽然这个问题在学术界已经广为讨论，但解释主要集中在国际体系、国家和政府内部组织结构层面。杰维斯则独辟蹊径，从最为微观的角度寻求解释这个问题的答案。他认为，由于一个国家的对外政策都是由这个国家的决策者做出的，因此必须要从决策者层面对该问题进行分析。决策者和普通人一样，都不可能是完全理性的，而有自身的认知局限，因此往往会对客观世界产生错误理解。所以即便是在维持现状国家之间，由于决策者错误知觉的存在，一国可能会对对手产生误判，最终导致冲突发生。

杰维斯将错误知觉的产生机制归纳为三种情形：一是认知相符，即人们趋于看见他们预期看见的事物，将接收的信息归入自己原有的认识中去。如果决策者接收到的信息与自己的认识不相一致，那么他们要么对新信息视而不见，要么对其进行曲解。例如，美国和朝鲜互为敌人，即使朝鲜领导人向美国发出改善关系的信号，但是由于美国领导人已经对朝鲜的看法根深蒂固，因此往往会加以曲解；二是诱发定势（evoked set）。如果说，认知相符主要强调决策者根深蒂固的预期，那么诱发定势是指决策者的思维受即时思考内容的影响。三是历史类比。决策者喜欢用历史上的事件类比现在发生的事件，从历史观察类似事件的可能后果。例如冷战时期，美苏领导人往往会因为对手的举动而联想到一战以及二战的爆发，因此对于对方的任何行为都充满着强烈的不信任感。[①]

杰维斯认为，经常发生的错误知觉主要有四种。一是将对方的行为视为是集中统一、事先策划和协调一致的，所以当偶然事件发生的时候，对方的任何行为都会被视作是蓄意安排好的，是"国际象棋局中的重要步骤"；二是行为体高估自己在对方决策过程中起到的作用，由此产生的知觉会随着对方向该行为体表现出来的不同行为而发生变化。比如在鸦片战争中，清政府认为英国一切有利于中国的举动都是因为中国的政策产生了作用，但实际上是英国人有自己的考虑；三是人们看到的只是他们希望看到的事情，即人们沉迷于"自己的愿望思维（wishful thinking）"之中，最明显的例子是在二战爆发之前，英国首相张伯伦带着与希特勒在慕尼黑签署的协定返回英国，他和广大的英国民众都坚信这份协定将会带来欧洲的和

---

① 〔美〕罗伯特·杰维斯：《国际政治中的知觉与错误知觉》，秦亚青译，世界知识出版社，2003，第112、206、223页。

平；四是认知失调。人们为了使自己的决策显得明智，会改变自己的原有
认识，往往强调没有被采纳政策的缺点而忽略优点，同时突出被采纳政策
的优点而忽略缺点。[①]

※ 安全困境（security dilemma）

自 20 世纪 50 年代初期进入国际关系研究的视野来就一直是国际关
系学的核心概念之一。约翰·赫兹（John Herz）在其 1950 年的经典论
文中指出，"安全困境"是指"在无政府社会中，某一特定集团或个人
最为关注的是自身安全问题。为了防止其他集团或个人攻击自己，这
些集团或个人往往会采取争夺权力的方式以避免其他行为体带给他们
的负面影响。其结果是，其他行为体会感觉到更不安全，常常也会让
这些行为体采取最坏的打算。最终的结果是，各方寻求安全和权力争
夺的恶性循环"。英国著名历史学家赫伯特·巴特菲尔德（Herbert But-
terfield）在 1951 年也提出了大致相同的定义。罗伯特·杰维斯在 1978
年的论文中提出了缓解安全困境的两种可能方式：即将进攻型武器和
防御型武器、进攻性意图和防御性意图显著地区分开来，或是使防御
比进攻更占优势。

---

4. 请结合冷战后的国际政治现实，对亨廷顿"文明冲突论"进行简要
分析

塞缪尔·亨廷顿（Samuel P. Huntington，1927～2008 年）是 20 世纪最
为重要的政治学家之一。他的研究兴趣包括美国国内政治、比较政治和国
际政治三个领域。[②] 在国际政治领域，他最为有名的成果是 1993 年发表在
《外交事务》杂志的重要论文《文明的冲突》以及 1996 年在该论文基础上
发表的专著。他的主要观点是，各种文明之间的冲突将成为当今世界冲突

---

① 〔美〕罗伯特·杰维斯：《国际政治中的知觉与错误知觉》，秦亚青译，世界知识出版社，
2003，第 332、359、373、402～403 页。
② 在美国国内政治研究领域，亨廷顿的重要著作有：*The Soldier and the States*：*The Theory and
Politics of Civil-Military Relations*（Cambridge，Massachusetts：Belknap Press，1957）以及 *Who
Are We? The Challenges to America's National Identity*（New York：Simon & Schuster，2004）；在
比较政治学领域，他的主要著作有：*Political Order in Changing Societies*（New Haven：Yale U-
niversity Press，1968）以及 *The Third Wave：Democratization in the Late Twentieth Century*（Okla-
homa City：University of Oklahoma Press，1991）。在国际政治学领域，他的主要著作是 *The
Clash of Civilizations and the Remaking of World Order*（New York：Simon & Schuster，1996）。

演进的最新阶段。①

　　文明冲突论的提出最初是为了反驳弗朗西斯·福山（Francis Fukuyama）所认为的冷战的结束意味着西方自由民主制度在全球范围内最终获胜的观点。② 亨廷顿认为，冷战时期的国际冲突主要发生在资本主义西方阵营和社会主义东方阵营之间，冷战结束之后，虽然两大阵营不复存在，但世界范围内的冲突依然可能会发生在世界主要文明之间。亨廷顿认为，世界文明包括中华文明（Sinic）、日本文明、印度文明、伊斯兰文明、西方文明、斯拉夫－东正教文明、拉丁美洲文明以及（可能的）非洲文明。宗教是定义文明的中心特征。③

　　亨廷顿认为，文明间的冲突产生于六个方面。第一，文明间的差异不仅是真实的，而且是最为根本的。第二，随着世界变得越来越小，不同文明之间民众的互动不断增加，这种互动关系增强了各自的文化认同，以及自身文明与其他文明存在不同性的意识。第三，经济现代化和社会变迁的进程使人们从长期以来的本地认同中分离出来，也削弱了民族国家作为认同的重要来源的作用，而宗教起到了填补这种空缺的重要作用。第四，文明意识的增强也受西方双重角色的影响：一方面，西方文明处于其权力的最高峰，但另一方面，非西方文明出现了一种回归自己文明根源的现象。第五，文化的特征和差异相对政治和经济的而言更难改变、折中和解决。第六，经济地区主义促进文明意识进一步增强。④

　　亨廷顿坚信，文化之间的相似性可以成为国家间合作的纽带，反之，文化层面的巨大差异将成为冲突产生最为重要的根源。不同文明间的断裂线将取代冷战时期的意识形态和政治边界成为冲突最可能发生的区域。因此，文明间的冲突将发生在两个层次上。在微观层次是文明断裂线附近的国家之间和国家内部的冲突；在宏观层面上则是不同文明的核心国家为了攫取政治和经济权力以及扩展自身政治和宗教价值观的冲突。亨廷顿提出了"亲缘－国家综合征"（Kin－country Syndrome）的概念。例如，当基督

---

①　Samuel Huntington, "The Clash of Civilizations?" *Foreign Affairs*, Vol. 72, No. 3, 1993, p. 22.

②　Francis Fukuyama, *The End of History and the Last Man* (New York: Free Press, 1992).

③　Samuel Huntington, "The Clash of Civilizations?" *Foreign Affairs*, Vol. 72, No. 3, 1993, p. 25; Samuel Huntington, *The Clash of Civilizations and the Remaking of World Order* (New York: Simon & Schuster, 1996), pp. 45 – 47.

④　Samuel Huntington, "The Clash of Civilizations?" *Foreign Affairs*, Vol. 72, No. 3, 1993, pp. 25 – 29.

教国家与伊斯兰国家发生冲突时，基督教国家的穆斯林群体会支持伊斯兰国家，这时，对文明的认同取代了对民族国家的认同。[1]

亨廷顿认为，文明的冲突主要表现为西方与非西方文明之间的冲突，西方的文明是具有普适性的，但非西方文明（主要是伊斯兰文明和中华文明）与西方文明可能会产生严重的争端，其原因是"西方的傲慢、伊斯兰的不容忍以及中华文明的武断"，[2] 具体体现为武器扩散、人权与民主以及移民问题等方面。

亨廷顿论断最受争议的地方是他的"伊斯兰世界拥有血腥边界（Islam has bloody borders）"的说法。[3] 亨廷顿认为，从历史上看，伊斯兰教从一开始就是一个好战的宗教，缺乏宽容精神；从人口上看，伊斯兰社会的人口膨胀和大量青壮年失业者的存在使其好战倾向特别严重；从政治上看，伊斯兰世界缺乏核心国家。这三点造成了伊斯兰文明与其他文明冲突过多的事实。[4]

"9·11"事件的发生，在很大程度上印证了亨廷顿的"文明冲突论"，因此他的学说成为21世纪初期世界最为著名的学说之一。但持批评意见的学者认为，"文明冲突论"体现了强烈的西方中心论倾向，却忽视了不同文明之间融合的事实，依然陷于国家中心论的桎梏之中。但不管怎样，亨廷顿的学说提供了解释冷战后国际关系现实的一种理论范式，并在国际关系舞台上持续发挥自己的影响。

5. 请对依附理论的主要观点进行简要评述

依附理论（dependency theory）是新马克思主义的一个分支。二战结束以后，一大批前殖民地和半殖民地从宗主国脱离出来，成立了新生的民族国家。这些国家，一面进行着社会现代化，一面仍与前宗主国保持着紧密的经济政治联系。依附理论最早兴起于20世纪60年代的拉丁美洲，其主要

---

[1] Samuel Huntington, "The Clash of Civilizations?" *Foreign Affairs*, Vol. 72, No. 3, 1993, pp. 35 – 37.

[2] Samuel Huntington, *The Clash of Civilizations and the Remaking of World Order*（New York: Simon & Schuster, 1996）, p. 183.

[3] Samuel Huntington, "The Clash of Civilizations?" *Foreign Affairs*, Vol. 72, No. 3, 1993, p. 35. 亨廷顿在1996年的著作中专门对这个问题进行了解释，他指出，这个说法是建立在对文明间冲突的因果调查之上的，具有结论上的可信性。参见 Samuel Huntington, *The Clash of Civilizations and the Remaking of World Order*（New York: Simon & Schuster, 1996）, p. 258。

[4] Samuel Huntington, *The Clash of Civilizations and the Remaking of World Order*（New York: Simon & Schuster, 1996）, pp. 259 – 265.

思想来源一是马克思主义政治经济学，另一个则是拉美结构主义学派。① 依附理论主要是从欠发达国家的角度，分析这些国家经济落后的原因，认为各种资源从处于边缘地区的穷国向处于核心区域的富国流动，穷国的经济发展受制并从属于富国的经济发展，导致穷国处于落后和受富国剥削的局面。联合国拉丁美洲委员会的阿根廷经济学家劳尔·普雷维什（Raul Prebisch）最早提出"中心－外围"的理论，他指出，欠发达国家如果想保证自己独立的发展路径，就必须要实行某种程度的贸易保护主义。进口替代战略而非出口贸易战略是欠发达国家最好的发展战略。依附论的主要代表人物有特奥托尼奥·多斯桑托斯（Theotonio Dos Santos）、保罗·巴兰（Paul Baran）、萨米尔·阿明（Samir Amin）、费尔南多·卡多索（Fernando Cardoso）和贡德·弗兰克（Andre Gunder Frank）等人。

依附理论的派系错综复杂，不同的学者将其划分为不同的理论流派。多斯桑托斯认为，历史上的依附主要包括殖民性依附、金融－工业依附和新依附三种形态，其中以跨国公司投资为基础的工业－技术依附（新依附）是二战后新的依附形式。而中心－外围结构是依附理论最重要的理论假设，具体包括单一的资本主义世界市场、不等价交换和二元社会结构。② 发达国家与不发达国家在国际贸易中存在着"剪刀差"的情形，而在外围国家内部，也存在中心－农村的二元结构，这种情况的存在，使得外围国家日益走向贫困。因此，一些持有激进主义立场的学者，如贡德·弗兰克认为外围国家只有与资本主义中心"脱钩"，才能够实现自身的独立发展。另一位持激进立场的学者——埃及著名的新马克思主义学者萨米尔·阿明更是认为，"资本主义已经成为一个世界体系，矛盾并不存在于各个孤立考虑的国家中的资产阶级和无产阶级之间，而是存在于世界资产阶级和世界无产阶级之间。"③

但一部分持有温和立场的学者则认为，资本主义世界体系仍然存在社会和政治改良的可能性。卡多索提出了联系性依附发展（associated-dependent development）的观点。他指出，发展和依附实际上是相互依存的，因此发展中国家要利用与资本主义世界经济体系的联系为本国的发展服务，而

① 张建新：《依附论与拉美国际政治经济学》，《当代国外马克思主义评论》（第6辑），2008年，第205~208页。
② 王正毅：《国际政治经济学通论》，北京大学出版社，2010，第205~209页。
③ 〔埃及〕萨米尔·阿明：《不平等的发展》，高恬译，商务印书馆，1990，第308页。

不是脱离这个体系。现实情况也表明，一些国家利用这个体系实现了自己经济上的腾飞。① 多斯桑托斯认为，依附体现了一种依赖关系，但这种关系并不是相互依存的关系，因此主张以社会主义人民革命的方式作为摆脱依附出路的途径。②

依附理论从第三世界的视角出发，为国际政治经济学提供了一种重要的研究框架。这种立场建立在马克思主义学说的基础之上，与传统的现实主义和自由主义的国际政治经济学研究相比，依附理论更具有批判色彩，也是对西方中心论的重要挑战。同时，依附论更加关注欠发达国家的发展问题，体现了更多的价值关怀和要求发达国家与发展中国家平等往来的利益诉求。

6. 请简述伊曼纽尔·沃勒斯坦的世界体系理论

世界体系论也称世界体系分析（analysis）或世界体系观点（perspectives），伊曼纽尔·沃勒斯坦（Emmanuel Wallerstein）是该学派的重要代表人物之一，其主要思想体现在他四卷本的《现代世界体系》（分别出版于1974、1980、1989、2011年，预计还将出版第五、第六两卷）。世界体系分析主要借鉴了马克思主义、以费迪南·布罗代尔为代表的年鉴学派、熊彼特、波兰尼和普雷维什等人的学说，以及长波理论的论述，提倡一种作为统一学科的历史社会科学，力图超越社会科学中的欧洲中心论倾向，建立一种面向21世纪的社会科学。③

世界体系论将世界体系而不是民族国家作为主要的研究变量。沃勒斯坦认为，"世界体系是一个社会体系，它具有范围、结构、成员集团、合理规则和凝聚力。"④

迄今为止，存在过两种世界体系，一是世界帝国，二是现代世界体系。15世纪末16世纪初，起源于英国、荷兰和法国的资本主义世界经济（世界体系）开始形成，到19世纪末，世界每一个地区几乎都处于这个体系当

---

① 张建新：《依附论与拉美国际政治经济学》，《当代国外马克思主义评论》（第6辑），2008年，第214~215页。

② 孙若彦：《依附理论对国际关系的影响》，《山东师范大学学报》（人文社会科学版），2005年第4期，第114页。

③ 〔美〕伊曼纽尔·沃勒斯坦：《序言》，载王正毅《世界体系论与中国》，商务印书馆，2000，第1页。对于世界体系论学术渊源的详细介绍，可参见该书第32~65页王正毅教授的相关精彩论述。

④ 〔美〕伊曼纽尔·沃勒斯坦：《现代世界体系》（第1卷），路爱国等译，高等教育出版社，1998，第460页。

中。资本主义世界体系以一个复杂单一的经济交换关系作为其存在的基础。因此，单一的资本主义世界经济是这个体系的最突出特征。

（1）资本主义世界经济

沃勒斯坦强调，世界体系形成后就按照两个二分法运行：一是阶级，即无产阶级和资产阶级，二是经济专业化的空间等级，即核心国家、半边缘国家和边缘国家，这样的界定主要是从经济实力划分的。核心国家生产高技术产品和复杂的工业制成品，边缘地区国家提供原材料、农业产品和廉价劳动力，半边缘国家处于这两者之间。竞争性的行为体（不仅仅局限于民族国家）在世界范围内的不平等性交换和资本的原始积累是这个体系运转的主要动力。世界体系论者关注世界体系中的"康德拉耶夫周期"[①]以及 150～300 年的特长周期（logistics）。特长周期与康德拉耶夫周期相比，除了呈现 A1（扩张）—B1（停滞）—A2（扩张）—B2（停滞）的四个阶段外，在 A 和 B 中间往往还有个 T（过渡）阶段，具体可以表述成 A—T—B。霸权周期往往与特长周期紧密相关。[②]

（2）多重政治体系

尽管只存在一个资本主义世界经济体系，但这个体系在政治上的表现是多个国家共存。在国家体系的变迁过程中，存在两重进程，一是核心区的"中心化"过程，意指一些核心区国家通过垄断使自己变成核心国家，并通过相互斗争成为霸权国家；二是边缘区的"边缘化"过程，即边缘区国家的低生产力和廉价劳动力使它们成为"边缘国家"。这种经济两极化带来的结果就是政治上的两极化。这种情形使得霸权国家的出现成为可能，其物质基础在于农业－工业生产、商业和金融获得更高的效率。[③] 而自资本主义世界体系产生以来也一直存在突出的反体系运动，具体表现为核心区的社会运动以及边缘区民族运动两种。

（3）多元的世界文明

沃勒斯坦认为，世界体系中的文明具有特殊性质而非一般性质。尽管如此，牛顿力学产生以来，随着资本主义世界经济向全球范围的扩展，西

---

① 康德拉耶夫周期（Kondratiev Cycle）由苏联经济学家尼克拉·康德拉耶夫（Nikolar Kondra-tiev）在 1925 年的一篇论文中提出，主要观点是世界经济中存在着 50 年左右的大循环，呈现出停滞—扩张—停滞—扩张的周期现象。

② 王正毅：《世界体系论与中国》，商务印书馆，2000，第 127～141 页；王正毅：《国际政治经济学通论》，北京大学出版社，2010，第 237～240 页。

③ 王正毅：《世界体系论与中国》，商务印书馆，2000，第 162～163、167 页。

方文明逐渐成为一种"普遍性"的文明。这种扩张的结果是，边缘国家面临着两难的局面：拒绝则很难享有这种文明带来的好处，接受则意味着放弃自己的文明。

（4）体系的终结

沃勒斯坦对现有体系持强烈的否定态度。他指出，三种基本矛盾（积累的困境、政治合法性的困境和地缘文化论的困境）决定了资本主义世界体系逐步走向未来。对于未来的世界体系，他认为存在三种可能的演进路径：一是新封建主义，二是民主法西斯主义，三是一种更为激进、全球高度分散和高度平等的世界秩序。[①]

批评者认为，沃勒斯坦的学说偏离了马克思主义正统理论的轨道，过于强调经济因素而非文化因素，国家体系不仅仅反映在资本主义世界经济一个层面上，也反映在了军事和政治层面。但沃勒斯坦理论的一个重要贡献是提出了解释世界体系发展和变迁的宏大视角，为体系理论从多学科角度、以长时段视角，并从而为摆脱欧美中心主义的藩篱提供了一种很好的途径。

※ 批判理论

广义的国际关系批判理论是指除了主流理论之外的其他所有理论范式，狭义的批判理论则是指受西方马克思主义与欧洲社会学传统（尤其是法兰克福学派）影响而建立起来的国际关系理论范式。批判理论的主要代表人物有罗伯特·考克斯（Robert Cox）、理查德·阿什利（Richard Ashley）、安德鲁·林克莱特（Andrew Linklater）、肯·布斯（Ken Booth）等人。批判理论反对主流理论的实证主义倾向，认为一切理论都应该是批判性的。由于国际社会中的各种事实都是社会和历史发展的必然结果，社会科学家既要研究客观现象，又要行使社会批判的功能，因此无法做到价值中立，而是充满了价值取向。理论是权力的工具，总是服务于特定的人和目的。批判理论的一个核心概念是"解放"（emancipation），认为追求解放的知识，而非主流理论解决问题的知识，将使人类从霸权控制的政治经济结构中解放出来。

---

① 〔美〕伊曼努尔·华勒斯坦：《历史资本主义》，路爱国、丁浩金译，社会科学文献出版社，1999，第109页，转引自张冀、齐长安《沃勒斯坦世界体系论评析》，《世界经济与政治》2001年第11期，第18页。

7. 试对规范理论（normative theory）中的两种主要流派：世界主义与社群主义进行简要评述

如果说主流的国际关系理论主要研究的是国际关系的实然（is）问题，那么国际关系中的规范理论则是对国际关系诸领域进行价值判断，以探究应然（ought to be）世界为最终目标的理论。① 规范主义理论包括两种主要的理论流派，主要讨论的是人的价值以及国家价值何者才是国际关系中主流价值的问题。世界主义（cosmopolitanism）强调人的价值应该高于社群（国家）的价值，而社群主义（communitarianism）则持相反的观点。具体来说，两者的分歧集中在三个方面：在人的概念方面，世界主义坚持原子论，社群主义则赞同构成论。在国家道德地位方面，社群主义将社群视为道德思考的最终来源，世界主义则主张个人价值相对于国家价值的优先性。世界主义坚持普世主义，社群主义则倡导多元主义与特殊主义。②

尽管在国际关系理论诞生初期，规范研究曾处于重要地位（如理想主义在很大程度上讨论的就是道德以及价值判断的问题），但总体来看，实证主义以及行为主义占据了国际关系研究的主要研究议程，直到冷战结束前后，随着反思主义的兴起以及国际局势的缓和，规范理论才进入了一个新的复兴时期。

世界主义带有强烈的普世主义特征。这一学派认为，所有的人类都属于一个基于共享道德的单一共同体，个体拥有自己的独特特质，是原子式的存在，因此个体的权利应该高于国家主权。世界主义的思想来源最早是古希腊哲学家第欧根尼（Diogenes of Sinope）提出的，他曾经说过"自己是世界的公民"。而康德在《永久和平论》一文中提出，建立在个人自由与平等基础之上的共和制，以及共和制国家组成的和平联盟，是通往永久和平的唯一道路。③

社群主义则强调个体与社群（共同体）之间的联系。社群通常被认为是拥有共同历史或利益的，或处于某一特定地域的民众的互动。因此，社群主义认为，个体是通过社群关系"构成"而非"原子式"存在的，个体的生存与发展建立在国家权威的基础之上，人是社会历史的产物。此外，

---

① 李开盛：《从基础主义到反基础主义：后现代语境下国际关系理论面临的挑战及分析》，《国际论坛》2007 年第 2 期，第 20 页。

② 白云真、李开盛：《国际关系理论流派概论》，浙江人民出版社，2009，第 310 页。

③ 〔德〕康德：《历史理性批判文集》，何兆武译，商务印书馆，1990，第 97~144 页。

社群主义反对世界主义的普世主义价值观，认为特定的道德观只能与特定的社群相连。一些重要的社会学家早已对 community（社群）以及相关概念进行了讨论。例如，德国社会学家斐迪南·滕尼斯对于现实和有机的生命（共同体，gemeinschaft）以及思想的和机械的形态（社会，gesellschaft）概念的区分。①

规范理论的代表人物主要有查尔斯·贝茨（Charles Beitz）、克里斯·布朗（Chris Brown）、梅尔文·弗罗斯特（Mervyn Frost）以及迈克尔·沃尔泽（Michael Walzer）等人。沃尔泽是社群主义的主要代表人物，他的《正义战争与非正义战争》一书，具体反映了他的思想，该书也是研究战争正义性最为重要的著作之一。② 战争中的正义问题，一直是中世纪以来神学家和法学家的重要研究主题，但是既往的研究主要都集中在"开战正义"（jus ad bellum）和"交战正义"（jus in bello）两个方面。在全面考察前两方面的基础上，沃尔泽提出了"战后正义"（jus post bellum）的概念，使正义战争理论体系更加完整。沃尔泽认为，正义战争的最根本目的是维护人权基础上的领土完整和主权独立，因此只有自卫才能证明战争的正义性。交战的正义性体现在战争手段与目标必须相称，即使是攻击合法目标，国家也不能滥用武力或使用本质上违反人道的武器。因此核武器不能用于正义战争，因为这不仅违背了区分原则（严格区分战斗人员和非战斗人员），也违背了比例原则（战争带来的善必须大于恶）。战后正义主要涉及战后秩序安排和对遗留问题的处理及其伦理评判标准，目标是创造一个更加安全、稳定和正义的战后局面。③ 作为社群主义者，沃尔泽坚持不干涉主义的立场，但他也承认，在某些特定时候，如帮助受压迫民族解放、制止大规模的屠杀和种族清洗、内战中以反干涉抗衡外部势力的干涉等就是正义的。④ 此外，沃尔泽还提出，判断率先攻击是否合法的标准不是即将到来的攻击，而是"充分的威胁"。这种"充分的威胁"包括公开声明的伤害性意图，使这种

① 〔德〕斐迪南·滕尼斯：《共同体与社会：纯粹社会学的基本概念》，林荣远译，商务印书馆，1999，第 52 页。

② Michael Walzer, *Just and Unjust Wars*, New York：Basic Books, 1992. 中译本为《正义与非正义战争：通过历史实例的道德论证》，任辉献译，江苏人民出版社，2008。

③ 张书元、石斌：《沃尔泽的正义战争论评述评：兼论美国学术理论界有关海外军事干涉的思想分野》，《美国研究》2007 年第 3 期，第 122、125～126 页。

④ Michael Walzer, *Just and Unjust Wars* (New York：Basic Books, 1992), p. 90. 转引自张书元、石斌《沃尔泽的正义战争论评述评：兼论美国学术理论界有关海外军事干涉的思想分野》，《美国研究》2007 年第 3 期，第 127 页。

伤害性意图成为现实危险的某种程度的准备活动，以及坐视不顾和采取战争之外的其他行动将大大增加危险的总体形势。[①]

与主流的国际关系理论相比，规范理论显得还不成熟，但是从另一个方面来看，规范理论提供了国际关系研究的一个新视角，强调价值观的理念，承认世界的进步性，为美好世界的建立提供了一个可能途径。

参考文献

〔加〕罗伯特·杰克逊、〔丹〕乔格·索伦森：《国际关系学理论与方法》（第四版），吴勇、宋德星译，中国人民大学出版社，2012。

〔美〕彼得·卡赞斯坦、〔美〕罗伯特·基欧汉、〔美〕斯蒂芬·克拉斯纳编《世界政治理论的探索与争鸣》，秦亚青、苏长和、门洪华、魏玲译，上海人民出版社，2006。

〔美〕大卫·鲍德温编《新现实主义和新自由主义》，肖欢容译，浙江人民出版社，2001。

〔美〕汉斯·摩根索：《国家间政治：权力斗争与和平》（第七版），徐昕、郝望、李保平译，北京大学出版社，2006。

〔美〕肯尼思·华尔兹：《国际政治理论》，信强译，苏长和校，上海人民出版社，2008。

〔美〕肯尼思·沃尔兹：《现实主义与国际政治》，张睿壮、刘丰译，北京大学出版社，2012。

〔美〕罗伯特·阿特、〔美〕罗伯特·杰维斯：《国际政治：常在概念和当代问题》（第七版），时殷弘、吴宇征译，中国人民大学出版社，2007。

〔美〕罗伯特·基欧汉编《新现实主义及其批判》，郭树勇译，秦亚青校，北京大学出版社，2002。

〔美〕罗伯特·基欧汉：《局部全球化世界中的自由主义、权力与治理》，门洪华译，北京大学出版社，2004。

〔美〕罗伯特·基欧汉：《霸权之后：世界政治经济中的合作与纷争》（修订版），苏长和等译，上海人民出版社，2011。

〔美〕罗伯特·基欧汉、〔美〕约瑟夫·奈：《权力与相互依赖》（第四版），门洪华译，北京大学出版社，2012。

〔美〕罗伯特·吉尔平：《世界政治中的战争与变革》，武军、杜建平、松宁译，邓

---

① 〔美〕迈克尔·沃尔泽：《正义与非正义战争：通过历史实例的道德论证》，任辉献译，江苏人民出版社，2008，第92页。

正来校，中国人民大学出版社，1994。

〔美〕罗伯特·杰维斯：《国际政治中的知觉与错误知觉》，秦亚青译，世界知识出版社，2003。

〔美〕塞缪尔·亨廷顿：《文明的冲突与世界秩序的重建》（修订版），周琪等译，新华出版社，2010。

〔美〕亚历山大·温特：《国际政治的社会理论》，秦亚青译，上海人民出版社，2008。

〔美〕约翰·米尔斯海默：《大国政治的悲剧》，王义桅、唐小松译，上海人民出版社，2008。

〔美〕约瑟夫·奈、〔加〕戴维·韦尔奇：《理解全球冲突与合作：理论与历史》（第九版），张小明译，上海人民出版社，2012。

〔美〕詹姆斯·多尔蒂、〔美〕小罗伯特·普法尔茨格拉夫：《争论中的国际关系理论》（第五版），阎学通、陈寒溪等译，世界知识出版社，2002。

〔英〕巴里·布赞、〔丹〕奥利·维夫：《地区安全复合体与国际安全结构》，潘忠岐、孙霞、胡勇、郑力译，上海人民出版社，2010。

〔英〕赫德利·布尔：《无政府社会：世界政治秩序研究》（第二版），张小明译，世界知识出版社，2003。

白云真、李开盛：《国际关系理论流派概论》，浙江人民出版社，2009。

倪世雄等：《当代西方国际关系理论》，复旦大学出版社，2009。

秦亚青：《权力·制度·文化：国际关系理论与方法研究文集》，北京大学出版社，2005。

秦亚青：《国际关系理论：反思与重构》，北京大学出版社，2012。

王逸舟：《西方国际政治学：历史与理论》，中国社会科学出版社，2007。

王正毅：《国际政治经济学通论》，北京大学出版社，2010。

阎学通、孙学峰：《国际关系实用研究方法》（第二版），人民出版社，2007。

阎学通、徐进：《王霸天下思想及启迪》，世界知识出版社，2009。

图书在版编目（CIP）数据

国际关系学精要 / 黄日涵，张华主编. -- 北京：
社会科学文献出版社，2017.11（2022.10 重印）
（华侨华人·中外关系书系）
ISBN 978 - 7 - 5201 - 1549 - 0

Ⅰ.①国…　Ⅱ.①黄…　②张…　Ⅲ.①国际关系学 –
研究　Ⅳ.①D80

中国版本图书馆 CIP 数据核字（2017）第 246236 号

华侨华人·中外关系书系

国际关系学精要

主　　编／	黄日涵　张　华
副 主 编／	丛培影　谢　磊
撰 稿 者／	王江波　丛培影　张　华　陈昌山　姚玉斐
	黄日涵　戚　凯　康　杰　谢　磊

出 版 人／	王利民
项目统筹／	王　绯
责任编辑／	单远举　常　远
责任印制／	王京美

出　　　版／社会科学文献出版社·政法传媒分社（010）59367156
　　　　　　地址：北京市北三环中路甲 29 号院华龙大厦　邮编：100029
　　　　　　网址：www.ssap.com.cn
发　　　行／社会科学文献出版社（010）59367028
印　　　装／三河市东方印刷有限公司

规　　　格／开　本：787mm×1092mm　1/16
　　　　　　印　张：21　字　数：353 千字
版　　　次／2017 年 11 月第 1 版　2022 年 10 月第 5 次印刷
书　　　号／ISBN 978 - 7 - 5201 - 1549 - 0
定　　　价／75.00 元

读者服务电话：4008918866